Il y a des exempl. qui portent dans le vol.² le chiffre de tomaison 21, partout où on lit dans ce vol. le chiffre de tomaison 1, et dont l'en-tête de la 1ʳᵉ page et de la table ont été réimprimé.

L. 1264.
B. p. 21.

HISTOIRE
DES FRANÇAIS.

TOME XXI.

HISTOIRE
DES FRANÇAIS,

PAR

J. C. L. SIMONDE DE SISMONDI,

Associé étranger de l'Institut de France, de l'Académie impériale de Saint-Pétersbourg, de l'Académie royale des Sciences de Prusse ; Membre honoraire de l'Université de Wilna, de l'Académie et de la Société des Arts de Genève, de l'Académie Italienne, de celles des Georgofili, de Cagliari, de Pistoia, de Palerme ; de l'Académie Romaine d'Archéologie, et de la Société Pontaniana de Naples.

TOME VINGT-UNIÈME.

A PARIS,

Chez TREUTTEL et WÜRTZ, Libraires,
rue de Lille, n° 17.

A Strasbourg, même Raison de Commerce, Grand'Rue, n° 15.

1836.

HISTOIRE DES FRANÇAIS,

SOUS LE RÈGNE

DES BOURBONS.

CHAPITRE PREMIER.

Henri IV est reconnu conditionnellement par une partie des catholiques de l'armée de Henri III, l'autre l'abandonne; il se retire en Normandie; il se défend dans le camp retranché d'Arques. Il revient sur Paris, dont il pille les faubourgs; il licencie son armée et se retire à Tours. — 1589-1590.

La mort d'un grand homme, au milieu de son armée victorieuse, n'auroit pas pu la priver plus soudainement de sa vigueur, de son intelligence et de sa vie, que ne fit la mort de Henri III pour l'armée royale qu'il avoit con-

1589.

duite devant Paris, et avec laquelle il étoit sur le point de subjuguer cette capitale; et cependant ce prince foible et prodigue, indolent et dissimulé, toujours dominé par des favoris qu'il étoit toujours près de trahir, étoit universellement méprisé par les deux partis qui se disputoient son royaume, par ses propres soldats et par tous ses sujets. Mais par un concours singulier de circonstances, c'étoit lui seul qui tenoit réunis des esprits et des intérêts opposés, qui se heurtèrent les uns contre les autres, aussitôt qu'il eut disparu. Ce prince, chargé d'opprobre, dont on rougissoit de s'avouer l'ami, dont le règne est flétri par l'histoire, comme le plus honteux qu'ait subi la France, voyoit cependant chaque jour revenir à lui ceux qui avoient d'abord voulu secouer son autorité; son armée grossissoit à vue d'œil; ceux qui suivoient encore l'étendard de la révolte, étoient troublés par la pensée de leur crime ou de leur danger: ils s'humilioient, ils se dispersoient, ils étoient prêts à se soumettre; encore deux jours seulement, et il auroit été maître de Paris, la ligue étoit vaincue, et ses principaux chefs mouroient sur l'échafaud. Henri III tombe sous le couteau d'un fanatique, mais son beau-frère et son héritier légitime se trouve auprès de lui, il est dans l'âge de la plus grande vigueur; il s'est déjà illustré à la guerre, il est entouré d'amis dévoués; il doit un jour être compté comme le plus glorieux des rois de la France, tandis que son prédécesseur en étoit le plus avili; et cependant, au moment de la mort de Henri III, les grands abandonnent Henri IV, les soldats désertent son étendard, le pouvoir lui échappe; il est obligé de dissoudre son armée et de reculer devant l'adversaire qu'il se croyoit sur le point d'écraser.

1589.

Dans le vrai, tout incapable et tout méprisable que fût Henri III, il avoit encore pour lui tout le prestige qui entoure l'ordre établi; chacun sentoit la foiblesse et la honte du gouvernement qui existoit, chacun annonçoit des projets pour le remplacer, chacun menaçoit, chacun commençoit même à agir; mais à la moindre difficulté, au moindre revers, chacun sentoit qu'il étoit hors de son droit, et reconnoissoit en soi-même qu'il pouvoit être puni comme rebelle. Henri IV n'inspiroit point de sentimens semblables : ses compagnons d'armes étoient ses égaux, plusieurs ressentoient contre lui une jalousie personnelle. La France n'étoit point préparée à croire que son droit à la succession fût une loi inviolable de l'État; ceux mêmes qui se déclaroient pour lui, ne se demandèrent point, est-il roi? mais convient-il de le faire roi? Enfin, tandis que la conservation de la couronne sur la tête de son prédécesseur, se présentoit à la pensée de tous comme le maintien de l'ordre établi, l'appel de Bourbon paroissoit au contraire le signal d'une révolution.

Nous avons vu qu'à la fin de juillet l'armée royale rassemblée devant Paris comptoit quarante-deux mille hommes, tandis que Mayenne en avoit à peine huit mille dans cette capitale. Mais au milieu de cette force imposante, Henri IV reconnoissoit à peine une poignée de huguenots qui lui fussent dévoués; un historien moderne le représente comme toujours entouré de sa *chevalerie béarnaise*, de sa *gentilhommerie montagnarde et huguenote* (1). Rien n'est moins exact: Henri IV s'étoit séparé presqu'absolument de ses montagnards des Pyrénées, qui descendoient mal volontiers dans les plaines; il les avoit laissés pour défendre leurs foyers, où ils étoient sans cesse menacés par les forces de la ligue en Languedoc et en Guienne; c'étoit à peu près seul, que, dans l'été de 1586, il s'étoit dérobé au maréchal de Matignon, qui vouloit lui couper le chemin, et qu'il étoit venu s'enfermer à la Rochelle; dès lors il n'est jamais plus question de troupes sorties de Gascogne pour aller le joindre; à peine quelques noms gascons ou béarnois se retrouvent-ils dans ses armées. Ces braves vicomtes gascons qui avoient à plusieurs reprises

(1) Capefigue, *passim*.

si puissamment secondé Coligni, ou n'avoient point laissé de successeurs, ou renfermoient leurs efforts dans leur propre pays. Dans tous les petits combats de Henri autour de Marans et de Saint-Jean d'Angely, de même qu'à la bataille de Coutras, sa force consistoit dans les Poitevins et les Saintongeois. Lorsqu'enfin il avoit passé la Loire pour se joindre à Henri III, il avoit réuni aux Poitevins que conduisoit La Trémoille, les huguenots du Bas-Limousin que lui amenoit Turenne, ceux de Bourgogne et de Bretagne que lui amenoit Châtillon, d'autres de Champagne, de Normandie, de Picardie, qui depuis long-temps n'avoient pu prendre part aux guerres de religion, et qui, lorsque l'armée royale s'étoit approchée d'eux, avoient voulu faire preuve de zèle. Cependant, les uns après les autres, mécontens des avances que Henri faisoit aux catholiques, étoient retournés dans leurs provinces, et au moment de la mort de Henri III, il n'en restoit pas deux mille auprès de son successeur. (1)

1589.

Dans la réalité, Henri IV s'étoit confié aux catholiques, et il se trouvoit presque uniquement entre leurs mains. Les troupes que Biron, d'Aumont, d'O, et le duc de Montbazon avoient amenées à Tours, à Henri III, pour en faire le

(1) Péréfixe. L. II, p. 109.

noyau de son armée, étoient toutes catholiques; la seconde armée que le duc de Montpensier lui avoit amenée de Normandie l'étoit également; la troisième, qu'Epernon avoit formée à Angoulême, l'étoit aussi. Les Suisses, il est vrai, que Sancy avoit fait arriver de Genève, étoient pour la plupart protestans; mais ces mercenaires avides avoient oublié leur religion pour ne s'occuper que de la solde et du butin, et déjà ils donnoient à entendre que leur engagement avoit expiré avec le feu roi. « Au lieu des acclamations, dit
« d'Aubigné, et du *vive le roi* accoutumé en tels
« accidens, Henri IV voyoit en même chambre
« le corps mort de son prédécesseur, deux mi-
« nimes aux piés, avec des cierges, faisant leur
« liturgie, Clermont d'Antragues tenant le men-
« ton; mais tout le reste, parmi les hurlemens,
« enfonçant leurs chapeaux, ou les jetant par
« terre, fermant le poing, complotant, se tou-
« chant la main, faisant des vœux et promesses,
« desquelles on oyoit pour conclusion, *plutôt*
« *mourir de mille morts!* » (1)

Au milieu de l'effroi qu'avoit causé l'assassinat, du danger que chacun prévoyoit pour la monarchie, de l'incertitude que chacun ressentoit sur son avenir, de la componction enfin qu'excitoit, même chez les plus corrompus, une si funeste catastrophe, et qui en engagea plusieurs

(1) D'Aubigné, Histoire univ. T. III, L. II, c. 23, p. 183.

à se jeter à genoux au pied du lit de leur maître, et à y faire à haute voix d'étranges confessions que le duc de Longueville eut peine à arrêter; un sentiment dominoit dans cette cour, et commençoit à se manifester tout d'une voix, celui de ne pas obéir à un roi hérétique. Dampierre, premier maréchal de camp, fut le premier à le proclamer, et tandis que Henri IV, troublé de cette fermentation, s'étoit retiré avec La Force et d'Aubigné dans un cabinet voisin, les autres, se sentant en liberté, convinrent de déclarer au Béarnais, à son retour, que s'il vouloit être roi de France, il lui falloit être catholique.

Le duc de Longueville fut d'abord chargé de porter la parole au nom de toute cette noblesse, mais, après quelque hésitation, il s'en dispensa, peut-être par égard pour le vertueux La Noue, son ami et son guide. D'O, surintendant des finances, s'offrit de lui-même pour le remplacer. Cet ancien mignon de Henri III avoit montré de l'habileté, comme homme à expédiens, et il vouloit se relever, en affectant un grand zèle pour la religion, du mépris qu'excitoit sa vie crapuleuse, ou de la haine que méritoient son péculat et sa dureté envers les contribuables. Il se présenta à Henri, accompagné par toute la noblesse rassemblée à Saint-Cloud; il lui déclara que le moment étoit venu de choisir entre les misères d'un roi de Navarre et la haute condition

1589.

d'un roi de France; que celle-ci ne pouvoit être obtenue qu'avec l'approbation des princes de son sang, des pairs de France, des officiers de la couronne, enfin des trois états du royaume; qu'il lui suffisoit de regarder autour de lui pour reconnoître à quelle religion tous les princes et grands étoient attachés; mais qu'ils le chargeoient d'ajouter qu'il n'y en avoit pas un seul qui ne préférât s'être jeté sur son épée plutôt que de se prêter à la ruine de l'Église catholique. Le roi, dit d'Aubigné, ayant pâli ou de colère ou de crainte, et puis recueilli ses esprits, répondit avec fermeté : « Parmi les étonnemens des« quels Dieu nous a exercé depuis vingt-quatre « heures, j'en reçois un de vous, Messieurs, « que je n'eusse pas attendu. Vos larmes sont« elles déjà essuyées ? La mémoire de votre perte « et les prières de votre roi, depuis trois heures, « sont-elles évanouies avec la révérence qu'on « doit aux paroles d'un ami mourant? Si vous « quittez le chemin de venger le parricide, com« ment prendrez-vous celui de conserver vos « vies et vos conditions ? Qui est-ce de vous qui « aura dans Paris le gré d'avoir parfait leur joie « et détruit une armée de 30,000 hommes pour « y avoir jeté la confusion ? Il n'est pas possible « que tout ce que vous êtes ici consentiez à « tous les points que je viens d'entendre. Me « prendre à la gorge sur le premier pas de mon

« avénement, à une heure si dangereuse ; me
« cuider traîner à ce qu'on n'a pu forcer à faire
« tant de simples personnes, pour ce qu'elles
« ont sçu mourir ! Et de qui pouvez-vous at-
« tendre une telle mutation en la créance que
« de celui qui n'en auroit point ? Auriez-vous
« plus agréable un roi sans Dieu ? Vous assurerez-
« vous en la foi d'un athée, et aux jours des
« batailles suivrez-vous d'assurance les vœux
« et les auspices d'un parjure et d'un apostat ?
« Oui, le roi de Navarre, comme vous dites,
« a souffert de grandes misères, et ne s'en est
« pas étonné ; peut-il dépouiller l'âme et le cœur
« à l'entrée de la royauté ? Or, afin que vous
« n'appeliez ma constance opiniâtreté, non plus
« que ma discrétion lâcheté, je vous réponds
« que j'appelle des jugemens de cette compagnie,
« à elle-même, quand elle y aura pensé, et quand
« elle sera complète de plus de pairs de France
« et officiers de la couronne que je n'en vois ici.
« Ceux qui ne pourront prendre une plus mûre
« délibération, que l'affliction de la France et
« leurs craintes chassent de nous, et qui se rendent
« à la vaine et briève prospérité des ennemis de
« l'État, je leur baille congé librement pour aller
« chercher leur salaire sous des maîtres insolens.
« J'aurai parmi les catholiques ceux qui aiment
« la France et l'honneur. » (1)

(1) D'Aubigné. T. III, L. II, c. 23, p. 186.

Dans ce moment Givry entra, et avec son agréable façon, prit la jambe du roi, puis sa main, et dit tout haut : « Je viens de voir la « fleur de votre brave noblesse, sire, qui réser- « vent à pleurer sur leur roi mort, quand ils « l'auront vengé ; ils attendent avec impatience « les commandemens absolus du vivant. Vous « êtes le roi des braves, et ne serez abandonné « que des poltrons. » Cette brusque saillie servit à rompre ces fâcheux discours (1). En même temps Henri reçut l'avis que les Suisses, en- traînés par le maréchal de Biron et par Sancy, avoient promis de rester encore deux mois à son service, pendant lesquels ils députeroient à leurs cantons pour en avoir de nouveaux ordres. Henri se hâta d'endosser un habit violet, c'est la couleur réservée au deuil des rois de France, habit qu'on avoit arrangé pour lui en quatre heures, et il alla recevoir les principaux officiers des Suisses au bout du jardin. Il étoit alors si pauvre que s'il ne s'étoit approprié la garderobe de son prédécesseur, alors en deuil de sa mère, il n'auroit point pu se faire un costume royal. (2)

Henri s'étoit ainsi dispensé de donner une réponse immédiate à l'espèce d'injonction que lui avoient adressée ses capitaines pour qu'il

(1) D'Aubigné. L. II, c. 23, p. 187.
(2) Davila. L. X, p. 594. — De Thou. T. VII, L. XCVII, p. 532.

changeât de religion. Pérefixe assure aussi qu'en même temps il résista à leurs sollicitations individuelles, chacun d'eux consentant bien à lui demeurer fidèle, pourvu qu'il lui accordât quelque grand fief, et que le maréchal de Biron, en particulier, lui demandoit le Périgord (1). L'honneur du Béarnais étoit mis à couvert par ce premier acte de fermeté ; mais on ne peut guère douter que dès lors sa résolution ne fût prise de se conformer à la foi du plus grand nombre, dès qu'il pourroit le faire avec honneur et sûreté. Dans ce premier moment il sentoit bien que s'il se soumettoit à la lâcheté d'une si prompte apostasie, il ne satisferoit qu'à moitié ses nouveaux adhérens, dans lesquels il ne prenoit aucune confiance, tandis qu'il aliéneroit ses vrais amis. Ceux-ci, La Noue, encore blessé à la jambe, Châtillon, Guitry, et tous les autres protestans, arrivoient successivement auprès de lui, et délibéroient avec lui sur ce qu'il devoit faire. Davila assure que La Noue lui déclara qu'il ne seroit jamais roi de France qu'en se faisant catholique, mais Amyrault, biographe de La Noue, s'efforce de prouver que son héros n'a pas pu tenir un tel propos (2). Duplessis étoit alors à Saumur, malade de la fièvre, Caumont-La-Force, con-

(1) Pérefixe. L. II, p. 110.
(2) Davila. L. X, p. 592. — Moyse Amirault, Vie de La Noue, p. 350.

sulté par Henri, avoit refusé de s'expliquer, d'Aubigné avoit seulement conseillé de ne pas céder à la menace; tous pouvoient reconnoître l'extrémité à laquelle le roi étoit réduit, probablement tous approuvèrent le compromis qu'il ne tarda pas à signer. (1)

En effet, lorsque les mêmes seigneurs catholiques, qui avoient sommé le matin Henri IV de renoncer à sa foi, s'assemblèrent de nouveau le soir dans la maison de Gondi à Saint-Cloud, ils convinrent de demander au roi pour quelques uns de leurs députés une audience privée, et dans cette occasion ils trouvèrent Henri disposé à leur donner des espérances bien plus positives. Il leur dit que, comme il l'avoit toujours annoncé, il ne demandoit pas mieux que de se faire instruire; qu'il avoit toujours été prêt à confesser ses erreurs dès qu'il les auroit reconnues. Que dans six mois il assembleroit un concile national, ou provincial, pour procéder à cette instruction, qu'en même temps il assembleroit les États du royaume pour établir une paix de religion. Jusqu'à cette époque il promettoit de maintenir exclusivement l'exercice de la religion catholique, partout, excepté dans les lieux où le culte réformé avoit été permis

---

(1) D'Aubigné. L. II, c. 23, p. 184, 187. — Conseils donnés par Duplessis au roi pour calmer les inquiétudes des catholiques. T. IV, §. 87, p. 393.

par le traité d'avril de cette année; de ne donner qu'à des catholiques les gouvernemens qui viendroient à vaquer, ou ceux des villes dont il se rendroit maître; de conserver enfin tous les serviteurs du feu roi dans leurs charges et emplois. Les protestans qui consentirent à ce que le roi fît de telles promesses, ne pouvoient se dissimuler qu'elles impliquoient sa prochaine abjuration. Le roi, qui, à l'âge de trente-six ans, promettoit de se faire instruire dans cette même religion qu'il avoit déjà une première fois été forcé de professer, qu'il avoit ensuite abjurée, et qu'il combattoit depuis treize ans, étoit initié autant qu'il pouvoit l'être aux controverses religieuses, aucune nouvelle lumière ne devoit briller pour lui dans six mois. Si les protestans crurent que ce n'étoit là qu'une réponse évasive de leur chef pour ajourner les embarras qu'il éprouvoit, les catholiques l'entendirent bien comme une promesse que dans six mois il entreroit dans leurs rangs, et cette promesse ambiguë ne tarda pas à exciter les plaintes et les reproches des deux partis.

Les espérances qu'avoit données le roi furent rédigées en forme de déclaration authentique; il les promit et jura en foi et parole de roi, et les signa de sa main le 4 août, au camp de Saint-Cloud. Et en retour, les princes du sang, ducs, pairs, officiers de la couronne, seigneurs, gentilshommes, et autres signataires de la même déclaration, qui étoient demeurés fidèles au roi Henri III, « reconnurent pour leur roi et prince « naturel, selon la loi fondamentale du royaume, « Henri IV, roi de France et de Navarre, lui « promettant tout service et obéissance, sur le « serment et la promesse ci-dessus écrite qu'il « leur a faite. » Ce contrat réciproque, qui, bien plus que le droit de sa naissance, constituoit la royauté nouvelle de Henri IV, fut lu, publié et enregistré le 14 août au parlement de Tours. Les serviteurs du nouveau roi eurent soin d'en répandre des copies dans toutes les parties du royaume. (1)

Henri auroit été bien imprudent en effet, si, pour satisfaire des princes et des courtisans qui se défioient de lui, et qui ne lui avoient voué aucun attachement, il avoit aliéné les seuls Français qui lui fussent vraiment dévoués. Il ne tarda pas à en avoir la preuve : ces mêmes seigneurs catholiques qui lui avoient arraché sa déclaration du 4 août, et qui l'avoient signée à leur tour comme un engagement réciproque, quittèrent les uns après les autres son étendard. L'orgueilleux duc d'Épernon leur en donna l'exemple ;

_____
(1) L'acte lui-même se trouve dans Duplessis-Mornay. T. IV, §. 84, p. 381, et dans les Mém. de la Ligue. T. IV, p. 34. — *Voyez* aussi de Thou. T. VII, L. XCVII, p. 535, 539. — Davila. L. X, p. 593. — L'Estoile, Journal de Henri IV, p. 10.

il disoit hautement que le roi de Navarre ne savoit faire la guerre que comme chef de bandoliers et de brigands, mais qu'il n'étoit pas plus en état de conduire une armée régulière que d'y maintenir la discipline. Avant la mort de Henri III il avoit tué de sa main un des dragons du Béarnais, qu'il avoit surpris emportant un ciboire. Comme il passoit pour fort riche, il craignit que le nouveau roi, dans sa pénurie, ne s'adressât à lui pour emprunter de l'argent, pour en exiger peut-être; il se fit à dessein une querelle de préséance avec les maréchaux d'Aumont et de Biron, et il en prit occasion pour quitter l'étendard royal avec toutes les troupes qu'il avoit amenées; il s'en retourna dans son gouvernement d'Angoulême. (1)

Cet exemple fut bientôt suivi par un grand nombre d'autres seigneurs. La plupart se contentèrent de se retirer dans leurs terres; mais Louis de l'Hôpital, baron de Vitry, crut ne pouvoir satisfaire sa conscience qu'en passant sous les drapeaux de la ligue. Il rendit à Henri IV la place de Dourdan, qui lui avoit été confiée, et avec toute sa compagnie, il alla joindre le duc de Mayenne à Paris. Peu de seigneurs eurent la noblesse d'âme de renoncer ainsi à un gouvernement important, ou la lâcheté de le livrer à

(1) Davila. L. X, p. 589, 593. — De Thou. L. XCVII, p. 536. — V. P. Cayet. T. LVI, p. 139.

l'ennemi. Mais les soldats sur lesquels une semblable responsabilité ne pesoit point, désertèrent en foule pour passer sous les étendards de Mayenne. (1)

Ce duc avoit repoussé, autant qu'il pouvoit le faire sans se brouiller avec son parti, la responsabilité du meurtre de Henri III. Il avoit écrit aux villes de la ligue qu'elles ne devoient point voir dans cet événement l'œuvre d'aucun conseil humain, mais une dispensation de la Providence, qui les protégeoit d'une manière éclatante; il avoit fait relâcher plus de deux cents personnes qui avoient été arrêtées le 1er août dans la capitale, à ce qu'on croyoit pour servir d'ôtages pour Jacques Clément, et il avoit, le 5 août, publié un édit pour rappeler à la défense de leur religion, tous les catholiques qui s'étoient crus obligés à obéir au feu roi, tant qu'il avoit vécu, déclarant que désormais il les prenoit lui-même sous sa garantie (2); mais les autres chefs de la ligue à Paris avoient été loin d'imiter sa modération. Dès le matin du 2 août, lorsque la duchesse de Montpensier apprit l'assassinat de Henri III, elle s'écria : « Je ne suis marrie que « d'une chose, c'est qu'il n'ait pas su, avant de « mourir, que c'étoit moi qui l'avoit fait faire. »

---

(1) Péréfixe. L. II, p. 115. — De Thou. L. XCVII, p. 538.
(2) Mém. de la Ligue. T. IV, p. 29-31. — De Thou. L. XCVII, p. 542.

Elle prit la duchesse de Nemours sa mère, dans sa voiture, et parcourant les rues de Paris, partout où elle voyoit des bourgeois assemblés elle leur crioit : « Bonne nouvelle, mes amis, bonne « nouvelle ! le tyran est mort ; il n'y a plus de « Henri de Valois en France ! (1) » Ces deux femmes dont l'une avoit perdu ses fils, l'autre ses frères, tués par les ordres de Henri, étoient plus excusables dans leur ressentiment que les prédicateurs, qui dans toutes les chaires célébrèrent l'œuvre pieuse et le martyre de frère Jacques Clément; que les auteurs des brochures ordurières en vers et en prose, et des caricatures qui furent publiées par milliers contre la mémoire du roi; que le pape Sixte-Quint, enfin, qui, dans un discours qu'il adressa le 11 septembre aux cardinaux, compara la délivrance de l'Eglise opérée par Clément, au mystère le plus sublime de la religion ; à la passion du Sauveur. (2)

La délivrance de Paris étoit accomplie en effet. Henri IV voyoit son armée se fondre autour de lui, tandis que celle de Mayenne grossissoit chaque jour. Non seulement le premier ne devoit plus songer au siége de Paris; son séjour auprès d'une si grande ville, qui conte-

(1) Mém. de Pierre de l'Estoile, Journal de Henri IV, T. II, p. 1.

(2) De Thou. L. XCVI, p. 495. — Capefigue. T. V, c. 72, p. 336.

noit une puissante armée, n'étoit déjà plus sans danger. Il avoit eu d'abord l'espérance d'amener à un arrangement le chef de la Ligue lui-même, qu'il savoit être un homme modéré, et qui même, comme ennemi, lui avoit montré des égards : il avoit fait proposer à Villeroi, qui étoit alors à Paris, de se faire entremetteur d'une paix pour laquelle il se déclaroit prêt à faire toute espèce de sacrifice. Villeroi répugnoit à tous les partis extrêmes; il s'étoit mis sous la protection de la Ligue, plus par timidité que par zèle, et il auroit volontiers secondé toute espèce de négociation. Mais Mayenne, auquel il parla le jour même, lui répondit que, selon toute apparence, Henri songeoit bien moins à traiter sérieusement qu'à calmer, par cette modération tout extérieure, les catholiques de son armée. Il ne voulut donc point lui permettre de se rendre au bois de Boulogne, où Henri demandoit à avoir une entrevue avec Villeroi; il consentit que La Marsillière, secrétaire du Béarnais, vînt en secret à Paris, dans la maison de Villeroi; mais il ne voulut pas lui parler lui-même, de peur que la Ligue n'en conçût quelque soupçon, et il repoussa toutes ces ouvertures avec égard pour le chef ennemi, mais avec fermeté. (1)

(1) Mém. de Villeroi. T. LXI, P. II, p. 309. — Davila. L. X, p. 596.

Pendant le peu de jours que durèrent ces négociations secrètes, l'armée du roi se fondoit rapidement; dès le 7 août elle étoit déjà réduite de moitié; le 16 il sentit la nécessité de quitter Saint-Cloud. Il annonça qu'il étoit résolu à déposer le corps du feu roi à Compiègne, en attendant qu'avec une pompe royale il pût le faire enterrer à Saint-Denis. Mais en même temps il partagea son armée; il en envoya une portion en Champagne sous les ordres du maréchal d'Aumont, pour y raffermir dans son parti le petit nombre de gentilshommes et de villes qui lui étoient demeurés fidèles; il fit partir dans le même but le duc de Longueville pour la Picardie, avec La Noue, dont ce seigneur étoit accoutumé à suivre les conseils; et lui-même, avec le duc de Montpensier et le maréchal de Biron, n'ayant plus sous ses ordres qu'environ mille quatre cents chevaux, deux régimens suisses qui formoient environ deux mille cinq cents hommes, et trois mille arquebusiers français, il partit pour Compiègne, où il déposa le corps du feu roi dans la cathédrale, le 24 août; puis, avant la fin du mois, il vint prendre position à Darnetal, à deux lieues de Rouen, d'après une vague espérance qu'on lui avoit fait concevoir que cette capitale de la Normandie lui seroit ouverte. (1)

(1) Vrai discours de ce qui s'est passé à l'armée du roi.

A la tête de cette petite armée qui étoit obligée de reculer devant l'ennemi, d'abandonner tous les avantages qu'elle avoit péniblement acquis, de renoncer à des succès dont elle s'étoit cru si récemment assurée, et de se maintenir malgré la pénurie d'argent et de vivres, Henri IV luttoit pour soutenir les esprits par son mérite personnel, bien plus que par ses ressources. « Il s'efforçoit, dit Davila, de satisfaire
« à tout le monde, et de se concilier la bien-
« veillance de chacun, par la vivacité de son
« esprit, la promptitude de ses réparties, l'ai-
« sance de ses paroles et la familiarité de sa
« conversation. Il faisoit plus le compagnon que
« le prince, et il suppléoit à la pauvreté de ses
« moyens par la prodigalité de ses promesses.
« A chacun tour à tour il protestoit que c'étoit
« à lui seul qu'il devoit la couronne, et que la
« grandeur des récompenses seroit proportion-
« née à la grandeur des services qu'il confessoit.
« Aux huguenots, il protestoit qu'il leur ou-
« vroit son cœur, et leur confioit ses sentimens
« les plus intimes, comme à ceux sur qui il
« fondoit ses plus solides espérances; aux catho-
« liques, il témoignoit toutes les déférences ex-
« térieures; il leur parloit avec une singulière
« vénération du souverain pontife et du siége

Mém. de la Ligue. T. IV, p. 48. — Davila. L. X, p. 595. — De Thou. L. XCVII, p. 539. — V. P. Cayet. L. LVI, p. 139.

« apostolique. Avec eux il laissoit percer tant
« d'inclination pour la religion romaine, qu'il
« leur faisoit prévoir une prompte et indubi-
« table conversion. Il témoignoit aux bourgeois
« des villes, aux paysans des campagnes, la
« pitié qu'il ressentoit pour leurs charges, et
« pour les calamités dont la guerre les acca-
« bloit; il s'excusoit sur la nécessité de nourrir
« ses soldats, et il en rejetoit toute la faute sur
« ses ennemis. Il se faisoit le compagnon des
« gentilshommes, qu'il appeloit les vrais Fran-
« çais, les conservateurs de la patrie, les res-
« taurateurs de la maison royale. Il mangeoit
« en public, il admettoit chacun à parcourir ses
« plus secrets appartemens; il ne cachoit point
« sa pénurie actuelle, et il tournoit en plaisan-
« terie tout ce qu'il ne pouvoit faire passer par
« des propos sérieux. » (1)

Les manières de Mayenne étoient plus dignes et plus contenues. Le plus calme et le plus modéré des Guises, c'étoit le meurtre seul de ses frères qui avoit pu faire de lui un chef de parti. Les habitudes mêmes de son corps sembloient mettre obstacle à son activité. Il étoit fort gros, il avoit besoin de beaucoup de sommeil, de repas abondans; et Sixte-Quint disoit de lui qu'il étoit impossible qu'il tînt tête à Henri IV, car il de-

---

(1) Davila. L. X, p. 595.

meuroit aussi long-temps à table que ce roi demeuroit au lit (1). Même en repoussant les ouvertures du Béarnais il lui avoit fait répondre que, loin d'avoir contre lui aucune inimitié privée, il l'honoroit et le respectoit; mais que sa conscience ne pouvoit lui permettre de laisser libres les abords du trône à un prince ennemi de la religion de son pays. D'ailleurs, il devoit poursuivre la ligne de conduite qui lui avoit été tracée par ses frères; il manqueroit à leur mémoire comme à son serment s'il reconnoissoit aucun autre roi en France que le cardinal de Bourbon, au nom duquel il exerçoit la lieutenance du royaume (2). Ce n'est pas que sa sœur, la duchesse de Montpensier, ne l'eût sollicité, à la mort de Henri III, de se faire proclamer roi lui-même, l'assurant que tout son parti se rangeroit avec plus de confiance sous ses drapeaux, s'il lui voyoit adopter une détermination aussi énergique; tandis que le roi d'Espagne, le pape, les ducs de Savoie et de Lorraine, qui, tous, avoient des prétentions sur la France, s'accorderoient à une chose faite, au lieu qu'ils la troubleroient ou la préviendroient si elle étoit à faire. La duchesse de Montpensier ajoutoit que, dans son propre parti, il avoit pour rivaux au

(1) Péréfixe. L. II, p. 128.
(2) Davila. L. X, p. 597. — Circulaire de Mayenne. De Thou. L. XCVII, p. 542.

pouvoir le cardinal de Bourbon et le duc de
Guise son neveu, qui tous deux étoient prisonniers, mais qu'il devoit prévoir combien la puissance de la Ligue et la sienne propre seroient affoiblies si l'un ou l'autre recouvroit la liberté avant qu'il eût mis la couronne sur sa tête. La mort du cardinal de Bourbon, qu'il devoit prévoir aussi comme prochaine, l'appelleroit de nouveau à prendre ou à déférer la couronne, dans des circonstances qui pourroient être bien moins favorables. (1)

La duchesse de Montpensier étoit peut-être plus faite que son frère pour diriger le parti de la Ligue. Elle avoit le sentiment que, dans le tumulte des factions, au milieu d'hommes passionnés, l'audace seule a des chances de succès. Mais Mayenne ne portoit point son ambition si haut; il prenoit surtout pour ses conseillers le secrétaire Villeroi et le président Jeannin, qui ne vouloient point se brouiller sans retour avec Henri IV, et qui, en effet, entrèrent tous deux plus tard à son service et obtinrent toute sa confiance. Ces deux hommes tout politiques déterminèrent Mayenne à faire proclamer roi le cardinal de Bourbon sous le nom de Charles X, publiant en même temps un édit du conseil de l'union qui invitoit tous les Français à lui prêter

(1) Davila. L. X, p. 598, 599.

obéissance. L'effet que produisit cet édit, effet attendu peut-être par Mayenne, fut de déterminer Henri IV à resserrer plus étroitement son oncle. Il le fit transférer de Chinon, où il étoit alors, au château de Fontenay. Chavigny, auquel Henri III l'avoit confié, le remit, le 3 septembre, moyennant une somme d'argent que lui paya Duplessis-Mornay, aux sieurs de la Boulaye et de Parabère, protestans, que Henri IV chargeoit désormais de sa garde. Le cardinal, dompté par la captivité, loin de prendre lui-même le titre de roi de France, n'hésita point à le donner à Henri IV son neveu. (1)

Henri IV s'aperçut bientôt que les espérances qu'on lui avoit données sur Rouen n'étoient pas fondées, et que dans cette Normandie qui, trente ans auparavant, étoit plus qu'à moitié protestante, les huguenots n'avoient plus de faveur. Ce furent même des catholiques qui lui livrèrent les deux places du Pont-de-l'Arche et de Dieppe, dont il fut mis en possession. La seconde étoit pour lui d'une haute importance, comme lui ouvrant une communication avec l'Angleterre; il en profita pour expédier aussitôt

---

(1) Duplessis-Mornay. T. IV, §. 93, p. 408. — Mém. de Villeroi. T. LXI, P. II, p. 318-328. — Journal de l'Estoile, T. II, p. 9. — La proclamation de Charles X par Mayenne est du 7 août, l'arrêt du parlement de Paris, du 21 novembre. De Thou. L. XCVII, p. 543 et 566.

Philippe de Canaye, sieur de Fresne, à la reine Élisabeth, et lui demander instamment des secours (1). En effet, sa situation devenoit toujours plus critique. Mayenne, plus habile comme général que comme chef de factieux, avoit déjà rassemblé une armée puissante. Il s'étoit hâté de demander l'assistance des cours de Rome et de Madrid, qui, en effet, la donnèrent plus ouvertement dès qu'elles apprirent la mort de Henri III, mais qui, auparavant, avoient déjà fourni de l'argent aux comtes Jacques de Colalto et Charles de Mansfeld, au duc de Brunswick et à Bassompierre, pour lever des troupes allemandes en faveur de la Ligue. L'activité de Mayenne fut égale à la leur, et dès le 1er septembre ce duc fut en état de sortir de Paris, avec six mille Suisses, quatre mille fantassins allemands, douze mille arquebusiers français ou lorrains, et quatre mille cinq cents chevaux. Avec cette redoutable armée, il prit par Poissy, Mantes, Vernon et Gournai, dont il se rendit maître, la route de Normandie. (2)

Henri IV se hâta de quitter Darnetal, et de se rapprocher de Dieppe, dont le gouverneur, Aymar de Chattes, commandeur de Malte et proche parent du duc de Joyeuse, lui avoit

1589.

---

(1) Davila. L. X, p. 602.
(2) Davila. L. X, p. 605. — De Thou. L. XCVII, p. 545. — Vrai Discours, Mém. de la Ligue. T. IV, p. 56.

donné l'entier commandement; c'étoit là qu'il avoit demandé à de Fresne de lui amener les secours anglais : mais quoique la place fût forte, elle auroit difficilement soutenu un long siége; aussi le parlement de Tours, regardant sa situation comme presque désespérée, lui fit proposer d'associer à la couronne le cardinal de Bourbon, pour diviser le parti ennemi; et plusieurs de ses officiers lui proposèrent de chercher lui-même un refuge en Angleterre (1). Henri, en repoussant ces lâches conseils, sentoit bien qu'il ne seroit guère moins perdu s'il se laissoit assiéger dans Dieppe, où les bourgeois, fatigués de la guerre, le forceroient bientôt à capituler. Tout foible qu'il étoit, il se résolut à tenir la campagne, et de concert avec le maréchal de Biron, l'homme de son siècle, en France, qui entendoit le mieux l'art de la guerre, il traça au village d'Arques, à une lieue de Dieppe, un camp retranché, où il annonça qu'il braveroit toutes les attaques du duc de Mayenne.

Le port de Dieppe est formé par la petite rivière de Béthune, dans laquelle le flux remonte jusqu'à deux lieues; il formoit alors de toute la plaine des marais presque impraticables; mais à quelque distance s'élèvent deux collines entre lesquelles la rivière est encaissée : celle de gau-

---

(1) Pérefixe. T. II, p. 123.

che, ou du midi, se prolonge jusqu'à Dieppe, et ouvroit alors les seules routes praticables pour arriver jusqu'à cette ville; celle de droite, ou du nord, finissoit au bourg du Pollet; de l'autre côté du port, c'étoit sur la colline de gauche qu'étoit bâti le château d'Arques, le bourg s'étendoit au-dessous et fermoit un autre chemin qui suivoit à mi-côte; Henri fit aussitôt travailler son armée à s'y couvrir de fortifications: des fossés de huit pieds de largeur, et d'autant de profondeur, lioient le bourg au château, et la terre qui en avoit été retirée formoit un rempart qui couvroit les défenseurs; quelques ouvertures cependant avoient été ménagées, par lesquelles ceux-ci pouvoient sortir avec cinquante chevaux de front. (1)

Ces ouvrages, pour lesquels le roi avoit eu peine à rassembler assez de pionniers, étoient à peine terminés, quand Mayenne, avec sa formidable armée, qui passoit trente mille hommes, arriva dans le voisinage; le duc de Nemours étoit venu le joindre avec les forces qu'il avoit rassemblées dans le Lyonnais; Balagni, l'aventurier qui s'étoit fait de Cambrai une principauté presque indépendante, lui avoit amené sa cava-

(1) De Thou. L. XCVII, p. 546. — Davila. L. X, p. 604. — D'Aubigné. L. III, c. 2, p. 218. — V. P. Cayet. T. LVI, p. 156. — Vrai Discours, p. 57. — Rapport du 22 octobre sur l'affaire d'Arques. Duplessis. T. IV, §. 100, p. 419.

lerie; le marquis de Pont lui avoit été envoyé par son père le duc de Lorraine, et le duc d'Aumale l'avoit rejoint en Normandie. Mayenne, averti de la forte position que Henri occupoit à Arques, prit, contre l'attente de celui-ci, la route des collines de droite; mais il ne fit point tant de diligence que Henri n'eût encore le temps de le prévenir en se fortifiant au Pollet : tous ses gentilshommes mirent avec lui la main à l'œuvre, et quand, le mercredi 13 septembre, Mayenne arriva en vue de cette bourgade, il ne crut point possible de la prendre de vive force; il se contenta d'offrir au roi une bataille que celui-ci n'avoit garde d'accepter. Pour empêcher cependant ses troupes de se sentir humiliées de ce qu'il reconnoissoit ainsi son infériorité, il fit sortir divers partis de cavalerie, qui maintinrent des escarmouches avec les ligueurs pendant tout le jour. (1)

Mayenne, ne voulant point entreprendre d'attaquer de vive force le bourg du Pollet, résolut de traverser la rivière pour passer sur les collines à sa gauche, et après avoir donné trois jours de repos à son armée, il tenta, le 17, de surprendre les ponts de la rivière Béthune, et de s'approcher d'Arques par cette route. Mais

(1) V. P. Cayet. T. LVI, p. 160. — Davila. L. X, p. 605. — De Thou. L. XCVII, p. 546-550. — Sully, Écon. royales. T. I, c. 28, p. 327.

l'avantage de la position qu'avoit choisie le roi, c'est qu'il pouvoit rapidement porter toutes ses forces sur le point attaqué, tandis que son adversaire n'y arrivoit que par un long détour. Il devança en effet Mayenne sur les bords de la Béthune, et dès que ce duc fut descendu dans la plaine, il s'y trouva exposé à un feu bien nourri d'artillerie et de mousqueterie, qui lui tua beaucoup de monde, et le força enfin à renoncer à son dessein. Le 21 septembre, toutefois, il renouvela cette attaque avec plus de chances de succès: ses landsknechts étant arrivés au travers des bois jusqu'aux retranchemens de Henri IV, s'annoncèrent comme des déserteurs qui venoient rejoindre les huguenots, leurs coréligionnaires; en effet c'étoit une troupe qui avoit été levée par les princes protestans d'Allemagne, pour l'envoyer au secours du roi de Navarre, mais, en traversant la Lorraine, elle s'étoit trouvée compromise entre des bandes ennemies, et elle avoit passé au service de la Ligue. Depuis, le bruit s'étoit répandu que les landsknechts s'étoient mutinés contre Mayenne, et qu'ils étoient en traité pour passer sous les drapeaux du roi. Leurs compatriotes, de même que les Suisses au service de Henri, les reçurent sans défiance; ils les aidèrent même de la main pour les faire passer par-dessus les retranchemens; mais ces landsknechts ne furent pas plus tôt entrés dans le camp, qu'ils tombèrent en furieux sur ceux qui les y avoient introduits. La terreur fut grande dans l'armée royale, plusieurs commencèrent à fuir à la débandade; Biron fut renversé de son cheval, Henri crut un moment que tout étoit perdu : une bravoure désespérée pouvoit seule le sauver encore; il en donna l'exemple à ses soldats; avec Montpensier et le grand-prieur, il rallia ses troupes, et les ramena à plusieurs reprises à la charge. Heureusement pour lui le précautionneux Mayenne n'avançoit qu'à petits pas, faisant des haltes fréquentes pour remettre en ordre ses escadrons. « S'il n'y va pas d'une autre façon, dit Henri IV, je suis assuré de le battre toujours à la campagne. » Et en effet, il chassa les landsknechts de ses retranchemens avant que le duc fût arrivé pour les appuyer. (1)

Mayenne ne se rebuta pas cependant : après avoir un peu laissé reposer son armée, il fit un long détour, et reparut, le 24 septembre, sous les murs mêmes de Dieppe, où il fit mettre huit canons en batterie. Henri IV avoit bien été averti de sa marche, mais au lieu de lui disputer le passage, il s'étoit contenté d'entrer lui-même à Dieppe avec la plus grande partie de son ar-

(1) Davila. L. X, p. 608-610. — De Thou. L. XCVII, p. 549. — V. P. Cayet. T. LVI, p. 165. — Vrai Discours, aux Mém. de la Ligue. T. IV, p. 63. — L'Estoile, Journal, p. 11-13. — Péréfixe. L. II, p. 126.

mée; les assaillans furent bientôt avertis de sa présence par la vigueur avec laquelle ils furent repoussés. A son tour le baron de Biron, avec un gros corps de cavalerie, vint provoquer Mayenne jusque tout près de ses lignes; le duc crut qu'emporté par son ardeur il s'étoit trop aventuré, et il essaya de le couper, mais dans ce moment la cavalerie royaliste s'ouvrit et laissa voir deux grosses coulevrines attelées qui manœuvroient avec autant de légèreté que les cavaliers, et qui firent un feu terrible sur les ligueurs. C'étoit le premier emploi de l'artillerie légère, invention du normand Charles Brisa, bombardier, qui avoit fait son apprentissage comme corsaire dans les Indes occidentales, et qui rendit de grands services à Henri IV. Son invention ne fut point mise à profit depuis, jusqu'aux guerres du grand Frédéric, qui la renouvela. (1)

La position de Henri IV devenoit cependant toujours plus critique; des vents contraires lui coupoient toute communication avec l'Angleterre, et retardoient indéfiniment l'arrivée d'un secours de quatre mille hommes qu'Élisabeth lui avoit promis. Avec sept mille hommes seulement il avoit tenu tête à trente mille ligueurs; mais ses soldats étoient épuisés de fatigue, plusieurs

(1) Davila. L. X, p. 610. — D'Aubigné. L. III, c. 2, p. 222.

étoient blessés, plusieurs avoient perdu leurs chevaux, et les vivres commençoient à leur manquer dans un pays ruiné par deux armées. Enfin il reçut l'heureuse nouvelle que le duc de Longueville et le maréchal d'Aumont, dont il avoit invoqué l'assistance, s'avançoient à son secours. Le premier avoit rassemblé tous les royalistes de Picardie, l'autre ceux de Champagne. Le comte de Soissons, qui s'étoit échappé de sa prison en Bretagne, s'étoit joint à eux, et La Noue leur prêtoit l'appui de sa haute réputation et de son expérience. Mayenne, averti qu'ils n'étoient plus qu'à six lieues de distance, se détermina enfin, le 28 septembre, à renoncer à son attaque, à s'éloigner d'Arques, et se diriger vers Amiens. Il vouloit s'y réunir à un corps de troupes que le duc de Parme envoyoit à son assistance, sous les ordres du sieur de La Motte. Mais ses soldats, découragés dès qu'ils le virent en retraite, commencèrent à déserter ses étendards, et après avoir reçu le renfort du duc de Parme, il se trouva avoir moins de combattans sous ses drapeaux qu'il n'en avoit en quittant ses lignes devant Arques. (1)

Après s'être réuni avec Longueville et d'Aumont, Henri IV reçut encore le renfort si vivement désiré que lui envoyoit Élisabeth; c'étoit

---

(1) Davila. L. X, p. 612. — V. P. Cayet. T. LVI, p. 169.

un corps d'infanterie de quatre mille Anglais et de mille Écossais. Le roi se trouvoit donc à la tête d'une armée assez formidable ; mais en elle consistoit presque tout son royaume ; nulle part son autorité n'étoit assez régulièrement établie pour qu'il pût percevoir des impôts ou lever des soldats ; tout ce que pouvoient faire ses provinces au midi de la Loire, c'étoit de se défendre sans lui, et quoiqu'Élisabeth lui eût envoyé un peu d'argent, il n'en auroit pas eu pour un mois s'il étoit resté sur la défensive. Il crut le moment venu d'étonner ses adversaires par une entreprise hardie, d'effrayer les Parisiens, peut-être de les soumettre par surprise, tout au moins d'enrichir ses soldats par un butin qu'on ne leur disputeroit pas ; et après avoir accordé un petit nombre de jours de repos à son armée, il partit avec elle de Dieppe, le 19 octobre, marchant sur Paris par la route la plus courte, mais à petites journées. (1)

Henri ne rencontra d'obstacles nulle part sur sa route ; il avoit alors sous ses ordres vingt mille fantassins, trois mille chevaux, et quatorze pièces de grosse artillerie, et Mayenne ne s'attendant point à un tel acte de hardiesse de la part de celui qu'il avoit tenu près d'un mois assiégé, s'étoit retiré hors de son chemin. Les duchesses de Mont-

---

(1) Davila. L. X, p. 612. — V. P. Cayet, Chronique novenaire. T. LVI, p. 173. — Vrai Discours, Mém. de la Ligue. T. IV, p. 69.

pensier et de Nemours avoient chaque jour annoncé au peuple parisien, que le Béarnais, réduit à la dernière extrémité avec sa poignée de politiques et d'hérétiques, étoit sur le point de se rendre, bien plus, que des précautions étoient prises pour l'empêcher de s'enfuir en Angleterre, comme il en avoit formé le projet. Aussi, on peut juger quelle fut la surprise du peuple, en voyant ce prétendu fugitif arriver devant Paris, le 31 octobre, avec une armée formidable.

Cependant l'enthousiasme religieux avoit inspiré aux Parisiens une constance et un courage que les écrivains royalistes se refusent à admirer; de Rosne, qui étoit avec quelques troupes à Étampes, dont il s'étoit rendu maître peu de jours auparavant, les ramena dans Paris, le jour même où Henri IV vint camper devant les murs. Il se présenta au conseil des Seize, leur annonça la prochaine arrivée de Mayenne, dont il étoit lieutenant, et les engagea à prendre, en attendant, de bonnes mesures de défense. Les bourgeois furent appelés aux armes, et ils vinrent occuper avec empressement les mêmes remparts que trois mois auparavant ils avoient défendus contre Henri III. Les religieux de tous les couvens s'armèrent en même temps et vinrent se joindre à la milice. Toutefois, la plus grande partie de cette milice demeura pour garnir l'enceinte de la ville : elle paroissoit reconnoître que celle des faubourgs étoit à peine susceptible de défense. Cette dernière fut attaquée au point du jour, le 1er novembre, par les troupes royales en trois divisions. La bourgeoisie soutint vaillamment le combat pendant une heure, après quoi elle fut obligée de céder; plusieurs des anciennes brèches n'avoient point été réparées, et les assaillans se présentoient avec trop d'avantages de tous les côtés à la fois. La Noue, le premier, pénétra dans le faubourg Saint-Germain, et descendant par la rue de Tournon, il poursuivit, l'épée dans les reins, les compagnies bourgeoises, qui eurent de la peine à rentrer dans la ville par la porte de Nesle. Presqu'aussitôt après, les faubourgs de Saint-Victor, de Saint-Marceau, de Saint-Jacques et de Saint-Michel, furent également forcés. Neuf cents bourgeois furent tués dans cet assaut, et quatre cents demeurèrent prisonniers. Parmi ces derniers, les royalistes reconnurent le père Édouard Bourgoin, prieur de ce couvent de Dominicains d'où étoit sorti Jacques Clément.

On prétend que Châtillon, colonel de l'infanterie huguenote, en entrant dans le faubourg dont il s'étoit rendu maître, encourageoit ses soldats en criant saint Barthelemy! et qu'en effet ceux-ci firent main basse sur tout ce qu'ils purent atteindre (1). Quant aux autres roya-

(1) Journal de l'Estoile. T. II, p. 15.

listes, ils n'étoient point animés de sentimens ou de haine ou de vengeance, mais le pillage des faubourgs étoit pour eux, et pour le roi lui-même, le but principal de l'expédition. Ils y procédèrent avec autant d'ordre et de précaution que d'âpreté. Les officiers ne permirent à aucun soldat de sortir des rangs jusqu'à ce que la cavalerie fût entrée, et eût disposé ses vedettes et ses patrouilles; des corps d'observation furent établis en face de chaque porte pour arrêter les sorties; des sauvegardes furent données à chaque église, Henri IV mettant une grande importance à bien convaincre les Parisiens de son respect pour le culte catholique, aussi le service divin (c'étoit le jour de la Toussaint) ne fut point interrompu pendant toute la rigueur du pillage; mais, d'autre part, les quartiers furent répartis entre les régimens, les rues entre les compagnies, et la bride fut lâchée aux soldats. Ils furent autorisés à tout prendre, et pendant trois jours ils furetèrent les maisons avec tant d'âpreté que dans tous les faubourgs ils ne laissèrent pas le moindre effet qui eût quelque valeur. Aussi ces soldats déguenillés, privés de solde, et qui avoient souffert d'une extrême misère, se trouvèrent-ils tout à coup nager dans l'or et les richesses. (1)

(1) Davila. L. X, p. 614. — De Thou. L. XCVII, p. 551. — D'Aubigné. L. III, c. 3, p. 323. — Journal de l'Estoile,

Henri IV avoit gagné quelques marches sur Mayenne, qui n'avoit jamais attendu de son ennemi une entreprise si hasardeuse, mais dès que le duc fut averti de la direction que suivoit l'armée royale, il revint en hâte vers Paris. Montmorency-Thoré, gouverneur de Senlis, s'étoit chargé de rompre le pont Sainte-Maxence; une maladie l'en empêcha, et Mayenne put passer l'Oise sans difficulté : il poussa en avant le duc de Nemours avec toute sa cavalerie légère, et celui-ci entra dans Paris le 2 novembre. Le 3, Mayenne y arriva lui-même; la position de l'armée royale dans les faubourgs commençoit à devenir critique, d'ailleurs les habitans n'avoient plus rien qu'on leur pût enlever. Henri donna donc, le 4 novembre, le signal du départ; il prit sa route par Montlhéry et Étampes; là, il partagea de nouveau son armée pour lui assurer du repos pendant l'hiver, et répartir entre plus de provinces la charge de l'entretenir. Givry fut envoyé dans la Brie, d'Aumont en Champagne, et Longueville en Picardie, tandis qu'avec le reste de ses troupes il reprit par la Beauce le chemin de Tours. (1)

Depuis que Henri III avoit établi à Tours le

---

p. 15. — Cayet, Chron. noven. T. LVI, p. 175. — Péréfixe. L. II., p. 130. — Lettre du roi à M. Duplessis, du 2 novembre 1589. T. II, n° 103, p. 431.

(1) De Thou. L. XCVII, p. 552. — Davila. L. X, p. 615.

parlement et la chambre des comptes, cette ville étoit devenue la capitale du parti royaliste, et le séjour de ceux qui ne vouloient pas s'exposer aux chances de la guerre. Henri IV y fit son entrée le 21 novembre, aux flambeaux; il fut reçu à la porte de la ville par les cardinaux de Vendôme et de Lénoncourt, et par tous les présidens et conseillers de son parlement. Déjà près de quatre mois s'étoient écoulés sur les six, pendant lesquels il avoit promis de se faire instruire, et il n'avoit pu songer qu'à la guerre. Les catholiques avoient pris, et avec raison, cette promesse comme équivalente à celle d'embrasser leur religion, et ils commençoient à montrer de l'impatience et du mécontentement de ce qu'elle n'avoit été suivie d'aucun retour à l'Église. Les protestans avoient proposé d'assembler un colloque à Saint-Jean-d'Angely, pour y élire un nouveau protecteur des églises, dans la crainte que Henri IV ne fût sur le point de les abandonner. Mais celui-ci écrivit le 6 novembre, à Duplessis-Mornay : « N'ajoutez foi aux faux bruits que « l'on pourroit faire courre de moi, lesquels je « vous prie de prévenir, et assurer pour moi un « chacun de ma constance en la religion, non-« obstant toutes difficultés et tentations (1). » — « Vous savez, dit-il dans une autre lettre au

---

(1) T. IV, Lettre 101, d'Étampes, p. 426.

« même, les exploits qui se sont passés; je n'en
« dirai rien davantage, sinon que j'y ai gran-
« dement éprouvé la faveur et assistance de
« Dieu; et n'ai point intermis l'exercice de la
« religion partout où j'ai été, tellement que telle
« semaine sept prêches se sont faits à Dieppe
« par le sieur d'Amours. Est-ce là donner ar-
« gument ou indice de changement? Si je n'ai
« parlé si souvent ou caressé ceux de la reli-
« gion, comme ils désiroient, la gravité de tant
« d'affaires m'en pouvoit dispenser. » (1)

Il falloit tenir un autre langage aux cardinaux, au parlement et aux catholiques qui le
recevoient à Tours; et, en général, Henri se
déméloit de ces contradictions avec plus d'adresse
que de franchise. Dès le lendemain de son arrivée à Tours, il vint tenir au parlement une
séance royale. Il y fut accompagné par les grands
seigneurs et les principaux officiers de son armée. Après avoir été complimenté par le président de Harlay, qui venoit de se racheter des
mains des ligueurs, il exprima à cette assemblée le regret avec lequel il se voyoit contraint
d'ajourner la réunion des états-généraux, qui
avoient été convoqués pour cette époque. Il
prit à témoin ceux qui l'entendoient de l'impossibilité où il seroit de réunir les députés de la

(1) T. IV, Lettre 102, p. 430.

nation dans la circonstance présente ; mais il promit, sauf nouveaux mouvemens de guerre, de les rassembler au 15 mars suivant ; annonçant qu'en leur présence, et avec le conseil des hommes les plus sages, il se flattoit de pouvoir, avec plus de tranquillité d'âme, régler et sa propre vie future, et les affaires générales à la satisfaction de tous. (1)

Henri IV ne demeura que deux jours à Tours ; pendant ce temps ses troupes avoient investi Vendôme, ville de son patrimoine, à laquelle il ne pouvoit pardonner de s'être déclarée pour la Ligue. Il la prit d'assaut, et la livra au pillage ; il prit aussi par capitulation le Mans, où les ligueurs avoient établi un grand dépôt de munitions de guerre. Au mois de décembre il prit Falaise d'assaut, et avant la fin de décembre il réduisit sous son obéissance presque toutes les villes de la basse Normandie. C'est ainsi qu'il termina sa première campagne, où il avoit obtenu bien plus de succès qu'il ne l'avoit espéré en la commençant. Sa vaillante résistance à Arques, puis le pillage des faubourgs de Paris, avoient trompé tous les calculs de ses ennemis. Cependant il sentoit bien lui-même qu'il faisoit la guerre dans son royaume en aventurier plutôt qu'en roi. Dans toutes les provinces les politi-

(1) Davila. L. X, p. 617, 618. — De Thou. L. XCVII, p. 577.

ques et les ligueurs étoient aux prises ; chaque ville se gouvernoit comme une république, chaque seigneur comme un prince indépendant ; Henri IV ne pouvoit ni lever des troupes, ni recueillir des impôts ; il n'essayoit pas même de donner des ordres, heureux quand il pouvoit obtenir que ses amis agissent de concert avec lui. Il se disoit lui-même roi sans royaume, mari sans femme, et guerrier sans argent (1). Au dehors le nom royal en imposoit cependant encore : il avoit été reconnu par les cantons suisses, qui avoient ordonné à leurs régimens de demeurer à son service. La république de Venise avoit accrédité auprès de lui l'ambassadeur qui l'avoit représentée auprès de Henri III : resserrée comme elle se trouvoit entre les États autrichiens, elle faisoit des vœux pour les succès d'un rival de Philippe II ; mais l'empereur, le roi d'Espagne, le pape et les autres souverains d'Italie, persistoient à ne vouloir voir dans Henri IV qu'un aventurier et un usurpateur. (2)

Pendant que Henri étoit à Étampes, un gentilhomme lui présenta une requête de Louise de Vaudemont, reine douairière, qui se recom-

1589.

---

(1) Sully, Écon. royales. T. I, p. 427. — Davila. L. X, p. 619, 620. — Duplessis. L. IV, n° 14, p. 432.
(2) De Thou. L. XCVII, p. 606. — Mém. de la Ligue. T. IV, p. 206. — Davila. L. X, p. 616, 618. — Cayet, Chron. noven. T. LVI, p. 232. — Vrai Discours, p. 81.

mandoit à lui pour qu'il eût à tirer vengeance de l'assassinat de Henri III, son mari. La requête étoit conçue dans ce style déclamatoire qu'on croyoit alors pathétique, et Henri IV avoit répondu sur le même ton : « Si les termes « pitoyables, dit Cayet, de la requête de ladite « dame avoient rempli de larmes les yeux de « ceux qui l'écoutèrent, la généreuse réponse « de Sa Majesté les eût bientôt séchés d'un zèle « ardent de justice » (1). Le malheureux père Bourgoin, qui avoit été fait prisonnier à la prise des faubourgs de Paris, fut victime de cet assaut de sensibilité. On l'accusoit d'être prieur du couvent d'où étoit sorti Jacques Clément, et on le soupçonnoit de l'avoir encouragé à son attentat. Il fut traduit devant le parlement de Tours, toutes les chambres assemblées. Il nia toujours d'avoir eu aucune connoissance des desseins du meurtrier; mais des témoins déposèrent qu'ils l'avoient publiquement entendu louer en chaire l'action de Clément, comme Sixte-Quint l'avoit fait lui-même en plein consistoire; et sur ce témoignage le parlement le condamna, le 23 février 1590, à être tiré à quatre chevaux, puis brûlé et ses cendres jetées au vent. Il supporta d'abord la question, puis ce supplice atroce avec une admirable constance,

(1) V. P. Cayet, p. 183.

protestant jusqu'à la fin de son innocence. (1)

Henri IV ne voyoit point encore de nouveaux partisans se réunir à lui. Non seulement tous les catholiques zélés, tous les enthousiastes s'étoient engagés dans la Ligue; la masse du peuple, qui l'appeloit toujours le Béarnais, ou le roi de Navarre, n'admettoit point ses prétentions au trône, et ne croyoit point qu'il eût de chances de s'y asseoir jamais. Presque toutes les villes s'étoient déclarées contre lui; les paysans, qui se laissoient davantage encore diriger par leurs prêtres, ne lui étoient pas moins contraires; la noblesse seule lui étoit plutôt favorable, encore celle-ci, qui avoit regardé comme un engagement solennel la promesse qu'il lui avoit faite de se faire instruire dans la religion catholique, commençoit-elle à murmurer avec beaucoup d'impatience sur ses retards, et à menacer de l'abandonner. Un seul avantage lui demeuroit pour contrebalancer toutes les difficultés : ses soldats comptoient sur sa fortune; il n'avoit jamais été vaincu, et les huguenots, si long-temps accoutumés aux revers, avoient appris sous ses étendards le chemin de la victoire.

Dans le parti de la Ligue on pouvoit commencer à reconnoître des marques de désorganisation, qui peut-être provenoient surtout du

(1) De Thou. L. XCVIII, p. 608. — Journal de l'Estoile, p. 19, 31. — D'Aubigné. L. III, c. 4, p. 225.

manque d'audace de Mayenne. Ceux qui lui auroient obéi s'il s'étoit fait roi, disputoient son pouvoir comme lieutenant-général du royaume. Il avoit également à se défendre contre l'esprit républicain des communes, contre l'ambition des Espagnols et la politique du pape. Sixte-Quint en apprenant la mort de Henri III en avoit témoigné une joie indécente. Il s'étoit décidé à envoyer en France un légat, homme de talent et d'énergie, mais entièrement dévoué à la Ligue; c'étoit le cardinal Gaëtani, de la famille des ducs de Sermonetta; et il lui avoit confié pour 300,000 écus de lettres de change afin de le mettre en état de seconder plus puissamment le parti catholique (1). Plus tard cependant, sa jalousie de l'Espagne s'étoit réveillée; il avoit donné le 15 octobre, à Gaëtani, des instructions qui lui prescrivoient de ne pas s'éloigner de la neutralité; mais pour qu'elles fussent fidèlement suivies, il n'auroit pas fallu choisir un homme de parti. Le légat, arrivé à Lyon, refusa de se rendre auprès de Henri IV, qui l'en sollicitoit; il refusa également de profiter de la neutralité que lui offroit Louis de Gonzaga, alors retiré dans son duché de Nevers, et décidé, disoit-il, à ne se joindre ni à l'un ni à l'autre parti; le légat fit donc demander une escorte au duc de Lorraine, et sous sa

---

(1) Davila. L. XI, p. 622, 624. — De Thou. L. XCVIII, p. 601.

garantie il arriva, le 20 janvier 1590, à Paris. (1)

Gaëtani reconnut bientôt quelle divergence existoit réellement entre les vues secrètes des chefs et des alliés de la sainte Ligue. Mayenne, qui n'avoit pas osé prendre la couronne quand sa sœur l'exhortoit à s'en saisir, commençoit à regretter l'occasion perdue, et se préparoit pour la mort du cardinal de Bourbon, qu'il croyoit prochaine. Mais Philippe II laissoit connoître que loin de seconder de tels projets, il aspiroit à placer lui-même sur le trône de France sa fille Isabelle, née d'Elisabeth, fille aînée de Henri II. Les bourgeois de Paris, les plus ardens de tous dans le parti de la Ligue, n'aspirant qu'à la ruine de Henri IV et à l'extermination de tous les huguenots, se résignoient, pour atteindre ce but, à passer sous la domination de l'Espagne. Mais la noblesse de la Ligue vouloit un roi français, le parlement de Paris vouloit un roi dont le titre à la couronne fût légitime. Le duc de Lorraine, profitant de ces dispositions, vouloit faire élire son fils, le marquis de Pont, comme fils de la fille aînée de Henri III; le duc de Savoie se présentoit en même temps comme fils d'une fille de François Ier; l'un et l'autre cependant songeoit bien plus à s'arrondir aux dé-

(1) Davila. L. XI, p. 625, 626. — De Thou. L. XCVIII, p. 601.

pens des provinces limitrophes qu'à monter sur le trône de France. Les ducs de Nemours, de Mercœur, de Nevers, peut-être même le duc d'Aumale, ne rêvoient que la division de la monarchie, pour se rendre eux-mêmes indépendans. (1)

Mayenne voyoit se manifester tous les jours davantage les vues étroites et personnelles de ses associés; il s'inquiétoit sur le sort de son parti et sur celui de la France, aussi prêta-t-il quelquefois l'oreille aux propositions que lui faisoit faire Henri IV. Celui-ci se montroit disposé à lui faire les concessions les plus amples; il avoit employé à cette négociation Faudoas de Belin, qu'il avoit fait prisonnier devant Arques, et qu'il renvoya sur parole au duc, dont il étoit maréchal de camp. Belin se disoit chargé, par les catholiques de l'armée du roi, de presser Mayenne de se joindre à eux pour solliciter Henri de se faire catholique. On lui donnoit à entendre que le roi étoit sur le point de céder, que la paix sauveroit le royaume et affermiroit le crédit de la maison de Guise. Mayenne, après quelque hésitation, refusa toute union avec le parti politique de l'armée du roi; ferme, mais modéré, ambitieux, mais Français, il se montra jusqu'au bout le plus honnête homme de son parti; il persista dans le

(1) Davila. L. XI, p. 628, 629. — De Thou. L. XCVII, p. 579. — V. P. Cayet, Chron. noven. p. 171.

double but de garantir son pays de la domination des huguenots et de celle des Espagnols; il fit entrer dans le conseil de l'union quelques hommes dont il étoit sûr, pour modérer la violence des Seize et des bourgeois de Paris; il y confia le sceau à l'archevêque de Lyon, qui venoit de recouvrer sa liberté en payant une grosse rançon; il y appela aussi Villeroi et le président Jeannin : enfin il convoqua, pour le mois de février suivant, les états-généraux à Melun, quoiqu'il prévît bien que la guerre civile ne laisseroit point les routes libres aux députés pour qu'ils pussent s'y assembler. (1)

(1) Mém. de Villeroi. T. LXI, p. 330.—Davila. L. XI, p. 630, 632.

CHAPITRE II.

Ouverture de la seconde campagne, bataille d'Ivry, siége de Paris. — Famine et détresse des Parisiens. — Le duc de Parme entre en France avec l'armée de Philippe II, et force Henri IV à lever le siége. — 1590.

1590. Pendant les guerres civiles, qui duroient déjà depuis trente ans, la capitale s'étoit montrée dévouée à la cause catholique autant et plus que les rois de la race des Valois. Les huguenots avoient réussi à se maintenir cependant à force d'enthousiasme et de sacrifices, mais ils avoient cruellement senti combien ils étoient affoiblis pour n'avoir pas un centre de leur puissance, pour n'être pas maîtres de la ville où les autorités de la monarchie, habituellement réunies, avoient pour elles la présomption du commandement et de l'obéissance. Tant que les deux partis se balançoient à peu près, Condé et Coligni renouvelèrent leurs efforts pour se rendre maîtres de Paris ; depuis la mort du dernier, les huguenots, confinés au-delà de la Loire, ne durent plus songer qu'à défendre les franchises qu'ils avoient conquises à la pointe de l'épée, non à dominer.

La guerre civile avoit changé d'objet par l'alliance des deux Henris ; le Béarnais réclamoit non plus la liberté de conscience, mais son droit héréditaire au trône, il se trouvoit de nouveau avec une armée dans les provinces au nord de la Loire, il avoit de nouveau des chances de s'emparer de la capitale. Aussi l'on pouvoit aisément comprendre que ce seroit désormais le but de tous ses efforts, car hors de Paris il ne seroit encore qu'un prétendant à la couronne, et la possession seule de Paris le feroit roi. Quoique Henri se fût éloigné, qu'il se fût fait de Tours une sorte de capitale temporaire, qu'il eût ensuite conduit son armée en Normandie, et qu'il fût alors même occupé du siége de Honfleur, Mayenne ne doutoit pas qu'il ne revînt bientôt à la charge ; de son côté, il savoit que la possession de Paris donnoit à la Ligue les apparences de la légitimité ; c'étoit comme maître de Paris, comme reconnu par le parlement, la chambre des comptes, la Sorbonne siégeant à Paris, qu'il pouvoit s'intituler lieutenant-général du royaume, et qu'il étoit reconnu en cette qualité par la plupart des provinces, sans avoir reçu cette charge, même du captif qu'il nommoit roi.

Paris n'étoit point menacé encore, mais les royalistes avoient conservé dans le voisinage plusieurs positions importantes d'où ils arrêtoient le commerce des vivres, et surtout la navigation des rivières ; en effet, les marchés étoient fort mal approvisionnés, les prix des vivres étoient exorbitans, et la population de Paris murmuroit. Heureusement le cardinal-légat arriva sur ces entrefaites à Paris avec les 300,000 écus que le pape lui avoit confiés pour la guerre sacrée. Il les livra à Mayenne, lui fournissant ainsi les moyens de mettre son armée en campagne ; en même temps il fit publier un décret de la Sorbonne qui prohiboit de traiter aucun accord avec les hérétiques, et en particulier avec Henri de Bourbon, déclaré relaps et excommunié, sous peine d'encourir aussi les excommunications prononcées contre l'hérésie. Avec ce double renfort, le duc de Mayenne se mit en campagne ; il s'empara de Pontoise, et il vint mettre le siége devant Meulan. (1)

Henri n'eut pas plus tôt appris le danger que couroit Meulan, qu'il abandonna le siége de Honfleur, et qu'il se présenta sur la rive de la Seine opposée à celle où le duc étoit campé. Le maréchal de Biron entra dans la ville assiégée, et Mayenne fut réduit, le 25 février, à lever le siége. Il se dirigea alors vers la Flandre pour recueillir les renforts que Philippe lui envoyoit sous les ordres du comte d'Egmont. Ce seigneur étoit fils de celui à qui Philippe avoit fait couper la tête,

(1) Davila. L. XI, p 632, 633.

mais les prêtres l'avoient accoutumé à repousser avec horreur le souvenir de ce grand homme. « Ne me parlez pas de ce rebelle », répondoit-il à ceux qui célébroient son amour pour son pays. Le duc de Parme avoit confié quinze cents lances et quatre cents carabiniers au comte d'Egmont, que celui-ci conduisit à Mayenne. Deux jours après, Saint-Paul lui amena aussi de Lorraine douze cents chevaux et deux mille fantassins allemands. Avec ces renforts étrangers l'armée de la Ligue entra en campagne plus puissante qu'elle n'eût encore été. (1)

Pendant l'absence de Mayenne, Henri IV s'étoit flatté de pouvoir réduire la ville de Dreux, qu'il vint attaquer le 28 février. Mais la Ligue avoit dans cette ville deux braves capitaines, Falandre et Laviette, qui déjouèrent tous les efforts du roi. Bientôt celui-ci fut averti que Mayenne ayant porté son armée à quatre mille cinq cents chevaux et vingt mille fantassins, se rapprochoit de lui pour lui livrer bataille, ou le forcer à lever le siége. Le roi n'avoit pas plus de trois mille cavaliers et de huit mille fantassins. Dès le 12 mars il retira son artillerie et ses bagages, et les dirigea sur Nonancourt, où il arriva le soir du même jour avec le reste de son armée, au travers de torrens de pluie. Il se retrouvoit à

(1) Davila. L. XI, p. 634, 635. — V. P. Cayet, Chronol. noven. T. LVI, p. 286. — Journal. de l'Estoile, p. 30, 31.

peu près sur le terrain ensanglanté par la bataille de Dreux, le 19 décembre 1562, dans les premières guerres civiles (1). Alors Condé, pour éviter l'armée royale, supérieure en force, avoit voulu se replier sur la Normandie, mais il avoit été forcé à la bataille sur un terrain qu'il n'avoit pas choisi, et qui lui étoit cependant avantageux. On proposoit une semblable retraite à Henri IV; mais celui-ci estimoit qu'il y avoit de grandes chances qu'il seroit atteint, et forcé de combattre dans une position désavantageuse; qu'il perdroit sa considération aux yeux de la France si, en demandant un trône, il reculoit toujours devant ceux qu'il appeloit des sujets rebelles; que son armée, même s'il réussissoit à la mettre en sûreté dans les villes de la basse Normandie, ne manqueroit pas de s'affoiblir par des désertions pendant sa retraite. Il préféroit par caractère les partis prompts et hasardeux, et il résolut d'attendre la bataille dans la plaine d'Ivry. (2)

La plaine où le roi vouloit offrir la bataille aux ligueurs s'étend, au couchant de la rivière d'Eure, entre Anet et Ivry : aucune digue, aucune haie, aucun obstacle naturel, ne la coupe;

(1) Ci-devant. T. XVIII, c. 17, p. 354.
(2) Davila. L. XI, p. 638, 639. — De Thou. L. XCVIII, p. 609. — D'Aubigné. L. III, c. 5, p. 228. — Cayet, Chr. noven. T. LVI, p. 304. — Pasquier, Lettres. L. XIV, p. 423, lett. 10.

mais le terrain s'abaisse au milieu par une courbe presque insensible, en sorte que l'armée royale, appuyée d'un côté au village de Saint-André, de l'autre à celui de Turcanville, ne pouvoit être atteinte par l'artillerie ennemie. Henri IV, après avoir reposé et fait repaître ses troupes, vint occuper cette position le mardi 13 mars, partageant sa cavalerie, presque toute composée de gentilshommes, et sur laquelle en conséquence il comptoit le plus, comme plus accessible au point d'honneur, en sept corps, appuyés chacun par deux régimens d'infanterie : le maréchal d'Aumont, le duc de Montpensier, le grand-prieur assisté de Givry, maréchal-de-camp, le baron de Biron, le roi, le maréchal de Biron, et Schomberg, commandant des reiters, étoient à la tête de ces sept divisions. Pendant que l'armée prenoit place sur le terrain, elle fut rejointe successivement par Duplessis, de Muy, La Trémoille, d'Humières et Rosny, qui, avec deux ou trois cents chevaux, arrivoient du Poitou, de Picardie et de l'Ile-de-France, pour prendre part à cette bataille impatiemment attendue. Les derniers venus étoient presque tous huguenots ; jusqu'alors on n'en avoit compté qu'un très petit nombre dans l'armée. (1)

(1) Sully. T. I, c. 30, p. 438. — Davila. L. XI, p. 640,

Le duc de Mayenne ne supposoit point que Henri voulût l'attendre ; mais il se flattoit de l'atteindre, au passage de quelque rivière, dans sa retraite sur la Basse-Normandie, et il pressoit sa marche dans cette espérance, non sans exposer ses propres troupes au désordre dans lequel il croyoit trouver celles de l'ennemi. Mais, entré le 13 mars, après midi, dans la plaine d'Ivry, il vit devant lui les royalistes qui l'attendoient, et qui s'étoient rangés en bataille avec tout l'avantage du terrain ; il ralentit sa marche pour remettre de l'ordre dans son armée, et il n'arriva à portée des ennemis que le soir, lorsqu'il étoit déjà trop tard pour songer à engager le combat. Le temps étoit très mauvais, et les soldats de la Ligue, fatigués par les pluies froides qu'ils avoient essuyées pendant toute leur marche, furent obligés de coucher à découvert ; quelques officiers seulement purent réussir à dresser leurs tentes, tandis que les royalistes se restaurèrent, pendant la nuit, dans les villages de Saint-André et de Turcanville. (1)

Le mercredi 14 mars, au matin, l'armée royale

641. — Cayet. T. LVI, p. 310. — Duplessis. T. IV, §. 110, p. 453.

(1) Discours véritable sur la journée d'Ivry. Mém. de la Ligue. T. IV, p. 235-252. — Davila. L. XI, p. 642, 643. — De Thou. L. XCVIII, p. 610. — V. P. Cayet, Chr. noven. T. LVI, p. 310.

vint reprendre la même position qu'elle occupoit la veille; les deux armées ne furent point rangées en bataille avant dix heures du matin. D'Aubigné rapporte qu'en mettant son casque, Henri adressa ce peu de mots à ses compagnons d'armes : « Mes compagnons, Dieu est pour « nous; voici ses ennemis et les nôtres, voici « votre roi, donnons à eux. Si vos cornettes « vous manquent, ralliez-vous à mon panache « blanc; vous le trouverez au chemin de la « victoire et de l'honneur » (1). Ces paroles furent accueillies par un cri général de *vive le roi!* et la bataille commença. L'artillerie royaliste porta en plein sur les ligueurs, qui se découvroient sur le renflement du terrain; celle de la Ligue, au contraire, ne put atteindre les royalistes, abrités dans son enfoncement. Le comte d'Egmont, qui étoit à l'extrême droite de l'armée de Mayenne, ne voulut pas attendre une troisième décharge de cette artillerie, et se précipita avec fureur sur la cavalerie légère du grand-prieur, qui lui étoit opposée, et qu'il culbuta. Avec la même impétuosité, il parvint jusqu'aux canons du roi, qui avoient maltraité sa troupe. « Compagnons, cria-t-il, je vais vous « montrer comme il faut traiter cette arme des « lâches et des hérétiques », et faisant en même

---

(1) D'Aubigné. L. III, c. 5, p. 231.

temps tourner son cheval, il vint frapper de la croupe contre la batterie royale : il n'y eut pas un de ses hommes d'armes qui ne voulût se vanter d'en avoir fait autant. Ils ne perdirent pas seulement leur temps à cette bizarre manœuvre : toute la cavalerie d'Egmont se mit en désordre ; elle n'avoit plus l'élan qui avoit fait sa force, lorsqu'elle fut chargée en même temps par le maréchal d'Aumont, le baron de Biron, le grand-prieur et Givry. Egmont fut tué avec ses principaux officiers ; tout le reste fut enfoncé et mis en pièces. Dans une autre partie de la ligne, le duc de Brunswick, qui conduisoit les reiters des ligueurs, fut également tué. Ces reiters avoient coutume, après chaque charge, de passer dans les intervalles laissés à dessein entre chaque bataillon pour aller se reformer derrière la ligne ; mais le vicomte de Tavannes, que Mayenne avoit chargé de ranger son armée en bataille, avoit la vue si courte qu'il s'étoit trompé sur l'intervalle qu'il devoit laisser entre les corps, et que l'espace manquoit pour cette manœuvre. Les reiters, en revenant de la charge, vinrent donc donner dans l'escadron de lanciers du duc de Mayenne, et le mirent en désordre. Le duc fut obligé de les repousser à coups de lance ; il ne put point faire prendre carrière à ses chevaux, et tandis qu'il s'efforçoit en vain de les remettre en ordre, il fut chargé avec fureur par le roi, qui voyoit son embarras; il fut enfoncé, et forcé à s'enfuir vers le bois. Bientôt toute la cavalerie de la Ligue fut entraînée dans la même déroute; les bataillons de fantassins, qu'elle avoit couverts, se trouvèrent alors isolés au milieu de la plaine, et de toutes parts attaqués par les troupes du roi. Les Suisses, quoiqu'ils ne fussent point encore entamés, soulevèrent leurs armes en signe qu'ils vouloient se rendre, et furent aussitôt reçus à quartier par le maréchal de Biron; les landsknechts, encouragés par cet exemple et affoiblis en même temps par cette défection, levèrent à leur tour leurs piques, et crièrent qu'ils se rendoient. Mais Henri IV et ses soldats nourrissoient contre eux une profonde rancune; plusieurs d'entre eux avoient déjà pris part à la trahison d'Arques, où ils avoient feint de se rendre; plusieurs, engagés par les princes protestans pour renforcer l'armée de Henri IV, avoient passé à ses ennemis; le roi déclara qu'ils avoient forfait à la foi militaire, et qu'il ne leur accordoit aucun quartier. Le massacre dura une heure entière; mais pendant qu'on les tuoit sans défense, le roi crioit : *Sauvez les Français, et main-basse sur l'étranger!* En effet, après la mêlée il n'y eut plus de Français tués. Les fuyards de la Ligue allèrent chercher un asile, les uns à Chartres, les autres à Mantes : le pont d'Ivry, par lequel

1590.

ils s'échappoient, fut rompu, et la cavalerie du roi, pour continuer à les poursuivre, fut obligée de faire un long détour, et d'aller passer l'Eure à Anet. La perte de l'armée de la Ligue fut cependant très considérable; Davila la fait monter à six mille hommes; d'Aubigné, qui fait les deux armées de moitié plus foibles que lui, réduit aussi de moitié la perte des ligueurs (1). Du côté du roi, le colonel Schomberg fut tué; Henri lui avoit adressé des excuses au moment du combat, pour les paroles trop dures avec lesquelles il avoit repoussé, la veille, ses demandes d'argent, et Schomberg, touché de cette condescendance, s'étoit écrié : « Votre « Majesté me tue par sa bonté, car c'est mon « devoir désormais de donner ma vie pour son « service. »

Depuis le commencement des guerres civiles aucune victoire aussi brillante n'avoit encore été remportée. Henri IV, vainqueur à Coutras, vainqueur à Arques, vainqueur à Ivry, sembloit l'emporter sur ses rivaux ou en talens militaires, ou en bonheur, et le peuple lui savoit autant de gré de sa fortune que de son habileté.

---

(1) Davila. T. XI, p. 644-648. — De Thou. L. XCVIII, p. 619. — Lettres de Mayenne sur la bataille, *ibid*, p. 620-622. — D'Aubigné. L. III, c. 1, p. 230. — L'Estoile, journal, p. 32. — V. P. Cayet, p. 322. — Péréfixe. L. II, p. 136. — Sully, Écon. royales. T. I, c. 30, p. 440-454.

Les citadins, les campagnards, qui jusqu'alors n'avoient voulu voir en lui qu'un pauvre Béarnais avide de pillage, un hérétique, un ennemi, commencèrent à le célébrer comme habile général, et héros victorieux; en même temps on répétoit de lui des traits, des propos qui peignoient tour à tour son humanité, sa compassion pour le peuple, ou sa familiarité avec la noblesse, qu'il traitoit en égale, ne prétendant être que le premier gentilhomme de son royaume. Le soir même de la bataille il soupa en public à Rosny avec tous ses capitaines, il fit un accueil cordial à ses prisonniers, et chacun de ses soldats se plaisoit à répéter quelqu'une de ses plaisanteries ou de ses bons mots. (1)

Le conseil de l'Union à Paris sentoit que sa cause étoit perdue si des dispositions semblables commençoient à se manifester parmi les Parisiens. Il reçut, le 15 mars, la nouvelle de la bataille d'Ivry, et il chargea les prédicateurs de l'annoncer le lendemain au peuple, de telle manière, qu'il n'en conçût point de découragement. Don Christian de Nice se chargea de cette tâche: il choisit pour texte de son sermon ces paroles de l'Écriture, que Dieu châtie ceux qu'il aime; et après avoir exposé avec chaleur les avantages que les élus de Dieu doivent retirer des afflic-

---

(1) Journal de Pierre de l'Estoile. T. II, p. 32.

tions et des épreuves, il se fit interrompre par un messager qui lui apportoit des dépêches, comme s'il les avoit reçues dans cet instant même. Après les avoir lues à voix basse, il s'écria que Dieu avoit voulu en ce jour qu'il fît l'office non de prédicateur, mais de prophète; que le moment de la tentation étoit arrivé, et que c'étoit au peuple élu de Dieu à montrer désormais quel bon usage il savoit faire des afflictions. Il annonça alors la défaite de l'armée de la Ligue; mais déjà il avoit inspiré à son auditoire l'enthousiasme qui brave les revers : tous jurèrent avec lui qu'ils affronteroient la faim et tous les dangers pour maintenir la sainte ville de Paris dans sa fidélité au service de Dieu. (1)

De dures épreuves se préparoient en effet pour les Parisiens. Trois jours après la bataille on leur annonça l'arrivée de Mayenne à Saint-Denis. Il ne voulut point entrer lui-même à Paris, mais il appela auprès de lui la duchesse de Montpensier, sa sœur, l'archevêque de Lyon, Villeroi, les deux ambassadeurs d'Espagne, Bernardin de Mendoza et le commandeur Morréo, enfin le cardinal Gaëtan, légat du pape, et des députés de la bourgeoisie de Paris. Il rendit compte de la perte de la bataille, qu'il expliqua par des circonstances imprévues et indépen-

(1) Davila. L. XI, p. 650.

dantes de la prudence humaine; il annonça l'assurance qu'il avoit reçue que le roi d'Espagne et le pape ne lui manqueroient pas au besoin, et le mettroient en état de former une nouvelle armée avec laquelle il accourroit au secours de Paris : en effet, les 17 et 18 mars, deux lettres du roi d'Espagne furent imprimées et publiées à son de trompe dans la ville (1). Mayenne annonça qu'il partoit pour la frontière des Pays-Bas, afin de hâter la formation de cette armée. Il ne demandoit aux Parisiens qu'un peu de constance pour ce premier moment d'épreuve. Il laissoit pour commander dans la place son frère Nemours, et son cousin le chevalier d'Aumale : il confioit à leur foi sa mère, sa femme, sa sœur et ses enfans. Et il reçut en effet les promesses les plus enthousiastes des Parisiens de tout souffrir pour la gloire de Dieu. Il partit le lendemain ; mais le conseil de l'Union et les Seize, loin de montrer le moindre abattement, donnèrent les premiers l'exemple à leurs concitoyens de creuser les fossés, de fermer les brèches, de disposer l'artillerie sur les remparts, et surtout de faire entrer dans la ville autant de vivres qu'il leur étoit possible. (2)

Le jour même où le roi avoit gagné la bataille

(1) Journal de l'Estoile, p. 36.
(2) Davila. L. XI, p. 651-652. — Cayet, Chron. noven. T. LVI, p. 346. — De Thou. L. XCVIII, p. 620.

d'Ivry, ses partisans en Auvergne, conduits par le marquis de Curton, avoient remporté le 14 mars, sous les murs d'Issoire, une victoire importante sur les troupes de la Ligue que commandoit le comte de Randan, et celui-ci avoit été tué (1). Cette double victoire auroit dû décider Henri IV à pousser ses succès avec vigueur, à se montrer immédiatement devant Paris, et à profiter de la première terreur des ennemis. Il tarda quinze jours entiers avant de le faire; Sully explique cette lenteur par l'embarras des finances et les malversations de d'O; Davila, par les pluies dont l'armée avoit beaucoup souffert; d'autres par les habitudes des soldats aventuriers, dont la discipline se relâchoit toujours au moment d'une victoire, parce qu'ils ne songeoient qu'à mettre leur butin en sûreté; mais en toute occasion Henri IV mérita le même reproche; prompt et plein d'ardeur dans le combat, il ne sut jamais tirer parti de ses victoires; enivré de chacun de ses succès, il vouloit en jouir au lieu de les poursuivre (2). Après quinze jours passés à Mantes, ce ne fut que le 29 mars qu'il s'approcha de Paris, et occupa Chevreuse, Montlhéry, Lagny et Corbeil; encore cherchoit-

(1) Cayet, Chron. nov. T. LVI, p. 331-345.—Davila. L. XI, p. 652. — De Thou. L. XCVIII, p. 625-626.

(2) Sully. T. I, p. 453.—Davila. L. XI, p. 652.—Duplessis-Mornay. T. IV, n. 114, p. 473.

il seulement à se rendre maître des bourgs et des châteaux qui commandent les abords de la capitale ; il n'essaya point immédiatement l'impression que pourroient faire ses drapeaux en les déployant en vue des portes de Paris. Le 5 avril il mit le siége devant Melun, il emporta d'assaut l'une des moitiés de la ville ; l'autre moitié, séparée par la rivière, se rendit par composition ; plus tard Cressy, Moret, Provins, Nangy, tombèrent entre ses mains. Au milieu d'avril il se rendit maître de Montereau, Brie Comte-Robert et Nogent-sur-Seine ; il fit aussi une tentative sur Sens, mais voyant que cette ville ne pouvoit être réduite que par un siége en forme, il y renonça pour se rapprocher de Paris. (1)

Dans le temps même où Henri s'emparoit ainsi successivement de toutes les avenues de la capitale, de toutes les rivières par lesquelles seules peut s'approvisionner une population si nombreuse, il avoit à répondre chaque jour aux propositions qui lui étoient adressées pour le faire entrer en négociations. Tantôt c'étoit le légat lui-même qui demandoit au maréchal de Biron de lui accorder une conférence au château de Noisy ; tantôt Villeroi qui se rendoit auprès de Henri IV sous les murs de Melun ; tantôt

(1) Journal de l'Estoile, p. 39. — Davila. L. X, p. 655-661. — De Thou. L. XCVIII, p. 631-632.

l'évêque de Ceneda que le légat envoya trouver Biron à Brie Comte-Robert, et qui eut une conférence avec Henri lui-même, sortant pour la chasse, quoique par scrupule, comme représentant le pape, il n'eût pas voulu demander une audience à un prince hérétique. Tous ces négociateurs n'avoient qu'un but, gagner du temps pour faire entrer des vivres dans Paris, et faire avancer les secours d'Espagne; mais tous vouloient imposer des conditions au lieu d'en recevoir; ils demandoient une suspension d'armes, mais en même temps ils exigeoient que le roi se fît catholique, et qu'il assemblât les états-généraux, pour qu'eux seuls décidassent si la France pouvoit renoncer à l'édit d'union qui l'excluoit à jamais du trône. Henri répondoit qu'il étoit homme de conscience, qu'il ne se laisseroit pas imposer une religion par la force; toutefois il avoit soin de laisser tomber des propos qui montroient qu'il songeoit à sa conversion. Après chaque conférence il renvoyoit les négociateurs plus persuadés qu'il ne tarderoit pas à se faire catholique, mais quant à une suspension d'armes, il ne leur en donna pas un moment l'espérance; au contraire, il redoubloit d'activité pour resserrer Paris dans un cercle plus étroit. Toutefois le besoin immédiat d'argent le faisoit quelquefois contrevenir à ce qui sembloit le but de tous ses efforts; Givry, qui commandoit au pont de Chamois, laissa passer, moyennant une grosse somme que payèrent les Parisiens, dix mille muids de vin et trois mille de blé, dont le roi leur avoit accordé la traite peu de jours avant la bataille d'Ivry. (1)

Sur ces entrefaites le cardinal de Bourbon, que la Ligue avoit reconnu pour roi, sous le nom de Charles X, mourut, le 9 mai 1590, à neuf heures du matin, à Fontenai, où il étoit retenu prisonnier. Il étoit atteint de la pierre, qui, selon le témoignage de ses médecins, fut cause de sa mort. Comme il avoit toujours été captif depuis le 23 décembre 1588, il n'avoit eu aucune part au gouvernement que Mayenne exerçoit en son nom; foible, vicieux et dépourvu de talens, il s'étoit toujours laissé gouverner par des favoris; c'étoient eux qui l'avoient fait entrer dans les projets de la Ligue; mais comme il n'étoit plus entouré par eux dans sa captivité, il ne songeoit plus à servir les passions des Guises, et quand il parloit de Henri IV, il le nommoit toujours le roi mon neveu (2). La mort de ce roi nominal

(1) Cayet. Chron. nov. T. LVI, p. 348. — Duplessis, Récit de ce qui s'est passé à l'armée du roi. T. IV, n° 112, p. 462. — Davila. L. XI, p. 655-657-661. — De Thou. L. XCVIII, p. 627-633.

(2) L'Estoile, Journal, p. 43. — Lettre de Mendoza à Philippe II, du 14 mai, dans Capefigue. T. VI, p. 13. — Cayet. Chron. nov. T. LVI, p. 376. — De Thou. L. XCVIII, p. 637. — Davila. L. XI, p. 666. — Péréfixe, L. II, p. 144.

devoit forcer la Ligue à prendre un parti décisif sur la succession au trône, et augmenter les divisions qu'on apercevoit déjà dans cette faction; mais la situation critique où se trouvoit Paris absorboit seule l'attention du parti, et la vacance du trône de la Ligue ne fit dans le moment presque aucune sensation.

Mayenne avoit confié le commandement de Paris à son frère maternel, le duc de Nemours, et à son cousin le chevalier d'Aumale. Ils avoient sous leurs ordres leurs deux compagnies d'hommes d'armes, deux cents chevaux du sieur de Vitry, cent arquebusiers à cheval, huit cents fantassins français, cinq cents Suisses et douze cents Allemands du baron d'Eberstein; ils avoient de plus soixante-cinq canons en batterie. Mais, indépendamment de ces troupes régulières, la milice de Paris pouvoit, au besoin, mettre cinquante mille hommes sous les armes, et c'étoit le respect qu'inspiroit cette bourgeoisie, armée et fanatique, qui avoit empêché jusqu'alors Henri IV de conduire sa petite armée sous les murs de Paris. Ce fut le 8 mai seulement qu'il arriva en vue des remparts, sur lesquels il fit, ce jour-là, tirer le canon pour la première fois. Il avoit alors sous ses ordres douze mille fantassins et trois mille cavaliers. Tout près de deux mois s'étoient déjà écoulés depuis la bataille d'Ivry; la terreur qu'un revers aussi inattendu avoit d'a-

bord inspirée, s'étoit calmée ; tout ce qu'il étoit possible de faire pour l'approvisionnement de la ville, pour l'armement et la discipline des milices, pour la restauration des remparts, avoit été exécuté ; et comme la puissance du parti dépendoit de l'exaltation des passions religieuses, les duchesses de Nemours, de Montpensier et de Mayenne, le légat et l'ambassadeur d'Espagne n'oublioient rien pour les exciter. Ils avoient soumis à la Sorbonne des questions auxquelles cette faculté répondit par un décret du 7 mai, qui fut aussitôt publié dans Paris. Elle décidoit qu'il est expressément défendu aux catholiques d'accepter pour roi un hérétique, un fauteur d'hérésie, bien davantage un relaps ; et lors même que celui-ci se convertiroit et se feroit absoudre, il demeureroit entaché d'un tel soupçon de feintise et de perfidie, que le devoir de tout bon chrétien seroit de continuer à le repousser de toutes ses forces. « On peut donc à
« bon droit juger qu'à ceux qui le favorisent,
« étant opiniâtres à établir le royaume de Satan,
« la peine éternelle est préparée, et que ceux
« qui le repoussent, s'ils persistent jusqu'à la
« mort, seront récompensés au ciel du loyer
« éternel. » (1)

Mais c'étoient surtout les prédicateurs qui entretenoient et échauffoient sans cesse l'enthou-

(1) Journal de l'Estoile. T. II, p. 44-47.

siasme du peuple. Cette éloquence populaire, qui trente ans auparavant avoit si puissamment secondé la réforme, se trouvoit désormais uniquement engagée au service de la foi catholique. Il ne faut point croire que la raison ou la vérité soient assurées, dans la chaire, de l'avantage sur l'inconséquence ou l'erreur. L'orateur qui parle seul, et que personne ne réfute, émeut parce qu'il est ému, parce qu'il est passionné; Rose, l'évêque de Senlis, Hamilton, curé de Saint-Côme, Boucher, Pigenat, et bien d'autres prédicateurs de la Ligue, étoient des hommes doués de talent, d'imagination, mais surtout d'un zèle ardent pour leur cause; chaque jour ils montoient en chaire, ils se livroient à leurs inspirations, que souvent eux-mêmes croyoient prophétiques; ils s'abandonnoient à la véhémence de leur aversion pour les hérétiques, pour les politiques, et ces passions haineuses leur sembloient sanctifiées, parce qu'ils s'y livroient pour le service de la foi. Aussi, ils communiquoient à leur auditoire une exaltation, un dévouement, un héroïsme, que l'éloquence humaine ne sauroit atteindre. Les prédicateurs Panigarola et Bellarmino, venus à la suite du légat, prêchoient aussi tous les jours en italien, et produisoient, à l'aide d'une langue étrangère, une impression qu'on a peine à expliquer. Aux sermons, les prédicateurs joignoient l'exaltation produite par les processions et les litanies. Le 14 mai, le 30 mai, le 4 juin, le légat conduisit des processions solennelles dans lesquelles on vit tous les prélats, les prêtres et les moines, revêtus de corselets, et armés d'arquebuses, d'épées et de pertuisanes, se rendre à Sainte-Geneviève, à la tête de toute la milice bourgeoise ; ils y firent solennellement le vœu de défendre la cité jusqu'à la mort, et de se soumettre à toutes les privations, à toutes les souffrances, plutôt que de traiter avec un prince hérétique. Ces processions de moines armés furent pour les royalistes un grand objet de ridicule. Mais quand on vit ensuite ces moines monter joyeusement aux remparts, et s'exposer au feu de l'ennemi, quand on vit les bourgeois supporter toutes les horreurs de la famine plutôt que de se rendre, on dut reconnoître qu'un sentiment sérieux et élevé pouvoit s'unir à un fanatisme intolérant et à des haines souvent farouches. (1)

Dès le commencement de mai, les vivres, qui ne pouvoient plus arriver que par les routes de terre, montèrent à Paris à des prix exorbitans. La campagne étoit cependant encore ouverte, et quoique le roi la fît parcourir par des partis

(1) Journal de l'Estoile, p. 41-48-52. — Cayet. Chron. nov. p. 386-405.—Davila. L. XI, p. 662-663.—De Thou. L. XCVIII, p. 641.

de cavalerie, ils ne suffisoient pas pour arrêter tous les paysans que des profits considérables déterminoient à porter leurs vivres à la ville au travers de mille dangers. A leur tour, les soldats du roi se laissoient tenter par une contrebande qui les enrichissoit, et les officiers, qui presque tous avoient quelque ami, quelque parent dans la ville assiégée, ou leur envoyoient des présens de vivres, ou fermoient les yeux sur un commerce qu'ils auroient dû empêcher. Pendant les sept semaines qui suivirent la bataille d'Ivry, un très grand nombre de Parisiens, et surtout de femmes et d'enfans, avoient quitté la ville ; on comptoit cependant qu'il y restoit encore, le 26 mai, deux cent vingt mille âmes. Le même jour, on avoit fait l'inventaire des provisions, et l'on avoit trouvé qu'il restoit du blé pour un mois ; qu'ensuite il faudroit faire du pain d'avoine, dont on avoit quinze cents muids. Le 26 juin, en effet, comme le blé étoit épuisé, on fit la visite de toutes les maisons religieuses, et on en trouva encore une certaine quantité ; la plupart des familles aisées avoient aussi quelque cachette, où elles en gardoient une provision pour elles. Mais d'autre part, la misère causée par la suspension de tous les métiers, aggravoit la famine. Aucun travail n'étoit demandé ou récompensé, aucune industrie ne se présentoit au pauvre, moyennant laquelle il pût obtenir un salaire. (1)

Tous les grands personnages attachés à la Ligue contribuèrent avec générosité pour venir au secours des pauvres; mais ils avoient beau donner de l'argent, ils n'augmentoient point ainsi la quantité de vivres qui pouvoient arriver au marché. Le cardinal de Gondi, évêque de Paris, qui d'ailleurs n'étoit point ligueur, ordonna la vente de toute l'argenterie des églises, pour l'employer à des aumônes, sous condition que la ville en restitueroit la valeur, quand elle seroit sortie de sa détresse actuelle; le cardinal légat obtint, avec des peines infinies, cinquante mille écus des mains du pape, qu'il distribua en aumônes, et il y joignit la valeur de toute son argenterie, qu'il fit fondre; l'ambassadeur d'Espagne fit faire chaque jour une distribution pour la valeur de cent vingt écus de pain, tant qu'il en put trouver, puis ensuite d'autres substances alimentaires. Toutes les dames et tous les seigneurs de la Ligue se taxèrent de même à des aumônes journalières; tout luxe, toute autre dépense, étoient supprimés. Mais quelque abondans que fussent les dons de la charité, ils ne pouvoient remplacer le subside journalier que l'industrie

---

(1) Journal de l'Estoile, p. 42-55-57. — Péréfixe. L. II, p. 147. — Davila. L. XI, p. 664. — D'Aubigné. L. III, c. 6, p. 233.

avoit cessé de fournir, ou suffire aux besoins d'une si immense population. (1)

Henri IV comptoit uniquement sur la famine pour réduire Paris. Soit qu'il n'eût point une artillerie suffisante pour battre les murailles en brèche, ou qu'il ne voulût pas hasarder sa petite armée contre la puissante milice bourgeoise que les assiégés pouvoient mettre en ligne, ou qu'il ne voulût pas courir la chance de prendre d'assaut sa capitale, mais aussi de la voir pillée et ruinée par son armée, il se tenoit toujours hors de vue des Parisiens; il assiégeoit Saint-Denis, et il réduisoit successivement toutes les autres petites places du voisinage. Il s'attachoit en même temps à être bien instruit des mouvemens du duc de Mayenne. Celui-ci avoit eu à Condé une conférence avec Alexandre Farnèse, duc de Parme et gouverneur des Pays-Bas. Il avoit représenté à ce duc que s'il ne secouroit pas Paris, que s'il ne forçoit pas Henri IV à rompre le blocus qu'il resserroit chaque jour davantage, cette ville, après peu de mois, peut-être peu de semaines, devroit succomber; qu'avec elle tomberoit la Ligue tout entière; que tous les projets du roi d'Espagne seroient renversés, toutes les dépenses qu'il avoit prodiguées seroient per-

(1) L'Estoile, Journal, p. 47-49-55.—Davila. L. XI, p. 664. — D'Aubigné, L. III, c. 6, p. 233. — Cayet. Chron. noven. T. LVI, p. 406.

dues, et que Henri IV monteroit sur le trône de France, peut-être aux acclamations de toute la population, peut-être sans qu'on eût moyen d'exiger de lui aucune garantie en faveur de la foi catholique. On savoit à quelles fluctuations l'opinion publique en France étoit exposée, et l'on ne devoit point oublier que déjà, trente ans auparavant, la nation entière avoit été sur le point d'embrasser la réforme. Philippe II avoit donné au duc de Parme l'ordre de soutenir la Ligue, et, s'il le falloit, de sacrifier jusqu'aux intérêts des Pays-Bas, plutôt que de la laisser succomber. Cependant il ne vouloit point s'épuiser pour la France, par une générosité chevaleresque, sans obtenir quelque retour. Il demandoit que les Français déclarassent l'abolition de la loi salique, et qu'ils appelassent au trône l'infante, sa fille, pour remplacer le cardinal de Bourbon. En même temps son ambassadeur, Bernardin de Mendoza, cherchoit à séduire les commandans de quelques places de Picardie, pour qu'ils les livrassent à des garnisons espagnoles. (1)

Mais le duc de Parme ne se prêtoit qu'avec répugnance à ce projet d'expédition en France. Philippe II lui avoit confié des forces à peine suffisantes pour la défense des Pays-Bas ; il se sentoit

(1) Davila. L. XI, p. 668. — De Thou. L. XCVIII, p. 638.

plus foible encore depuis que son antagoniste, le prince Maurice de Nassau, arrivé à l'âge d'homme, commençoit à déployer ses rares talens pour la guerre. D'ailleurs les subsides d'Espagne étoient presque toujours en retard, toutes les soldes étoient arriérées, et la garnison espagnole de Courtrai s'étoit soulevée à la fin de l'année précédente, en demandant la paie qui lui étoit due. Ce fut avec beaucoup de difficulté que Parme rassembla assez d'argent, au mois de février, pour la satisfaire. Ces mutins formoient un corps de mille cinq cents hommes sous les ordres de don Antonio Quiroga, qu'Alexandre étoit fort disposé à renvoyer de Flandre, quoiqu'il les comptât parmi ses meilleures troupes, parce qu'il craignoit pour les autres l'exemple de leur indiscipline. Vers le même temps, la garnison italienne de Bréda s'étoit laissée surprendre par Maurice; et, malgré ses efforts, Alexandre de Parme n'avoit pu recouvrer cette place importante. Au contraire, il n'avoit pu ensuite empêcher Maurice d'élever en face de Nimègue un fort qui incommodoit infiniment cette ville, et lui ôtoit le commandement du Wahal. (1)

Le duc de Parme prévoyoit que s'il condui-

---

(1) Watson. Hist. de Philippe II, L. XXI, p. 88-97. — Bentivoglio. *Guerra di Fiandra*, P. II, L. V. p. 128. — V. P. Cayet, Chron. noven. T. LVI, p. 297-298. — Davila. L. XI, p. 666.

soit son armée en France, les Hollandais profiteroient de son absence, pour recouvrer une grande partie des Pays-Bas, et il écrivoit à Philippe II que c'étoit abandonner le corps pour courir après l'ombre. Mais les ordres de Madrid furent positifs; le vieux monarque espagnol ne regardoit plus depuis long-temps la guerre de Flandre que comme une occasion de chagrins, de mortifications et de dépenses pour lui; il saisissoit avec empressement les espérances nouvelles que lui offroit la France, ne fût-ce que comme faisant diversion à ses anciens soucis. Alexandre se vit contraint d'obéir; il annonça cependant à Mayenne qu'il lui seroit impossible d'être prêt avant le mois d'août. (1)

Mayenne ne se flattoit pas que les Parisiens pussent tenir si long-temps; il demanda en grâce, et il obtint du gouverneur des Pays-Bas un renfort immédiat de trois ou quatre mille hommes. En effet, les Espagnols d'Antonio Quiroga, les Italiens de Camillo Cappizucchi, et environ cinq cents chevaux, l'accompagnèrent à son retour. Mayenne rassembla ainsi à Laon environ dix mille hommes. Henri IV en étant averti, marcha rapidement à sa rencontre et remporta sur lui, le 5 et le 6 juin, quelques avantages qui le forcèrent à s'enfermer dans la

(1) Davila. L. XI, p. 666. — Bentivoglio. *Guerra di Fiandra*, T. II, L. V, p. 132.

ville. Mais le roi ne s'aperçut pas que Saint-Paul s'étoit détaché de Mayenne avec huit cents chevaux et un gros convoi de vivres, pendant ces escarmouches autour de Laon, qu'il gagnoit Meaux, qu'il se mettoit à couvert derrière la Marne, et qu'il faisoit enfin entrer son convoi dans Paris, le 17 juin. (1)

Henri étoit revenu sur ses pas, et avoit recommencé, le 9 juin, le siége de Saint-Denis. Le convoi de Saint-Paul, quelque joie qu'il eût causée aux Parisiens, ne leur apporta qu'un soulagement momentané. Le froment commençoit à manquer absolument dans les magasins de la ville. Il restoit de l'avoine, que l'on distribuoit aux soldats pour la manger en soupe. Quant à la viande, on ne trouvoit plus dans les boucheries que la chair des chiens, des chevaux et des ânes. D'ailleurs le pauvre ne pouvoit atteindre à aucune de ces substances, qui se vendoient à des prix excessifs. Le plus souvent il se contentoit des herbes qu'il arrachoit dans les rues et les cours, et qu'il faisoit bouillir; ou bien il essayoit de réduire en poudre tous les vieux ossemens d'animaux et même d'hommes qu'il pouvoit découvrir; mais au lieu d'en extraire une gélatine qui auroit été substantielle, comme cette poudre étoit blanche, il croyoit y voir de la fa-

---

(1) Davila. L. XI, p. 669. — L'Estoile, Journal, p. 54.

rine et pouvoir en faire du pain, et il s'exposoit ainsi à d'horribles maladies. Il faisoit bouillir encore toutes les peaux, tous les cuirs qui avoient précédemment été destinés à l'habillement ou à l'ameublement. On ne voyoit plus dans les rues qu'une population have et décharnée; les maladies causées par des alimens si malsains et les morts se multiplioient avec une effrayante rapidité; mais à mesure que les maisons se vidoient, on s'empressoit de les démolir pour brûler les bois de la charpente, car le combustible commençoit aussi à manquer. Une souffrance si excessive abattoit le courage de quelques uns. Plus d'une fois, pendant la nuit, des attroupemens se formèrent dans les rues, qui les parcouroient en criant : « Du pain ou la paix ! » Mais le chevalier d'Aumale et le duc de Nemours faisoient des patrouilles continuelles pour les dissiper. Dans toutes les chaires, les prédicateurs annonçoient au peuple que le martyre de la faim n'étoit pas moins méritoire aux yeux de Dieu que celui de l'épée. Ils exhortoient les chrétiens à se sacrifier pour le triomphe du Christ, et chaque jour cependant ils répandoient la nouvelle de quelque avantage que la Ligue avoit obtenu sur les huguenots et les politiques, de quelque progrès du duc de Mayenne, de quelque promesse du roi d'Espagne; surtout ils annonçoient que le duc de Parme, avec la puissante armée des Pays-Bas, étoit sur le point d'entrer en France. (1)

Tant que les Parisiens demeuroient en possession de leurs faubourgs, ils y trouvoient un assez vaste espace de cours, de jardins, de terrains susceptibles de quelque culture pour que les herbes que les pauvres y recueilloient leur fussent de quelque ressource; Henri jugea convenable de les resserrer davantage. Saint-Denis s'étoit rendu à lui le 7 juillet. Plusieurs seigneurs lui avoient amené des soldats; le duc de Nevers, estimant désormais que la victoire demeureroit au roi, avoit laissé de côté son vœu de ne jamais servir un roi huguenot; et lui avoit amené cinq cents cavaliers; le prince de Conti, Châtillon, le duc de la Trémoille, le marquis de Pisani et beaucoup de gentilshommes de Normandie, d'Anjou, de Poitou, de Gascogne et de Languedoc, avoient rejoint successivement l'étendard royal. Un assaut général fut ordonné pour le 24 juillet. Les Parisiens se défendirent avec bravoure; mais leur nombre ne pouvoit suffire à garnir toute l'immense enceinte des faubourgs: après un combat acharné, ils l'abandonnèrent et

---

(1) On trouve, aux Mémoires de la Ligue, T. IV, plusieurs journaux du siége de Paris, de Panigarola, p. 272; de P. Cornejo, p. 276; d'un royaliste, p. 304; d'un autre, p. 314. — Davila. L. XI, p. 670.

rentrèrent dans la ville. Tous les faubourgs furent de nouveau livrés au pillage; mais les royalistes ne trouvèrent plus grand'chose à prendre dans ces maisons qui avoient déjà éprouvé tant de calamités. (1)

Ce nouvel échec, et la privation de presque toutes les substances végétales qui en fut la conséquence, augmentèrent les murmures de ceux qui demandoient la paix. Jusqu'alors on avoit, à plusieurs reprises, envoyé au supplice les plus hardis pour imposer silence aux autres; Nemours et Aumale sentirent qu'il falloit désormais ménager davantage une opinion qui devenoit tous les jours plus impétueuse. Au coin de toutes les rues ils avoient fait établir des cuisines pour le peuple; on les nommoit les chaudières d'Espagne; on y préparoit tout ce qu'on croyoit pouvoir servir d'alimens, en l'assaisonnant surtout avec du suif; on tentoit chaque jour quelque nouvelle sortie à la campagne, pour couper des blés, pour recueillir des végétaux de tout genre; la plupart n'avoient aucun succès : ces maraudeurs étoient taillés en pièces; mais on assuroit que les chefs ligueurs n'en avoient aucun regret, c'étoient autant de bouches affamées dont ils étoient dé-

---

(1) Davila. L. XI, p. 672.—De Thou. L. XCIX, p. 652.— Journal de P. l'Estoile, p. 61, 62, 65. Il diffère un peu des autres pour les dates.—Sully. T. II, c. 1, p. 3.—Cayet, Chron. noven. T. LVI, p. 410.

barrassés. On affirmoit aussi que, d'après un rapport fait à Nemours le 27 juillet, il étoit déjà mort trente mille personnes de misère dans la ville. Enfin les deux ducs annoncèrent au peuple qu'ils alloient traiter, et ils lui demandèrent de redoubler de patience pendant quelques jours pour ne pas porter dommage à leurs négociations. Dans le fait, ces négociations étoient tout-à-fait illusoires : les ligueurs ne vouloient entendre à aucune condition raisonnable; ils refusèrent de donner communication au peuple des offres que faisoit le roi. Celui-ci, de son côté, avoit adressé une lettre aux manans et habitans de Paris, pour les engager à la soumission; mais cette lettre, mal écrite, longue, diffuse, obscure, ne sembloit point dictée par le cœur, et ne fit aucune impression sur le peuple. Le cardinal de Gondi et l'archevêque de Lyon, qui eurent une conférence avec le roi, ne purent arriver à ouvrir des négociations régulières. (1)

Cependant Alexandre, duc de Parme, s'étoit mis de bonne foi à l'œuvre pour rassembler l'armée avec laquelle, selon les ordres exprès de Philippe II, il comptoit faire lever le siége de Paris. Il écrivit aux assiégés, qu'il comptoit

(1) Lettre du roi, du 15 juin.—Duplessis, T. IV, n° 113, p. 470.—Mém. de la Ligue. T. IV, p. 317.—Journal de P. l'Estoile, p. 62, 64, 68 et 73. — V. P. Cayet, Chron. p. 413. — Capefigue. T. VI, p. 35.—Davila. L. XI, p. 675.

arriver le 15 août en vue de leurs murailles. Cette lettre, qui fut reçue par eux le 1er du mois, fut accueillie avec des cris de désespoir. La souffrance qu'on éprouvoit étoit déjà si extrême qu'il sembloit impossible de la supporter encore quinze jours. Cependant les prédicateurs redoublèrent d'efforts dans toutes les chaires; et les malheureux assiégés se lièrent par de nouveaux sermens à attendre encore : Mayenne étoit déjà à Meaux avec dix mille fantassins et deux mille quatre cents chevaux. Il avoit été rejoint par le comte de Chaligny, frère de la reine veuve de Henri III, par Saint-Paul, le duc d'Aumale, Maignelais, Balagni, La Châtre et de Rosne : de son côté, le duc de Parme se mit en route de Valenciennes le 4 août. L'armée qu'il conduisoit se composoit de quatorze mille fantassins espagnols, italiens, allemands et wallons, et de deux mille huit cents chevaux; parmi ces derniers on voyoit des compagnies flamandes d'ordonnance, les autres étoient des reiters et italiens. Le prince de Chimay, le marquis de Renti et George Basti, commissaire général, étoient à la tête de la cavalerie; La Motte, gouverneur de Gravelines, commandoit l'artillerie; les princes d'Ascoli et de Castel Beltran, les comtes d'Aremberg et de Barlemont, accompagnoient le duc de Parme. Il avoit vingt pièces d'artillerie, deux équipages de pont, et son armée étoit mieux pourvue de toutes choses qu'aucune de celles qu'on avoit encore vu sortir des possessions espagnoles. Depuis qu'il commandoit dans les Pays-Bas, ce duc avoit introduit parmi les troupes du roi Philippe une discipline dont elles n'avoient eu jusqu'alors aucune idée. Il ne leur permettoit aucun pillage, il protégeoit les habitans avec une justice et une vigilance qui contrastoient avec l'oppression impitoyable des précédens gouverneurs généraux. En mettant le pied sur le territoire français, il résolut de redoubler encore de zèle pour le maintien de la discipline. Il savoit qu'il marchoit au milieu d'un peuple à qui le nom espagnol étoit odieux; il vouloit le forcer à lui accorder tout au moins son estime et son respect. Il avoit si bien assuré ses convois de vivres qu'il n'eut jamais besoin d'en enlever de force aux habitans. Toutes les propriétés furent respectées, tous les droits furent ménagés, et cependant Alexandre n'avançoit qu'avec les plus grandes précautions. Toujours il faisoit éclairer sa marche par des reconnoissances, il s'arrêtoit de bonne heure chaque jour, il fortifioit son camp chaque soir, tenant sa troupe sous les armes, jusqu'à ce que l'enceinte temporaire fût assurée. En même temps il avoit soin de voir tout de ses propres yeux, il questionnoit lui-même les espions, il disposoit les gardes, il veilloit chaque nuit, et n'accordoit au repos que le peu d'heures qui s'écouloient depuis qu'on avoit battu la diane jusqu'à la marche de l'armée. Avec les gentilshommes français qui suivoient ses drapeaux, et qu'il faisoit manger à sa table, il adoptoit toutes les manières et toute la familiarité françaises, lui qui, parmi les Espagnols, avoit toujours affecté leur gravité, leur retenue et leur étiquette cérémonieuse. (1)

Ce fut le 23 août seulement que le duc de Parme arriva à Meaux, et se réunit au corps d'armée qu'y avoit assemblé Mayenne. Par cette réunion il se trouvoit tout au plus égal en forces à Henri IV. On assuroit en effet que celui-ci avoit alors sous ses ordres vingt-six mille fantassins et sept mille chevaux. Il s'en falloit de beaucoup il est vrai que l'infanterie française pût s'égaler aux vieilles bandes italiennes et espagnoles du duc de Parme, les meilleures de l'Europe; mais d'autre part le roi comptoit dans sa cavalerie cinq mille gentilshommes, dont la bravoure étoit soutenue par un point d'honneur tout personnel, et qui l'emportoient sur toute autre cavalerie. Le duc de Parme les connoissoit bien; il désiroit, s'il étoit possible, éviter de se

(1) De Thou. L. XCIX, p. 669. — Davila. L. XI, p. 677-679. — Bentivoglio, *Guerre di Fiandra*. P. II, L. V, p. 133. — Watson. L. XXII, p. 111. — Péréfixe. L. II, p. 154. — Cayet. Chron., p. 424.

mesurer avec eux. Il sentoit combien il étoit désirable pour lui de conserver son armée à peu près intacte pour la défense des Pays-Bas; et il apprenoit d'ailleurs que l'armée royale, fatiguée par un long siége, commençoit à s'affoiblir par les maladies, et à manifester de l'impatience. (1)

Meaux n'est éloigné de Paris que de douze petites lieues; il étoit temps, pour Henri IV, de prendre un parti; il savoit que la ville étoit réduite aux dernières extrémités; que la mortalité étoit effroyable, et que s'il pouvoit tenir quelques jours encore dans ses lignes, il forceroit les Parisiens à capituler; mais d'autre part il ne pouvoit s'exposer à y être attaqué par un des plus habiles et des plus heureux généraux du siècle, à la tête d'une armée si formidable. Il attendit aussi tard qu'il étoit possible de le faire avec sûreté, mais la résignation des Parisiens en proie aux plus horribles souffrances, l'emporta encore sur sa constance : dans ces derniers momens aussi il ne put se résoudre à faire exécuter avec rigueur les lois barbares de la guerre. Jusqu'alors il avoit refusé le passage aux vieillards, aux femmes, aux enfans, que les ligueurs vouloient faire sortir de Paris comme bouches inutiles; mais il ne put s'endurcir contre leur désespoir, et les laisser périr sous ses yeux d'une

---

(1) Davila L. XI, p. 678. — Bentivoglio. P. II. L. V, p. 134.

mort affreuse. Le 20 août, il accorda un sauf-conduit pour en faire sortir trois mille de la ville; si ses soldats n'avoient pas repoussé les autres, il en seroit sorti bien davantage. Tous les historiens s'accordent à louer à cette occasion sa générosité; toutefois la pénurie étoit déjà si effroyable dans Paris, que Henri, en les retenant, auroit bien pu causer leur mort, mais non forcer ceux qui restoient à partager avec eux leurs vivres. (1)

On proposa à Henri de partager son armée, d'en laisser une moitié à la garde de ses lignes devant Paris, avec l'autre de tenir tête à Alexandre; mais il ne fallut pas une longue délibération pour faire sentir le danger d'une résolution aussi imprudente, vis-à-vis d'un si habile général et d'une armée si redoutable. Le roi prit enfin son parti : le 30 août, il retira son armée de ses lignes et la porta d'abord à Bondi, puis deux jours après à Chelles, à quatre lieues de Paris. Au point du jour les sentinelles qui étoient sur les remparts ne virent plus l'armée à ses postes accoutumés, et en donnèrent avis aux habitans par des cris de joie : bientôt après des paysans, profitant de ce que les passages étoient demeurés libres, se présentèrent aux portes avec tous les vivres qu'ils avoient pu recueillir dans le plus prochain rayon,

(1) Journal de l'Estoile, p. 82. — Mém. de la Ligue. T. IV, p. 309. — Cayet. Chron. p. 411. — Péréfixe. L. II, p. 149.

et les cris de joie et de délivrance redoublèrent dans toutes les rues; la population courut tout entière aux remparts pour voir les quartiers que les ennemis venoient d'abandonner. Bientôt le légat, l'archevêque de Lyon, le duc de Nemours, se mirent à la tête d'une procession qui vint à Notre-Dame remercier Dieu d'avoir mis fin à tant de misère. Le pays avoit cependant été si long-temps désolé par les gens de guerre, qu'il ne pouvoit pourvoir de vivres la capitale que bien chétivement; Jacques Ferrarois, commandant pour la Ligue à Dourdan, fut le premier qui, le 31 août, amena dans Paris un convoi de charrettes; quatre jours après il arriva mille autres chars encore du pays Chartrain, mais les rivières étoient toujours fermées, et les vivres toujours rares et chers; ce fut seulement du 13 au 15 septembre que le blé tomba de 24 écus à 6 écus le setier. (1)

Le bourg de Chelles est considérable; il est situé dans une vaste plaine, en partie marécageuse, et terminée par quelques bois; au-delà, sur la route de Meaux, s'élèvent deux collines; l'avant-garde française s'étendoit jusqu'au pied de ces collines : l'armée des ducs de Parme et de Mayenne occupoit une autre plaine au-delà de

(1) Cayet, Chron. noven. T. LVI, p. 436. — Journal de l'Estoile, p. 93, 96. — Davila. L. XI, p. 681. — De Thou. L. XCIX, p. 660. — D'Aubigné. L. III, c. 7, p. 237.

ces collines, et leur cavalerie légère parut sur leur sommet au moment où les Français arrivoient au bas. Henri IV auroit ardemment désiré pouvoir livrer immédiatement bataille aux deux ducs; s'il avoit obtenu la victoire, il auroit pu recommencer le siége de Paris avant qu'il y fût entré des approvisionnemens suffisans. Il essaya donc de profiter du point d'honneur qui faisoit alors généralement supposer qu'il y avoit de l'humiliation à ne pas accepter la bataille quand elle étoit offerte, et il envoya un héraut d'armes au duc de Mayenne pour l'inviter à faire cesser les souffrances des peuples et leur incertitude, en acceptant la bataille qu'il lui offroit. Mayenne renvoya le héraut au duc de Parme, qui répondit « qu'il n'étoit pas venu de
« si loin pour prendre conseil de son ennemi;
« que si sa manière de faire la guerre ne plaisoit
« pas à son adversaire, celui-ci devoit chercher
« à le forcer d'en changer, plutôt que de donner
« des conseils qu'on ne lui demandoit pas. » En même temps il traça son camp sur le revers des deux collines qui le séparoient de la plaine de Chelles, et il l'entoura de profondes tranchées qu'il garnit d'artillerie. (1)

(1) Davila. L. XI, p. 682. — Bentivoglio. P. II, L. V, p. 136. — Sommaire discours sur l'armée du roi. Mém. de la Ligue. T. IV, p. 524-336. — V. P. Cayet, Chron. noven. T. LVI, p. 429.

1590. Quoique cette réponse indiquât peu d'empressement pour la bataille, Henri IV ne doutoit point que le prince de Parme ne se préparât à l'attaquer. Il sembloit qu'entrant sur le territoire ennemi, avec l'intention de porter secours à une ville assiégée, il ne pouvoit avoir en même temps l'intention d'éviter le combat. Toute la noblesse française, fatiguée d'une longue campagne, des privations des camps et des maladies, désiroit avec ardeur une action décisive. Il ne restoit plus guère que dix-huit mille fantassins à Henri, sur lesquels six mille étoient ou suisses ou anglais; mais c'étoit surtout dans sa cavalerie, composée de gentilshommes, qu'il mettoit sa confiance. Les collines qui séparoient les deux armées étoient souvent la scène de leurs escarmouches, sans que l'un ou l'autre général voulût s'exposer au désavantage de les traverser avec toute son armée. Le duc de Parme, averti que les vivres commençoient à entrer dans Paris, ne se pressoit pas, et il employa quatre jours à bien étudier le terrain. Enfin, le 5 septembre, il annonça qu'il attaqueroit l'ennemi dans ses retranchemens; il donna au marquis de Renti le commandement de son avant-garde, il lui ordonna de monter la colline à l'ombre des bois, et quand il seroit arrivé à son sommet, où le bois finissoit, de s'y étendre, comme en ligne de bataille, pour occuper le plus d'espace possible, ensuite de commencer à descendre vers la plaine, mais à pas fort lents, et en s'arrêtant à plusieurs reprises. Ces mouvemens n'échappèrent point aux Français, ils virent leurs ennemis couronner toutes les collines; ils s'attendirent à être attaqués, et quoiqu'ils les vissent s'arrêter comme pour attendre quelque corps en retard, ou reformer leur ligne, ils ne songèrent point à leur donner l'avantage du terrain en allant les rencontrer au milieu de la pente. Henri IV, qui avoit rangé son armée en bataille, les observoit, et cherchoit à se rendre raison de leurs haltes fréquentes, puis de l'entière suspension de leur marche, sur un ordre venu du duc de Parme; mais toute communication entre les deux armées étoit interrompue, et tout ce qui se passoit derrière la colline étoit absolument ignoré de Henri. Cependant le duc de Parme, qui n'avoit communiqué son projet à personne, pas même au duc de Mayenne, vint prendre celui-ci par la main, comme il étoit à la tête du corps de bataille, et le fit tourner tout à coup à sa gauche pour se rapprocher de la Marne, et arriver enfin en face de Lagny. Lafin, avec quinze compagnies d'infanterie française, avoit été chargé, par Henri IV, de la défense de cette grosse bourgade située sur la rive gauche de la Marne. Les murs, le long de la rivière, étoient foibles, et ils furent bientôt abattus par les batteries que le duc de Parme avoit fait dresser sur le bord opposé; mais Lafin n'en concevoit aucune inquiétude, regardant la rivière qui couloit devant lui comme bien suffisante à sa défense; il ne s'étoit point aperçu que le général ennemi avoit fait passer quelques bataillons qui se cachoient sur la rive opposée, prêts à donner l'assaut dès que les brèches seroient praticables.

Henri IV avoit passé la journée du 5 septembre à la tête de ses troupes, qu'il avoit rangées en bataille, attendant d'heure en heure l'attaque des ennemis, et ne pouvant concevoir ce qui ralentissoit leur marche. Vers la fin de la journée, il remarqua que le marquis de Renti retiroit successivement ses avant-postes du sommet des collines; en effet, il se reploit sur le camp retranché qu'Alexandre avoit tracé, sur la Marne, en face de Lagny. Le lendemain, le roi, mieux informé, passa les collines à son tour, et vint offrir la bataille aux deux ducs; mais il reconnut bientôt que leur camp étoit fortifié de manière à ne lui laisser aucun espoir de le forcer, et que les Espagnols étoient bien résolus à n'en pas sortir. Pendant ce temps, les brèches aux murailles de Lagny s'élargissoient sans cesse. Tout à coup les bataillons cachés sur la gauche de la rivière se précipitèrent à l'assaut; ils furent reçus avec vigueur par Lafin, et repoussés une première fois. Ce commandant voulut alors relever par des troupes fraîches la garde épuisée de fatigue ; il en résulta un moment de désordre dont les Espagnols s'aperçurent ; ils revinrent à la charge, se rendirent maîtres de la brèche, et massacrèrent presque toute la garnison sous les yeux de Henri IV, qui, de l'autre côté de la rivière, ne pouvoit porter secours à ses soldats. (1).

Cette habile manœuvre décidoit du sort de la campagne ; Lagny contenoit de grands approvisionnemens de vivres, la navigation de la Marne étoit ouverte, de riches convois de bateaux descendirent aussitôt à Paris, et le peuple, qui avoit tant souffert, se retrouva de nouveau dans l'abondance. Henri jugea bien que le duc de Parme n'avoit plus de motifs pour lui livrer bataille ; pour lui, il ne pouvoit réussir à l'y forcer. Son armée étoit épuisée de fatigues ; la maladie commençoit à la travailler cruellement. Dès le 7 septembre, il se retira sur Saint-Denis, humilié, irrité, découragé ; tout à coup il lui vint à la pensée que les Parisiens, dans l'excès de leur joie, auroient négligé toutes leurs précautions, et au milieu de la nuit il se porta rapide-

---

(1) Davila. L. XI, p. 684, 685. — Bentivoglio, *Guerre di Fiandra*. P. II, L. V, p. 137. — De Thou. L. XCIX, p. 662. — D'Aubigné. L. III, c. 7, p. 240. — V. P. Cayet, p. 431. — Péréfixe. L. II, p. 157. — Lettre du roi, du 7 septembre, au duc de Montpensier. Duplessis. T. IV, p. 481.

ment sous les murs pour tenter l'escalade. Deux échelles furent appliquées en silence contre le mur du faubourg Saint-Marceau; mais il y avoit encore trop de deuil et de douleur dans la cité pour que les bourgeois se fussent abandonnés à l'ivresse de leur délivrance. Les moines, entre autres, étoient toujours de garde; ce fut un jésuite qui donna l'alarme. Il renversa l'une des échelles; il arrêta bravement les assaillans qui montoient par l'autre, tandis qu'il appeloit du secours par ses cris. Bientôt la muraille fut garnie de défenseurs, et les royalistes se retirèrent. Quelques heures plus tard, Henri tenta une seconde surprise tout aussi inutilement. Le roi vit bien qu'il ne falloit pas lutter plus long-temps contre la fortune. De retour à Saint-Denis, il donna des ordres pour dissoudre son armée: il envoya Conti en Touraine, Montpensier en Normandie, Longueville en Picardie, Nevers en Champagne, d'Aumont en Bourgogne, La Noue dans la Brie, et lui-même, avec le maréchal de Biron et le baron son fils, il conduisit le reste de ses troupes en quartiers à Senlis, à Compiègne et dans les villes du bord de l'Oise.(1)

Le duc de Mayenne arriva, le 18 septembre,

---

(1) Davila. L. XI, p. 687, 688. — De Thou. L. XCIX, p. 664. — Lettre du roi au duc de Montpensier, du 7 septembre. Duplessis. T. IV, §. 117, p. 481. — Journal de l'Estoile, p. 99.

à Paris avec les principaux de son armée et de son conseil ; le duc de Parme y entra bientôt lui-même incognito avec sept ou huit officiers. Toutes les parties de la ville présentoient trop de monumens de la détresse récente pour qu'on pût y songer à des fêtes et des réjouissances. De toutes les rivières qui alimentent Paris, le cours seul de la Marne étoit libre ; les magistrats, et Mayenne lui-même, demandèrent instamment au duc de Parme d'accomplir son ouvrage, et d'ouvrir aussi la navigation de la Seine et de l'Yonne. La première chose à faire pour y réussir, c'étoit de s'emparer de Corbeil, que les ligueurs ne croyoient pas en état d'opposer une longue résistance. Le duc Alexandre consentit à en entreprendre le siége le 22 septembre ; mais il y rencontra une obstination qui dépassa de beaucoup son attente, en même temps que les ligueurs, et il devoit le prévoir, ne purent remplir, dans leur état de misère, aucun des engagemens qu'ils avoient pris pour nourrir son armée. Lorsque les munitions commencèrent à manquer, il fut obligé de permettre aux Espagnols, aux Italiens, mais surtout aux Wallons, qu'il avoit sous ses ordres, de l'approvisionner aux dépens des campagnes ; ils pillèrent, en effet, amis et ennemis avec une cupidité, avec une barbarie, qui changea en haine toute la reconnoissance des ligueurs pour les Espagnols.

Enfin, le 16 octobre, Corbeil fut pris d'assaut, la garnison fut passée au fil de l'épée, et les bourgeois pillés sans miséricorde. (1)

Le duc de Parme avoit accompli sa mission; il s'apercevoit que son séjour en France ne serviroit qu'à semer l'aigreur et la défiance entre lui et les alliés qu'il avoit secourus. Il étoit averti des avantages remportés aux Pays-Bas par les Hollandais sur Mansfeld, qu'il avoit chargé d'y commander en son absence. Il déclara qu'il vouloit repartir pour Bruxelles, et il persista dans cette résolution, malgré toutes les instances de Mayenne et du cardinal légat. Il livra aux troupes de la Ligue Corbeil et Lagny, et, après avoir accordé vingt jours de repos à son armée, il repartit, le 13 novembre, par la route de Champagne, marchant à petites journées, avec le même ordre et les mêmes précautions qu'à son entrée en France. Henri rassembla ses soldats, rafraîchis par deux mois de repos, et se mit à la suite de l'armée espagnole pour l'inquiéter dans sa retraite. Tandis que, d'après ses ordres, le baron de Givry reprenoit Corbeil et Lagny, et y rencontroit peu de résistance, Henri saisissoit toutes les occasions pour entraver la marche du duc de Parme, ou l'amener

___
(1) Davila. L. XI, p. 688. — Journal de l'Estoile, p. 100. — De Thou. L. XCIX, p. 668. — D'Aubigné. L. III, c. 8, p. 241. — Cayet, Chron. noven. T. LVI, p. 437.

à de petits combats. Mais rien ne pouvoit troubler le calme et la régularité de ce grand capitaine. Ses chars formoient autour de lui une fortification mouvante, derrière laquelle ses troupes se retiroient après de vigoureuses sorties. Un combat assez sérieux fut livré auprès de Guise, le 29 novembre, mais sans résultat pour l'un ou l'autre parti. Les Espagnols étant enfin arrivés près de leur frontière, Henri n'essaya point de les suivre plus long-temps. Sur cette même frontière, le duc de Parme prit congé du duc de Mayenne, auquel il laissa trois corps de troupes auxiliaires, italien, espagnol et allemand, sous les ordres de Pietro Gaétano, neveu du cardinal légat, d'Alfonso Idiaquez, et du comte de Collalto. Puis il rentra dans les Pays-Bas avec la gloire d'avoir ravi à son adversaire tous les fruits de ses travaux et de ses victoires, sans lui permettre jamais d'engager la bataille qu'il désiroit si ardemment, et en le forçant à reconnoître la supériorité du grand capitaine sur la valeur du soldat. (1)

(1) Davila. L. XI, p. 691, 692. — Bentivoglio, *Guerre di Fiandra*. P. II, L. V, p. 140. — De Thou. L. XCIX, p. 671, 673. — D'Aubigné. L. III, c. 8, p. 244. — V. P. Cayet, Chron. noven. T. LVI, p. 448-453.

CHAPITRE III.

La guerre languit après la retraite du duc de Parme. — Intrigues et divisions dans le parti royaliste et dans celui de la Ligue. — Le duc de Guise s'échappe de prison. — Fanatisme des Seize et des prédicateurs. — Mayenne punit leurs chefs. — 1590-1591.

1590. Aucune nation, à l'égal de la française, n'est captivée par la vertu militaire. C'étoit par ce mérite, avant tous les autres, que Henri IV pouvoit regagner l'amour de ses sujets. Ce prince jusqu'alors étoit peu connu des habitans de la France septentrionale; ils le repoussoient comme hérétique; ils le tournoient en ridicule pour son accent et ses manières gasconnes; ils railloient sa pauvreté, sa familiarité avec ses compagnons d'armes. Les maux qu'il avoit été contraint de faire pour nourrir ses troupes aux dépens du pays; le pillage des faubourgs de Paris, de Vendôme, de Falaise et de toutes les villes où il étoit entré de vive force, avoient laissé d'amers ressentimens : surtout l'effroyable famine qu'il avoit infligée aux Parisiens, lioit son nom au souvenir d'une longue torture et de nombreux malheurs domestiques. Mais on voyoit toutes ces haines s'assoupir, toutes ces préventions se dissiper autour du foyer du gentilhomme, du bourgeois, du villageois, lorsque quelqu'un y racontoit des traits de la brillante valeur du Béarnais, de sa gaîté dans les combats, de l'habileté avec laquelle il avoit toujours fixé la victoire à Coutras, à Arques, à Ivry. Il n'étoit pas seulement brave et habile, il étoit heureux, et c'étoit le motif pour lequel chacun auroit volontiers uni sa fortune à la sienne. Mais aussi rien ne pouvoit ébranler cette popularité renaissante, comme la comparaison de Henri IV avec le duc de Parme. On cessoit de voir un héros dans ce roi toujours prêt à faire le coup de pistolet, qui s'exposoit avec gaîté, souvent avec bonheur, mais qui ne savoit ni prévoir, ni déjouer les projets de son adversaire. Ce n'étoit plus, disoit-on alors, qu'un carabin opposé à un capitaine accompli. La noblesse française, toutefois, accoutumée à distribuer les palmes sur le champ de bataille, applaudissoit à son propre caractère dans celui du Béarnais; comme lui, elle sembloit trouver sa jouissance dans le danger; elle mettoit son point d'honneur à ne jamais calculer les obstacles; elle n'estimoit à la guerre que la vaillance et non le savoir, et elle auroit volontiers flétri l'habileté dans le combat, comme un lâche calcul; mais elle étoit confondue par les avantages qu'obtenoit sur elle la stratégie;

alors elle s'abandonnoit au découragement, et elle étoit forcée de reconnoître que toute sa bravoure étoit inutile contre un grand maître dans l'art de la guerre.

La délivrance de Paris, effectuée sans livrer de bataille, avoit en effet déjoué toutes les combinaisons de toute une année, et rendu inutiles tous les succès obtenus jusqu'alors par le parti royaliste. Henri, découragé, laissa passer dès lors tout près d'une autre année sans tenter de nouveau aucune grande entreprise militaire. Il ne resta point oisif cependant, il ne le pouvoit pas : son autorité n'étoit reconnue qu'à l'ombre de ses drapeaux, et ses revenus ne pouvoient être recueillis qu'à la pointe de son épée. Il lui fallut donc, aussitôt que le prince de Parme fut sorti de France, recommencer la petite guerre contre les villes de la Ligue; il entra dans Saint-Quentin, où il n'éprouva pas de résistance; le 10 décembre, il surprit Corbie, il en fit sauter les portes par le pétard, et il passa la garnison avec son gouverneur au fil de l'épée. Il revint ensuite à Senlis, résolu à se rendre maître des places d'où les Parisiens tiroient leurs approvisionnemens, et à les dégoûter de la guerre par la cherté des vivres, les privations et les fatigues. (1)

(1) Davila. L. XII, p. 698.—De Thou. T. VII, L. XCIX, p. 674.

Les Parisiens, en effet, pendant la durée du siége s'étoient exaltés par la résistance, ils avoient supporté avec une patience héroïque des souffrances sans égales; mais depuis la retraite des armées, ils n'avoient point retrouvé l'abondance sur laquelle ils comptoient; les campagnes environnantes étoient ruinées; ils n'avoient plus d'argent pour faire venir des vivres de loin; l'activité du commerce et de l'industrie étoit toujours suspendue, et le moment étoit venu où ils devoient sentir leurs blessures plus que durant le combat. La place de Saint-Denis, où Dominique de Vic commandoit une garnison royaliste, à deux petites lieues de Paris, étoit celle qui les offusquoit le plus. Le chevalier d'Aumale, gouverneur de Paris, se sentant peu considéré dans son parti, avoit fait la cour aux Seize et aux plus furieux démagogues : il leur promit de les délivrer de l'inquiétude que leur causoit Saint-Denis, et en effet dans la nuit du 2 au 3 janvier 1591, il sortit de la ville avec deux cents chevaux et huit cents fantassins d'élite pour surprendre cette place. Lavardin, auquel de Vic avoit succédé seulement depuis huit jours, en avoit chassé presque tous les habitans, il avoit laissé tomber les murs en ruines, de larges brèches étoient ouvertes, et comme le froid étoit excessif, d'Aumale put avec ses cavaliers traverser les fossés sur la glace et entrer jusqu'au milieu de la place; dans ce moment cependant, et au travers d'une obscurité profonde il fut attaqué par le brave de Vic, avec une poignée seulement de cavaliers; mais les fanfares sonnèrent de toutes parts, les Parisiens se troublèrent, d'Aumale fut tué sans être reconnu, ses compagnons d'armes prirent la fuite, et la ville fut recouvrée aussi rapidement qu'elle avoit été perdue. L'abbaye du Bec avoit été donnée en commende à d'Aumale; Henri IV la transmit comme récompense à son vainqueur. Ainsi dans une guerre dont la religion étoit le prétexte, les bénéfices ecclésiastiques passoient, selon le sort des armes, d'un soldat à un autre soldat. (1)

Peu de jours après, Henri, de concert avec le même de Vic, prépara à son tour une surprise contre les Parisiens. Il savoit que les vivres étoient le plus souvent apportés à la capitale sur le dos de bêtes de somme, et qu'on leur ouvroit les portes la nuit; de Vic fit charger de farine quatre-vingts mulets; à chacun d'eux il donna pour conducteur un soldat choisi parmi les plus braves et déguisé en paysan. Il se mit à leur tête dans la nuit du 20 janvier, et il se présenta à la porte Saint-Honoré, en demandant qu'elle lui fût ouverte. Il comptoit que sa petite troupe lui suffiroit pour s'en saisir, et s'y maintenir jusqu'à ce qu'il fût secouru par le roi lui-même; celui-ci avoit en effet échelonné ses troupes de manière

---

(1) De Thou, L. CI, p. 770. — Davila. L. XII, p. 704. — Journal de l'Estoile. T. II, p. 117 — V. P. Cayet. Chronol. novenaire, T. LVII, L. III, p. 1.

à pouvoir arriver avec de prompts renforts. Mais ces mouvemens n'avoient pu être entièrement dérobés à la connoissance du marquis de Belin, qui avoit remplacé d'Aumale dans le commandement de Paris. Lorsqu'à trois heures après minuit les fariniers se présentèrent à la porte Saint-Honoré, on leur répondit, sans manifester aucun soupçon, que, d'après un ordre nouveau, des barques étoient préparées pour les embarquer à Chaillot, qu'ils devoient donc gagner le bord de la rivière. Pendant le désordre qu'occasionneroit ce contre-temps, Belin avoit compté d'attaquer le roi, qui, avec d'Épernon et Longueville, étoit déjà à pied dans le faubourg : mais de Vic remarqua qu'on sonnoit le tocsin dans plusieurs quartiers de Paris, et que des bruits de guerre inaccoutumés arrivoient jusqu'à lui, dans le silence de la nuit ; il en donna avis au roi, qui ordonna aussitôt la retraite, et cette entreprise, connue sous le nom de la Journée des Farines, se termina sans que les soldats eussent échangé un coup d'épée. (1)

Pour effacer la mémoire de ce mauvais succès, le roi résolut d'enlever aux ligueurs la ville de Chartres, d'où les Parisiens avoient tiré beaucoup d'approvisionnemens durant toute la cam-

1591.

(1) Davila. L. XII, p. 767.—De Thou. L. CI, p. 773.—L'Estoile. T. II, p. 119-122.—V. P. Cayet. T. LVII, p. 4.—D'Aubigné. L. III, c. 9, p. 244.

pagne précédente. Il réussit à les tromper sur ses projets, en faisant attaquer Provins par une partie de son armée, en menaçant Dreux avec une seconde, tandis que le maréchal de Biron, avec une troisième, alloit à Dieppe se réunir à un corps d'auxiliaires anglais. Les trois divisions s'étoient donné rendez-vous devant Chartres, qui se trouva investi le 16 février, sans que Mayenne eût eu le temps de renouveler la garnison, ou de faire entrer des munitions de guerre dans la ville. Le 19 février, le roi vint se mettre à la tête des assiégeans. La résistance fut obstinée, et Chartres ne lui ouvrit ses portes que le 12 avril. Mayenne, qui ne s'étoit pas senti assez fort pour essayer de l'attaquer dans ses lignes, crut qu'il le détourneroit peut-être de ce siége en se portant sur Château-Thierry. Il s'en rendit maître en effet, mais cette acquisition ne compensoit pas à beaucoup près la perte que la Ligue venoit de faire. (1)

Après avoir donné un peu de repos à son armée, le roi s'approcha de La Fère en Picardie, où le marquis de Maignelais commandoit pour la Ligue. Cet homme, qui s'étoit d'abord montré ardent parmi ses ennemis, avoit eu ensuite quelque sujet de mécontentement dans son parti, et il étoit secrètement entré en traité avec le roi

(1) Davila. L. XII, p. 711-716.—De Thou. L. CI, p. 777-782.—V. P. Cayet. T. LVII, p. 25.

pour lui livrer sa forteresse; mais il ne put si
bien cacher ses menées que le duc de Mayenne
n'en eût quelque avis. Celui-ci envoya deux gentilshommes à La Fère, comme pour donner
quelques informations au gouverneur de la place;
ces gentilshommes allèrent l'attendre, avec leurs
dépêches, au sortir de la messe, et lorsqu'il vint
à eux, ils se jetèrent sur lui en trahison et le
tuèrent. La première nouvelle de cet assassinat
causa une grande rumeur dans tout le parti de la
Ligue, chacun s'écrioit qu'en nommant le duc
de Mayenne lieutenant-général on n'avoit pas
prétendu le mettre au-dessus de toutes les lois.
Mais bientôt on dut reconnoître que La Fère
avoit été sauvée par cet assassinat : aux yeux
des partis le succès justifie jusqu'aux crimes.
Henri IV s'éloigna, et le sort de Maignelais fut
bientôt oublié par ses anciens associés. (1)

Le roi mit ensuite, le 25 juillet, le siége devant Noyon; les ligueurs tenoient beaucoup à
la conservation de cette place; ils chargèrent
successivement Tavannes, puis le duc d'Aumale
d'y faire entrer des secours : ces capitaines furent repoussés l'un et l'autre; Mayenne s'avança
ensuite lui-même, à la tête de dix mille hommes,
pour déterminer Henri à lever le siége, mais
comme il n'accepta point la bataille que le roi

1591.

(1) Davila. L. XII, p. 725. — L'Estoile. T. II, p. 150, 151.
— V. P. Cayet. T. LVII, p. 92.

lui offroit, celui-ci continua à presser ses attaques, jusqu'à ce que Noyon lui ouvrît ses portes, le 18 août. (1)

Ces avantages, auxquels il faut joindre encore la surprise de Louviers par le baron de Biron, ne suffisoient pas pour relever la réputation du roi; chacun faisoit aisément le compte qu'avec deux ou trois siéges, deux ou trois prises de villes par campagne, Henri IV n'auroit point assez de vie pour se rendre jamais maître de la France. Il est vrai que ses partisans combattoient en même temps pour lui dans toutes les parties du royaume, mais les succès étoient trop balancés pour laisser prévoir quelle seroit l'issue de cette fatale guerre civile. Le duc de Savoie, qui s'étoit déclaré le protecteur de la Ligue en Provence et en Dauphiné, se proposoit évidemment de s'attribuer la souveraineté de ces deux provinces; il avoit été reçu à Aix, par le parlement, avec une pompe royale. La comtesse de Saulx et le baron de Vins, que tous les ligueurs provençaux reconnoissoient pour chefs, s'étoient entièrement donnés à lui (2). Cependant Mayenne, qui ne vouloit point laisser démembrer la France, ne se défioit guère moins du duc de Savoie que de Henri IV. La Valette, frère du duc d'Épernon,

(1) Davila. L. XII, p. 728-730.—De Thou. L. CI, p. 802-805.—V. P. Cayet. T. LVII, L. III, p. 133-141.

(2) Davila. L. XII, p. 696.—V. P. Cayet. T. LVII, p. 59.

Alphonse d'Ornano, le colonel des Corses, et Lesdiguières, le vaillant chef des huguenots de Dauphiné, défendoient les pays à la gauche du Rhône, contre les Savoyards et les ligueurs. Au commencement de la campagne Lesdiguières se fit livrer Grenoble par capitulation, avec promesse d'y maintenir le culte catholique; il y rétablit le parlement et la chambre des comptes, et il rangea la plus grande partie du Dauphiné sous l'autorité royale. Il défit les Savoyards à Pontcharra (le 18 septembre 1591); La Valette les défit de nouveau à Vinon, en sorte que la Ligue, malgré la protection de Charles Emmanuel Ier, perdit du terrain dans ces deux provinces. (1)

Une guerre civile et religieuse désoloit également le Languedoc, où les deux maréchaux de Montmorency-Damville et de Joyeuse se conduisoient comme deux souverains indépendans, sans demander aucun ordre, le premier à Henri IV, le second à Mayenne, sans combiner avec eux aucune de leurs opérations. L'un et l'autre avoit pour lui un parlement, le premier à Carcassonne, le second à Toulouse; l'un et l'autre assembloit les états de son parti, et obtenoit d'eux des subsides. Montmorency, quoi-

―――――――――

(1) Davila. L. XII, p. 731 et 749. — De Thou, L. CII, T. VIII, p. 15, 16, 19, 24. — Cayet. T. LVII, p. 38. — Guichenon. T. II, p. 302-308. — Mémoires de la Ligue. T. IV, p. 627.

que catholique, mettoit son principal espoir dans les huguenots ; Joyeuse s'appuyoit sur un corps de quatre mille Espagnols que lui avoit fourni Philippe II; et ceux-ci donnèrent à la guerre ce caractère d'effroyable férocité qu'ils ont presque toujours apporté dans les combats. Le maréchal de Joyeuse, père du favori de Henri III, tué à Coutras, se faisoit remplacer par son autre fils, le duc Henri Scipion, qui succéda ensuite à son père, mort le 5 janvier 1592, et qui ne se signala que par sa cruauté. (1)

La guerre en Bretagne se poursuivoit de même d'une manière presque indépendante des deux grands chefs du parti. Le duc de Mercœur, qui se disoit chef de la Ligue dans cette province, avoit surtout l'ambition de la détacher de la couronne, et de s'y faire reconnoître pour héritier et successeur des anciens ducs. Quoique ce projet ne s'accordât point avec les vues de Philippe II, celui-ci lui avoit fourni un corps de troupes espagnoles, qui contribua, pendant toute la campagne, à lui assurer l'avantage sur le prince de Dombes, fils du duc de Montpensier, que Henri avoit destiné pour gouverneur à la Bretagne. Il n'y eut point entre eux de bataille rangée, mais La Noue, le plus vertueux et le plus habile des chefs huguenots, y fut blessé mortelle-

(1) Histoire générale de Languedoc. T. V, L. XLI p. 450-455.

ment au siége de Lamballe; c'étoit le dernier de ces héros, amis et compagnons de Coligni, qui avoient si long-temps soutenu une lutte désespérée, non par ambition, non par esprit d'intrigue, comme la plupart de ceux qui leur succédèrent, mais par une profonde conviction, pour continuer à professer et à défendre ce qu'ils croyoient la vérité. Quoiqu'il se fût distingué dès le commencement des guerres civiles, il n'avoit que soixante ans (1); après sa mort, le prince de Dombes fut contraint d'évacuer presque entièrement la Bretagne.

Au commencement du printemps les royalistes furent défaits à Saint-Yrié, par Pompadour et Montpezat, qui commandoient, pour la Ligue, dans le Limousin, le Quercy et le Périgord. Les vainqueurs assiégèrent ensuite Belac dans la Marche, mais cette ville leur opposa une vigoureuse résistance, et le prince de Conti les força enfin à se retirer (2). Vers la fin de la campagne, les royalistes eurent leur revanche dans le Quercy; Ventadour et Thémines, qui les commandoient, défirent, le 24 novembre, auprès de Souillac, le

---

(1) Davila. L. XII, p. 748.—De Thou. L. CII, T. VIII, p. 5 à 8.—Amyrault. Vie de François de La Noue, p. 362. Il mourut le 4 août, quinze jours après avoir été blessé. — Dom. Taillandier. Hist. de Bretagne. T. II, L. XIX, p. 409.—V. P. Cayet. T. LVII, p. 149.

(2) De Thou. L. CI, T. VII, p. 807.

marquis de Villars et son frère Montpezat, généraux de la Ligue, et leur tuèrent plus de six cents hommes. (1)

Ces combats répandoient la désolation dans toutes les provinces, et causoient dans tout le royaume la plus effroyable anarchie; mais loin d'amener la guerre à sa conclusion, ils sembloient éloigner toujours plus la chance de la terminer. C'étoit bien plutôt dans les conseils, dans les intrigues qui divisoient chaque parti, qu'on pouvoit entrevoir ou des chances de salut, ou tout au moins des causes qui empêcheroient de continuer long-temps encore cette lutte acharnée. Henri IV voyoit que ses adhérens se partageoient tout au moins en trois factions, qui s'aliénoient toujours plus l'une de l'autre. La première, la seule sur laquelle il comptât entièrement, étoit celle des huguenots. Ceux-ci, diminués en nombre et en puissance, ruinés par trente ans de combats, sentoient bien qu'ils ne pouvoient plus par leurs seules forces fonder cette liberté de conscience pour laquelle ils avoient tout sacrifié. Ils reconnoissoient la nécessité de s'associer aux politiques, à ces anciens courtisans de Henri III qui leur inspiroient tant de mépris et de dégoût. Ils avoient abandonné les maximes de liberté politique qui leur avoient été d'abord

(1) De Thou. L. CII, T. VIII, p. 14 et 15.

si chères, ils sembloient ne désirer autre chose que le triomphe du Béarnais, et ils fermoient les yeux tant qu'ils pouvoient, sur les promesses illusoires, sur les déceptions, sur les intrigues secrètes par lesquelles Henri vouloit attacher leurs adversaires à sa personne (1). Cependant, lorsqu'ils le voyoient prodiguer les récompenses uniquement aux catholiques, et les entretenir sans cesse de l'espérance de sa conversion, ils laissoient percer beaucoup d'inquiétude et de défiance, et ils lui rappeloient quelquefois que ce n'étoit ni avec de tels ménagemens ni pour un tel résultat qu'eux seuls, pendant vingt-cinq ans, avoient tenu tête à toute la France.

La seconde division parmi les royalistes étoit celle des politiques, dont les uns penchant en secret pour les idées de la réforme n'avoient point voulu, par un respect humain, en faire profession publique; les autres, peu soucieux de religion, ne songeoient qu'à leur propre grandeur et comptoient s'élever par la guerre; d'autres encore, et parmi ces derniers il falloit compter surtout les membres du parlement, s'attachoient à l'autorité royale comme à la base de toute légalité en France, et n'admettoient point qu'on pût imposer des conditions à l'héritier du trône. Dans ce parti Henri comptoit

(1) Le seul historien protestant de cette époque, d'Aubigné, évite désormais tous les détails. Liv. III, c. 11 et 12, p. 251.

plusieurs de ses meilleurs capitaines et de ses conseillers les plus habiles, tels que le maréchal de Biron et son fils le baron, auxquels plus qu'à nuls autres Henri IV dut sa couronne : Crillon, capitaine des gardes de Henri III, dont le Béarnais estimoit la valeur, et qu'il avoit gagné en le célébrant comme le brave des braves; Schomberg, Alphonse d'Ornano, et les magistrats tels que de Thou, Pasquier, la Guesle, qui dirigeoient le parlement de Tours.

Enfin, d'entre les politiques on voyoit alors se détacher un tiers parti qui songeoit à élever sa fortune, en trahissant le chef qu'il avoit suivi jusqu'alors. Le cardinal de Vendôme, qui depuis la mort de son oncle prenoit le nom de cardinal de Bourbon, s'offroit pour chef à ce parti. C'étoit le quatrième des fils de Louis Ier, prince de Condé; fort jeune à la Saint-Barthélemi, il avoit été dès lors élevé dans la religion catholique. Ce prince léger, vaniteux, dépourvu de talens, décrié par ses vices, se regardoit cependant comme le successeur légitime à la couronne, si Henri IV étoit définitivement écarté comme hérétique et relaps. Les deux frères aînés étoient demeurés attachés à la réforme : l'un, Condé, étoit mort et n'avoit laissé qu'un fils en bas âge; l'autre, Conti, étoit sourd, ne parloit qu'avec difficulté et passoit presque pour imbécille; un troisième n'avoit pas vécu, lui-même étoit âgé de vingt-neuf ans, et son plus jeune frère, le comte de Soissons, n'en avoit que vingt-cinq. Soissons, Montpensier, le duc de Longueville et son frère le comte de Saint-Paul, irrités de ce que toute leur famille étoit repoussée du trône à cause de l'obstination de son chef dans l'hérésie, lui auroient volontiers substitué le cardinal de Bourbon. Ils étoient encore secondés par toute cette clique des courtisans de Henri III, tels que d'Épernon, d'O, La Valette et les autres mignons, qui se trouvoient engagés avec Henri IV, sans avoir pour lui aucune affection, sans pouvoir obtenir son estime, sans avoir des chances pour s'élever, dans un gouvernement où les premières places devoient être réservées au mérite. Mais l'âme du parti étoit un prêtre intrigant, David Duperron, fils d'un médecin huguenot réfugié dans le canton de Berne. Duperron, qui avoit eu de brillans succès dans ses études, avec infiniment d'esprit et d'ambition, se fit catholique pour obtenir la place de lecteur de Henri III. Dès lors il s'étoit fait connoître à la cour, et il étoit devenu le favori du cardinal de Bourbon. Il lui fit entamer une correspondance avec la cour de Rome, et représenter au pape que le vrai moyen d'écraser les huguenots et de terminer la guerre civile, sans faire triompher ni la Ligue ni l'Espagne, c'étoit de porter sur le trône de France un Bourbon vraiment catholique. Le cardinal de Lénoncourt, tout dévoué à la maison de Navarre, découvrit les intrigues de son confrère et les fit connoître au roi. Celui-ci étoit alors occupé au siége de Chartres ; il fit venir en hâte auprès de lui le cardinal de Bourbon, le comte de Soissons et les autres qui lui avoient été désignés comme les membres les plus influens du tiers parti. Il ne se sentoit point assez fort pour les punir ou même les censurer, mais il jugea avec raison que leur déplacement seul et leur résidence sous ses yeux suffiroient pour déjouer ces intrigues. (1)

Henri savoit fort bien qu'il ne lui suffiroit point de changer de religion pour attacher les catholiques à sa cause. Tous les ligueurs avoient déclaré formellement que comme relaps il ne pourroit jamais parvenir au trône ; qu'ils avoient conçu une trop juste défiance de lui pour se laisser abuser par une abjuration mensongère, et que jamais leur religion ne courroit un plus grand danger que s'ils laissoient porter la couronne à un ennemi de leur foi, assez peu scrupuleux pour feindre de l'embrasser au moment où il se prépareroit à la détruire (2). Cette réponse avoit toujours été opposée aux catholiques roya-

(1) Davila. L. XII, p. 717, 719. — De Thou. L. CI, p. 778-780. — L'Estoile. L. II, p. 132.

(2) Voyez, entre autres écrits du temps, l'Harpocratie. — Mém. de la Ligue. T. IV, p. 109.

listes lorsqu'ils parloient de la prochaine conversion du roi. Celui-ci, quoiqu'il sût fort bien que d'un moment à l'autre il pouvoit être abandonné par tous les catholiques de son armée, ne pouvoit se résoudre à les contenter par une conversion qui ne lui gagneroit pas un partisan.

Henri jugea donc qu'au lieu de céder à leurs instances, c'étoit le moment pour lui de s'appuyer plus fortement que jamais sur le parti protestant. Il recourut au vicomte de Turenne, l'un des hommes les plus habiles de ce parti; il le chargea de passer en Angleterre, en Hollande et en Allemagne, pour solliciter l'assistance d'Élisabeth, des États-Généraux et des princes luthériens. Cette négociation étoit entourée de difficultés, car Élisabeth se fatiguoit d'accorder une assistance toute gratuite. Elle offroit bien de nouveau cent mille écus et six mille soldats; mais c'étoit sous condition que Henri lui rendroit Calais. Elle savoit combien les Anglois tenoient à la possession de cette place, perdue presqu'au moment où cette reine montoit sur le trône, et elle se faisoit, disoit-elle, un devoir envers son peuple de la recouvrer. Turenne ne refusa point ouvertement la restitution de Calais; il chercha seulement à faire comprendre à Élisabeth que Henri se décrieroit aux yeux de la France, déjà si mécontente, s'il abandonnoit ainsi la dernière et la plus précieuse conquête des Valois. Il lui fit sentir que c'étoit à elle à empêcher que les Espagnols s'établissent à demeure dans la Picardie et la Bretagne, provinces d'où ils menaceroient toujours l'Angleterre. La négociation fut suivie par Beauvoir la Nocle et des Réaux, ambassadeurs ordinaires du roi, et elle produisit un traité signé à Greenwich le 25 juin 1591, en vertu duquel Elisabeth envoya quatre mille hommes en Normandie sous le comte d'Essex, et trois mille en Bretagne. Elle fut reprise au mois de janvier suivant par Duplessis-Mornay; et, malgré le violent mécontentement qu'exprimoit Elisabeth, tantôt contre le comte d'Essex, tantôt contre le roi lui-même, elle procura aux royalistes de nouveaux secours. (1)

Le vicomte de Turenne trouva la république des provinces-unies dans un état de prospérité qu'elle n'auroit osé espérer bien peu d'années auparavant. Le prince Maurice d'Orange avoit développé des talens surprenans pour la guerre ; il avoit successivement enlevé aux Espagnols Zutphen, Deventer, Hulst et Nimègue ; le territoire des confédérés étoit défendu de toutes parts, par le lit des grandes rivières et par des places fortes ; l'union régnoit dans leurs conseils, l'économie et l'industrie avoient rétabli l'ordre

---

(1) Davila. L. XII, p. 700.—Rapin Thoyras. L. XVII, T. VII, p. 468 et 640. — Rymer, *Acta*. T. XVI, p. 89 à 143. — Duplessis-Mornay. T. V, p. 152-203.

dans leurs finances (1), et Maurice put promettre à Turenne que, si le duc de Parme entroit une seconde fois en France, lui, Maurice, en profiteroit pour faire une puissante diversion en Flandre.

En Allemagne, le négociateur de Henri IV eut plus de succès encore. Turenne fit sentir aux princes protestans qu'il ne s'agissoit pas seulement de la cause de la liberté de conscience en France, mais aussi de leur propre indépendance; que si Philippe II réussissoit à placer la couronne de France sur la tête ou de sa fille ou de quelqu'une de ses créatures, personne n'oseroit plus en Europe résister à la maison d'Autriche, et que c'en seroit fait des libertés de l'Allemagne. Il engagea donc les princes et les villes libres attachés à la réforme à lui avancer les uns de l'argent, les autres des soldats, et il réussit à lever en Allemagne quatre mille chevaux et huit mille fantassins, qui, avec un train d'artillerie et des munitions de guerre, se préparèrent à entrer en France dans cet été même. En effet, Turenne ayant accompli avec une adresse remarquable toutes les opérations dont il étoit chargé, arriva, au milieu de l'été, sur la frontière de Lorraine avec son armée allemande. Aucun homme n'avoit encore rendu un service plus

(1) Watson. Hist. de Philippe II, T. IV, L. XXII, p. 132-140.

signalé à Henri IV; mais celui-ci se trouva en mesure de récompenser richement son négociateur sans qu'il lui en coûtât rien. Il donna en mariage à Henri de la Tour, vicomte de Turenne, Charlotte de La Marck, héritière des duchés de Bouillon et de Sédan, qui professoit comme lui la religion réformée. Le nouveau duc de Bouillon fut mis en même temps en possession des redoutables forteresses, sur la frontière de la Lorraine et de l'Allemagne, qui avoient déjà longuement repoussé les attaques des Guises, et qui formoient les meilleures places d'armes pour l'entrée des armées luthériennes en France. (1)

En même temps que Henri sollicitoit et obtenoit l'appui des protestans étrangers, il jugea convenable d'accorder à tout le parti huguenot, en France, une faveur après laquelle ce parti soupiroit depuis long-temps. Tous les édits de tolérance de Charles IX et de Henri III avoient été révoqués, et depuis deux ans qu'un roi huguenot se disoit roi de France, l'édit de Henri III, du 19 juillet 1588, pour l'extirpation de l'hérésie, l'interdiction de tout culte réformé, et l'engagement de n'accorder aucune fonction publique à aucun hérétique, étoient encore la loi du royaume, même dans les villes qui obéis-

(1) Davila. L. XII, p. 736. — De Thou. L. CII, T. VIII, p. 44.—V. P. Cayet. L. III, T. LVII, p. 182.

soient à Henri IV (1). Ce roi ne jugea point, cependant, que le moment fût venu d'établir les droits respectifs des deux religions, et de renouveler les discussions qui avoient donné naissance aux précédens édits de pacification. Henri jugea plus convenable de supprimer les deux édits arrachés à Henri III aux mois de juillet 1585 et 1588, édits dictés par une faction rebelle et entachés de violence. « Voulons et « nous plaît, dit-il, que les derniers édits faits « par les rois nos prédécesseurs, sur la pacifica- « tion des troubles du royaume, soient ci-après « entretenus, exécutés et observés inviolable- « ment. » Il rétablissoit ainsi d'une manière implicite la paix de Bergerac, du 17 septembre 1577, avec les modifications qu'y avoit apportées le traité de Fleix, du 26 novembre 1580. Duplessis avoit préparé une déclaration plus franche, et l'avoit même fait agréer au conseil du roi; mais Henri IV, malgré sa gaîté et son audace, étoit un homme attentif à tous les ménagemens; il craignoit de se compromettre en s'expliquant clairement, et il aima mieux ne point désigner les lois qu'il remettoit en vigueur. (2)

(1) Voyez l'édit de juillet, ci-devant, T. XX, p. 374.
(2) Édit du roi du 24 juillet 1591.—Mém. de la Ligue. T. IV, p. 358, 361. — Duplessis-Mornay, T. IV, p. 492 et T. V, p. 36.

Lorsque ce nouvel édit de tolérance fut mis, à Mantes, en délibération au conseil du roi, le cardinal de Bourbon déclara que sa conscience ne lui permettoit pas d'y consentir, et il se leva pour sortir. Le roi comprit qu'il vouloit ainsi se mettre en évidence comme chef du tiers parti ; il le rappela assez rudement, et lui ordonna de se rasseoir. Le cardinal le fit en tremblant, car son ambition intrigante n'étoit soutenue par aucun courage. L'archevêque de Bourges, de Thou, Chiverny et d'autres, demandèrent alors au roi d'insérer une clause dans son édit qui annonçât qu'il n'étoit que provisoire, et ne devoit durer que jusqu'à ce que le roi eût pu mettre ordre aux affaires de son royaume. Il s'y prêta volontiers, et en même temps il y ajouta une déclaration par laquelle il s'engageoit « à ne souffrir que rien fût innové « ou changé au fait ou exercice de la religion « catholique, apostolique et romaine ; laquelle « il vouloit maintenir, et ceux qui font profes-« sion d'icelle, en toutes ses autorités, franchises « et libertés. » (1)

Mais si le roi avoit peine à maintenir quelque union parmi ceux qui suivoient son étendard, Mayenne n'éprouvoit pas de moindres difficultés dans le parti de la Ligue : de toutes parts il

(1) Davila. L. XII, p. 716, 717. — Mém. de la Ligue, p. 361.

voyoit surgir des intérêts personnels, qui se mettoient en opposition avec ceux de la cause. Le duc de Lorraine voyoit avec impatience l'autorité que s'arrogeoit Mayenne, qu'il regardoit comme un cadet de sa famille, et il aspiroit pour lui-même ouvertement à la couronne. Le duc de Nemours, frère maternel de Mayenne, qui s'étoit illustré par la défense de Paris pendant le siége, croyoit ses droits et son mérite égaux au moins à ceux de son frère aîné; il avoit recherché l'appui des Seize et du parti le plus violent parmi les ligueurs, et ayant réclamé inutilement, comme prérogative de sa charge, une part à la nomination du prévôt et des échevins, il donna sa démission après une discussion très vive, persuadé qu'on n'oseroit pas l'accepter. Mayenne, au contraire, le prit au mot, et nomma pour gouverneur de Paris son propre fils le duc d'Aiguillon, sous la surveillance du marquis de Belin. Les projets sur la Bretagne du duc de Mercœur, les conseils des duchesses de Nemours et de Montpensier, les plaintes de la duchesse de Guise, contribuoient encore à rendre difficile la position de Mayenne, lorsque tout à coup il vit surgir dans sa propre famille un rival qui lui disputoit la popularité et la direction de son parti. Le 15 août, le jeune duc de Guise, fils du Balafré, s'échappa du donjon de Tours, où il étoit prisonnier; ses amis lui avoient fait passer, à ce qu'on assure, dans un pâté une longue échelle de corde en soie. Quoique gardé à vue, et très soigneusement, il jouissoit d'une assez grande liberté, et pouvoit s'exercer dans la cour au manége et à des jeux chevaleresques. C'étoit le jour de l'Assomption, et il avoit communié en grande dévotion; mais ensuite il avoit joué dans la cour avec l'exempt des gardes, Penard, qui l'accompagnoit; il lui avoit proposé plusieurs défis d'adresse, dont le dernier fut de remonter à cloche-pied le long escalier de son donjon. Ayant bientôt gagné assez d'avance sur lui pour n'être plus vu, il monta des deux pieds, fermant après lui chaque porte qu'il rencontroit. Quoique Penard ne songeât guère qu'il pût s'échapper par le sommet d'une tour, il ne voulut point le perdre de vue, et enfonça deux portes l'une après l'autre; mais lorsqu'enfin il arriva au point le plus élevé du donjon, il ne trouva qu'une échelle de corde attachée à une fenêtre qui donnoit sur la campagne. Guise, avec ses deux pages, s'étoit dévallé rapidement en bas; il avoit trouvé deux chevaux que M. de La Chastre, gouverneur du Berry pour la Ligue, lui avoit fait préparer; il avoit rejoint un parti de cavalerie commandé par le fils de La Chastre, et en peu d'heures il s'étoit mis en sûreté à Bourges. (1)

(1) Lettres de Pasquier. L. XIV, lett. 12, p. 427. — Davila.

Les alliés de Mayenne, au-dehors, ne lui donnoient pas moins d'inquiétude que son neveu, son frère et ses cousins au-dedans. Déterminé à maintenir l'intégrité de la monarchie française, il veilloit avec une extrême défiance sur les démarches du duc de Savoie, qui, sous prétexte de religion, cherchoit à s'emparer de la Provence et du Dauphiné, qui étoit accueilli déjà comme souverain par le parlement d'Aix, et qui, ayant convoqué au mois de janvier les États de la Provence dans la même ville, y fut entouré de tous les personnages les plus importans, tandis que les États du parti royaliste, que La Valette avoit en même temps convoqués à Riez, étoient presque abandonnés (1). Mayenne redoutoit davantage encore le roi d'Espagne, car il savoit bien que cet habile et puissant protecteur de la Ligue, qui fournissoit de l'argent au duc de Savoie, des soldats au duc de Joyeuse et au duc de Mercœur, et auquel il étoit obligé de recourir sans cesse lui-même pour de l'argent et des soldats, poursuivoit son ambition privée sous le prétexte de la religion. Mayenne, qui n'avoit pas osé saisir la couronne au moment de la mort de Henri III, aspiroit toujours à se la faire donner par la nation française; mais

L. XII, p. 734. — De Thou. L. CI, p. 805. — Journal de l'Estoile. T. II, p. 173-175.

(1) Bouche. Hist. de Provence. T. II, p. 744.

déjà Philippe II la prétendoit ouvertement pour sa fille, l'infante Isabelle, née d'une sœur des derniers Valois. Philippe II étoit tout-puissant à Paris, où ses deux ministres, Bernardin de Mendoza, et don Diégo d'Ivarra, dirigeoient les conseils de la Ligue, et s'étoient emparés de l'esprit des Seize, en reprochant à Mayenne sa modération. Ils avoient profité des clameurs du peuple, après la journée des Farines, pour faire entrer le 12 février, dans Paris, deux mille soldats espagnols et deux mille napolitains, en sorte qu'ils étoient réellement plus maîtres de la capitale que le lieutenant-général du royaume. (1)

Le duc de Parme, gouverneur des Pays-Bas, ne secondoit pas, il est vrai, les intrigues des ministres espagnols; il se faisoit au contraire un devoir de soutenir Mayenne. Il écrivoit à Madrid que le moment n'étoit point encore venu pour le roi d'Espagne d'annoncer des prétentions personnelles : qu'en choquant l'orgueil de la nation française, et sa haine pour un joug étranger, il risquoit de la réunir tout entière au Béarnais; qu'il ne faudroit lui laisser entrevoir la domination espagnole, que lorsqu'elle seroit tellement domptée par la fatigue et la souffrance, qu'elle ne chercheroit plus que le repos. Qu'il étoit d'ailleurs d'une mauvaise politique de fa-

(1) Journal de l'Estoile, T. II, p. 124-126.—De Thou. L. CI, p. 774.—Davila. L. XII, p. 708.

voriser la domination du bas peuple, car, lorsqu'il auroit renversé l'ordre social, aucune main ne seroit assez puissante pour le rétablir. (1)

Pour profiter de la faveur du duc de Parme, Mayenne envoya le président Jeannin à Madrid, avec commission d'informer Philippe de tous les détails de la situation des affaires, et d'obtenir de lui des renforts de troupes, et surtout des subsides en argent. Mais Jeannin trouva Philippe aussi bien informé des affaires de France qu'il pouvoit l'être lui-même, et en même temps très déterminé à recueillir désormais le fruit de toutes les avances qu'il avoit faites. Le roi d'Espagne déclara à Jeannin que le moment étoit venu de montrer clairement le but qu'on vouloit atteindre; qu'il falloit assembler les états-généraux, leur proposer l'élection d'un roi vraiment catholique; et que pour lui, jusqu'à ce que ces États eussent proclamé l'abolition de la loi salique, et reconnu les droits de l'infante sa fille, à la succession à la couronne, il étoit déterminé à ne plus donner à la Ligue ni soldat ni argent. (2)

La désolation et l'épuisement de la France pendant une si longue guerre civile, forçoient les deux partis également à recourir à l'appui des étrangers. La cour de Rome, autant que

---

(1) Davila. L. XII, p. 710.
(2) Davila. L. XII, p. 732-733.

celle de Madrid, sembloit intéressée au maintien et aux succès de la Ligue. Mais depuis la mort de Sixte-Quint, survenue le 27 août 1590, plusieurs pontifes éphémères se succédèrent sur le trône de saint Pierre; et aucun d'eux n'approcha ni de la vigueur de caractère ni de la connoissance des affaires qui avoient signalé l'ancien gardeur de pourceaux de la Marche. Urbain VII, élu le 15 septembre, ne vécut que jusqu'au 27 du même mois. Grégoire XIV, Milanais, de la famille Sfondrati, qui lui fut donné pour successeur le 5 décembre, mourut après dix mois, le 15 octobre 1591. Il fut remplacé le 29 du même mois par Innocent IX, Bolonais, dont la mauvaise santé faisoit prévoir à ses électeurs qu'il n'occuperoit pas long-temps la chaire. En effet, il mourut le 29 décembre. Ce ne fut que le 30 janvier 1592 que les cardinaux accordèrent la thiare au florentin Hippolyte Aldobrandini, qui la porta treize ans sous le nom de Clément VIII.

Les trois premiers de ces pontifes embrassèrent avec chaleur les intérêts de la Ligue; leur fanatisme ne voulut entendre à aucun arrangement avec Henri IV, et l'horreur qu'ils montroient pour un hérétique relaps, fut un des grands motifs qui retardèrent sa conversion. Grégoire XIV vécut seul assez long-temps pour prendre une part active à la guerre. Il épuisa en faveur de la Ligue les trésors qu'avoit accumulés Sixte-

Quint. Il donna à son neveu, Hercule Sfondrato, qu'il avoit fait duc de Monte-Marciano, le commandement de l'armée qu'il envoya contre Henri IV. Pour la composer, il fit lever six mille Suisses, deux mille fantassins et mille cavaliers italiens. Sfondrato cependant étoit à peine arrivé sur les frontières de Lorraine, quand la mort de son oncle vint troubler ses projets et arrêter son ardeur guerrière (1). Le même pape avoit lancé contre le roi un monitoire si violent qu'il offensa l'orgueil national, et servit le Béarnais au lieu de lui nuire. Mayenne, qui prévoyoit l'effet qu'il devoit faire, demanda avec instance que le légat, évêque de Plaisance, et le nouveau nonce Landriani en suspendissent la publication : mais ni l'un ni l'autre ne voulurent le croire, persuadés que l'autorité du pape accableroit celui qu'il frapperoit d'anathème. Les parlementaires, également avides de cette guerre de paroles, et se livrant, tout catholiques qu'ils étoient, à leur ancienne rivalité contre le clergé, rendirent à la cour de Rome injure pour injure. Le parlement de Châlons le 10 juin, et celui de Tours le 5 août, déclarèrent le monitoire du pape scandaleux, calomnieux et plein d'impostures. Ils le firent brûler par la main du bourreau ; ils décrétèrent le nonce de

---

(1) Davila. L. XII, p. 739.

prise de corps, et ils prononcèrent que Grégoire XIV, soi-disant pape, étoit ennemi de la tranquillité publique, de la paix et de l'union de l'Église. Aussitôt le parlement de Paris rendit contre les deux soi-disant parlemens de Châlons et de Tours deux arrêts également injurieux. Lui aussi fit lacérer leurs arrêts en pleine audience et les fit brûler par la main du bourreau. Ce n'est pas qu'il y eût entre les magistrats composant ces corps divers, ou inimitié privée, ou opposition de principe : les uns comme les autres appartenoient à des nuances du tiers parti, aussi ils se montrèrent bientôt prêts à se réconcilier. Mais, parmi les hommes de plume, la violence du langage passoit pour de l'éloquence, à l'époque même où le Béarnais plus habile s'efforçoit de calmer l'irritation du pape par sa modération et ses égards. (1)

Toutefois, plus que les princes ses parens, plus que les auxiliaires étrangers, ceux qui donnoient encore à Mayenne le plus d'inquiétude dans son propre parti, c'étoient les Seize et les meneurs fanatiques de la bourgeoisie de Paris. Ennemis de tout ménagement, impatiens de toute négociation, ils demandoient le supplice non seulement de tout hérétique, mais de

(1) De Thou. L. CI, p, 790, 796, 798, 799.—Davila. L. XII, p. 721-723.—Journal de L'Estoile. T. II, p. 149.—Mém. de la Ligue. T. IV, p. 367, 369, 371, 374, 384.

quiconque avoit embrassé le parti du roi. Peu leur importoit que la France demeurât indépendante ou qu'elle fût morcelée, pourvu que les huguenots périssent sur les bûchers. La domination du roi Philippe leur paroissoit préférable à toute autre, parce que Philippe promettoit d'établir en France l'inquisition, et de ne faire grâce à aucun de ceux dont la foi ne seroit pas sans reproche. Parmi ces bourgeois fanatiques, le plus grand nombre s'étoient déjà signalés par la part qu'ils avoient prise dix-neuf ans auparavant aux massacres de la Saint-Barthélemy ; mais l'on voyoit aussi reparoître parmi eux des noms dont la célébrité dans les scènes de carnage étoit bien plus ancienne : tels étoient les Saint-Yon et les Legoix, bouchers fameux en 1411 pendant la folie de Charles VI, instigateurs des massacres qui avoient souillé le parti bourguignon, et qui sembloient conserver de siècle en siècle la tradition de cette sanglante démagogie. (1)

Les bouchers bourguignons n'auroient conservé cependant qu'une influence précaire sur la populace, si des hommes d'un autre ordre, plus accoutumés à manier la parole, plus constans dans leur haine, plus assurés du respect de leurs auditeurs, les prédicateurs de la Ligue, n'avoient sans cesse réveillé le fanatisme des

(1) Ci-devant, T. XII, p. 362. — Capefigue. T. VI, p. 68.— Journal de l'Estoile. T. II, p. 185

fidèles qui accouroient à leurs sermons. Celui qui prêchoit le carême à Saint-Germain-l'Auxerrois, et qui s'appeloit lui-même Boucher, « s'é- « tant mis, dit l'Estoile, le 13 mars, sur le Béar- « nais et les politiques, dit qu'il falloit tout tuer « et exterminer; et que déjà, par plusieurs fois, « il les avoit exhortés à le faire, mais qu'ils n'en « tenoient compte, dont ils se pourroient bien « repentir; qu'il étoit grandement temps de « mettre la main à la serpe et au couteau, et « que jamais la nécessité n'en avoit été si « grande; qu'il eût voulu avoir tué et étranglé « de ses deux mains ce chien de Béarnais, et « que c'étoit le plus plaisant et agréable sacrifice « qu'on eût pu faire à Dieu » (1). La clameur de tous les curés redoubla le 24 mars quand le bruit se répandit à Paris que le roi étoit sur le point de se faire catholique; ils vomirent de toutes les chaires des injures contre lui que nous ne saurions répéter, car ils sembloient prendre à tâche de les rendre obcènes (2). Le 10 avril, celui qui prêchoit le carême à la Sainte-Chapelle « appelant le roi chien, hérétique, « athée et tyran, dit, en présence de tous les « assistans, en son sermon, entre lesquels, dit « l'Estoile, j'étois, que le Béarnais avoit couché « avec notre mère l'Église et fait Dieu cocu,

(1) Journal de l'Estoile. T. II, p. 127-128.
(2) *Ibid.*, p. 129, 130.

« ayant engrossé les abbesses de Montmartre et
« de Poissy; mais que Dieu en auroit bien rai-
« son. Il invectiva après contre le magistrat et
« ceux de la justice, autorisant les proscriptions
« qu'on en faisoit, invitant le peuple à les con-
« tinuer et faire pis. Les autres prédicateurs
« prêchèrent le même ce jour à Paris, où on
« pouvoit dire que Dieu seul retenoit la fureur
« et les mains du peuple, irrité et acharné par
« telles sanglantes prédications. » (1)

1591.

Le 21 d'avril, dimanche de Quasimodo, les regrets et les complaintes sur la reddition de Chartres « se tournèrent en fureur contre les
« politiques, qu'ils disoient être cause de tout le
« désastre. Boucher prêcha qu'il les falloit tous
« tuer et assommer; Rose (évêque de Senlis),
« qu'une saignée de Saint-Barthélemy étoit né-
« cessaire, et qu'il falloit par là couper la gorge
« à la maladie; Commolet, jésuite, que la mort
« des politiques étoit la vie des catholiques; le
« curé de Saint-André, qu'il marcheroit le pre-
« mier pour les aller égorger là où il sauroit
« qu'il y en auroit, exhortant tous les bons ca-
« tholiques à faire de même; le curé de Saint-
« Germain l'Auxerrois donna conseil de se saisir
« de ceux qu'on verroit rire, et que c'étoient
« politiques, et qu'il falloit assommer et traîner

(1) L'Estoile. T. II, p. 137.

« à la rivière tous ces demandeurs de nouvelles
« qu'on voyoit assemblés aux coins des rues. Le
« curé de Saint-Germain dit qu'il ne falloit plus
« parler de billets (ordres donnés par Mayenne
« aux politiques de déguerpir), qu'il les leur
« vouloit attacher au col pour les envoyer à
« Rouen par eau porter des nouvelles. » (1)

Ces constantes exhortations au carnage produisirent seulement pendant neuf mois, l'assassinat de quelques hommes obscurs; d'autres étoient déférés au parlement, comme ayant eu quelque correspondance avec les royalistes. L'un d'eux, Brigard, procureur de la ville de Paris, qui avoit été un des plus zélés ligueurs, fut emprisonné par Bussy le Clerc, son cousin, parce qu'il avoit envoyé un messager avec une lettre qu'on n'avoit pu déchiffrer, à un de ses amis à Saint-Denis (2). Mais le parlement se prêtoit mal volontiers à la persécution des opinions modérées qu'il partageoit lui-même; la majorité de ses membres penchoit secrètement pour la paix. Brigard fut retenu sept mois en prison, sans que les juges, quoique menacés à son occasion, voulussent le condamner. Le samedi 5 novembre, les plus violens des Seize, présidés par Launoi, s'assemblèrent chez le père La Bruyère, sous

(1) L'Estoile. *Ibid.*, p. 144, et de nouveau le 29 septembre p. 178.
(2) L'Estoile, p. 136.

prétexte « d'obvier aux taxes et impôts que l'on
« vouloit faire sur le peuple. » Mais comme la
délibération s'ouvroit sur ce sujet, le curé de
Saint-Jacques s'écria : « Messieurs, c'est assez
« connivé ; il ne faut jamais espérer ni justice,
« ni raison de la cour de parlement : c'est trop
« endurer ; il faut jouer du couteau ! » Un bourgeois l'arrêta alors en lui disant quelques mots à
l'oreille, et il reprit : « Messieurs, je suis averti
« qu'il y a des traîtres en cette compagnie ; il faut
« les chasser et jeter en la rivière. » Les meneurs
se séparèrent donc, et dans une nouvelle assemblée, le 8 du mois, où ils étoient plus de cinquante, ils ne voulurent point révéler les résolutions qu'ils avoient secrètement arrêtées, mais
ils chargèrent un comité de dix membres, nommé au scrutin secret, de prendre toutes les mesures nécessaires au salut du parti. Parmi ces
membres, on trouve un Saint-Yon et un Legoy ;
on n'y mit aucun curé, de peur que la crainte
d'encourir l'excommunication ne les empêchât de
verser du sang. Ce comité chargea cependant le
curé de Saint-Côme avec Bussy le Clerc de consulter la Sorbonne pour savoir s'il pourroit en
sûreté de conscience exécuter l'entreprise qu'il
méditoit ; il obtint aussi un blanc-seing de tous
ceux qui avoient concouru à l'élection des dix,
sous prétexte que le serment de l'Union qu'on
vouloit renouveler devoit y être inscrit. Munis

de cette double garantie, Bussy le Clerc et le commissaire Louchart mirent sur pied, le vendredi 15 novembre, au matin, toutes les compagnies bourgeoises; ils occupèrent toutes les rues qui conduisoient au palais de justice; ils y arrêtèrent le premier président Barnabé Brisson, Claude Larcher, conseiller au parlement, et Jean Tardif, conseiller au Châtelet, ils leur lurent une sentence que le conseil des dix venoit de rédiger contre eux sans les entendre, par laquelle il les condamnoit à être pendus et étranglés, comme fauteurs d'hérésies, ennemis et traîtres à la ville, et la nuit même ils les firent exécuter en attachant les cordes à une des poutres du palais. (1)

Cet attentat contre le chef de la magistrature de la Ligue, contre le président qui, le 16 janvier 1589, s'étoit mis à la tête d'un parlement rebelle contre Henri III, et avoit ensuite prononcé sa déchéance, n'étoit que le prélude d'autres violences contre ceux qui, après s'être associés à la Ligue, ne la secondoient pas dans toutes ses violences. Les biens des trois suppliciés, ceux de tous les hommes modérés qu'il plut au conseil des dix de déclarer suspects de royalisme,

(1) Journal de l'un des seize quarteniers rapporté par Capefigue T. VI, p. 65-78. — Journal de l'Estoile. T. II, p. 184-194. — V. P. Cayet. T. LVII, p. 241-260. — Davila. L. XII, p. 742. — De Thou. L. CII, p. 38-40.

de calculs politiques ou de penchant à négocier, furent aussitôt saisis, et mis sous le scellé par ordre du prévôt des marchands et des échevins. Toutes les autorités municipales, les quarteniers et colonels furent épurés, et le pouvoir tomba de la classe bourgeoise à la populace qui s'assembloit aux halles.

1591.

Les duchesses de Nemours et de Montpensier furent elles-mêmes effrayées; toute obéissance étoit refusée au marquis de Belin, nommé gouverneur par Mayenne; le commandant de la garnison espagnole lui avoit fait dire qu'il ne devoit pas compter sur lui pour agir contre des hommes tels que les Seize qui avoient si sincèrement à cœur la gloire de Dieu (1). Bussy le Clerc assembloit la populace dans le parloir aux bourgeois, et l'échauffoit par ses discours. Il lui faisoit approuver des articles qui furent envoyés au duc de Mayenne, comme bases de la réforme demandée dans le gouvernement. Ces articles, rédigés par Le Pelletier, curé de Saint-Jacques-de-la-Boucherie, portoient : « Les catholiques
« demandent qu'il soit établi une chambre ar-
« dente de douze personnages qualifiés et gra-
« dués, d'un président, d'un substitut du pro-
« cureur général et un greffier, qui soient notoi-
« rement de la sainte Ligue, pour faire le procès

(1) Davila. L. XII, p. 742.

« aux hérétiques, traîtres, leurs fauteurs et ad-
« hérens, qui seront nommés par le conseil des
« seize quarteniers de la ville. Que l'exécution
« faite contre les emprisonnés soit présentement
« avouée par messieurs du conseil, comme faite
« pour le bien de la religion, de l'État et de la
« ville ; qu'il soit établi un conseil de guerre en
« cette ville, composé de M. le gouverneur,
« de M. du Saulzay, de M. de Beaulieu, gou-
« verneur du bois de Vincennes, du sieur de
« Bussy, capitaine du château de la Bastille, des
« deux colonels des garnisons espagnoles et na-
« politaines, du sieur de Saint-Yon, comman-
« dant au régiment des Wallons, du sieur de
« Champagne, commandant au régiment de Pi-
« cardie, et des colonels de cette ville qui seront
« nommés par le conseil des seize quarteniers ; ce
« conseil se tiendra au moins deux fois par se-
« maine. Qu'il ne sera fait aucune conférence
« avec les ennemis, par aucune personne, de
« quelque qualité qu'elle soit, sans l'avis dudit
« conseil de guerre. Qu'il sera aussi prompte-
« ment et présentement pourvu aux places des
« conseillers de ville qui sont absens, au profit
« de ceux qui seront nommés par le conseil des
« seize quarteniers. Qu'il soit élu et choisi en cha-
« cun des quartiers de la ville un homme capable,
« pour tous ensemble ouïr les comptes des deniers
« qui ont été levés extraordinairement en cette

« ville, et ce par un bref état, à laquelle audition
« il soit procédé sans discontinuation. Que M. le
« gouverneur enfin soit supplié se fier aux bour-
« geois de cette ville, comme ils se fient à lui;
« et qu'à cette fin il n'ait autre garde que la fidélité
« et amitié desdits bourgeois. » (1)

Mayenne, qui reçut à Laon le 20 novembre
au soir, la nouvelle des événemens de Paris, en
fut extrêmement troublé, quoiqu'il évitât de le
faire paroître. Les opérations militaires avoient
recommencé à prendre une haute importance,
et le chef de la Ligue avoit trop à faire à tenir
tête aux royalistes pour ne pas redouter une diversion dans la capitale. Le roi s'étoit réuni avec
Turenne, qui lui avoit amené l'armée levée en
Allemagne. Le 1er octobre il avoit offert aux
ligueurs la bataille devant Verdun, et Mayenne
n'avoit pas osé l'accepter. Alors le roi s'étoit
dirigé sur Rouen, que le maréchal de Biron
avoit investi le 11 novembre avec douze mille
hommes (2). Dans ce moment critique Mayenne
ne pouvoit voir sans effroi le pouvoir passer à
Paris entre les mains d'une populace furieuse,
le parlement foulé aux pieds, ses finances dés-
organisées, ses amis les plus fidèles déclarés suspects par des hommes si prompts à verser le

(1) Capefigue, d'après les manuscrits de Mesmes. T. VI,
p. 85-87.—Mém. de l'Estoile, p. 195.
(2) Davila. L. XII, p. 737 et 753.

sang. Il savoit, de plus, que les Seize avoient écrit au roi d'Espagne, et leur lettre portoit : « Nous pouvons certainement assurer V. M. que « les vœux et souhaits de tous les catholiques « sont de vous voir, Sire, tenir le sceptre, et « cette couronne de France, et régner sur nous, « comme nous nous jetons très volontiers entre « vos bras ; ou bien qu'elle établisse ici quel- « qu'un de sa postérité, ou nous en donne un « autre, celui qui plus lui est agréable ; ou « qu'elle se choisisse un gendre, lequel avec « toutes les meilleures affections, toute la dévo- « tion et obéissance qu'y peut apporter un bon et « fidèle peuple, nous recevrons roi et lui obéi- « rons » (1). Ainsi ce peuple, à qui Mayenne avoit compté demander la couronne, l'offroit déjà à un prince étranger ; il sacrifioit l'indépendance de la patrie, il détruisoit tout ce que le chef de la Ligue avoit voulu préserver pour la France. En même temps le jeune duc de Guise arrivoit à l'armée ; il paroissoit d'accord avec les plus exaltés d'entre les Seize. Peut-être avoit-il des- sein d'appeler les soldats de la Ligue à le recon- noître pour leur chef, et de demander pour lui- même la lieutenance générale du royaume. (2)

Plus les circonstances étoient difficiles, plus

(1) Capefigue, d'après les archives de Simancas. T. VI, p. 64. — V. P. Cayet. T. LVII, L. III, p. 239.
(2) Davila. L. XII, p. 739.

Mayenne affecta de calme et de modération. Il ne témoigna ni aux députés des Seize, ni au duc de Guise aucun étonnement, aucune colère pour les événemens de Paris; il déclara que le devoir d'un chef de parti étoit de diriger par la prudence et la patience les mouvemens populaires, au lieu de les heurter. Quant à lui, dit-il, il ne désiroit pas mieux que de connoître les désirs des Parisiens pour s'y conformer autant que possible; mais comme il sentoit la nécessité de voir de près les choses, pour en bien juger, il chargea son neveu de prendre pour quelques jours le commandement de l'armée, tandis qu'il se rendroit à Paris; il lui donna en même temps la commission de s'aboucher avec le duc de Parme, qui étoit attendu pour une conférence; mais d'autre part il chargea le président Jeannin de lui servir de conseiller, et de veiller à ce que rien d'important ne pût se conclure en son absence. Puis, le matin du 25 novembre, il partit pour Paris avec sept cents chevaux d'élite. En chemin il rallia encore deux cents chevaux, et deux régimens d'infanterie qu'il trouva à Soissons et à Meaux, et le 28 novembre au soir, il arriva à Paris. (1)

Dans cette première journée, Mayenne parla avec la même modération, soit à une députation

(1) Davila. L. XII, p. 744. — Journal de l'Estoile, p. 206. — V. P. Cayet. T. LVII, L. III, p. 264.

des Seize, qui le reçut à la porte de la ville, soit à don Diégo d'Ivarra, qui l'avoit suivi de Laon, et qui, avec les ministres espagnols, lui recommandoit de satisfaire le peuple. Mais il eut dans la nuit une conférence avec le marquis de Belin; il reçut de lui l'assurance que la bonne bourgeoisie et les milices voyoient avec regret la populace usurper toute l'autorité; il fit alors mettre sur pied les compagnies bourgeoises, et les ayant entremêlées avec les troupes qu'il avoit amenées, il se rendit maître de tous les passages du faubourg Saint-Antoine. Il intima l'ordre à Bussy le Clerc de lui livrer immédiatement la Bastille. Bussy n'avoit que de la férocité qu'on avoit prise pour de la bravoure; il fut troublé quand il se vit entouré de toutes parts, il le fut davantage encore quand il vit les canons de l'Arsenal amenés devant ses murs; il demanda la vie sauve à Mayenne; il s'échappa de Paris à Bruxelles, où l'on le vit ensuite traîner misérablement sa vie comme maître d'armes, tandis que toutes les richesses qu'il avoit accumulées à la Bastille furent pillées, et que Mayenne mit garnison dans sa forteresse. (1)

Mayenne rendit le commandement des milices aux officiers qui en avoient été écartés par les Seize, il fit occuper par elles toutes les places

(1) Davila. L. XII, p. 746. — Journal de l'Estoile. T. II, p. 215. — V. P. Cayet. L. III, T. LVII, p. 259.

et tous les points importans dans la ville ; puis, dans la nuit du 3 au 4 décembre, il fit arrêter chez eux, Louchard, Auroux, Esmonnot et Ameline, qu'il regardoit comme les plus factieux entre les Seize. Ils furent immédiatement pendus dans une salle basse du Louvre. Croné et Cochery, qui les avoient secondés, s'échappèrent ; le greffier et le bourreau qui avoient minuté et exécuté la sentence contre le chef de la magistrature furent également pendus ; la bourgeoisie ressaisit le pouvoir que la populace lui avoit momentanément enlevé, et le parlement acquit dans la Ligue une influence qu'il n'avoit point obtenue encore. (1)

Cette victoire cependant que Mayenne remportoit pour l'ordre public devoit être fatale à la Ligue. Les partis populaires ne se maintiennent qu'en s'exaltant toujours plus. Il y avoit un héroïsme sauvage dans la détermination des Seize, de tout souffrir et de tout sacrifier plutôt que de consentir à la tolérance. Durs pour eux-mêmes et impitoyables pour les autres, ils avoient étouffé tous les murmures pendant le siége de Paris, ils étoient capables de le faire encore et de braver tous les dangers comme ils avoient bravé la famine. Mais avec leur chute

(1) V. P. Cayet. L. III, p. 265. — Capefigue. T. VI, p. 88. — De Thou. L. CII, p. 43. — Davila. L. XII, p. 746. — L'Estoile, p. 217 et 228.

1591. on vit finir pour les habitans de Paris, et les illusions, et la résignation, et l'héroïsme. La conversion et le couronnement d'un relaps cessèrent d'être un objet d'effroi; la tolérance d'un culte hérétique ne parut plus une souillure plus à craindre que la mort. La cherté des vivres, l'interruption de tout commerce, la cessation de toute industrie, apparurent de nouveau comme des calamités intolérables, et la ville qui avoit si constamment voulu la guerre, commença à demander à haute voix les négociations et la paix.

CHAPITRE IV.

Henri IV assiége Rouen. — Le duc de Parme délivre cette ville. — Sa belle retraite. — Négociations entre les partis. — Guerre dans les provinces. — États-Généraux de la Ligue appelés pour élire un roi. — Conférences de Suréne. — Henri IV embrasse la religion catholique. — 1591-1593.

Tandis que le duc de Mayenne avoit été obligé de s'éloigner de son armée pour venir rétablir l'ordre dans Paris, et qu'en condamnant au supplice les plus ardens entre les ligueurs, il avoit porté le trouble dans l'esprit des autres et tempéré le fanatisme qui faisoit la force de son parti, le roi profitoit de son absence, et après avoir réorganisé, sur les confins de la Lorraine, l'armée que Turenne lui avoit amenée d'Allemagne, il avoit pris la route de Normandie. Élisabeth insistoit pour que Henri IV se rendît puissant dans cette province, et c'étoit à ce prix qu'elle mettoit ses secours. Elle ne voyoit pas sans inquiétude la Ligue dominer sur les rivages opposés à ceux de l'Angleterre, et correspondre

1591.

avec ses sujets papistes, pour encourager leurs complots. De concert avec elle, Henri IV avoit résolu d'assiéger Rouen. Il arriva, le 3 décembre 1591, au camp déjà tracé par ses lieutenans devant cette grande ville. Son armée étoit formidable, mais elle se composoit d'étrangers bien plus que de Français : les auxiliaires anglais, fournis par Élisabeth, et commandés par le comte d'Essex, étoient au moins quatre mille. Turenne, nouveau duc de Bouillon, avoit amené à Henri douze mille Allemands ; une flotte hollandaise, remontant la rivière, apporta au roi un renfort de trois mille hommes, que commandoit Philippe, comte de Nassau (1). Enfin le roi avoit un bon corps d'infanterie suisse. L'infanterie française avoit perdu, peu de mois auparavant, son brave colonel-général Châtillon, fils de Coligni, qui étoit mort de maladie ; une partie de l'armée royale se signaloit par la plus brillante valeur, c'étoit la cavalerie, presque toute composée de gentilshommes. Mayenne avoit donné le gouvernement de Normandie à son fils Henri de Lorraine, mais auprès de lui il avoit placé pour le diriger et le conduire le seigneur de Villars-Brancas (2), qui se

---

(1) V. P. Cayet. L. III, p. 373.
(2) Il ne faut pas le confondre avec Honoré, marquis de Villars, issu d'un bâtard de Savoie, et gouverneur de Guyenne pour la Ligue. — V. P. Cayet. L. III, p. 227.

chargea de la défense de Rouen ; il avoit sous ses ordres cinq mille hommes d'infanterie et douze cents chevaux outre la milice de la ville : celle-ci étoit très zélée pour la Ligue, et le disputoit en ardeur avec les troupes de la garnison. Villars étoit un des meilleurs généraux du parti, et il étoit secondé par plusieurs habiles capitaines. Rouen étoit bien approvisionné et de vivres et de munitions de guerre, et le siége, qui ne devoit point se borner à un simple blocus, comme celui de Paris, s'annonçoit comme devant être sanglant.

L'entrée tardive des Allemands que le duc de Bouillon avoit amenés en France, forçoit Henri IV à faire une campagne d'hiver. Il étoit à peine en état de payer une si nombreuse armée pendant quelques mois ; aussi il lui importoit de mettre à profit la valeur de ses auxiliaires dès leur arrivée. Cependant il ne se dissimuloit point combien il étoit dangereux dans une guerre civile d'exposer à tant de privations et de souffrances des troupes qui le servoient par zèle, et que la fatigue pouvoit déterminer à l'abandonner. Villars avoit brûlé les faubourgs de Rouen, en sorte que les assiégeans ne purent pas se loger à couvert, tandis que les assiégés étoient à l'abri de toutes les intempéries. Un froid excessif, pendant le mois de décembre, rendit fort pénible l'ouverture des tranchées dans un terrain glacé, d'autant plus que les capitaines Borosé et Basin, et le prêtre Gouville, commandoient des sorties journalières qui retardoient les travailleurs. Ce fut seulement le 3 janvier 1592 que les canons purent être mis en batterie. (1)

Mais plus on mettoit de part et d'autre d'activité dans les opérations du siége, plus la mortalité étoit grande. Chaque jour les assiégeans étoient attaqués dans leurs tranchées; souvent ils étoient repoussés, souvent ils étoient déjoués dans leurs entreprises par la mine ou par les batteries; toutefois chacune de ces actions coûtoit des hommes à Villars; ses plus braves soldats succomboient les uns après les autres : les trois chefs qui s'étoient surtout distingués à la tête des sorties, furent tous trois tués; bien d'autres le furent après eux; enfin, Mayenne fut averti que, s'il ne venoit pas au secours de Rouen, la garnison ne réparant pas ses pertes ne seroit plus en état de tenir tête à une armée à laquelle il arrivoit chaque jour de nouveaux renforts. Mayenne étoit retourné de Paris vers la frontière de Flandre, et il eut à Guise une conférence avec le duc de Parme, où assistèrent aussi le duc de Monte-Mariano, général des troupes du pape, et don Diego d'Ivarra, l'ambassadeur espagnol. Il n'étoit point facile de mettre d'accord ces al-

(1) Davila. L. XII, p. 756, 757. — De Thou. L. CII, p. 46-49.

liés. Mayenne, tout en sollicitant de prompts secours, ne vouloit point compromettre l'indépendance de la France, ou ses propres prétentions à la couronne. Ivarra insistoit au contraire pour profiter de la détresse des ligueurs, et les forcer à se jeter entièrement entre les bras de l'Espagne, afin d'assembler les États-Généraux, et de proclamer l'Infante comme reine. Monte-Mariano déclaroit que, depuis la mort du pape Grégoire XIV son oncle, la cour de Rome étoit résolue à diminuer ses dépenses; en sorte que si l'on ne faisoit pas un usage immédiat de ses troupes, il se verroit obligé de les licencier. Le duc de Parme estimoit que si, comme le proposoit Ivarra, on mettoit le couteau sur la gorge aux Français, on révolteroit leur fierté, et on les décideroit à accepter les offres de Henri IV. Il ne se laissa point ébranler par les instances d'Ivarra; il ne fit point semblant de l'entendre quand celui-ci insinua que le duc de Parme songeoit plus à son indépendance, comme souverain italien, qu'à la grandeur du monarque espagnol. Il déclara qu'il secourroit Mayenne d'une manière désintéressée, pour la plus grande gloire de Dieu et la défense de l'Église catholique. Il demanda seulement que la place de la Fère lui fût livrée comme lieu de sûreté, pour y déposer ses équipages et son artillerie. Ce ne fut pas sans peine que Mayenne consentit à se dessaisir de cette forteresse, et à y laisser entrer une garnison de cinq cents Espagnols. (1)

Le duc de Parme, qui avoit laissé ordre à son fils, Ranuccio Farnese, de rassembler son armée, et qui avoit chargé, pendant son absence, le comte Charles de Mansfeld du gouvernement des Pays-Bas, se mit en marche, dès le 16 janvier, par la route d'Amiens, à la tête de vingt-quatre mille fantassins et de six mille chevaux. Lorsque Henri IV vit s'avancer contre lui ce même général qui lui avoit fait perdre le fruit de toutes ses fatigues au siége de Paris, il crut devoir changer avec lui de tactique; il jugea bien que le gouverneur des Pays-Bas ne seroit pas plus empressé à lui livrer bataille qu'il ne l'avoit été dans la précédente campagne; il résolut donc de chercher à l'arrêter loin de Rouen, sans pour cela lever le siége de cette ville. Il crut qu'il pourroit y réussir avec sa seule cavalerie, sur la supériorité de laquelle il comptoit; il chargea le maréchal de Biron de poursuivre le siége, et il lui confia pour cela toute son infanterie, qui arrivoit alors à vingt-sept mille hommes, tant il avoit reçu de renforts de toutes parts. Il lui laissa aussi une partie de sa cavalerie, et en particulier les Allemands, tandis qu'il partit lui-

(1) Davila. L. XII, p. 761, 762. — De Thou. L. CII, p. 52. — Reconnoissance du duc de Parme, en date du 2 janvier. Duplessis. T. V, p. 128. — V. P. Cayet. L. IV, p. 346.

même, le 29 janvier, à la tête de cinq mille cinq cents cavaliers, presque tous gentilshommes français, pour qui la guerre étoit non un métier, mais un plaisir, et qui tous ambitionnoient de signaler leur bravoure aux yeux de leur roi. Henri IV s'avança de cette manière jusqu'à Folleville, sur les frontières de la Picardie et de la Normandie, avec l'intention de harceler le duc de Parme dans sa marche, d'intercepter ses convois, et de saisir toutes les occasions qui se présenteroient pour le retarder ou l'embarrasser.

Mais pour réussir dans ce projet il auroit fallu que Henri IV modérât sa propre ardeur et celle de la jeune noblesse dont il étoit entouré, qu'il songeât bien plus à montrer le combat qu'à le soutenir, qu'il séparât la cavalerie du duc de Parme de son infanterie, avant de songer à l'écraser: aucun de ces artifices n'étoit à l'usage de Henri IV. Dès son arrivée à Folleville, il se trouva à portée des ennemis: emporté par le désir de bien reconnoître leur ordre de bataille, et plus encore de faire preuve de vaillance, il s'avança lui-même à la découverte avec moins de deux cents cavaliers, il fit le coup de pistolet avec les gardes avancées, et fut sur le point d'être enveloppé. Le surlendemain, 5 février, auprès d'Aumale, il retomba dans la même faute; il avoit pris, il est vrai, plus de monde avec lui, car outre les archers de sa garde il avoit deux cents chevau-légers et trois cents gentilshommes d'élite, mais aussi il s'avança beaucoup plus imprudemment encore, car après avoir monté une colline qui lui déroboit la vue de l'ennemi, il se trouva, sans s'y être attendu, dans une vaste plaine, aux mains avec les coureurs de la Ligue et en face de toute l'armée du duc de Parme. Grâce à la valeur de son corps d'élite, il mit en fuite ceux avec lesquels il s'étoit d'abord engagé; mais il voulut alors mieux voir la belle distribution de l'armée de la Ligue; il remarqua le duc de Parme, qui, pesant de corps et souffrant de la goutte, se faisoit cependant porter rapidement, dans une chaise découverte, sur les divers points de sa ligne de bataille, où il avoit quelque ordre à donner. Pendant que Henri, déjà retardé par le combat précédent, s'amusoit à l'observer, il ne remarqua point que la légère cavalerie espagnole, et les cavaliers flamands l'avoient dépassé par les flancs et se reformoient derrière lui. Tout à coup il se vit presque entièrement enveloppé; il donna le signal de la fuite, mais presque aucun de ses gentilshommes n'avoit eu le temps de se lacer son casque en tête; lui-même il fut bientôt reconnu à ses plumes blanches, et de toutes parts il entendit retentir autour de lui le cri : *Au roi de Navarre!* Il redescendit au galop la colline malencontreuse qui lui avoit caché l'approche de l'ennemi : dans sa course il fut blessé aux reins, mais légèrement, la balle qui l'atteignit ayant auparavant percé l'arçon de sa selle. Ses braves gentilshommes s'efforçoient, pour le sauver, d'arrêter l'ennemi par des charges hardies, mais comme ils reprenoient ensuite leur course pour descendre la colline, leurs chevaux s'abattoient, embarrassés par des ceps traînans de vigne, et ils étoient aussitôt accablés par les ennemis qui les poursuivoient. Dans cette fuite, presque tous les archers de la garde, et plus de la moitié des gentilshommes qui l'avoient accompagné, furent tués. Henri IV étoit toujours le point de mire de tous les cavaliers de la Ligue; pour qu'il fût moins remarqué le baron de Givry lui jeta son manteau sur les épaules : il courut ensuite vers un corps de chevau-légers qui n'étoit pas éloigné, pour l'engager à s'avancer et à couvrir la retraite du roi ; mais ceux-ci avoient pris l'alarme à leur tour, et fuyoient à la débandade. Enfin le duc de Nevers, avec un gros corps de cavalerie, arriva à l'assistance du roi et le recueillit. Tandis qu'il engagea les gentilshommes démontés ou blessés, qui arrivoient en grand désordre, à se retirer avec le roi, sur la lisière d'un petit bois à deux milles au-delà d'Aumale, il prit position derrière la petite rivière de Bresle, qui traverse cette ville, et il y soutint quelque temps l'effort des ennemis. Il évacua enfin cette ville avant la nuit, et vint rejoindre le roi, qui, après s'être fait panser, avoit poussé jusqu'à Neufchâtel, cinq lieues plus en arrière. Dans ce jour le duc de Parme auroit tué ou fait prisonnier le roi avec tous ses compagnons d'armes, s'il n'avoit fait des efforts inouïs pour modérer l'ardeur de ses troupes; car, dès qu'il avoit reconnu son adversaire, il n'avoit pas douté qu'un piége ne lui fût tendu. Lorsqu'on lui reprocha ensuite une défiance qui lui avoit été fatale, il répondit: « Je retomberois encore dans la même faute ; je croyois avoir affaire à un roi, à un général d'une grande armée; comment supposer que ce n'étoit qu'un carabin ? »(1)

Il falloit empêcher désormais que la poursuite ne continuât jusqu'aux tranchées devant Rouen. Givry, tout blessé qu'il étoit, se dévoua pour tenir, avec sept cents hommes, dans la mauvaise place de Neufchâtel; il y arrêta quatre jours le duc de Parme, tandis que le roi et le baron de Biron allèrent se faire panser à Dieppe, et que le duc de Nevers ramena le reste de la cavalerie au camp devant Rouen.

(1) Davila. L. XII, p. 766-769. — De Thou. L. CII, p. 57. — Rosny, Écon. royales. T. II, c. 4, p. 39. — D'Aubigné. L. III, c. 14, p. 260. — Mém. de la Ligue. T. V, p. 113. — V. P. Cayet. L. IV, p. 380. — Bentivoglio, *Guerre di Fiandra*. P. II, L. VI, p. 156. Mais tous les Français cités ci-dessus ont plutôt cherché à dissimuler cet événement qu'à le faire connoître.

Le duc de Parme vouloit faire lever le siége de Rouen, comme il avoit fait lever celui de Paris, sans livrer de bataille, d'autant plus que l'armée du roi étoit encore plus forte que la sienne. Il employa un peu de temps à étudier le terrain, mais enfin il avoit tout combiné; il comptoit tromper les royalistes par une fausse attaque; il savoit comment il leur déroberoit sa marche, et il se croyoit sûr d'entrer dans Rouen le 27 février. Cependant le gouverneur de la place assiégée, Villars, le prévint; il savoit qu'il y avoit beaucoup de désordre dans le camp des assiégeans, que le cardinal de Bourbon, le chancelier de Chiverny, et les autres membres du conseil du roi s'ingéroient, en son absence, dans la conduite de l'armée, et contredisoient les ordres du maréchal de Biron. Il confia la garde de tous les postes aux seuls bourgeois, ses espions l'avoient averti du jour où les régimens huguenots de Piles et Boisse, qui entre les deux ne formoient que huit cents hommes, garderoient seuls les tranchées; il prévoyoit que les catholiques royaux mettroient peu d'empressement à les soutenir; aussi au point du jour du 25 février, il sortit de la ville à la tête de deux mille hommes, il attaqua les tranchées par trois points différens, il tua ou mit en fuite tous ceux qui les occupoient, il s'empara de cinq canons, il en encloua deux autres, il mit le feu aux munitions des assiégeans, il éventa leurs mines, il ruina leurs ouvrages les plus menaçans : pendant deux heures il demeura maître du terrain. Il rentra enfin dans Rouen quand il vit s'avancer le maréchal de Biron, qui étoit cependant grièvement blessé à la cuisse. L'attaque imprévue de Villars avoit déjà complétement réussi, et si désormais les assaillans ne levoient pas le siége, ils devoient tout au moins ajourner pour bien long-temps tout espoir de prendre la place. (1)

Lorsque la nouvelle de cette sortie victorieuse fut portée au camp de la Ligue, les Espagnols voulurent marcher en avant, attaquer l'armée, qui s'étoit toute réunie à Darnetal, et poursuivre un succès qui pouvoit amener la destruction complète des royalistes. Ce fut Mayenne cette fois qui insista pour qu'on ne livrât point de bataille. Il représenta que le succès en seroit fort douteux si le roi, averti à temps, revenoit avec toute sa cavalerie, tandis qu'il étoit sûr que son armée se dissiperoit sans combattre, si toute cette noblesse, fatiguée d'un long siége et d'une campagne d'hiver, étoit assurée qu'il n'y auroit pas de bataille. Il demanda au duc de Parme de fournir seulement un prétexte honnête aux gentilshommes français pour abandonner le roi,

(1) Davila. L. XII, p. 772, 773. — De Thou. L. CII, p. 59. — V. P. Cayet. T. LVII, L. IV, p. 385-395. — Rosny, Écon. royales. T. II, ch. 5, p. 52.

répondant qu'il seroit bientôt impossible à Henri de les retenir. Le désordre des assiégeans permit aux ligueurs de faire entrer cinq cents hommes de troupes fraîches dans Rouen avec un convoi de munitions. Après quoi Mayenne proposa de retourner en arrière, de repasser la Somme, et de mettre le siége devant Saint-Esprit de Rue. Le duc de Parme céda sans être persuadé, et peut-être en effet Mayenne ne donnoit-il ce conseil que par jalousie contre lui et par crainte de rendre les Espagnols trop puissans. Dès que Henri IV vit, contre son attente, s'éloigner l'armée qui lui avoit fait courir un aussi grand danger, il recommença le siége de Rouen ; il ouvrit de nouvelles tranchées, il remit des canons en batterie, et il fit remonter la Seine à une flotte hollandaise que le prince d'Orange lui avoit envoyée. Non seulement celle-ci coupoit toute communication des assiégés avec la mer, mais elle bombardoit souvent les parties de la ville plus rapprochées de la rivière. Toutefois, les prévisions de Mayenne ne tardèrent pas à se vérifier. La noblesse rassemblée autour du roi n'en pouvoit plus de fatigue. Après une si longue campagne d'hiver, les hommes comme les chevaux succomboient aux maladies, et bientôt on vit tous ces gentilshommes se retirer les uns après les autres sans congé. De dix mille chevaux que Henri IV commandoit peu de semaines auparavant, à peine lui en restoit-il cinq mille : l'infanterie étoit plus affoiblie encore ; les Allemands, selon leur coutume, s'étoient abandonnés à l'ivrognerie, qui avoit multiplié les maladies parmi eux. Tout à coup le roi fut averti que le duc de Parme avoit repassé la Somme à Blanchetache et qu'il marchoit sur lui à grandes journées. Il reconnut bien vite qu'il ne pourroit pas lui tenir tête, et chargeant le duc de Bouillon de l'arrêter autant qu'il pourroit du côté de Neufchâtel, par des escarmouches de cavalerie, il retira en hâte ses batteries, il dirigea tous ses équipages vers le Pont-de-l'Arche, dont il étoit maître, et bientôt il les suivit avec le reste de son armée, levant le 20 avril 1592, un siége qui duroit depuis le 11 novembre, et qui lui avoit coûté plus de soldats, de munitions et d'argent que le précédent siége de Paris. (1)

De nouveau Henri IV avoit trouvé son maître dans le prince de Parme. Toutes ses combinaisons étoient déjouées par lui, et il perdoit tout le fruit d'une campagne fatigante ; il voyoit fondre entre ses mains la plus belle armée qu'il eût encore commandée, sans avoir eu la consolation de livrer bataille. Mais cinq jours après, le 25 avril, le duc de Parme voulant soumettre Caudebec,

(1) Davila. L. XII, p. 774-778. — De Thou. L. CIII, p. 65, 66. — V. P. Cayet. L. IV, p. 399. — Mém. de P. de l'Estoile. T. II, p. 250.

pour rouvrir aux Rouennais la navigation de la Seine, fut frappé d'une balle, qui du coude chemina entre les deux os jusqu'à la main. Il ne dit pas qu'il étoit blessé, il ne changea pas de visage, il n'interrompit pas son discours. Cependant cette balle avoit décidé de la destinée de ce grand homme et de la fortune de la France. La blessure n'étoit pas mortelle, mais elle causa des douleurs intolérables et une fièvre violente ; elle força le duc de Parme à remettre le commandement à Mayenne, et elle ne le laissa plus jouir d'un moment de santé jusqu'au 2 décembre de cette même année, qu'il mourut. (1)

Mayenne pressa le siége de Caudebec, qui se rendit le lendemain, et il y séjourna encore trois jours ; mais il ne songea point qu'engagé dans le pays de Caux il pouvoit aisément être enfermé dans cette presqu'île, entre l'embouchure de la Seine et la mer. Il ne s'en aperçut que lorsque le 30 avril il vit paroître le roi devant Yvetot, avec une formidable armée de dix-huit mille fantassins et huit mille chevaux. La noblesse, honteuse de l'avoir abandonné dans un moment si critique, étoit accourue à lui dès qu'elle avoit appris la marche du duc de Parme. On voyoit

---

(1) Davila. L. XIII, p. 781, 782. — Bentivoglio, *Guerre di Fiandra*. P. II, L. VI, p. 163. — De Thou. L. CIII, p. 67. — Rosny, Écon. royales. T. II, ch. 5, p. 59. — V. P. Cayet. L. IV, p. 403.

successivement arriver au camp du roi, d'Humières, Sourdis, du Hestre, Montgommery, Colombier, Canisy, Odet de la Noue, Souvré, du Lude, avec deux cents, avec cent, avec cinquante chevaux, et cette cavalerie, toute composée de gentilshommes, ne demandoit de récompense que la bataille. (1)

Il n'y eut point, cependant, de bataille générale dans le pays de Caux; mais le roi y resserra chaque jour davantage les ligueurs par une suite d'affaires de postes. Les vivres ne leur parvenoient qu'en petite quantité et à des prix excessifs, tandis que Henri étoit régulièrement approvisionné par Dieppe et Saint-Valery, dont il étoit maître. Quelquefois, cependant, le Béarnais se laissoit aller à son ardeur et à son imprudence : un jour il s'avança par un chemin qui se prolongeoit entre les murailles de deux parcs. Alexandre Sforza, un des bons officiers du duc de Parme, accourut auprès du lit de son général, et lui dit que, dans le défilé où il étoit entré, le Béarnais étoit perdu, si on tentoit sur lui une attaque vigoureuse. « Hélas! répondit le duc
« de Parme accablé par la fièvre, ce sont des
« hommes vivans qu'il faut pour combattre le
« roi de Navarre, et non des cadavres privés de

(1) Davila. L. XIII, p. 783. — De Thou. L. CIII, p. 68. — V. P. Cayet. L. IV, p. 405. — Bentivoglio. P. II, L. VI, p. 163.

« sang comme moi. » Il retrouva, cependant, du sang dans ses veines le 12 mai, lorsqu'il s'aperçut que les attaques du roi mettoient tout son camp en danger, et qu'il crut que la journée ne finiroit point sans une bataille générale; il se fit lever de son lit, et parut à cheval à la tête de ses troupes. La canonnade fut fort vive entre les deux armées, qu'aucun bois, aucune rivière ne séparoit; toutefois la mêlée ne s'engagea point. Le soir, la fièvre du duc de Parme avoit redoublé; il quitta Yvetot, le 14 mai, pour se faire transporter à Caudebec, où il trouvoit un logement plus commode et pouvoit mieux être pansé.

Les postes royaux se resserroient autour de l'armée de la Ligue; ils se couvroient de retranchemens : déjà il paroissoit impossible de les forcer. Le pays de Caux s'épuisoit de vivres, et l'armée de la Ligue, enfermée dans un étroit espace, affamée, perdant ses chevaux faute de fourrage, voyoit approcher le moment où elle seroit réduite à mettre bas les armes. Il est étrange que le roi, en l'acculant contre la Seine, dont il se croyoit maître au moyen de la flotte hollandaise, stationnée à Quillebœuf, ne prit aucune précaution pour faire surveiller les ligueurs du côté de la rivière; d'autant plus que, dans la position qu'il occupoit, une colline lui en interdisoit la vue. Il ne croyoit pas possible, il est vrai, qu'une armée nombreuse pût passer une rivière aussi large qu'est la Seine au-dessous de Rouen, où on la prendroit pour un bras de mer; moins encore se seroit-il attendu à ce qu'une résolution aussi hardie fût prise par un homme épuisé par la fièvre et la souffrance, ainsi que l'étoit alors le duc de Parme. Celui-ci, cependant, sans écouter Mayenne et La Mothe, qui avoient déclaré son entreprise inexécutable, faisoit secrètement préparer à Rouen de grandes barques couvertes d'un plancher, sur lesquelles il pouvoit faire entrer de plain-pied son artillerie et sa cavalerie; d'autres bateaux en grand nombre étoient destinés à l'infanterie, et d'autres chargés de rameurs devoient les remorquer. Il avoit fait passer huit cents hommes sur la rive méridionale, qui y avoient construit une redoute pour assurer son débarquement; une autre redoute étoit construite sur la rive septentrionale, et armée de canons. Tous ces travaux, pressés avec une extrême diligence, furent accomplis le 20 mai, sans que, ce qu'on a peine à comprendre, le roi en eût aucune connoissance. Ce jour-là, toutes les barques arrivèrent, avec le reflux de la mer, de Rouen à Caudebec; à l'instant même, et dans la nuit du 20 au 21, le duc de Parme fit commencer l'embarquement. Le jour suivant étoit déjà avancé, lorsque le baron de Biron, du haut d'une colline, découvrit les bateaux qui traversoient le fleuve, et en vint avertir le roi. Celui-ci accourut aussitôt avec sa cavalerie; mais il fut repoussé avec tant de vigueur par l'arrière-garde, sous les ordres de Ranuccio Farnèse, et par l'artillerie de la redoute où commandoit le comte de Bossut, qu'il dut laisser à Ranuccio, fils du duc de Parme, le temps d'embarquer ses derniers canons et ses derniers soldats. Cette brave arrière-garde, voguant ensuite au travers de la vaste étendue d'eau qu'elle devoit franchir, vit de loin s'avancer la flotte hollandaise, que Henri IV avoit appelée de Quillebœuf. Il étoit trop tard; les derniers soldats du duc de Parme avoient touché le rivage, au midi de la Seine, avant que le premier coup de canon pût atteindre leurs bateaux. (1)

L'armée de la Ligue étoit sauvée, car le duc de Parme gagna le pont de Saint-Cloud à grandes journées, avant que le roi pût tenter de le suivre en passant le pont de l'Arche, ou de se mettre sur son chemin lorsqu'il se dirigea ensuite vers les Pays-Bas. Henri éprouvoit encore une fois son infériorité dans l'art militaire, vis-à-vis de cet homme dévoré par la fièvre, et qu'il croyoit n'être plus qu'à moitié vivant. Vers

---

(1) Davila. L. XIII, p. 786-790. — De Thou. L. CIII, p. 71, 72. — Bentivoglio. P. II, L. VI, p. 166. — V. P. Cayet. L. IV, p. 412. — Rosny. T. II, c. 5, p. 60. — L'Estoile. T. II, p. 256. — D'Aubigné. L. III, c. 15, p. 266.

le même temps, la mort lui enleva plusieurs des serviteurs auxquels il étoit le plus attaché, ou de qui il attendoit les meilleurs services. Ainsi il perdit le baron de Guitry, un des plus braves entre les protestans qui l'avoient toujours suivi : Givry, dont il déplora si amèrement la perte qu'il offensa ceux qui lui restoient, car il s'écria devant eux tous qu'il n'avoit pas dans son armée un homme capable de le remplacer (1). Il perdit encore le duc de Montpensier, auquel succéda le prince de Dombes son fils, sur le dévouement duquel il comptoit beaucoup moins; puis le maréchal de Biron, qui, à l'âge de soixante-huit ans, fut tué d'un boulet de canon devant Épernay. A cette occasion Henri nomma grand-amiral le fils du maréchal, qui jusqu'alors avoit été nommé le baron. Les deux Biron étoient les plus habiles capitaines de l'armée de Henri; ils lui avoient été fidèles dans tous les revers de sa fortune : cependant on les accusoit à sa cour de ne songer qu'à leur ambition, et de désirer la continuation de la guerre comme étant plus utile à leur grandeur (2). Un grand nombre d'autres moururent des fatigues de la campagne d'hiver et de celles du siége de Rouen. Le roi ne voulut pas retenir plus long-temps sous ses dra-

(1) De Thou. L. CIII, p. 65.
(2) L'Estoile. T. II, p. 267. — De Thou. L. CIII, p. 74. — Davila. L. XIII, p. 804.

peaux une armée harassée, et de laquelle il ne pouvoit plus attendre de grandes entreprises. Il donna congé au plus grand nombre de ses soldats, et ne se réserva que trois mille chevaux et six mille fantassins, avec lesquels il suivit de loin, en Champagne et en Picardie, le duc de Parme, qui se retiroit. (1)

Dès que les opérations militaires perdoient de leur importance, les négociations recommençoient. Mayenne étoit resté malade à Rouen : l'Estoile prétend que c'étoit du mal de Naples (2). Il avoit fait commettre au duc de Parme une faute que celui-ci lui avoit reprochée, lorsqu'il s'étoit laissé enfermer dans le pays de Caux; et il se sentoit doublement humilié d'avoir mis ainsi en danger l'armée de la Ligue, et d'avoir voulu repousser l'expédient hardi par lequel ce duc l'en avoit tirée. Il se seroit volontiers séparé des Espagnols, dont l'arrogance l'humilioit sans cesse. Il chargea donc Villeroi de renouveler les négociations avec Henri IV, justement à l'époque où celui-ci avoit chargé Duplessis de faire au même Villeroi des propositions (3). La négociation présentoit cependant de grandes difficultés. Mayenne déclaroit : « Qu'il ne pouvoit traiter « avec Sa Majesté qu'elle ne donnât, dès à pré-

---

(1) Davila. L. XIII, p. 791.
(2) L'Estoile. T. II, p. 257.
(3) Mém. de Villeroi. T. LXII, p. 69, 70.

« sent, assurance de changer de religion après « son instruction. » Et Duplessis répondoit : « Que cela sentiroit plutôt son athéiste que son « catholique; et qu'il ne faisoit aucune diffé- « rence entre aller à la messe du soir au lendemain, sans instruction, ou le promettre « dès à présent, devant cette instruction, ne sachant encore quel effet elle feroit en sa conscience » (1). Il fut enfin convenu que le cardinal de Gondi seroit envoyé à Rome pour remettre entre les mains du pape Clément VIII, qu'on savoit plus modéré que ses prédécesseurs, tout ce qui regardoit l'abjuration; qu'en attendant on ouvriroit des conférences « sur les « moyens d'assurer la religion, le parti et les « particuliers, sans plus remettre les choses, « après la conversion de Sa Majesté » (2). Il fut difficile de décider Mayenne à laisser connoître sous quelles conditions il traiteroit. Jusqu'alors il s'étoit tenu à des généralités, d'ailleurs ses prétentions haussoient ou baissoient selon les événemens de la guerre. Enfin, le 8 mai, le président Jeannin, dans une lettre à Villeroi, formula à peu près les conditions sur lesquelles Mayenne insistoit, en même temps qu'il renvoyoit au pape tout ce qui regardoit l'abjuration du roi et son absolution. Mayenne demandoit, pour sû-

---

(1) Mém. de Villeroi, p. 79 et 80.
(2) *Ibid.*, p. 101.

reté des catholiques, que toutes les places qu'ils possédoient restassent sous la garde de la Ligue, jusqu'à six ans après l'abjuration du roi; que, de plus, il fût nommé lui-même ou grand connétable ou lieutenant-général du royaume; que le duché de Bourgogne fût donné à sa famille, à titre héréditaire, avec le Lyonnais; que la Champagne fût donnée au duc de Guise, la Bretagne à Mercœur, le Languedoc à Joyeuse, la Picardie à Aumale, et que tous les ligueurs conservassent leurs emplois et leurs gouvernemens (1). Villeroi sentoit lui-même que ces conditions étoient exorbitantes; il craignoit, dit-il, de s'en faire le parrain; toutefois, considérant « Qu'un bon marché ne se conclut du premier « coup, et que les hommes ne demeurent ordi-« nairement à un mot » (2), il communiqua ces propositions à Duplessis, s'en fiant à sa prudence, et aussi à la parole d'honneur que lui avoit donnée Henri IV, de tenir toute cette négociation secrète. Cette parole ne fut point gardée. Villeroi en accusa Duplessis; il auroit peut-être dû en accuser le roi lui-même, qui du moins en justifia pleinement Duplessis. Henri regardoit avec raison les propositions de Mayenne comme équivalant à une abdication de sa cou-

(1) Villeroi, Mém., p. 110.—Davila. L. XIII, p. 794.— Rosny. T. II, c. 10, p. 109.
(2) *Ib.*, p. 123.

ronne; il étoit bien résolu à ne point les accepter, quoiqu'il eût volontiers continué à négocier encore, mais il étoit bien aise aussi que la France connût les propositions de Mayenne, et qu'elle sût combien d'ambition personnelle se cachoit sous son prétendu zèle de religion. (1)

Les nouvelles de ces négociations s'étant répandues à Paris, les prédicateurs se déchaînèrent dans toutes les chaires contre tous ceux qui parloient de paix. « Le curé de Saint-André-
« des-Arts dit qu'il ne croyoit pas qu'on voulût
« la faire ; mais que si tant étoit et qu'on en dé-
« couvrît quelque chose, il falloit prendre les
« armes et faire plutôt une sédition, de laquelle
« il seroit des premiers, et en tueroit autant
« qu'il pourroit.... Le curé de Saint-Jacques
« excommunia ce jour, en son prône, tous ceux
« qui parloient de paix, ou qui trouvoient bon le
« commerce (pour l'approvisionnement de Pa-
« ris); qu'il les excommunioit avec tous ceux qui
« les soutenoient, comme aussi tous ceux-là qui
« parloient de recevoir ce petit teigneux et fils
« de p..... de roi de Navarre, en revenant à la
« messe et se faisant catholique.... Le curé de
« Saint-Cosme prêcha ce jour, que le Béarnais
« avoit beau faire tout ce qu'il voudroit, qu'il

---

(1) *Voyez* toute la négociation dans Duplessis. T. V, p. 208 à 328 ; et dans Villeroi. T. LXII, p. 66-153. — Mém. de l'Estoile. T. II, p. 260-262.

« allât à tous les diables, qu'il allât au prêche, « qu'il allât à la messe, ou qu'il n'y allât point, « c'étoit tout un.... Rose, Cueilly, Martin, « Guarinus, Feu-Ardent et tous les autres prê- « chèrent de même, et dirent qu'ils étoient d'avis, « si le Saint-Père le trouvoit bon, de recevoir « à l'église le Béarnais pour capucin et non pas « pour roi. » (1)

1592.

Mayenne, reconnoissant et les dispositions des royalistes et celles du peuple de Paris, se détermina enfin, comme l'Espagne le lui faisoit demander sans cesse, à convoquer les états-généraux à Paris, afin d'y procéder à l'élection d'un roi. Il comptoit encore alors pouvoir obtenir lui-même la couronne par leurs suffrages. Après avoir gouverné la France depuis trois ans, il ne se résignoit point à devenir le sujet du roi d'Espagne; aussi usa-t-il de toute son influence pour que les députés qui furent nommés dans les bailliages ne fussent point des créatures de la faction espagnole. Au milieu des factions cependant, il n'étoit pas possible de faire porter les choix sur des hommes vraiment indépendans. Mayenne réussit à écarter les hommes de parti, les hommes énergiques; il leur substitua de prétendus modérés, qui obéissoient à toutes ses suggestions. Le résultat de cette politique fut de décrier les

(1) P. de l'Estoile. T. II, p. 263-265.

Etats, de leur ôter toute consistance, et de lui faire perdre à lui-même le point d'appui qu'il auroit pu trouver en eux. (1)

De son côté, Henri IV perdant l'espoir de réussir avec Mayenne, persista cependant à s'efforcer d'entamer quelque négociation avec la cour de Rome, ainsi qu'il en étoit convenu avec le chef de la Ligue. Il fit agir d'abord les Vénitiens et le grand-duc de Toscane, Ferdinand de Médicis, qui tous deux sentoient que toute indépendance étoit perdue pour les princes italiens, si la puissance de la France cessoit de balancer celle de l'Espagne. Il engagea en même temps Vivonne, marquis de Pisani, qui avoit été ambassadeur de Henri III à Rome, et dont la femme étoit une Savelli de Rome, et le cardinal de Gondi, archevêque de Paris, à se rendre auprès du pape comme pour leurs affaires privées; mais dans le fait pour s'assurer si Henri IV, en abjurant la foi protestante, obtiendroit son absolution, et si le saint-siége révoqueroit l'excommunication qui l'excluoit à jamais du trône (2). Mais Clément VIII, encore qu'on eût célébré son esprit conciliant, craignoit d'of-

---

(1) Davila. L. XIII, p. 800 et 811.
(2) Davila. L. XIII, p. 799. — Villeroi. T. LXII, p. 140. — De Thou. L. CIII, p. 83. — Gondi avoit quitté Paris dès le 20 octobre 1591; il partit pour Rome le 4 octobre 1592. Journal de l'Estoile. T. II, p. 184 et 283.

fenser l'Espagne, ou bien il avoit dans la puissance du saint-siége une confiance exagérée; aussi il étoit loin de vouloir montrer de l'indulgence à un relaps, ou de lui ouvrir facilement les portes de l'Église. Tandis que Pisani étoit encore à Venise et Gondi en Toscane, ils reçurent tous deux une notification du pape, qui leur interdisoit l'entrée dans les États de l'Église, comme fauteurs notoires d'un prince hérétique. Le cardinal ne se déconcerta point; il envoya au pape un long mémoire justificatif, dans lequel il cherchoit à établir que toutes ses démarches avoient été dirigées par son zèle pour l'Église, et par son désir de faire triompher le catholicisme en France (1). En effet, la sévérité qu'affectoit la cour de Rome n'étoit pas sans danger pour elle-même. Renaud de Beaune, archevêque de Bourges, l'un des plus distingués entre les prélats catholiques qui s'étoient attachés à Henri IV, laissoit entrevoir qu'il pourroit bien trouver une autre solution aux difficultés qu'on élevoit sur la conversion du roi ; que l'Eglise gallicane pouvoit se déclarer indépendante de l'Eglise romaine, et faire alors à l'esprit national quelques concessions qui réconcilieroient les deux partis; que le primat des Gaules (c'étoit lui-même) devoit s'empresser de recevoir au sein de l'Eglise

(1) Davila. L. XIII, p. 807-810.

le roi de France, quand celui-ci revenoit à l'orthodoxie (1). Clément VIII n'étoit aveuglé par aucune partialité pour l'Espagne, par aucune haine contre Henri IV : son rigorisme n'alloit point jusqu'à vouloir courir aucune chance de détacher l'Eglise gallicane de la romaine. Mais il étoit représenté à Paris par l'évêque de Plaisance, que ses prédécesseurs avoient nommé légat en France, et ce ligueur ardent l'entraînoit souvent au-delà du point où il auroit voulu s'arrêter. (2)

Il falloit cependant arriver à quelque décision : la désorganisation des partis forçoit de part et d'autre leurs chefs à consulter la volonté nationale. Henri IV voyoit se développer, parmi ceux qui jusqu'alors l'avoient servi, le tiers parti qui vouloit un roi catholique, qui songeoit au cardinal de Bourbon, au comte de Soissons, au duc de Montpensier même, à l'un ou à l'autre desquels on auroit fait épouser l'infante d'Espagne; Henri IV s'apercevoit qu'entre tous ses anciens partisans c'étoient ses parens, les Bourbons, dont il devoit le plus se défier, parce qu'ils commençoient à prétendre au trône pour eux-mêmes. De son côté, Mayenne ne se sentoit pas plus assuré dans son parti : entre les restes de la faction des Seize, la rivalité de son neveu

---

(1) Davila. L. XIII, p. 801.
(2) Davila. L. XIII, p. 811. — De Thou. L. CIII, p. 78.

le duc de Guise, et les intrigues des ministres d'Espagne, il sentoit que tout commandement sur la faction de la Ligue lui échappoit. Les événemens militaires ne faisoient espérer aucune issue prochaine à la lutte. Depuis la retraite du duc de Parme jusqu'à sa mort, survenue à Arras le 2 décembre, ils cessèrent d'avoir aucune importance. Le roi avoit repris Épernay, puis Provins ; il avoit fortifié à Gournai une île de la Marne. De cette manière il avoit resserré toujours plus Paris, il rendoit difficile d'y introduire des vivres, il interrompoit le commerce, il augmentoit la misère dans la capitale ; aussi la bonne bourgeoisie, qui y avoit recouvré l'autorité depuis que le parti des Seize étoit humilié, ne soupiroit-elle plus qu'après la paix. (1)

Dans les provinces beaucoup de sang étoit répandu, beaucoup de richesses étoient détruites ; mais les avantages remportés tour à tour par les deux partis sembloient se compenser. La Valette, lieutenant en Provence du duc d'Épernon, son frère, avoit été tué le 11 février 1592, au siége de Roquebrune (2) ; mais Lesdiguières et le colonel Alphonse Ornano étoient accourus pour se mettre à la tête du parti royaliste, et ils avoient arrêté les progrès des ligueurs

---

(1) Davila. L. XIII, p. 806. — De Thou. L. CIII, p. 75-77. — V. P. Cayet. L. IV, p. 431.

(2) Nostradamus, Hist. de Provence. P. VIII, p. 918.

et du duc de Savoie. Le duc de Nemours, gouverneur de Lyon pour la Ligue, crut pouvoir profiter de l'éloignement de Lesdiguières pour faire quelques conquêtes en Dauphiné; mais dès qu'il apprit son retour, il se hâta d'évacuer la province. Lesdiguières jugea alors convenable de faire repentir le duc de Savoie de la part qu'il avoit prise dans les guerres civiles de France, et en même temps de profiter du zèle religieux des habitans des hautes vallées des Alpes, cruellement opprimés par ce prince. Tandis que Charles Emmanuel assiégeoit Antibes, dont il se rendit maître, Lesdiguières passa les Alpes vers la fin de septembre, avec trois mille cinq cents fantassins et six cents chevaux; il prit un grand nombre de petits châteaux dans cette région élevée; il remporta divers avantages sur les lieutenans du duc de Savoie, qui fut bientôt forcé d'abandonner la Provence pour venir défendre son pays. Les habitans des vallées s'empressèrent d'accourir autour de Lesdiguières, qu'ils regardoient comme le héros de leur religion, et ils déclarèrent qu'ils se soumettoient au roi de France. Lesdiguières augmenta encore leur confiance par la prise de la forteresse de Cavours, qui, après un long siége, se rendit à lui le 6 novembre 1592. En même temps le duc d'Epernon étoit venu remplacer son frère en Provence; il en avoit chassé les Savoyards, il avoit repris

Antibes, et il avoit fait reconnoître son autorité jusqu'au Var. (1)

Les armes du roi prospéroient aussi en Languedoc, où le duc de Joyeuse avoit été défait et tué le 19 octobre près de Villemur. Cependant le parlement de Toulouse, qui, de tous les corps judiciaires du royaume, étoit le plus ardent pour la Ligue, et qui avoit montré autant d'attachement pour la maison de Joyeuse que de haine pour celle de Montmorency, demanda avec instance au capucin frère Ange de Joyeuse, autrefois comte du Bouchage, de renoncer à son habit et à sa profession pour reprendre l'épée et se mettre à la tête des armées de la Ligue. Une assemblée des évêques, curés et docteurs en théologie de la province, lui déclara qu'il y étoit obligé sous peine de péché mortel. Frère Ange céda; il déposa l'habit de Saint-François, prit le titre de duc de Joyeuse, et reçut l'obéissance de tous les ligueurs du Languedoc (2). En Bretagne, au contraire, la Ligue eut des succès constans pendant toute cette année; le duc de Mercœur, qui en étoit le chef, s'affermissoit

---

(1) Guichenon, Hist. gén. de Savoie. T. II, p. 310-313. — Nostradamus, Hist. de Prov. T. VIII, p. 920-933. — Bouche. Hist. de Prov. L. X, p. 762-770. — Davila. L. XIII, p. 814-816. — De Thou. L. CIII, p. 112-119. — V. P. Cayet. L. IV, p. 450-477.

(2) Hist. de Languedoc. L. XLI, p. 457-461. — Davila. L. XIII, p. 817.

ainsi dans la souveraineté sur cette province à laquelle il prétendoit. Le 23 mai il défit le prince de Dombes, auquel le roi avoit donné le gouvernement de la Bretagne, et le prince de Conti, gouverneur de l'Anjou, qui s'étoient réunis pour assiéger la ville de Craon, sur les confins de leurs deux gouvernemens. Henri IV, averti que ses deux cousins s'étoient attiré cette défaite par leur irrésolution, leur discorde et leurs fautes, envoya, pour les seconder ou les remplacer selon l'occasion, le maréchal d'Aumont, qu'il chargea de rallier le parti royaliste en Bretagne; mais celui-ci à son tour y éprouva de constans revers, attirés surtout sur lui par la jalousie des Bourbons. (1)

Le duc de Mayenne étoit revenu à Paris au commencement de novembre, sur la nouvelle qu'il avoit reçue que le parti de la haute bourgeoisie, qu'il avoit pris soin d'opposer aux Seize, commençoit à abuser de sa victoire sur eux, et à manifester ouvertement son désir de la paix. Quelques conférences furent indiquées entre des députés des politiques et des Seize pour les réconcilier, mais les derniers prirent à tâche d'aigrir toujours plus contre eux le duc de Mayenne, dont ils se défioient (2), et celui-ci, pour mettre

(1) Hist. de Bretagne. L. XIX, p. 415-423. — Davila. L. XIII, p. 819, 820.
(2) V. P. Cayet T. LVIII, L. IV, p. 4-32.

un terme à leur discorde, commença à désirer l'assistance des états-généraux, dont la convocation à Paris fut publiée à son de trompe, le 27 novembre. (1)

Le roi d'Espagne, qui avoit surtout insisté sur la convocation des états-généraux à Paris, ne se contenta point d'y être représenté par son ambassadeur ordinaire J.-B. de Taxis. Il y envoya encore, comme ambassadeurs extraordinaires, Lorenzo Suares de Figueroa, duc de Feria, et le jurisconsulte Inigo de Mendoza. Il les chargea d'exposer devant ces états les droits prétendus de l'infante, et d'obtenir d'eux une déclaration authentique par laquelle ils aboliroient la loi salique, et proclameroient Isabelle de Castille comme reine de France (2). Plus le moment de cette grande décision approchoit, et plus Mayenne sentoit l'impossibilité de se mettre en rivalité déclarée avec le roi d'Espagne. Il comptoit bien, il est vrai, qu'il avoit pour lui le parlement et la bonne bourgeoisie; mais partout ailleurs il ne voyoit que des rivaux. Le duc de Lorraine, son cousin, le duc de Guise, son neveu, prétendoient comme lui à la couronne. Les ducs de Nemours, de Mercœur et d'Aumale ne vouloient renoncer à l'espérance de la porter qu'autant qu'ils obtiendroient en échange de grands apanages. Dans le

1592.

1593.

---

(1) Journal de l'Estoile. T. II, p. 295.
(2) Davila. L. XIII, p. 837.

parti des royalistes catholiques, les princes Bourbons étoient prêts à renoncer à leur fidélité envers le chef de leur famille, s'ils pouvoient à ce prix obtenir la main de l'infante. Le roi d'Espagne, en donnant des espérances trompeuses aux uns puis aux autres, les faisoit tous agir à leur tour contre Mayenne et contre Henri IV.

Les états-généraux étoient convoqués pour le 17 janvier 1593; avant leur réunion, Mayenne essaya de s'assurer les suffrages populaires, en publiant, le 5 janvier, un long manifeste, dans lequel il exposoit les motifs qui avoient forcé les catholiques à prendre les armes pour le maintien de leur religion. Il le faisoit avec modération, repoussant toute participation dans l'assassinat de Henri III, parlant du roi de Navarre en termes convenables, indiquant le désir que les catholiques avoient eu de se réconcilier avec lui, pourvu qu'il changeât auparavant de religion. Il s'adressoit enfin aux catholiques qui suivoient le roi; il leur montroit les dangers qu'ils faisoient courir à l'Église, et il les invitoit à se réunir à lui, et à se rendre aux états-généraux (1). Mais l'évêque de Plaisance, légat du pape, ne vouloit point permettre qu'on apportât tant de douceur et de modération dans les décisions qui regardoient un hérétique relaps; il fit aussitôt

(1) Davila. L. XIII, p. 821-829. — Mém. de la Ligue. T. V, p. 266-277. — V. P. Cayet. T. LVIII, L. V, p. 88-102.

paroître de son côté une déclaration qui sembloit confirmer celle de Mayenne, quoiqu'elle fût destinée à détruire son effet. Par elle il s'efforçoit de ranimer les passions populaires, et d'exciter indirectement contre Mayenne lui-même l'animosité et la défiance des Seize et de leurs partisans. (1)

Les états-généraux appelés à prononcer comme arbitres entre des partis si animés et des rivaux si puissans, n'étoient point, ou par le nombre des députés, ou par leur rang et la considération dont ils jouissoient, en mesure de se montrer indépendans. Mayenne avoit exercé toute son influence pour n'y faire nommer que des hommes qui lui fussent dévoués : il n'avoit point appris encore que ceux-là seuls qui sentent fortement, qui sont prêts à faire à leurs opinions de grands sacrifices, peuvent donner de la vigueur et de la vie à leur parti. Il avoit voulu des hommes prêts à tout approuver de sa part ; il eut des hommes sans force et sans consistance. Il est vraiment étrange à quel point ces états de la Ligue ont disparu de l'histoire, surtout après les deux assemblées si orageuses des états à Blois. Il est probable que dans la plupart des provinces on trouva trop dangereux et trop coûteux d'envoyer à Paris, au travers des armées ennemies,

(1) Davila. L. XIII, p. 829-836. — V. P. Cayet, p. 104-107.

des députations nombreuses, et qu'on se contenta de choisir des personnages qui se trouvoient déjà dans la capitale. Nous n'avons point la liste des députés aux états de Paris, nous n'avons le procès-verbal des séances d'aucun des trois ordres. Tant le roi que le parlement, dans leur jalousie contre toutes les assemblées nationales, s'attachèrent, après leur victoire, à faire disparoître tous les monumens de celle-ci. Dans une des collections des pièces originales et authentiques des états-généraux, les états de la Ligue ne sont pas même mentionnés; et ceux de Louis XIII suivent immédiatement ceux de Henri III (1). Dans une autre collection de ces mêmes pièces, quoique des papiers relatifs aux états de la Ligue remplissent trois cent cinquante pages, on n'en trouve pas un qui donne une idée ou de leur composition, ou de leur mode de délibération, ou des opinions qui y prévaloient, ou des décisions prises par cette assemblée (2). On n'y trouve de même aucune instruction, aucun cahier qui leur eût été donné par leurs commettans; quelques lettres seulement y sont rapportées, que les États adressoient au duc de Mayenne ou au duc de Guise; ils les assuroient

---

(1) Recueil de pièces originales et authentiques concernant les États-Généraux. Paris, 1789, en XI vol. in-8. T. V. p. 232.

(2) Des États-Généraux et autres assemblées nation. Paris, 1789, XIX vol. in-8. T. XV, p. 249-627.

« très humblement qu'en leur absence ils ne se
« permettroient point de traiter des plus impor-
« tantes et principales affaires »; et au lieu d'y
apposer leurs noms propres, ils signoient : « vos
« très humbles affectionnés serviteurs les trois
« États de France » (1). Ces lettres seules suffiroient à faire pressentir qu'il n'y avoit dans une
telle assemblée rien d'énergique, de national,
d'indépendant, et que ce n'étoit point d'elle qu'il
dépendoit de disposer de la couronne de France.
Les seigneurs de la maison de Lorraine ne cachoient point le peu d'estime qu'ils en faisoient;
don Diego d'Ibarra écrivoit au roi d'Espagne :
« Le fait des États est toujours mis pour un acces-
« soire; ils disent qu'ils passeront par ce qui sera
« arrêté avec les princes. » (2)

Le duc de Mayenne fit dans la grande salle du
Louvre, le 26 janvier 1593, l'ouverture de ces
États; il siégeoit au poste d'honneur, jusqu'alors
réservé au roi, sous le baldaquin, entouré des
grands officiers de la couronne et des présidens
des cours judiciaires; en face de lui étoient rangés les députés des trois ordres : la seule députation complète étoit celle de l'île de France.
Genebrard, d'abord professeur de langue hé-
braïque, puis archevêque d'Aix, et les deux
curés de Saint-Benoît et de Saint-Germain-

(1) États-Généraux. T. XV, p. 388-390.
(2) Capefigue. T. VI, p. 250, d'après les mss. de Dupuy.

l'Auxerrois, notés parmi les plus violens orateurs de la Ligue, y représentoient le clergé; Vitry et Chenevières y siégeoient pour la noblesse; Neuilly, Le Maître et Du Vair, pour la magistrature et le tiers-état. Dans la députation de la province de Bourgogne, composée de huit membres seulement, on remarquoit le même Étienne Bernard, avocat, qui avoit joué un rôle éminent aux seconds États de Blois. Les députations des autres provinces paroissent avoir été moins nombreuses encore. (1)

Le duc de Mayenne, par son discours d'ouverture, annonça aux membres des trois États qu'il les avoit assemblés pour trouver un remède aux calamités qui désoloient la France; il fit, mais d'une voix basse et mal assurée, et en pâlissant à plusieurs reprises, un tableau des malheurs qui affligeoient la patrie commune, des dangers de la religion, et des ravages de la guerre. Il dit que le seul remède qu'il connût pour tant de souffrances, c'étoit l'élection d'un roi, sincèrement et constamment catholique, qui préférât le bien et l'honneur de la sainte Église à sa vie même; qu'il falloit encore que ce roi fût doué de tant de valeur, d'expérience et de réputation, qu'il ramenât à l'obéissance les esprits d'un peuple soulevé, et qu'il pût au be-

(1) De Thou. L. CV, p. 223. — Davila. L. XIII, p. 840. — P. de l'Estoile, p. 325 333.

soin combattre et soumettre les ennemis du royaume comme ceux de l'Église. C'étoit la première fois, leur dit-il, qu'une si auguste assemblée étoit appelée non point à modérer les impôts, et à rétablir l'ordre dans les finances, en payant les dettes de la couronne, mais à donner un pasteur et un roi au premier royaume de la chrétienté. Il les appeloit donc à se pénétrer de la grandeur de leurs fonctions, à s'élever au-dessus de tous les intérêts privés, et à ne songer qu'au salut de la patrie. Le cardinal de Pellevé, comme président du clergé, lui répondit le premier, mais en pédant, occupé à faire montre de son érudition, il fatigua l'assemblée par des citations étrangères au grave sujet qui l'occupoit. Le baron de Sénecey, président de la noblesse, et Honoré du Laurent, avocat-général au parlement d'Aix, parlèrent ensuite avec plus de convenance et de mesure. (1)

Après cette séance d'ouverture, les États ne furent plus assemblés du 26 janvier jusqu'au 2 avril. Mayenne s'étoit éloigné de Paris pour aller au-devant des troupes espagnoles, et les intrigues qui se poursuivoient dans le conseil secret de Henri IV, dans celui du duc de Mayenne, et dans celui du duc de Féria, auroient été gênées par les délibérations d'une

---

(1) Davila. L. XIII, p. 840. — De Thou. L. CV, p. 224. — Mém. de l'Estoile, p. 334.

assemblée. Philippe II, dans une instruction adressée au duc de Féria, lui avoit enjoint de réclamer la couronne pour sa fille aînée, « l'in-« fante Isabelle, comme légitime reine, selon « droit de nature divin et commun, puisqu'il « n'avoit plu à Dieu de conserver en vie aucun « légitime héritier mâle du roi Henri II son « ayeul ; toutefois il consentoit à ce qu'on y « joignît l'élection, si l'on croyoit qu'il en fût « besoin. » Mais il annonçoit en même temps que comme il ne lui restoit à lui-même qu'un fils fort jeune, qui peut-être ne vivroit pas ou n'auroit pas d'enfans ; et comme il ne vouloit point que ses diverses couronnes sortissent de la maison d'Autriche, il destinoit pour époux, à sa fille, l'archiduc Ernest, frère de l'empereur, prince, disoit-il, vaillant, aimable, d'un abord facile, et qui s'accoutumeroit bientôt aux mœurs françaises (1). Cette proposition cependant, si contraire à tous les projets de Mayenne, déjouoit également les espérances de tous les autres princes de la maison de Lorraine qui avoient aspiré à la main de l'Infante, et elle choquoit le sentiment national des Français, qui déclaroient tous que les lois fondamentales du royaume écartoient également du trône et une femme et un étranger. Pour la faire accueillir il

(1) Capefigue. T. VI, p. 233, 238, d'après les mss. de Fontanieu.

auroit fallu que Philippe II mît au service de la Ligue et ses armées et ses trésors. Mayenne le demandoit non pour l'intérêt de l'Espagne, mais afin d'en tirer parti lui-même, et Philippe le promettoit. Il parloit de faire entrer en France Charles de Mansfeld, gouverneur des Pays-Bas et successeur du duc de Parme, avec une puissante armée. Mais Mansfeld étoit harcelé par Maurice, prince d'Orange, qui remportoit chaque jour sur lui de nouveaux avantages. En même temps les finances d'Espagne étoient complétement épuisées, et des troubles dans l'Aragon augmentoient les embarras de Philippe II. (1)

La manifestation des vues de Philippe II en aliénant tous ceux qui conservoient dans le cœur un vrai sentiment français, devoit tendre à rapprocher les deux partis modérés ; savoir ceux qui, dans le camp de la Ligue, auroient désiré se réconcilier avec le roi, pourvu qu'il changeât de religion, et ceux qui, dans le camp du roi, étoient disposés à se détacher de lui s'il n'en changeoit pas. Henri IV, intérieurement déterminé depuis long-temps à changer de religion quand le moment seroit favorable, mettoit son espérance dans la réunion de ces deux partis. Il s'étoit rapproché, et étoit venu s'établir à Chartres pour faciliter leurs négociations, mais

---

(1) Davila. L. XIII, p. 838.

il savoit bien qu'elles n'étoient pas pour lui sans danger, et que tout le parti de la paix songeoit souvent à mettre un autre Bourbon à sa place. Si l'on en peut croire Rosny, depuis duc de Sully, qui trop souvent semble n'avoir eu pour but en écrivant ses mémoires, que de mettre dans la bouche d'autrui les éloges qu'il vouloit s'adresser à lui-même, Henri IV le consulta le soir du 15 février sur ces divers traités de paix, et sa réponse, noyée dans un grand nombre de paroles vaines, se réduisoit à dire qu'il falloit détacher de la Ligue ses membres, par des traités particuliers, et ne jamais négocier avec le corps lui-même pour ne pas lui donner de la consistance. Mais il ajouta « qu'à la vérité une
« catholicité vous devenant bien fort agréable,
« et icelle étant bien prise et bien reçue à pro-
« pos, par les formes honorables et agréables,
« seroit de grande utilité, voire pourroit servir
« de ciment et liaison indissoluble entre vous et
« tous vos sujets catholiques, et même facilite-
« roit tous vos autres grands et magnifiques des-
« seins dont vous m'avez quelquefois parlé. Sur
« quoi je vous en dirois davantage si j'étois de
« profession qui me permît de le faire en bonne
« conscience, me contentant de laisser opérer la
« vôtre en vous-même sur un sujet si chatouil-
« lieux et si délicat. » (1)

(1) Mém. de Sully. T. II, ch. 7, p. 89.

D'après Sully lui-même, c'est à ces paroles confuses et mal rédigées que se borna le conseil donné par lui à Henri IV de changer de religion, conseil dont on l'a tour à tour accusé et loué. Plus tard, et lorsque Henri avoit laissé connoître qu'il étoit décidé, Sully rapporte qu'il lui dit : « De vous conseiller d'aller à la messe, c'est « chose que vous ne devez pas, ce me semble, « attendre de moi, étant de la religion; mais « bien vous dirai-je que c'est le plus prompt et « le plus facile moyen pour renverser tous ces « monopoles et faire aller en fumée tous les plus « malins projets.... De vous accommoder, tou-« chant la religion, à la volonté du plus grand « nombre de vos sujets, vous ne rencontrerez « pas tant d'ennuis, peines et difficultés en ce « monde; mais pour l'autre, lui dites-vous en « riant, je ne vous en réponds pas. » — Sur quoi lui aussi se prit à rire. (1)

Dans le parti de la Ligue, on ne croyoit point que Henri se déterminât à se convertir. L'envoyé de Savoie, qui observoit bien les personnages, écrivoit à son maître : « Le Navarrois, « de religion calviniste, si aucune y en a, a « grand désir de se maintenir, par les calvinistes, « en opinion de grand observateur de religion ; « toutefois il a échappé souvent, et croit toutes

(1) Mém. de Sully, c. 8, p. 95, 96.

« choses d'une autre façon. Pour l'intérêt il ne
« changera pas de religion, et s'il le fait, il sera
« d'accord avec les siens et feindra. Il est cou-
« rageux et soldat, mais sans discipline militaire;
« plutôt comme chef de soudards et bannis que
« comme général d'une armée. Il est libéral,
« agréable, un peu moqueur et gausseur; fait
« profession de bon Français, grand amateur de
« la noblesse; et encore qu'il montre d'oublier
« les injures, mais en effet il en a bien souve-
« nance. Il est adonné surtout au plaisir de la
« chair; mais cela ne l'affectionne pas, et trouve
« moyen de le conjoindre avec les armes. » (1)

Le 28 janvier 1593, surlendemain de l'ouverture des États, un trompette aux armes du roi se présenta aux portes de Paris, et déclara avoir une dépêche à remettre au marquis de Belin, gouverneur de Paris : c'étoit une déclaration des catholiques attachés au parti du roi, qui protestoient du désir ardent qu'ils avoient de rendre la paix à la patrie; qui remontroient que les États convoqués à Paris ne représentoient qu'un seul parti; que, pour arriver à la paix, il falloit les consulter tous les deux, et qui proposoient, en conséquence, une conférence entre les catholiques du parti du roi et ceux du parti de la Ligue. Ils offroient, pour cela, de

(1) Capefigue. T. VI, p. 256, d'après les manuscrits de Colbert.

choisir un lieu neutre entre Paris et Saint-Denis. (1)

Cette démarche avoit été suggérée par le roi; la proposition des princes catholiques de son armée étoit signée par Revol, son secrétaire d'État. Cependant il crut convenable de mettre en avant d'autres sentimens, en parlant en son nom propre. Il donna à Chartres, le 29 janvier, une déclaration dans laquelle il traitoit Mayenne en rebelle et ses États comme une assemblée illégale; il avoit cru nécessaire de protester ainsi pour la conservation de ses droits, et en même temps il renouveloit les promesses qu'il avoit faites aux catholiques au commencement de son règne, invoquant le témoignage de ceux qui le suivoient pour établir qu'il n'avoit manqué à aucune. (2)

Cette apparente opposition entre le roi, qui parloit en maître, et les catholiques de son parti, qui offroient de négocier, ne fit point illusion à leurs adversaires; ils comprirent fort bien que la conférence demandée étoit dans le seul intérêt de Henri IV, et ils travaillèrent avec zèle à y mettre obstacle. Le légat protesta que toute né-

---

(1) Davila. L. XIII, p. 841-843. — De Thou. L. CV, p. 212. — Journal de l'Estoile. T. II, p. 335. — V. P. Cayet. T. LVIII, L. IV, p. 109-113.

(2) V. P. Cayet. L. IV, p. 113. — Davila. L. XIII, p. 845. — De Thou. L. CV, p. 213.

gociation avec de prétendus catholiques, qui n'avoient pas craint de se ranger sous les drapeaux d'un prince hérétique, étoit déjà un acte suspect d'hérésie. Les Espagnols déclarèrent que la meilleure réponse à leur faire, c'étoit de se hâter d'élire l'Infante. Mayenne, au mois de février, étoit parti pour Soissons, et son absence servit de prétexte aux États de la Ligue pour différer, jusqu'au 4 mars, à répondre aux royalistes catholiques (1). Mayenne avoit compté rencontrer, à Soissons, l'armée espagnole de Flandre, que Philippe II avoit promis de mettre à sa disposition; si elle avoit été assez forte pour terminer promptement la guerre, si des subsides abondans avoient rétabli ses finances, s'il avoit pu débloquer entièrement Paris, il seroit peut-être entré plus pleinement dans les vues de l'Espagne, et il se seroit contenté des avantages personnels que les ministres de Philippe lui offroient en dédommagement du trône. Mais quand, à son arrivée à Soissons, le 9 février, il trouva que le comte Charles de Mansfeld lui amenoit seulement mille cavaliers et quatre mille fantassins, et que le duc de Féria n'avoit ordre de lui compter que 25,000 écus, il les accusa, avec une extrême amertume, de venir aggraver les maux de la France au lieu d'y porter un

(1) Davila. L. XIII, p. 845. — Mém. de P. de l'Estoile. T. II, p. 335, 337.

remède. Après une dispute assez aigre, comme
les ligueurs et les Espagnols sentoient également
qu'ils avoient besoin les uns des autres, ils se
réconcilièrent. Les ambassadeurs promirent à
Mayenne que Philippe II lui assureroit le duché
de Bourgogne en souveraineté; qu'il y joindroit
le gouvernement de Picardie et le titre de lieutenant-général du royaume, avec assez d'argent
pour payer toutes ses dettes. Mayenne savoit
fort bien, cependant, que tout ce que les ambassadeurs d'Espagne lui promettoient, leur
maître pourroit le lui reprendre dès que sa fille
seroit couronnée; aussi, en même temps qu'il
parut satisfait de leurs offres, il écrivit à Villeroi et à Jeannin, pour qu'ils engageassent les
États à écouter les propositions des royalistes
catholiques et qu'ils acceptassent leurs conférences. (1)

Ces conférences entre les catholiques politiques et les ligueurs commencèrent à Surène le
29 avril. Pour que des deux parts on pût s'y rendre avec plus de sûreté, il fut convenu, le 3 mai,
qu'il y auroit, entre les parties belligérantes,
une trêve qui s'étendroit jusqu'à quatre lieues
tout autour de Paris. L'archevêque de Bourges
pour les royalistes et l'archevêque de Lyon pour
les ligueurs, se jetèrent avec empressement dans

(1) Davila. L. XIII, p. 850, 853.

l'arène qui étoit ouverte à leur érudition sacrée et à leur dialectique. Leurs longs discours nous ont tous été conservés, et l'on sent en les lisant combien il étoit impossible qu'ils arrivassent jamais à aucune conclusion par cette voie (1). Mais ces conférences, tout aussi bien que les États de Paris, n'étoient qu'une vaine pompe destinée à occuper le public, tandis que les affaires réelles se traitoient dans des conférences plus secrètes. Les princes lorrains s'assembloient à Reims pour y délibérer sur les intérêts de leur famille. Henri IV consultoit Jacques-David Du Perron, qui s'introduisoit chaque jour plus avant dans sa faveur. Cet homme, rempli d'esprit et de talent pour l'intrigue, avoit bientôt reconnu que, comme confident du cardinal de Bourbon qui l'avoit introduit à la cour, il ne pourroit s'élever à rien; que ce prince foible et vicieux n'étoit point en état de mettre ses conseils en pratique; mais que la vraie route à la fortune c'étoit de se signaler comme ayant converti le roi, car il voyoit bien que celui-ci n'attendoit qu'un prétexte pour se déclarer. Cependant Henri IV devoit attendre encore, car il avoit su que lorsque l'archevêque de Bourges, aux conférences de Surène, avoit proposé aux

(1) De Thou. L. CVI, p. 238-257. — États-Généraux. T. XV, p. 400 et suiv. — Davila. L. XIII, p. 861-863. — Les articles de la surséance d'armes. États-Génér. T. XV, p. 416.

deux partis catholiques de se réunir pour engager le roi à se convertir, les députés de la Ligue avoient repoussé cette proposition, en déclarant que la conversion ne pouvoit être que l'ouvrage du Saint-Esprit, et que, si elle étoit obtenue par des sommations et protestations, ou par aucune considération politique, elle ne leur inspireroit point de confiance. (1)

D'ailleurs, dès que la nouvelle en avoit été portée à Paris, tous les prédicateurs avoient déclaré dans leurs sermons qu'ils n'accepteroient jamais cette conversion. Le curé de Saint-André-des-Arcs avoit dit : « Qu'il aimoit mieux
« avoir un étranger catholique pour roi, que
« non pas un Français qui fût hérétique. Quant
« au roi, il l'appela tigre et fils de prostituée,
« exhortant le peuple à ne le recevoir jamais,
« quelque profession de religion qu'il fît, pour
« ce que ce n'étoit que piperie et hypocrisie, et
« qu'un relaps comme lui n'étoit bon qu'à brû-
« ler » (2). Et le curé Boucher, prenant pour texte, dans un sermon prêché à Notre-Dame, ces mots *eripe me de luto ut non infigar*, qu'il traduisit : « Seigneur, tire-nous de la bourbe,
« débourbonne-nous, Seigneur ! » cria au peuple qu'il étoit temps de se débourber, et que ce

---

(1) Conférence du mercredi 5 mai. États-Généraux. T. XV, p. 418 et p. 448. — Davila. L. XIII, p. 864 et 870.
(2) Mém. de l'Estoile. T. II, p. 387.

n'étoit à tel boueux que la couronne de France appartenoit. (1)

Cependant, parmi les prédicateurs eux-mêmes, plusieurs étoient attachés de cœur à l'indépendance de la France, et repoussoient un roi étranger. Mayenne fut bien aise de donner aux ambassadeurs espagnols occasion d'en faire l'expérience. Il convoqua au palais du légat, pour y entendre les ouvertures que le duc de Féria auroit à leur faire, six députés des trois États, savoir : l'archevêque de Lyon et l'évêque de Senlis pour l'Église, La Chastre et Montolin pour la noblesse, La Chapelle-Marteau, prévôt de Paris, et Étienne Bernard, le même qui avoit joué un rôle aux États de Blois, pour le tiers-état. Les ducs de Mayenne, de Guise, d'Aumale et d'Elbœuf, se trouvèrent en personne à cette conférence, qui se tint le 19 mai ; on y admit encore le comte de Châligny, Bassompierre, envoyé du duc de Lorraine, La Pierre, envoyé du duc de Savoie, Tornabuoni, envoyé du duc de Mercœur, le marquis de Belin, gouverneur de Paris, et le cardinal de Pellevé. Le duc de Féria, dans un discours apprêté, leur proposa d'élire pour reine de France l'infante Claire-Eugénie-Isabelle, comme étant, par l'extinction de la ligne masculine, la personne qui avoit le plus de droits au trône, et celle en même temps qui,

(1) Mém. de l'Estoile, p. 391. — De Thou. L. CX, p. 476.

en assurant à la nation l'alliance espagnole, lui procuroit les plus grands avantages. Ce fut avec un extrême étonnement que le duc de Féria entendit alors l'évêque de Senlis, qui avoit toujours été l'un des plus ardens prédicateurs de la Ligue, s'écrier qu'il voyoit bien que lui et tous les autres prédicateurs avoient été dupes des ruses de la politique; qu'ils avoient cru jusqu'alors les Espagnols de bonne foi, et uniquement occupés de la gloire de Dieu et de l'indépendance de l'Église; qu'ils s'étoient à leur tour efforcés de le persuader au peuple; mais qu'à présent on voyoit bien que ces prétendus alliés n'étoient ni moins intéressés ni moins politiques que le Navarrois. Mais pour lui, Rose, évêque de Senlis, il se faisoit un devoir de les sommer de se désister de cette pensée, car le royaume de France avoit été glorieusement transmis de mâle en mâle, pendant douze cents ans, dans les familles régnantes, conformément à la loi salique; et la nation ne consentiroit jamais à laisser porter la couronne à des femmes, et à s'exposer ainsi à la domination des étrangers. (1)

Les ambassadeurs d'Espagne, quelque déconcertés qu'ils fussent par cette vive sortie, demandèrent à être entendus dans une assemblée générale des États, et celle-ci fut convoquée

(1) Davila. L. XIII, p. 865, 866. — De Thou. L. CVI, p. 263. — L'Estoile. T. II, p. 392 et 415.

pour le 26 mai. Le duc de Féria y abandonna la parole à ses deux collègues, J.-B. Taxis et Inigo de Mendoza, qui plaidèrent plutôt en jurisconsultes ou en avocats qu'en hommes d'État. Après leurs longs discours il fut aisé de remarquer que la masse des députés partageoit les sentimens de l'évêque de Senlis. Cependant le duc de Mayenne s'opposa à toute décision précipitée sur une matière de si grande importance; il répondit au nom de l'assemblée, qu'avant de rien résoudre elle désiroit savoir quel époux le roi d'Espagne destinoit à l'Infante, puisque le besoin le plus pressant de la France étoit d'avoir un roi. Mayenne comptoit embarrasser ainsi les ambassadeurs, mais ils répondirent sans hésiter que Philippe II destinoit sa fille à son cousin, l'archiduc Ernest, frère de l'empereur. C'étoit aussi braver trop ouvertement les sentimens nationaux de la France; des murmures de réprobation éclatèrent de toutes parts : les ambassadeurs parurent troublés; ils reprirent enfin la parole pour dire avec embarras « que si ce prince
« ne plaisoit pas à la France, ils avoient com-
« mission d'annoncer aux États que Philippe
« consentiroit à choisir un prince français, mais
« qu'il se réservoit six mois pour y réfléchir et
« le nommer. » (1)

(1) Davila. L. XIII, p. 868. — De Thou. L. CVI. p. 265. — L'Estoile, p. 433. — V. P. Cayet. L. IV, p. 525.

Cette déclaration nouvelle ne suffit point pour réparer la faute commise par les ambassadeurs espagnols. Ils avoient montré à découvert l'ambition de Philippe et son mépris pour l'indépendance française; chacun sentoit qu'on ne pouvoit prendre aucune confiance dans des promesses contraires à ses intentions secrètes, promesses qu'il seroit toujours maître de violer, et qu'on ne pourroit lui rappeler sans s'exposer à être traité par lui comme rebelle. Depuis que Mayenne avoit châtié la faction des Seize, le peuple de Paris étoit bien moins occupé de son fanatisme que de ses souffrances et de ses besoins; il avoit témoigné son indignation contre le légat, lorsque celui-ci avoit voulu s'opposer à l'établissement de la trève : depuis qu'elle étoit signée, on voyoit les bourgeois se précipiter en foule dans les campagnes, se mêler avec les politiques, entrer dans Saint-Denis, et assister à des offices célébrés par des prêtres royalistes. Tous les jours le peuple s'aliénoit davantage du légat et des Espagnols, et le désir de la paix l'emportoit sur tous les autres. (1)

Ce n'est pas que la déclaration des ambassadeurs : que Philippe consentiroit à se choisir un gendre parmi les princes français, n'eût ranimé les espérances de ceux-ci. Le duc de Guise, le

(1) De Thou. L. CVI, p. 276. — L'Estoile. T. II, p. 390.

duc de Nemours et le cardinal de Lorraine, parmi les ligueurs, recommencèrent à intriguer, tout comme dans le camp du roi on voyoit le cardinal de Bourbon, le comte de Soissons, et même le prince de Conti, faire des tentatives pour se rapprocher. Voici le portrait que l'ambassadeur de Savoie fait de ces trois princes à son maître : « Conti, le premier de la maison de « Bourbon, après le Navarrois, est quasi inha- « bile, sourd, mal parlant, et demi-fol; le car- « dinal de Vendôme, à présent de Bourbon, est « tenu pour pire que le Navarrois, encore plus « avec l'instruction de Bellosane son maître, et « du cardinal de Lénoncourt, homme, au juge- « ment de tous, tenu pour athéiste. Le comte « de Soissons est, dit-on, un très gracieux et « assez religieux prince, mais pauvre et mal « content » (1). Celui-ci avoit depuis long-temps demandé en mariage Catherine de Navarre, sœur de Henri IV, alors âgée déjà de trente-cinq ans, il étoit aimé d'elle, et il éprouvoit un vif ressentiment contre son cousin, qui s'opposoit à son mariage. (2)

Tant que ces princes divers étoient animés par l'espérance d'être préférés, et qu'ils entre-

---

(1) Dans Capefigue. T. VI, p. 257.
(2) Davila. L. XIII, p. 856. — Selon Rosny, le duc de Montpensier prétendoit aussi à la main de Catherine, et Henri lui étoit favorable. Sully, T. II, c. 15, p. 156.

tenoient des intrigues secrètes avec les ambassadeurs d'Espagne, ils contribuoient eux-mêmes à calmer l'impatience, et à contenir le mécontentement national. Mais sur ces entrefaites, les ambassadeurs apprirent que l'archevêque de Bourges, aux conférences de Surène, avoit annoncé la conversion du roi comme prochaine et certaine, et qu'il avoit en même temps offert une trève qui s'étendroit à tout le royaume, pour donner aux divers partis le temps d'assurer la religion et de conclure la paix. La fermentation que cette nouvelle répandit parmi le peuple, la joie qu'il en témoigna, l'empressement qu'il manifesta pour accepter la paix, effrayèrent les ambassadeurs. Ils crurent qu'il falloit avoir recours aux grands moyens pour recouvrer leur popularité, et ils déclarèrent qu'ils étoient autorisés à choisir pour époux de l'Infante un prince de la maison de Lorraine ; peu de jours après, plus alarmés encore par les nouveaux succès de Henri IV, qui, le 7 juin, avoit mis le siége devant Dreux, qui se rendit maître, le 19 juin, de cette ville, et qui força son château à capituler aussi le 8 juillet, ils annoncèrent que l'Espagne offroit la main de l'Infante au duc de Guise. (1)

(1) De Thou. L. CVII, p. 287, 288 et 291. — Davila. L. XIII, p. 874. — V. P. Cayet. L. IV, p. 352. — Journal de l'Estoile, p. 433.

1593.

Le premier effet de cette déclaration fut tel que les ambassadeurs l'avoient attendu : le peuple de Paris sembla électrisé de nouveau par son ancien amour pour la maison de Guise. Tous les princes lorrains déclarèrent qu'ils se sentoient honorés du choix que l'Espagne faisoit de l'un d'entre eux pour l'élever au trône. Le duc de Mayenne paroissant prendre à son neveu un intérêt plus vif que celui-ci ne prenoit à lui-même, demanda qu'il fût élu roi en même temps que l'Infante, afin que si elle venoit à mourir avant lui la couronne demeurât à ce prince; mais au fond, chacun des princes étoit mortifié de voir son ambition déçue : le duc de Mayenne ne descendoit pas sans répugnance au rang de sujet de son neveu, et il faisoit des propositions secrètes qui ne tendoient à rien moins qu'au morcellement de la France : ceux au contraire dont l'ambition ne s'étoit pas élevée au-dessus de l'acquisition de quelque province, regardèrent leur condition comme devenue plus mauvaise par l'élection du duc de Guise : tous les ligueurs étoient mécontens, tous cherchoient un moyen d'entraver les négociations.

Mayenne et la duchesse de Montpensier trouvèrent ce moyen : par leur instigation secrète le président le Maistre assembla toutes les chambres du parlement le 28 juin, et leur fit rendre un arrêt portant « que de très humbles remon-

« trances seroient faites au duc de Mayenne, « lieutenant-général de la couronne, pour pro- « tester contre tout traité qu'on voudroit faire, « dans le but de transférer la couronne à des « princesses ou des princes étrangers, contre la « loi fondamentale du royaume; déclarant de « plus que tout transfert semblable, comme fait « en violation de l'indépendance du royaume, « seroit nul et de nul effet. »(1)

Cette remontrance, faite publiquement à Mayenne, déconcerta les ambassadeurs d'Espagne, et fit ajourner indéfiniment l'élection de l'Infante. Sous ce rapport, elle fut avantageuse à Henri IV; mais, d'autre part, les intrigues des princes de son sang avec les ambassadeurs de Philippe, lui avoient appris clairement qu'il ne pouvoit compter sur son propre parti. Il savoit que dans ces conférences de Surène qu'il avoit autorisées, les catholiques, qui jusqu'alors lui avoient été attachés, mettoient en délibération s'il ne vaudroit pas mieux l'abandonner afin d'avoir la paix; dans ses appartemens même il entendoit souvent les discours de ceux qui maudissoient leur propre aveuglement lorsqu'ils exposoient leur vie et leurs biens, pour un roi qui paroissoit résolu à établir l'hérésie en France:

(1) Mém. de la Ligue. T. V, p. 377. — Davila. L. XIII, p. 878. — De Thou. L. CVI, p. 280. — L'Estoile. T. II, p. 439. — V. P. Cayet. L. IV, p. 343.

ils se demandoient comment, après les espérances d'une prochaine conversion que le Béarnais leur avoit données à la mort de son beau-frère, et qu'il avoit toutes déçues, ils pouvoient encore se fier à lui. Aux suggestions de la religion se joignoient celles de l'intérêt : chacun se déclaroit las des fatigues de la guerre, des souffrances de sa famille, de la ruine de sa maison. « D'O « protestoit, dit Davila, qu'il ne vouloit pas être « plus long-temps trésorier sans trésor; Belle- « garde, Saint-Luc, Termes, Sancy, Crillon, « et tous les anciens serviteurs du roi Henri III, « déploroient leur mauvaise fortune, qui, après « un roi d'or, leur envoyoit un roi de fer. L'un, « en effet, les combloit de richesses; l'autre, « étroit de fortune, et non moins étroit d'âme « et de naturel, ne leur offroit pour récompense « que des guerres, des siéges et des batailles. « Ils déclaroient ne vouloir pas soutenir plus « long-temps la fatigue intolérable des armes, « ou rester enfermés dans leurs cuirasses comme « des tortues, avec du fer sur la poitrine et du « fer sur les épaules. Un roi élevé à la hugue- « note, courant jour et nuit pour vivre de ra- « pine avec ce qu'il pourroit trouver dans les « chaumières des malheureux paysans, se chauf- « fant à l'incendie de leurs maisons, et couchant « à l'écurie avec leurs chevaux ou dans la puan- « teur d'une bergerie, n'étoit pas leur fait. A la

« bonne heure de faire la guerre un peu de
« temps pour obtenir le repos; mais à présent
« ils servoient un prince qui ne se soucioit pas
« de mettre jamais un terme au travail des ar-
« mes, et qui ne recherchoit d'autres délices
« qu'arquebusades, blessures, meurtres et ba-
« tailles. Souvent le roi pouvoit entendre ces
« propos dans son antichambre, quelquefois en-
« tremêlés de juremens et de malédictions, plus
« souvent assaisonnés à la manière française
« d'épigrammes et de quolibets. » (1)

Ce furent ces propos de son antichambre et
les instances de d'O, mêlées, selon son usage, de
juremens et de mots obscènes, et les conseils
plus sérieux de Biron, Schomberg et Chiverny
qui convertirent Henri IV, bien plus que les
controverses de du Perron et de l'archevêque de
Bourges. Ces derniers furent cependant encore
secondés par Gabrielle d'Estrées, alors marquise
de Mousseaux, bientôt duchesse de Beaufort, à
qui Henri étoit attaché depuis deux ans. Celle-
ci, au commencement, ne lui parloit que de la
fidélité des huguenots, et n'étoit entourée que de
gens qui paroissoient scrupuleux dans la pratique
de leurs devoirs religieux; mais depuis qu'elle
s'étoit livrée à l'ambition de devenir reine, depuis qu'on lui avoit fait entrevoir que le pape

(1) Davila. L. XIII, p. 870. — D'Aubigné. L. III, c. 22,
p. 289.

seul pouvoit prononcer le divorce de Henri IV, elle employoit toute son influence à le décider au changement de religion; enfin, des ministres prévaricateurs, et d'Aubigné nomme Morlas, Rottan et de Serres, le poussèrent eux-mêmes vers la pente où ils le voyoient entraîné; s'engageant devant lui dans des controverses avec du Perron, ils abandonnoient à ce dernier tout l'avantage dans la dispute. (1)

Dès que Henri eut pris son parti il ne songea plus qu'à faire en sorte que sa conversion eût l'air d'être une conviction réelle; il voulut donner à son instruction assez de solennité pour que ses sujets se fiassent désormais à des opinions qu'il sembleroit adopter de choix. Il convoqua donc à Mantes, pour le 22 juillet 1593, les théologiens à qui il vouloit pouvoir attribuer les lumières nouvelles qu'il étoit déterminé à recevoir. Dès le 18 mai il avoit, dans ce but, adressé des lettres scellées à l'archevêque de Bourges, les évêques de Nantes, de Seez, de Maillezais, de Chartres, du Mans, aussi bien qu'à Daillon et du Perron, auxquels il avoit promis deux évêchés, et à quelques autres théologiens, parmi lesquels se trouvoient deux curés de Paris. Il avoit encore été au prêche à Mantes le 18 juillet (2). Dans la conférence du 22 il dit aux théo-

(1) D'Aubigné. L. III, c. 22, p. 289-294.
(2) Journal de l'Estoile. T. II, p. 412, 422 et 468.

logiens rassemblés, qu'il avoit déjà reçu quelque instruction sur la foi catholique, mais qu'il désiroit de plus grands éclaircissemens sur les points controversés. Le lendemain 23, il se soumit à entendre un discours de cinq heures de l'archevêque de Bourges, après lequel il se déclara pleinement satisfait et débarrassé de tous ses doutes; il signa la confession de foi qui lui fut présentée, et il convint que, dès le prochain dimanche 25 juillet, il se présenteroit à l'église de Saint-Denis pour y ouïr la messe. Ce même jour, avant la conférence, il écrivoit à sa maîtresse : « Je commence ce matin à parler aux « évêques, outre ceux que je vous mandai hier. « Ce sera dimanche que je ferai le saut périlleux ; « à l'heure que je vous écris j'ai cent importuns « sur les épaules qui me feront haïr Saint-Denis « comme vous faites Mantes » (1). L'archevêque de Bourges prit sur lui de lui accorder une absolution provisionnelle, en raison du danger de mort subite auquel il étoit particulièrement exposé pendant la guerre, sous condition qu'il recourroit au pape « sitôt que commodément faire « se pourroit, pour le reconnoître et promettre « obéir aux mandemens justes et raisonnables de « l'Église. » (2)

(1) La lettre dans le Journal de l'Estoile, p. 471.
(2) Procès-verbal d'abjuration. Dans Capefigue. T. VI, p. 327-332. — Mém. de la Ligue. T. V, p. 383.

En effet, le 25 juillet, à neuf heures du matin, Henri, précédé par des gardes suisses, écossaises et françaises, et entouré d'un grand nombre de princes, officiers de la couronne et gentilshommes, se présenta aux portes du temple de Saint-Denis, qu'il trouva fermées. Le grand chancelier frappa à la plus grande porte, qui fut ouverte aussitôt. L'archevêque de Bourges parut alors assis dans la chaire pontificale, et entouré d'un grand nombre de prélats. Il demanda au roi qui il étoit et ce qu'il vouloit. Celui-ci répondit qu'il étoit Henri, roi de France et de Navarre, et qu'il demandoit à être admis dans le sein de l'Église catholique. « Est-ce du fond du cœur? reprit l'archevêque, et êtes-vous vraiment repentant de vos erreurs passées? » A ces mots le roi se jeta à genoux; il déclara « qu'il
« étoit profondément affligé de ses erreurs, qu'il
« les abjuroit et détestoit, et qu'il désiroit désormais vivre et mourir dans la profession de
« la foi catholique, qu'il défendroit au péril de
« sa vie. » Il récita à haute voix la confession de foi qu'on avoit préparée pour lui; par elle il abjura l'une après l'autre toutes les croyances de la réformation. Ensuite de quoi il fut admis dans le temple, au milieu des acclamations de la foule et au bruit des décharges de l'artillerie. Il s'agenouilla devant le grand autel et y récita ses oraisons : il passa dans le confessionnal, où l'arche-

vêque de Bourges lui donna l'absolution ; enfin, il revint prendre place sous le baldaquin, et il assista à la messe solennelle que célébra l'évêque de Nantes. (1)

(1) Davila. L. XIII, p. 881, 882. — Mémoires de la Ligue. T. V, p. 381-396. — De Thou. L. CVII, p. 304-309. — Sully. T. II, c. xi, p. 127. — L'Estoile. T. II, p. 475. — D'Aubigné. L. III, c. 22, p. 294. — Capefigue, procès-verbal, p. 333-336.

CHAPITRE V.

Effet de la trêve et de la conversion du roi. — Négociations à Rome pour son absolution. — La Ligue affoiblie par de nombreuses défections. — Cossé-Brissac ouvre au roi les portes de Paris. — 1593-1594.

1593.

Henri IV, résolu, comme il semble qu'il l'étoit depuis long-temps, à faire son abjuration, avoit été déterminé par des motifs de prudence et de politique à la retarder jusqu'au dernier moment. Il lui importoit d'être assez bien établi dans le royaume pour que le peuple ne vît pas en lui un aventurier, sacrifiant sa conscience à une chance douteuse. Il lui importoit que, dans cette circonstance, qui devoit être décisive, les catholiques le vissent à la tête d'une puissante armée et couronné par la victoire; il lui importoit que les huguenots qui le suivoient eussent appris eux-mêmes que, par leurs seules forces, il étoit hors d'état de conquérir son royaume. A l'époque choisie par Henri IV pour faire son abjuration à Saint-Denis, les deux partis étoient également fatigués de la guerre; la souffrance étoit universelle, et personne ne se flattoit plus d'obtenir tous les avantages dont le premier espoir avoit mis à chacun les armes à la main ; aussi il y avoit parmi les huguenots, comme parmi les ligueurs, un grand nombre d'hommes qui, dans le secret de leur cœur, désiroient cette conversion du roi, quoique l'un et l'autre parti fît profession de la repousser comme dangereuse et impie ; car elle seule désormais pouvoit mettre un terme à un combat à mort entre les Français.

En effet, la conversion du roi au catholicisme et la paix se présentoient aux esprits comme deux transactions nécessairement liées l'une à l'autre. Aussi on avoit négocié en même temps pour la conversion du roi et pour une trève générale. La première fut célébrée à Saint-Denis le 25 juillet 1593, la seconde fut signée à la Villette, entre Paris et Saint-Denis, le 31 juillet suivant. Henri, pour arriver plus aisément à conclure cette trève, se montra fort indifférent sur les titres que lui donneroient ses adversaires ; il consentit à être désigné dans le traité, ainsi que le duc de Mayenne, comme *les chefs des deux partis*, et ils signèrent, sans autre qualification, l'un Henri, l'autre Charles de Lorraine. Par cette trève, qui fut d'abord conclue pour trois mois, la liberté de commerce fut rétablie ; les voyageurs, les soldats même, durent être admis de part et d'autre dans toutes les villes ; toutes les fois du moins qu'ils ne se présenteroient pas en nombre suffisant pour exciter la défiance ; chacun devoit rentrer en possession de ses propriétés, et en jouissance de ses revenus ; en sorte que les Français, qui, depuis quatre ans, se combattoient avec tant de fureur, devoient recommencer à se mêler les uns avec les autres, comme s'ils ne formoient plus qu'un seul peuple. (1)

Il semble, en effet, que par la publication de la trêve et par celle de la conversion du roi, il s'opéroit comme une détente universelle dans les esprits. Pendant l'excitation des combats, sous la sévérité de la discipline militaire, tous les pensers étoient tournés vers la victoire, toutes les passions étoient excitées, et le patriotisme se confondoit avec les haines de parti. La trêve fut publiée dans les deux camps, au moment où les moissons et les vendanges rappeloient tous ces gentilshommes armés, dans leurs manoirs, aux occupations qui faisoient en même temps leurs plaisirs et leurs richesses ; elle leur faisoit ainsi sentir plus vivement les douceurs de l'abondance et du repos ; elle les livroit, au milieu des fêtes, aux tendres épanchemens de leurs familles. Les

---

(1) Les articles de la trêve, aux Mém. de la Ligue. T. V, p. 397-401. — Sully, Écon. royales. T. II, c. 12, p. 137. — Journal de l'Estoile. T. II, p. 497. — Davila. L. XIII, p. 882. — De Thou. L. CVII, p. 308. — V. P. Cayet. T. LVIII, p. 373.

royalistes, pour la plupart catholiques, et les ligueurs, se mêlèrent bientôt dans leurs voyages, pour retourner chacun dans sa maison ; les membres d'une même famille qui avoient combattu sous des drapeaux opposés, se réunirent de toutes parts dans des banquets fraternels ; les deux opinions se trouvèrent en présence, non plus aigries par la souffrance, mais fatiguées au contraire, et ne demandant que la paix. Le grand obstacle avoit disparu par la conversion du roi ; les prédicateurs qui s'efforçoient, par leur fanatisme, de réveiller contre lui la défiance, n'étoient plus écoutés. Ses compagnons d'armes, en le représentant comme un bon vivant, plus occupé de sa maîtresse et de sa bouteille que de théologie, dissipoient, sans prendre la peine de les réfuter, les soupçons de ceux qui avoient cru voir dans sa conversion simulée, un piége tendu au catholicisme. Tandis qu'un ardent désir de la paix étoit le sentiment qui dominoit tous les autres, qui se manifestoit dans toutes les classes, chacun voyoit clairement que cette paix seroit le résultat immédiat de la soumission à l'héritier légitime de la couronne. L'imagination ne pouvoit concevoir, au contraire, qu'une longue continuation de discordes et de guerres civiles pour ceux qui demeureroient attachés ou à Mayenne, lieutenant d'un royaume sans roi, ou à la Ligue, représentée par des États sans considération, et composée de membres tous jaloux les uns des autres, ou à l'Espagne, dont chaque succès compromettoit l'indépendance nationale. (1)

Dans le parti de la Ligue, on avoit bien fait quelques efforts pour résister à cet entraînement général des esprits. Le duc de Mayenne engagea, le 8 août, l'assemblée des États à répéter d'une manière solennelle le serment de l'union, et en même temps à ordonner que le concile de Trente seroit reçu, publié et observé purement et simplement en tous les lieux du royaume; après quoi il accorda des passeports à tous les députés qui en demandèrent pour des causes légitimes, sous condition qu'ils s'engageroient par serment à se réunir de nouveau avant la fin du mois d'octobre (2). Le cardinal de Plaisance, légat du saint-siége, et le cardinal de Pellevé adressèrent à cette occasion de chaleureuses exhortations aux membres des États, se flattant que le voyage qu'ils alloient faire dans leurs provinces serviroit à y ranimer le feu de la Ligue; un *Te Deum* fut chanté à Saint-Germain-l'Auxerrois pour remercier Dieu de ce qu'il avoit transfiguré le cœur de cette assemblée de manière à lui faire accepter enfin unanimement le saint concile : toutefois

(1) Davila. L. XIV, p. 884. — D'Aubigné. L. III, c. 21, p. 284. — V. P. Cayet. T. LVIII, p. 381.
(2) V. P. Cayet, Chronol. noven. T. LVIII, L. V, p. 382.

comme les contestations de la justice ecclésiastique et séculière, au lieu d'être réglées avant cette publication, avoient été remises à une décision ultérieure, la publication du concile demeura sans effet; et les députés des États qui se retirèrent, rapportèrent dans leurs provinces, non l'ardeur des deux cardinaux ou des prédicateurs de la Ligue, mais le découragement et le désir de la paix, qui étoient l'esprit dominant à Paris. (1)

Le roi, par sa prévenance, par ses manières affables, par sa gaîté, gagnoit rapidement les cœurs de ceux qui s'approchoient de lui; aussi saisissoit-il avec empressement toutes les occasions de se faire voir aux Parisiens, et surtout aux femmes qui venoient à Saint-Denis, et de leur adresser familièrement quelques plaisanteries; en même temps Sancy, Schomberg, le président De Thou, étoient entrés à Paris, en vertu de la trève; ils préparoient les esprits à une réconciliation universelle, et ils renouoient des négociations avec le duc de Mayenne. L'archevêque de Bourges étoit allé visiter son église métropolitaine, et il avoit ainsi eu occasion de s'entendre avec La Chastre, auquel la Ligue avoit confié le commandement de Bourges et d'Orléans. Cheverny, le grand-chancelier, s'étoit rendu dans cette dernière ville pour mettre en

---

(1) V. P. Cayet, *ib.*, p. 389. — Mém. de l'Estoile. T. II, p. 509. — Mém. de Cheverny. T. LI, p. 170.

ordre les affaires de sa maison. Le premier président du parlement de Normandie étoit retourné à Rouen, et il en profita pour faire quelques ouvertures à Villars ; Fleury étoit allé joindre, à Pontoise, Villeroi, son beau-frère, et tous les prélats qui avoient assisté à l'abjuration du roi se répandirent dans les provinces pour rendre témoignage de la sincérité de sa conversion. (1)

Dans le parti protestant, il est vrai, la plupart des chefs manifestoient de la tristesse et une profonde défiance. Duplessis-Mornay s'étoit longtemps livré à ces illusions que les serviteurs conservent si obstinément en faveur de leurs maîtres. Il avoit cru impossible que son ami et son roi fermât les yeux à la vérité après l'avoir une fois bien connue ; lorsqu'il avoit été question de l'instruction à laquelle Henri avoit promis de se soumettre, il s'y étoit préparé comme à un triomphe de la lumière sur les ténèbres ; il avoit compté sur un colloque entre les théologiens des deux religions, il avoit résolu de s'y présenter avec les plus habiles controversistes protestans, et il n'avoit pas douté qu'il ne dût réduire les catholiques au silence. Mais lorsqu'il vit que Henri étoit déterminé à se reconnoître vaincu, que les conférences n'étoient qu'une comédie, que les ministres mêmes qui appro-

(1) Davila. L. XIV, p. 885. — Mém. de Villeroi. T. LXII, p. 188.

choient le roi ne prenoient la parole que pour donner l'avantage à leurs ennemis, la honte, la douleur, la crainte des jugemens de Dieu, l'éloignèrent d'une cour qu'il regardoit comme souillée (1). Henri, depuis son changement de religion, lui écrivit à plusieurs reprises pour le presser de venir auprès de lui; dans sa lettre du 7 août, il lui disoit : « Je vous ai écrit plusieurs « fois de me venir trouver, mais en vain; et je « vois bien que c'est; vous aimez plus le général « (la généralité des huguenots) que moi ; si se- « rai-je toujours et votre bon maître et votre roi. » Il termine plusieurs autres lettres par ces mots : « Venez, venez, venez, si vous m'aimez. » (2)

Duplessis, avant de se rendre à la cour, adressa au roi un assez long mémoire, pour lui exposer les plaintes et les inquiétudes des protestans, qui « se voyoient, dit-il, encore la corde au cou, de- « meurant en pleine vigueur et rigueur les tyran- « niques édits de la Ligue, faits pour sa ruine « autant que pour la leur.... Ils demandoient « tant seulement de pouvoir posséder leurs con- « sciences en paix et leurs vies en sûreté,... ce « qui est un droit commun et non un privilége;... « maintenant, au bout de leur longue patience, ils « voient pour tout résultat, que sans leur pourvoir

---

(1) Mém. de Duplessis. T. V, p. 388, 394, 400. — Smedley, *Hist. of the Reformed Religion in France*. T. II, p. 350, 353.

(2) T. V, p. 505, 527.

« en sorte quelconque, Votre Majesté a changé de
« religion en un instant. Le vulgaire dit là-dessus,
« si c'est de franche volonté, qu'attendons-nous
« plus de son affection ? Ou si c'est par contrainte,
« attendons-en encore moins, ou n'attendons que
« mal, puisque notre mal est en puissance d'au-
« trui, puisque notre bien n'est plus en sa puis-
« sance,... de quoi fera-t-il plus de difficulté s'il
« ne l'a faite d'offenser Dieu ? Certes il y a bien
« plus loin de la pure religion à l'idolâtrie, qu'il
« ne vous reste de l'idolâtrie à la persécution.

« Voyez, Sire, par quels degrés on vous a mené
« à la messe ; on vous disoit, vous désirez la ré-
« formation ; nous sommes pleins d'abus ; entrez
« seulement dedans, vous les repurgerez. Ores,
« premier que d'y entrer, on vous a obligé aux
« plus grossiers, aux moins tenables. Ceux qui
« sont crus d'un chacun ne croire pas en Dieu
« vous ont fait jurer les images et les reliques,
« le purgatoire et les indulgences..... Vos pau-
« vres sujets par ce même chemin vous voient
« mener plus outre. Ils voient que vous envoyez
« faire soumission à Rome ; ils savent que l'abso-
« lution ne peut être sans pénitence ; ils lisent
« qu'en pareil cas les papes ont imposé à vos pré-
« décesseurs de passer outre-mer contre les in-
« fidèles. Ils se résolvent donc, Sire, que le pape
« au premier jour vous enverra l'épée sacrée ;
« qu'il vous imposera loi de faire la guerre aux

« hérétiques, et sous ce nom comprendra les
« plus chrétiens, les plus loyaux Français, la
« plus sincère partie de vos sujets. Cet arrêt
« vous sera dur de prime face ; il offensera votre
« bon naturel. — Faire la guerre à mes servi-
« teurs ! ceux de qui j'ai bu le sang en ma néces-
« sité ! — Mais on a prou de moyens pour les
« vous adoucir. Sire, vous avez tant fait, il faut
« passer plus outre...... Aux soupçons s'ajoutent
« des effets, indices des mauvais desseins de ceux
« qui vous possèdent, et précurseurs de plus
« dangereux à l'avenir. Le prêche déjà exilé de
« votre cour, afin de les bannir en conséquence
« de votre maison ; car qui le voudra n'y pourra
« vivre, ou vous y servir sans servir Dieu. Exilé
« même de vos armées, afin de les reculer de
« votre service, et conséquemment des charges
« et honneurs, car quel homme de bien y pourra
« subsister, en danger tous les jours d'être blessé,
« d'être tué, sans espoir de consolation, sans
« assurance seulement de sépulture ? Qu'on mi-
« nute d'exclure tous ceux de la religion des
« principales charges de l'État, de la justice, des
« finances, de la police ; de telles faveurs, selon
« leur modestie et patience, ils prennent à témoin
« V. M. qu'ils ne l'ont guère importunée ; mais
« vous supplient aussi de juger s'il est raisonnable
« qu'ils fassent ce tort à leurs enfans, de les en
« rendre privés..... Vous ne prendriez plaisir de

1593.

« leur voir un protecteur, vous seriez jaloux s'ils « s'adressoient ailleurs qu'à vous. Sire, voulez-« vous bien leur ôter l'envie d'un protecteur, « ôtez-en la nécessité, soyez-le donc vous-même; « continuez dessus eux ce premier soin, cette « première affection; prévenez leurs supplica-« tions par un plein mouvement, leurs justes « demandes par un volontaire octroi des choses « nécessaires. » (1)

Henri IV ne se montra point choqué de la liberté de ce langage. Il écrivit de nouveau à Duplessis, le 14 septembre. « Hâtez-vous de ve-« nir, hâtez-vous; votre voyage ne sera que de « huit ou dix jours au plus; et je m'assure qu'à « votre arrivée, vous ne me trouverez point « changé de bonne volonté pour vous, alors vous « n'ajouterez plus foi à tous les bruits que l'on va « semant de moi partout » (2). Cependant l'un des bruits qui avoient alarmé Duplessis étoit fondé; il avoit soupçonné qu'il étoit question de marier l'infante d'Espagne au roi; « moyennant quoi les « deux droits seroient confondus, et de lui don-« ner pour douaire les têtes des prétendus Phi-« listins » (3). Cette négociation avoit en effet été entamée par un émissaire de Bernardin de Mendoza, que le baron de Rosny avoit introduit

(1) Mém. de Duplessis-Mornay. T. V, p. 535-544.
(2) *Ibid.*, p. 556.
(3) *Ibid.*, Lettre du 10 août au duc de Bouillon, p. 509.

lui-même auprès de Henri IV, en ayant soin de
le faire mettre à genoux, et de lui tenir les deux
mains pendant qu'il parloit, de peur qu'il ne
jouât du couteau. Le roi fit à son tour partir un
agent, nommé La Varenne, pour suivre à Madrid cette négociation, mais cet homme vaniteux la fit échouer, en affectant des airs d'ambassadeur, qui attirèrent sur lui les regards et
le firent renvoyer (1). Henri IV continua à montrer de la confiance à Duplessis; il le chargea de
quelques négociations pour la pacification de la
Bretagne, mais il le laissa dès lors dans son gouvernement de Saumur, et ne lui accorda plus
aucune faveur; tandis que le fils de Henri IV,
puis son petit-fils, ne vérifièrent que trop les
tristes prévisions du vertueux huguenot.

Le ministre Spina, et quelques autres ministres austères, reprochèrent au roi, plus directement encore son apostasie; les huguenots, dans
les provinces du midi, convoquèrent des assemblées; les yeux s'étoient tournés vers le duc de
Bouillon, le plus puissant des chefs qui restoient
à la réforme, et une ferme résolution avoit été
arrêtée, de défendre par les armes, contre le
chef qu'ils avoient placé sur le trône, et s'il le
falloit jusqu'à la mort, la liberté de conscience

---

(1) Mém. de Sully. T. II, c. 12, p. 132. — Lettre de Duplessis au duc de Bouillon, du 18 septembre. T. V, p. 563.

qu'ils avoient acquise par tant de combats (1). Mais c'étoit seulement les vieux champions de la réforme, les hommes plus occupés de Dieu que du monde, qui songeoient ainsi à se prémunir contre des dangers futurs; le grand nombre se livrant avec joie au repos s'étourdissoit sur des dangers à venir; chacun songeoit à la grandeur du roi et aux chances de faveur auprès de lui, plus qu'au *général,* selon l'expression de Henri IV à Mornay, ou même plusieurs se préparoient à suivre l'exemple du maître. Un des plus zélés pour l'affermissement de la puissance royale, un des plus oublieux en même temps des anciens principes huguenots, du zèle de ces vieux combattans pour la liberté civile et religieuse, étoit Maximilien de Béthune, alors baron de Rosny; il n'étoit encore âgé que de trente-trois ans, tandis que le roi en avoit quarante; mais d'esprit, de goûts, de manières, il étoit réellement plus âgé que le roi, qui dès lors l'appeloit son ami, et qui lui accorda la confiance qu'il commençoit à retirer aux compagnons de sa mauvaise fortune. Rosny, qui ne fut fait duc de Sully qu'en février 1606, demeura attaché à la religion réformée, plutôt par orgueil que par zèle, si l'on en juge par le peu de soin qu'il prit de la protéger. Henri l'employoit cependant à maintenir l'affection des protestans, de ceux surtout

(1) Lettre de Spina, dans Capefigue. T. VI, p. 302.

qui avoient plus d'ambition que de zèle; il lui disoit : « Quoique je sois catholique, voire aye « été assez éclairci pour croire que je puisse « faire mon salut en cette religion-là, si ne vous « célerai-je point qu'en ce qui concerne ma per- « sonne, ou les affaires contre la Ligue et les « Espagnols, je m'assure davantage en ceux de « la religion, et aux catholiques qui en ont « quelque ressentiment (quelque penchant à la « réforme) et ne font pas tant les zélés, qu'aux « autres. » (1)

Mais il ne suffisoit point à Henri d'avoir rattaché à sa royauté, parmi les catholiques et les protestans, tous ceux qui étoient plus occupés des intérêts mondains que de ceux du ciel, tous ceux qui écoutoient plus le désir de la paix, du repos et de l'abondance, que leur haine de l'hérésie ou de l'idolâtrie ; il lui importoit de tranquilliser les consciences des plus fanatiques, de déraciner des passions qui pouvoient se réveiller, encore qu'elles parussent assoupies, d'ôter à ses ennemis un grand moyen de soulever contre lui la multitude, enfin, de recouvrer dans le monde catholique toutes les prérogatives des rois très chrétiens ; la bénédiction du pape étoit le seul moyen d'atteindre ce but, et Henri put bientôt s'apercevoir que celui-ci n'étoit point encore disposé à la lui donner. Clé-

(1) Économies royales. T. II, c. 21, p. 228.

ment VIII, qui régnoit alors, avoit été connu d'abord sous le nom de cardinal Aldobrandini. C'étoit un noble florentin, âgé de cinquante-huit ans, très versé dans les lettres, très fin et très adroit. Jamais ses mœurs n'avoient donné occasion à aucun reproche. Il avoit beaucoup d'ambition, mais elle étoit tempérée par un caractère timide; encore qu'il conçût ses plans avec hardiesse, il ne les menoit à leur fin que par la dissimulation, et des concessions fréquentes à ses adversaires. Secrètement il désiroit secouer le joug de l'Espagne, recouvrer l'indépendance, non seulement du siége de Rome, mais de l'Italie, et il savoit bien qu'il n'y réussiroit qu'autant que les maisons d'Autriche et de France se balanceroient réciproquement. Il voyoit donc avec joie les succès de Henri, surtout depuis que celui-ci étoit rentré dans l'Église; mais il craignoit sur toute chose de se compromettre, soit avec la Ligue, soit avec Philippe II. Il ne déroboit pas moins soigneusement ses sentimens au cardinal Gaétani, évêque de Plaisance, son légat et son représentant en France. Comme celui-ci étoit fanatique pour la Ligue, le premier soin de Clément VIII étoit de ne pas paroître à ses yeux trop peu zélé pour la cause catholique. (1)

(1) Muratori, *Annali*. 1592. T. XV, p. 69. — Davila. L. XIV, p. 888.

Avant de nommer une ambassade solennelle pour rendre hommage au pape, Henri IV avoit eu soin d'entretenir des agens secrets à Rome, pour s'y préparer les voies. Le premier de ceux-ci étoit Arnaud d'Ossat, né à Auch, en Gascogne, qui s'étoit attaché à la famille de l'ambassadeur français, Paul de Fóix, et ensuite à celle du cardinal d'Este. Cet homme savant, adroit et intrigant, fut chargé par la reine Louise de Vaudémont d'obtenir pour elle-même et pour les couvens qu'elle favorisoit, quelques graces spirituelles. Ce lui fut une occasion de traiter avec le pape, sans être remarqué. Bientôt il fut secondé par la Clielle, maître d'hôtel du roi, autre agent secret qu'avoit envoyé Henri IV. Clément VIII, après avoir beaucoup protesté qu'il ne vouloit avoir aucune communication avec le prince de Béarn, consentit cependant à ce que la Clielle fût conduit secrètement dans son cabinet; et tandis qu'il s'attacha à se montrer à lui austère et implacable, il lui fit donner avis par un de ses confidens de ne se rebuter pour aucun obstacle qu'il trouveroit sur son chemin; car le moment n'étoit pas éloigné où le pape s'abandonneroit à son penchant secret, et ouvriroit son sein à l'enfant égaré qui revenoit à lui. (1)

---

(1) Davila. L. XIV, p. 889, 890. — Oraison funèbre du card. d'Ossat, en tête de sa correspondance. — Galluzzi, Hist. du Gr. Duché de Toscane. L. V, c. 4, p. 175; et c. 5, p. 187.

1593.   Henri IV se déterminant alors à envoyer à Rome une ambassade solennelle pour rendre publiquement au pape son obédience, fit choix de Pierre de Gonzaga, duc de Nevers, pour le représenter, jugeant qu'un prince italien se démêleroit mieux qu'un autre des intrigues d'une cour italienne. Henri étoit encouragé par le grand-duc de Toscane, Ferdinand, qui lui-même avoit été cardinal, qui connoissoit bien Rome, et qui répondoit des secrètes intentions de Clément VIII. Mais ces intentions ne sauvèrent point au duc de Nevers une suite d'affronts. Ce duc, voulant éviter les États de Savoie et la Lombardie, comptoit gagner les États de l'Église en passant par la Suisse, les Grisons et le territoire vénitien. Mais à peine avoit-il traversé les Alpes lorsqu'il fut arrêté dans la Valteline par le jésuite Possevin, qui lui déclara, au nom du pape, que celui-ci ne pouvoit pas le recevoir (1). Il étoit averti cependant de ne tenir aucun compte de pareils obstacles, et il continua sa route. En effet le pape lui fit dire ensuite qu'il le recevroit, non point comme ambassadeur, mais comme prince catholique et italien. Nevers entra donc à Rome au mois de novembre, et il eut successivement cinq audiences de Clément VIII. Chaque

---

(1) Davila. L. XIV, p. 892. — Lettre de Henri IV, dont Nevers étoit porteur. Cayet. T. LVIII, L. V, p. 391. — Bref du Pape à Nevers. *Ib.*, p. 434.

fois qu'il étoit admis auprès du Saint-Père, il
s'efforçoit de lui faire comprendre quelle étoit la
puissance croissante de Henri IV, combien il
étoit près d'être reconnu par tout le royaume,
combien en conséquence le Saint-Siége devoit
augmenter en indulgence envers lui. Mais Clément savoit mieux encore, que quelque progrès
qu'eût fait le roi en France, il étoit hors d'état
d'envoyer un seul soldat en Italie, ou un seul
vaisseau devant Civita Vecchia ; le pape se sentoit donc toujours entre les mains de Philippe II,
et celui-ci lui faisoit déclarer par son ambassadeur, le duc de Sessa, que si le pontife donnoit
à l'Eglise le scandale d'accueillir un relaps, il
feroit assembler un concile contre lui, il affameroit Rome en lui refusant les blés de Sicile et de
Naples, ou même il lui déclareroit la guerre,
comme son père Charles V l'avoit de son temps
fait au pape pour de moindres causes (1). Clément persista donc à ne point vouloir reconnoître
le duc de Nevers comme ambassadeur du roi de
France ; et il déclara qu'il n'admettroit point en
sa présence les prélats qui étoient arrivés avec
lui, s'ils ne comparoissoient auparavant devant
le cardinal grand pénitencier et grand inquisiteur,
pour purger leur contumace. Nevers ne renonça
à l'espérance de réconcilier son maître avec

---

(1) Mémoires de Nevers. T. II, p. 716.

Rome que le plus tard qu'il lui fut possible ; il prolongea son séjour à la cour pontificale jusqu'assez avant dans l'année 1594. Lorsqu'il dut partir, enfin, il publia, ainsi que l'évêque du Mans, une protestation contre ce qu'il regardoit comme un déni de justice, et il déclara que la cour de France ne se soumettroit pas une seconde fois à une humiliation semblable. (1)

Tandis que le pape refusoit avec tant d'obstination de réconcilier Henri IV à l'Église catholique, les plus fanatiques entre les ligueurs, jugeant impossible d'arrêter le mouvement du peuple qui retournoit à lui, tentèrent de le faire assassiner. Ils firent choix, dans ce but, d'un aventurier nommé Pierre Barrière, qui avoit précédemment été employé par le duc de Guise pour communiquer avec Marguerite de Navarre. Barrière s'engagea à poignarder le roi. Il eut sur ce sujet des communications avec plusieurs prêtres, avec des jésuites, et avec l'un des curés de Paris. Mais parmi les théologiens qu'il consulta se trouva un homme qui faisoit en même temps le métier d'espion pour le grand-duc de Toscane. Celui-ci fit parvenir au roi le signalement de Barrière, lequel fut arrêté à Me-

(1) Davila. L. XIV, p. 897. — De Thou. L. CVIII, p. 341 à 355. — V. P. Cayet. T. LVIII, L. V, p. 435-474 ; et T. LIX, L. VI, p. 42-58. — Capefigue. T. VII, p. 90. — Mém. de Nevers. T. II, p. 638.

lun au mois d'août. Il avoit été déjà, à plusieurs reprises, soit à Saint-Denis soit à Melun, assez près du roi pour pouvoir le frapper, mais le courage lui avoit manqué, ou bien, comme il le disoit, il avoit renoncé à son dessein depuis qu'il avoit su que le roi s'étoit fait catholique; on lui représenta un couteau à deux tranchans trouvé chez lui, qu'il assura être celui dont il se servoit pour couper son pain. Il n'y avoit contre lui que la dénonciation d'un complot qui n'avoit eu aucun commencement d'exécution, et dont on n'avoit eu aucune espèce de preuve. Il fut condamné cependant à être rompu vif le 31 août. Un juge, touché de son repentir, le fit étrangler avant qu'il eût subi toutes les horreurs de son supplice. (1)

La trève, qui d'abord avoit été conclue pour trois mois, fut prolongée pour les mois de novembre et décembre. Plus le temps avançoit et plus les ligueurs voyoient approcher avec inquiétude le moment où ils seroient appelés à recommencer les hostilités. De toutes parts leur parti sembloit tomber en dissolution, et depuis

(1) De Thou. L. CVII, p. 321, 323. — Davila. L. XIV, p. 900. — Sully. T. II, c. 12, p. 138. — D'Aubigné. L. III, c. 23, p. 299. — L'Estoile. T. II, p. 506, 513. — D'Ibarra, dans une de ses dépêches, relève la cruauté de ce jugement. — Capefigue. T. VII, p. 57.

que le rétablissement d'un libre commerce, pendant la suspension des hostilités, leur avoit permis de comparer les deux chefs, ils avoient senti davantage encore combien l'un avoit de meilleures chances que l'autre. « Le duc de Mayenne,
« dit d'Aubigné, avoit une probité humaine, une
« facilité et libéralité qui le rendoit très agréable
« aux siens. C'etoit un esprit judicieux, et qui
« se servoit de son expérience; qui mesuroit
« tout à la raison; un courage plus ferme que
« gaillard, et en tout se pouvoit dire capitaine
« excellent.

« Le roi avoit toutes ces choses hormis la libé-
« ralité; mais, en la place de cette pièce, sa
« qualité arboroit des espérances de l'avenir qui
« faisoient avaler les duretés du présent. Mais
« il avoit, par-dessus le duc de Mayenne, une
« promptitude et vivacité miraculeuse et par-
« delà le commun. Nous l'avons vu mille fois
« en sa vie faire des réponses à propos, sans
« ouïr ce que le requérant vouloit proposer.
« Le duc de Mayenne étoit incommodé d'une
« grande masse de corps, qui ne pouvoit sup-
« porter ni les armes ni les corvées; l'autre,
« ayant mis tous les siens sur les dents, faisoit
« chercher des chiens et des chevaux pour
« commencer une chasse; et quand ses chevaux
« n'en pouvoient plus, il forçoit une sandrille à

« pied. Le premier faisoit part de cette pesan-
« teur et de ses maladies à son armée, n'entre-
« prenant qu'au prix que sa personne pouvoit
« supporter; l'autre faisoit part aux siens de sa
« gaîté, et ses capitaines le contrefaisoient par
« complaisance et par émulation.

« Les deux sens externes, principaux offi-
« ciers des actions, étoient merveilleux en ce
« prince : premièrement la vue, laquelle, mariée
« avec l'expérience, jugeoit de loin non seule-
« ment les quantités des troupes, mais aussi les
« qualités, et d'après leurs mouvemens, s'ils
« branloient ou marchoient résolus; et c'est sur
« quoi il a exécuté à propos. Mais l'ouïe étoit
« monstrueuse, par laquelle il apprenoit des
« nouvelles d'autrui et de soi-même, parmi les
« bruits confus de sa chambre, et même en en-
« tretenant autrui. Un seul petit conte vous en
« donnera un exemple pour tous. Le roi étant
« couché à la Garnache, en une grande chambre
« royale, et son lit, outre les rideaux ordi-
« naires, bardé d'un tour de lit de grosse bure,
« Fontenai et moi à l'autre coin de la chambre,
« en un lit qui étoit fait de même. Comme nous
« drapions notre maître, moi ayant les lèvres sur
« son oreille, et ménageant ma voix, lui répondoit
« souvent : Que dis-tu ? Le roi répartit : *Sourd*
« *que vous êtes, n'entendez-vous pas qu'il dit*
« *que je veux faire plusieurs gendres de ma sœur?*

« Nous en fûmes quittes pour dire qu'il dormît, « et que nous en avions bien d'autres à dire à ses « dépens. (1)

« Il avoit une maxime qu'il a le premier dite « et pratiquée avec heureux succès, c'est qu'il « se falloit bien garder de croire que l'ennemi « eût mis ordre à ce qu'il devoit, et qu'un bon « capitaine devoit essayer les défauts en les tâ-« tant.... Et comme il n'y eut aucun prince de « la Ligue à qui il ne fût arrivé quelque défa-« veur par les combats, le peuple, qui n'a rien « de médiocre en sa bouche, exagéroit leurs dé-« fauts.... D'autre côté, plusieurs villes sédi-« tieuses prenant à plaisir d'exalter la condition « des républiques, et dès ce temps-là prendre

(1) D'Aubigné, Hist. L. III, c. 21, p. 285. Il est singulier que le même d'Aubigné raconte tout différemment cette aventure dans les Mémoires de sa vie (p. 129, in-12, Amsterd., 1731). « Peu de jours avant l'entreprise de Maillezais (1589, « ci-devant, T. XX, p. 508), me trouvant couché dans la « garderobe de mon maître, avec le sieur de La Force, je lui « dis plusieurs fois, parce qu'il ne me répondoit point : La « Force, notre maître est un ladre vert, et le plus ingrat « mortel qu'il y ait sur la face de la terre; à quoi me répliquant « à la fin en sommeillant, Que dis-tu, d'Aubigné? Le roi de « Navarre, qui avoit entendu tout mon dialogue, répondit : « Il dit que je suis un ladre vert, et le plus ingrat mortel « qu'il y ait sur la face de la terre. De quoi je demeurai un peu « confus et inquiet jusqu'au lendemain. Mais ce prince, qui « n'aimoit ni à récompenser ni à punir, ne m'en fit pas pour « cela plus mauvais visage, de même qu'il ne m'en donna pas « non plus un quart d'écu davantage.. »

« la mesure de leurs fonctions, cela fit peur aux
« personnes et aux grandes villes, qui à ce jeu
« eussent perdu leurs autorités. De cette crainte
« ils jetèrent l'œil sur un prince tout accoutumé
« à vaincre, à régner et à pardonner. » (1)

Jusqu'alors Mayenne avoit montré qu'il avoit à cœur l'indépendance de la France, et il avoit protesté qu'il ne subiroit point le joug des Espagnols ; mais l'affoiblissement notoire de son parti le contraignit à modifier en même temps et ses projets ambitieux et ses principes. S'il continuoit à se mettre en opposition avec les Espagnols, ou à séparer ses intérêts des leurs, il voyoit bien qu'il couroit risque d'être réduit au rang d'un fugitif et d'un proscrit. Il proposa donc au duc de Féria et à don Diégo d'Ivarra de resserrer son alliance avec Philippe, sous condition que ce seroit son fils aîné qui épouseroit l'Infante lorsqu'elle seroit déclarée reine. Mais ces deux ministres espagnols ne lui avoient pas pardonné la froideur qu'il avoit montrée jusqu'alors pour les intérêts de leur monarque. Loin de vouloir contribuer désormais à la grandeur de Mayenne, ils se proposoient au contraire de le dépouiller de tout pouvoir, et de lui enlever la lieutenance-générale du royaume pour l'attribuer au duc de Guise. Ils suggérè-

(1) D'Aubigné. *Ib.*, p. 288.

rent même à celui-ci que le plus sûr moyen de se débarrasser de la rivalité de son oncle, c'étoit de le faire assassiner ; mais Guise, qui jusque là avoit prêté l'oreille à leurs propositions, eut horreur du crime qu'on lui vouloit faire commettre. (1)

Le légat ne s'étoit point associé aux projets formés pour le duc de Guise; plus la Ligue lui paroissoit s'affoiblir, et plus il jugeoit nécessaire de lui assurer une force nouvelle par une nouvelle combinaison. Il croyoit convenable d'écarter désormais du trône toute la maison de Lorraine, et d'offrir la main de l'Infante à quelqu'un des princes Bourbons, qui, dans le camp du Béarnais, étoient cependant tout prêts à le trahir ; il se flattoit que ce mariage ramèneroit à la Ligue tout le tiers-parti (2). Cependant ces intrigues contradictoires ne purent pas demeurer long-temps secrètes. Guise et Mayenne sentirent en même temps tout ce qu'ils avoient à craindre de leurs divisions : les revers qui frappoient alors d'autres membres de leur famille les firent réfléchir plus sérieusement encore ; ils se promirent d'agir désormais de concert. Guise s'engagea à laisser à son oncle la lieutenance-générale du royaume; Mayenne, en retour,

(1) Davila. L. XIV, p. 886, 887.
(2) Davila. L. XIV, p. 888. — Capefigue. T. VII, ch. 98, p. 46 et suiv.

promit à son neveu qu'il travailleroit de tout son pouvoir à lui faire obtenir la main de l'Infante, et l'un et l'autre ils se réconcilièrent avec les ministres d'Espagne, qui avoient reçu de Philippe II, ou du comte de Fuentes son représentant en Flandre, l'ordre de ménager davantage les Lorrains. (1)

L'événement qui avoit le plus contribué à alarmer les ducs de Mayenne et de Guise étoit la captivité du duc de Nemours, encore qu'elle fût en partie l'ouvrage du premier. Mayenne et Nemours étoient nés de la même mère; mais depuis long-temps ils vivoient fort mal ensemble. Nemours croyoit son frère jaloux des services qu'il avoit rendus pendant le siége de Paris; il s'étoit jeté dans le parti des Seize et de la populace; puis, dans un moment de dépit, il avoit renoncé au commandement de Paris, et il s'étoit retiré dans son gouvernement de Lyon. Là, il avoit bientôt laissé percer sa secrète pensée; il songeoit à se rendre indépendant. Arrière-petit-fils de Philippe, duc de Savoie en 1496, il se flattoit de se faire une souveraineté limitrophe de celle de la maison d'où il étoit sorti ; elle devoit se composer du Lyonnais, Forez, Beaujolais, Maconnais et Dombes, qui entroient dans son gouvernement, et du Dauphiné, dont son frère

(1) Davila. L. XIV, p. 895. — Capefigue. T. VII, p. 64.

le marquis de Saint-Sorlin étoit gouverneur pour la Ligue (1). Mais, quoiqu'il eût fait, à Paris, la cour à la plus basse populace, il n'avoit ni affection ni considération pour le peuple ; il se donnoit pour être disciple de Machiavel, dont il étudioit sans cesse les écrits, et dont il citoit l'autorité à tout propos, car il n'avoit point appris de lui à dissimuler des projets qui devoient le rendre odieux. Il avoit aboli, à Lyon, l'autorité des magistrats légitimes, et il les avoit remplacés par un conseil d'hommes presque tous étrangers qui lui étoient vendus. N'osant pas encore bâtir une citadelle dans Lyon, de peur de soulever le peuple contre lui, il avoit entouré la ville d'une chaîne de postes fortifiés, à Toissei, Tisy, Charlieu, Saint-Bonnet, Montbrison, Belleville, Virieux, Condrieux, Vienne et Pipet, et dans chacun il avoit mis une garnison ; il avoit tenté de s'emparer par surprise de Mâcon, de Lourdon, du château de l'abbé de Cluny, enfin de Bourg en Bresse, quoique cette dernière ville appartînt au duc de Savoie, dont l'alliance lui étoit si nécessaire. Déjà il ne prenoit plus le titre de gouverneur des provinces qui lui obéissoient, mais simplement celui de duc de Nemours, comme s'il y régnoit par son propre droit ; il avoit refusé d'envoyer des dé-

---

(1) Sully, Écon. royales. T. II, c. 20, p. 218.

putés aux États de Paris ou de s'y faire représenter en aucune manière, et il sembloit se plaire à faire éclater son mépris pour l'autorité de son frère maternel le duc de Mayenne. Enfin, se croyant assez fort pour le tenter, il mit la main à l'œuvre pour élever deux citadelles dans Lyon. Quand la trêve fut publiée, il déclara qu'il l'acceptoit; mais en même temps il augmenta le nombre de ses gens de guerre, au lieu de le diminuer; et comme il les entretenoit uniquement aux dépens des bourgeois, il rendit son joug absolument insupportable au peuple. (1)

Dans ce temps-là même, Balagni, fils de l'évêque Montluc, à Cambrai, et Casaulx, d'abord consul, mais bientôt tyran, à Marseille, s'étoient emparés de la souveraine puissance; en sorte que l'usurpation d'une principauté par un particulier, ou l'élévation d'un tyran militaire, comme on en avoit vu plusieurs en Italie dans le siècle précédent, n'étoit point un événement ou inouï ou invraisemblable. Nemours faisoit à Lyon ce que Mercœur faisoit en Bretagne, et tous deux étoient bien près d'avoir pris rang parmi les souverains indépendans. Mayenne ne vouloit cependant point permettre que la France fût ainsi démembrée, même par son frère utérin. Pour conserver dans Lyon quelque autorité

---

(1) De Thou. L. CVII, p. 324. — Davila. L. XIV, p. 893. — V. P. Cayet. T. LVIII, L. V, p. 412.

et y veiller sur les menées de son frère, dès que la trève fut publiée il engagea l'archevêque de Lyon à retourner à son siége épiscopal. C'étoit ce même Pierre d'Espinac, qui aux États de Blois passoit pour un des plus forcenés ligueurs et pour le confident du duc de Guise; mais la terreur qu'il avoit éprouvée alors, et sa longue captivité, avoient modéré ses passions, et il s'étoit attaché à Mayenne, en opposition au parti des Seize. Nemours ressentit beaucoup de jalousie à l'arrivée de l'archevêque; il n'osa point, cependant, s'opposer à ce qu'il s'établît dans son palais. D'Espinac y fit ce qu'il avoit fait à Paris; il s'y entoura des chefs de la bourgeoisie, il leur inspira du courage pour résister à la basse populace et aux gens de guerre de Nemours. Celui-ci, pour recouvrer l'ascendant, écrivit à Dizemieu, commandant de Vienne, de lui amener dans Lyon l'élite de sa garnison et les meilleures troupes qu'il pourroit rassembler. L'archevêque en fut averti, et en donna avis à la bourgeoisie; aussitôt des barricades furent élevées dans toute la ville, et la porte du Rhône fut fermée : c'étoit le 21 septembre. Dizemieu se présenta à la tête de sa troupe, on le laissa entrer; mais la bourgeoisie, se montrant tout à coup de toutes parts derrière les barricades, l'attaqua avec tant d'avantage qu'elle le fit prisonnier avec la plupart de ses soldats. Nemours accourut à cheval au secours de ses gens; en même temps le tocsin sonnoit de toutes parts, tous les habitans prenoient les armes contre un gouverneur qui les avoit trop cruellement vexés. Bientôt Nemours fut entouré de barricades; ne pouvant plus ni avancer ni reculer, il dut se rendre, et fut ramené dans son palais, d'où peu après il fut conduit et enfermé à Pierre-Encise. (1)

La puissance étoit demeurée, à Lyon, à cette même bourgeoisie dont Mayenne avoit voulu se faire le chef à Paris, et elle avoit proclamé l'archevêque de Lyon gouverneur de la ville. Mais quand la réaction commence il n'est pas facile de l'arrêter. Ces bourgeois étoient irrités contre la populace, sous la domination de laquelle ils avoient été courbés trop long-temps. Ils commencèrent par faire arrêter tous les plus fougueux ligueurs, comme s'étant montrés partisans du duc de Nemours; ils demandèrent à Mayenne de confirmer l'archevêque dans le gouvernement qu'ils lui avoient déféré. La duchesse de Nemours, mère des deux princes, supplioit au contraire Mayenne de ne pas sanctionner l'usurpation de l'archevêque, et, au fond du cœur, elle accusoit son fils aîné d'avoir

---

(1) De Thou. T. VIII, L. CVII, p. 324-326. — Davila. L. XIV, p. 893, 894. — V. P. Cayet. T. LVIII, p. 412. — D'Aubigné. L. IV, c. 1, p. 330.

causé la ruine du cadet. Mayenne, en effet, avoit désiré contenir Nemours et le ramener à l'obéissance ; mais il étoit effrayé de l'exemple ; il ne s'étoit point attendu à ce qu'un prince pût si facilement être arrêté par ses sujets. Il consentoit bien à reconnoître l'archevêque pour gouverneur de Lyon, pourvu que son frère lui fût rendu ; il annonçoit qu'il donneroit à ce frère le gouvernement de Guienne, si Nemours rendoit aux Lyonnais toutes les places où il tenoit encore garnison. La négociation continua sur cette base entre Mayenne, Nemours, Saint-Sorlin et l'archevêque. En même temps, les prédicateurs de Paris demandoient au peuple des prières « pour notre bon bourgeois M. de Nemours, « qui est en grande affliction, que Dieu le forti- « fie et le console. » Les échevins de Paris écrivirent à la ville de Lyon pour recommander ce Nemours qu'ils ne pourroient oublier, disoient-ils, sans être les plus lâches et ingrats des hommes ; mais plus les ligueurs montroient de zèle pour ce prince, plus les bourgeois, qui étoient bien plus maîtres à Lyon que l'archevêque, s'en défioient. Tous leurs désirs étoient pour la paix, pour le rétablissement du commerce, et par conséquent pour la soumission au roi. Ils continuèrent à retenir Nemours prisonnier, et à repousser par les armes Saint-Sorlin, qui vouloit le délivrer. Avertis enfin que celui-ci attendoit des troupes d'Espagne avec lesquelles il se préparoit à les attaquer, ils se soulevèrent de nouveau le 7 février 1594, au cri de *vive la liberté française !* ils relevèrent leurs barricades; ils mirent en fuite les ligueurs qui restoient encore parmi eux; ils introduisirent dans leurs murs Alphonse d'Ornano, qui commandoit en Dauphiné des troupes royales, et se sentant alors décidément les plus forts, ils osèrent enfin le lendemain faire retentir le cri de *vive le roi!* et endosser l'écharpe blanche. Pierre d'Espinac, qui résista autant qu'il put à cette seconde révolution, voulut ensuite sortir d'une ville devenue royaliste, mais on le força à demeurer quelque temps encore dans son palais archiépiscopal. (1)

Les provinces avoient, les unes après les autres, accepté la trêve; plusieurs des chefs auroient volontiers continué les hostilités; mais, après quelque résistance, ils étoient obligés de se conformer au désir de traiter pour la paix qui éclatoit de toutes parts. En Bretagne, le maréchal d'Aumont avoit assemblé des États royalistes à Rennes, et le duc de Mercœur les États de la Ligue à Nantes, et les uns comme les autres s'étoient montrés peu disposés à accorder

(1) Journal de l'Estoile. T. II, p. 517, 520, 525, 527. — Capefigue. T. VII, p. 4. — De Thou. L. CVIII, p. 369, 370. — Davila. L. XIV, p. 903. — V. P. Cayet. T. LIX, L. VI, p. 13-18.

de l'argent ou des soldats. Mercœur prétendoit faire revivre l'ancienne indépendance de la Bretagne, mais il ne semble pas que les Bretons eussent aucun désir de se séparer de la France, aussi étoit-il obligé de leur cacher ses projets; en même temps il étoit surveillé avec défiance par Mayenne et contrarié par le roi d'Espagne, qui faisoit valoir sur la Bretagne les droits héréditaires de l'Infante sa fille. Mercœur avoit préparé une surprise sur Rennes au moment où Mayenne lui notifia la trève : il refusa donc de l'accepter; mais Saint-Luc ayant introduit des troupes royalistes dans Rennes, Mercœur reconnut l'impossibilité d'attaquer cette grande ville; alors il publia la trève, qu'il observa cependant fort mal (1). Le gouvernement du Poitou avoit été donné par Mayenne à Cossé Brissac avec le titre de maréchal; mais c'étoit une des provinces où les huguenots avoient le plus d'influence et où les catholiques eux-mêmes avoient montré le moins de zèle pour la Ligue. Brissac avoit été forcé de s'enfermer dans Poitiers; il y étoit bloqué par la Trémoille, duc de Thouars, Mortemar, Parabère et d'autres seigneurs poitevins, et il auroit peut-être été forcé de capituler si la trève ne l'avoit pas délivré (2).

(1) De Thou. L. CVII, p. 328. — Taillandier, Hist. de Bretagne. L. XIX, p. 419-430.
(2) De Thou. L. CVII, p. 329.

En Dauphiné, Lesdiguières étoit aux prises avec le duc de Savoie; la guerre se faisoit principalement dans les Hautes-Alpes, sur l'un et l'autre versant desquelles se trouvoient beaucoup de protestans fort zélés pour la cause du roi. Malgré toute la vigilance de Lesdiguières, il ne put empêcher le duc de Savoie de reprendre Exiles; mais il le pressa ensuite avec tant de vigueur, que ce duc s'estima heureux d'accepter la trêve. (1)

Le motif principal de cette trêve avoit été le renouvellement des négociations pour la paix générale. Et en effet, Villeroi et Jeannin furent chargés par Mayenne de diverses propositions à porter au roi; il y eut au mois d'octobre des conférences à Milly et à Andresy, et les négociateurs eux-mêmes paroissoient croire qu'ils étoient près de réussir, lorsqu'une dépêche du cardinal légat au pape fut interceptée près de Lyon et portée à Henri IV. Elle contenoit la copie d'un engagement pris sous serment par les ducs de Mayenne, d'Aumale, d'Elbœuf et de Guise, le cardinal de Pellevé, la Chastre, de Rosne et Saint-Paul, que la Ligue avoit fait maréchaux de France, et Tornabuoni, agent du duc de Mercœur, « de maintenir inviolablement
« la Ligue catholique, et ne s'en départir jamais
« pour quelque cause que ce fût, ni de s'accoster

(1) De Thou. L. CVII, p. 334-337. — D'Aubigné. L. III, c. 20, p. 181.

1593.
« en général ni en particulier au roi de Navarre,
« ni faire paix avec lui, quelque acte de catho-
« lique qu'il fît...., promettant le sieur légat,
« pour sa sainteté, et le duc de Féria pour sa
« majesté catholique, qu'ils continueroient la
« protection dudit parti pour le bien et conser-
« vation de la religion. » Cet engagement, qui
portoit la date du 23 juillet, fut regardé comme
une preuve qu'aucune des propositions faites au
nom de la Ligue n'étoit sincère; que Mayenne
avoit négocié seulement pour attendre le renfort
de douze mille hommes de pied et de dix mille
chevaux, que, par ce même traité, avoit promis le roi d'Espagne. Henri IV montra lui-
même, à Fontainebleau, cet écrit à Villeroi :
il consentit cependant à prolonger la trêve pour
les mois de novembre et de décembre, pour se
donner le temps de rassembler ses partisans;
mais il se refusa absolument à une nouvelle pro-
rogation; et au lieu de consentir à traiter de
nouveau avec la Ligue, il résolut désormais d'en
détacher les membres les uns après les autres
sans regarder au prix qu'ils lui coûteroient,
pourvu qu'il pût ainsi dissoudre leur union. (1)

1594.
En effet, la trêve étoit à peine expirée qu'une
explosion presque universelle fit sentir combien

(1) Davila. L. XIV, p. 896. — Sully, Écon. royales. T. II,
c. 13, p. 145. — Villeroi, Mémoires d'État. T. LXII, p. 201-
217.

le roi avoit gagné de partisans, combien sa cause avoit fait de progrès pendant l'armistice. Il avoit publié, dans les derniers jours de l'année, un long édit, qui fut vérifié au parlement de Tours le 1er février, dans lequel il exposoit toutes les démarches qu'il avoit faites pour obtenir la paix, toutes ses instances auprès de la cour de Rome, toutes ses négociations avec Mayenne. Il annonçoit que ses efforts avoient été inutiles ; il sommoit en conséquence tous les vrais Français d'abandonner la Ligue, puisqu'elle s'obstinoit à empêcher le rétablissement de la paix, et il leur promettoit que, pourvu qu'ils se hâtassent de le faire, non seulement il leur pardonneroit toutes leurs offenses, mais il les maintiendroit dans leurs biens et leurs dignités. Les seuls régicides qui avoient eu part aux attentats contre le feu roi ou contre le roi vivant, étoient exceptés de l'amnistie. (1)

Le premier à profiter de ce pardon fut ce même Louis de l'Hôpital, baron de Vitry, qui avoit aussi été le premier, après la mort de Henri III, à quitter le camp royal pour passer dans celui de la Ligue. Également dévoué à la religion catholique et à la monarchie, il avoit cru ne pouvoir en conscience servir un roi hérétique ; il crut

---

(1) De Thou. L. CVIII, p. 263. — Déclaration du roi à Mantes, 27 décembre 1593, aux Mém. de la Ligue. T. VI, p. 1-13.

ne pas pouvoir davantage combattre contre lui dès qu'il s'étoit converti. Il commandoit à Meaux pour la Ligue; il assembla sa compagnie d'hommes d'armes, le 4 janvier 1594, il lui exposa sa résolution et ses motifs; il invita ceux qui penseroient comme lui à le suivre, et il sortit de la ville pour se rendre au camp du roi. Mais les magistrats et les bourgeois de Meaux, laissés en liberté, se prononcèrent pour l'opinion que venoit d'embrasser leur commandant; ils arrêtèrent le carrosse dans lequel sa famille se retiroit; ils le firent prier de rentrer lui-même dans leur ville, et ils envoyèrent leur soumission au roi. Celui-ci confirma tous leurs priviléges; il leur promit entr'autres qu'il ne toléreroit dans leurs murs aucun autre culte que le catholique; que nul ne seroit reçu dans la ville sans la permission de M. de Vitry le gouverneur; il confirma toutes les provisions et bénéfices donnés par M. de Mayenne, toutes les confiscations prononcées par lui; il déclara tous les habitans quittes de ce qu'ils pouvoient devoir pour les impositions anciennes; il promit pour l'avenir une modération de tailles : il confirma enfin à M. de Vitry l'état de bailli, capitaine et gouverneur de la ville et château de Meaux, et à son fils aîné la survivance desdits états. (1)

(1) De Thou. L. CVIII, p. 364. — Davila. L. XIV, p. 901. — Sully, Écon. royales. T. II, c. 14, p. 154. — L'édit pour

Le traité de Meaux fut publié, pour encourager tous ceux qui pouvoient songer à passer au parti royaliste; et, en effet, l'exemple de Vitry fut bientôt suivi. Michel d'Estourmel, qui tenoit les trois places de Péronne, Roye et Montdidier, y arbora l'étendard du roi, qui lui confirma ces gouvernemens. La Châtre, oncle de Vitry, qui étoit gouverneur, pour la Ligue, d'Orléans et de Bourges, assembla, le 16 février, les bourgeois de la première de ces deux villes, devant son hôtel. Il leur exposa les motifs qui lui faisoient abandonner la Ligue, depuis que le roi s'étoit fait catholique; il leur déclara qu'il étoit prêt à se rendre auprès de Henri IV, et il les engagea à imiter son exemple et à prendre comme lui l'écharpe blanche. De vives acclamations lui apprirent l'empressement de toute la population orléanaise à se soumettre au roi; la ville de Bourges prit bientôt le même parti. Tout exercice de la religion réformée fut interdit dans tout le bailliage d'Orléans et villes du ressort, par l'édit qu'accorda le roi à cette même ville, qui avoit été quelque temps en France la capitale de la réformation. (1)

Meaux rapporté par d'Aubigné. L. III, c. 29, p. 322. — Le manifeste de Vitry à la noblesse française, et la déclaration de la ville de Meaux aux échevins de Paris. T. VI, p. 14 et 19 des Mém. de la Ligue.

(1) De Thou. L. CVIII, p. 372, 373. — Davila. L. XIV,

1594.

Les écrivains français célèbrent la loyauté de ceux qui se soumettoient ainsi à l'autorité royale; un agent de Philippe II, dans une dépêche adressée à ce monarque, fait ressortir au contraire leur manque de foi. « Tout est compromis
« actuellement, disoit-il; Meaux s'est rendu.
« M. de Mayenne ayant eu avis que M. de Vi-
« try traitoit avec l'ennemi, l'envoya quérir à
« Paris, où lui ayant fait savoir l'avis qu'il en
« avoit, celui-ci répondit avec tranquillité : « Je
« vous donne ma parole, par tous les sermens
« recevables entre gens d'honneur, que jamais je
« n'ai pensé à pareil dessein, et si je nourrissois
« une semblable idée, je le ferois encore avec
« honneur, remettant entre vos mains tout ce
« que j'en ai reçu. » Mais ce n'étoit là que paroles
« dorées; car, peu de jours après, ayant fait
« sortir de Meaux, avec des lettres contrefaites
« du duc de Mayenne, ceux qu'il croyoit le plus
« opposés à ses desseins, il dit au reste du peuple
« ce que bon lui sembla. A quelques jours de là
« M. de la Châtre se trouvant aussi à Paris,
« M. de Mayenne l'appela en pleine assemblée
« du conseil de MM. le légat, le duc de Féria, et
« autres ministres de V. M. La Châtre n'étoit
« pas moins soupçonné que Vitry. Malgré le
« grand bruit que fit M. de la Châtre sur le tort

p. 903. — D'Aubigné. L. IV, c. 1, p. 330. — V. P. Cayet. T. LIX, L. VI, p. 19-42.

« que l'on avoit de soupçonner sa fidélité, M. de
« Mayenne, qui déjà avoit été trompé par Vitry
« son neveu, l'eût fait arrêter; mais M. de
« Guise, qui l'aimoit beaucoup, intercéda mal-
« heureusement pour lui. En effet, étant arrivé
« à Orléans, M. de la Châtre s'empressa de con-
« clure une trêve, pour s'attirer par cet acte de
« douceur les bonnes grâces des habitans. M. de
« Mayenne en étant instruit lui en écrivit de vifs
« reproches; mais l'autre, sans doute pour se
« moquer, lui répondit que c'étoit pour faciliter
« les vendanges. On vit bientôt sa fourberie, car
« moyennant soixante mille écus et la promesse
« du bâton de maréchal de France, le gouver-
« nement d'Orléans, et celui de la province de
« Berry pour son fils, il rendit la ville. Ensuite
« le premier il parcourut les rues en criant vive
« le roi. » (1)

Chaque jour, en effet, de nouveaux traités
étoient entamés avec les ligueurs, partout les
agens de Henri IV cherchoient à séduire la fidélité
des gouverneurs de places, en leur offrant non
seulement leur confirmation dans leur gouvernement, mais encore des sommes d'argent considérables, et souvent des honneurs nouveaux.
Villeroi, qui, depuis le commencement de la
guerre, avoit été l'agent de toutes les négocia-

(1) Dépêche aux archives de Simancas, dans Capefigue.
T. VII, p. 134.

tions entre Mayenne et Henri IV, engagea son fils, Charles d'Alincourt, à ouvrir au roi sa ville de Pontoise. Il écrivit en même temps à Mayenne de se hâter de faire sa paix, et il lui donna à entendre qu'il ne tarderoit pas à faire la sienne (1). Au commencement de mars, la reine Louise de Vaudemont se rendit, avec commission du roi, auprès de son frère le duc de Mercœur, en Bretagne, pour lui faire les offres les plus brillantes. Duplessis-Mornay fut chargé de la seconder, et cette négociation, à laquelle Mercœur paroissoit se prêter avec empressement, fut long-temps suivie, quoiqu'elle n'amenât pour lors aucun résultat (2). Dès le commencement de janvier, Rosny étoit entré en négociation avec Villars-Brancas, gouverneur de Rouen, auprès duquel il avoit été secrètement introduit par madame de Simiane, sa maîtresse, sœur de Vitry, et par M. de Tiron; mais en même temps un agent d'Espagne, don Simon Antonio, et La Chapelle Marteau, étoient arrivés de Paris auprès de lui, pour le raffermir dans la Ligue, et lui offrir en quelque sorte carte blanche. (3)

Une révolution plus importante encore s'ac-

---

(1) De Thou. L. CVIII, p. 371. — Mém. de Villeroi. T. LXII, p. 229-234.

(2) Duplessis-Morn. T. VI, p. 19 et suiv.

(3) Économ. royales. T. II, c. 14, p. 155, seq.; c. 16, p. 173, seq.

complissoit dans le même temps en Provence. Le duc d'Epernon, lorsqu'il avoit été instruit de la mort de son frère La Valette, étoit venu, à la fin d'août 1592, avec une armée d'environ dix mille hommes, levée dans son gouvernement d'Angoulême, pour prendre possession, au nom de Henri IV, du gouvernement de Provence, qui lui avoit précédemment été conféré par Henri III. D'autre part, Gaspard de Pontevez, comte de Carcès, qui avoit épousé une fille de Henriette de Savoie, femme de Mayenne, avoit été nommé par celui-ci, gouverneur de Provence pour la Ligue, et il étoit reconnu par les trois grandes villes d'Aix, Marseille et Arles. Il y eut d'abord quelques négociations entre ces deux prétendans au gouvernement, dans lesquelles d'Epernon laissa deviner qu'il songeoit beaucoup moins à faire reconnoître en Provence l'autorité de Henri IV, qu'à s'y affermir lui-même et à s'en faire une souveraineté indépendante ; il s'y seroit appuyé sur le maréchal de Montmorency, gouverneur de Languedoc, qui visoit également à l'indépendance. Ces négociations n'ayant eu aucun résultat, Epernon tenta une surprise sur Marseille, qui ne réussit pas ; il conclut un armistice avec Arles, et commença, le 23 juin, le siége d'Aix. Cependant Epernon n'eut pas fait long-temps la guerre en Provence qu'il y donna à connoître son caractère cruel

1594.

jusqu'à la férocité envers les vaincus, orgueilleux et dédaigneux avec la noblesse, dur et impitoyable pour le peuple. Le mécontentement étoit universel, et lorsque la publication de la trève eut établi, sur la fin de l'année, quelque communication entre les partis, les royalistes et les ligueurs convinrent également que leur premier intérêt étoit d'empêcher l'établissement d'Epernon en Provence. A cette époque Lesdiguières, commandant pour le roi en Dauphiné, fit circuler parmi toute la noblesse royaliste de Provence une lettre de la propre main de Henri IV, qui contenoit seulement ces mots : « Faites ce que M. de Lesdiguières vous dira, « ou vous envoyera dire, et croyez que je ne « perdrai point le souvenir de ce service, mais « le vous reconnoîtrai. » Ces gentilshommes ayant protesté de leur dévouement, Lesdiguières leur annonça que le désir du roi étoit qu'ils refusassent toute obéissance au duc d'Epernon, pour donner à Henri occasion d'éloigner de la province un homme dont il se défioit. En effet, le 20 novembre, le duc d'Epernon étant allé à Pézenas, pour conférer avec le maréchal de Montmorency son parent, les gentilshommes qui commandoient au Pertuis, à Manosque, à Saint-Maximin, à Digne, ameutèrent le peuple, au cri de vive le roi et la liberté ; Toulon, Tarascon, Gardane, Cabrières, suivirent cet exemple ;

partout les Gascons furent chassés, et le duc d'Epernon fut proclamé ennemi public. Mais ce seigneur, s'il offensoit tous ceux qui l'approchoient par son orgueil et son caractère impérieux et cruel, savoit aussi se faire obéir, et il entendoit l'art de la guerre. Il fut bientôt de retour en Provence, il rassembla tous les Gascons chassés de leurs garnisons, et avec une armée formidable il recommença le siége d'Aix, tandis que la trève duroit encore pour tout le reste du royaume. La terreur qu'il causoit produisit un rapprochement étrange dans la noblesse de Provence : les carcistes et les rasats, qui se combattoient depuis trente ans, s'unirent contre d'Epernon. Les derniers, sous le nom desquels on comprenoit en Provence les huguenots et les politiques royalistes, vinrent se ranger, le 3 janvier 1594, dans le couvent des Augustins à Aix, sous l'autorité du comte de Carces, et du parlement de Provence, qui les avoit persécutés avec tant de fureur; et d'autre part, Carces fit présenter, le 7 janvier, à ce parlement, par le syndic de la noblesse, une réquisition pour qu'il reconnût Henri IV, puisque ce roi étoit rentré dans l'Église catholique, et pour qu'il rendît la justice en son nom ; à la charge qu'il pourvoiroit auparavant à la sûreté de la religion, et qu'il ordonneroit à toute la noblesse rangée sous les drapeaux d'Epernon, de se retirer dans ses terres, sous peine d'être poursuivie comme troublant le repos public. Le gouverneur (comte de Carces), les consuls, le syndic de la noblesse et le procureur du roi ayant été entendus, l'arrêt demandé fut rendu par le parlement, et dès lors les partis réconciliés, comme ceux qui combattoient encore en Provence, reconnurent le même roi. (1)

Ainsi, l'autorité royale avoit fait en peu de jours, et sans combats, des progrès surprenans dans la Picardie, l'Orléanais, le Lyonnais et la Provence. Henri IV n'étoit déjà plus un chef de parti, mais un roi reconnu par la plus grande partie du royaume; il crut que le moment étoit venu de donner à son autorité une nouvelle sanction religieuse par le sacre, que le peuple catholique regardoit, en quelque sorte, comme le mariage solennel du roi avec son royaume. Le sacre avoit été pour Charles VII l'empreinte divine qui l'avoit signalé aux Français comme le vrai roi, par opposition à Henri VI, et c'étoit là l'idée religieuse qui avoit inspiré la Pucelle d'Orléans; mais la ville de Reims, où elle l'avoit conduit de si loin et par une expédition si hasardeuse, étoit toujours fermée à Henri IV. Le duc de Guise, gouverneur de Champagne pour la Ligue, avoit confié le commandement de

---

(1) Bouche, Hist. de Provence. T. II, L. X, p. 769-788. — Nostradamus, Hist. de Provence. P. VIII, p. 930-962. — De Thou. L. CVIII, p. 371. — Davila. L. XIV, p. 903.

cette ville à Saint-Paul, homme d'une naissance obscure, mais qui, par ses talens et son dévouement aux Guises, s'étoit élevé dans le parti de la Ligue successivement au rang de colonel, de mestre de camp, et enfin de maréchal (1). A cette époque même, on avoit vu les habitans de Reims, agités par une vive fermentation, manifester le désir de passer au parti du roi; mais Saint-Paul, qui avoit bâti une forteresse dans leur ville, les maintint dans l'obéissance et la crainte, et il fut bientôt rejoint à Reims par le duc de Guise, qui, de concert avec lui, rendit tout soulèvement impossible. (2)

Au lieu d'attendre jusqu'à ce qu'il se fût rendu maître de Reims pour se faire sacrer, Henri IV employa les antiquaires de son parti à établir, par de doctes dissertations, que l'histoire de France présentoit plusieurs exemples de rois sacrés dans d'autres villes du royaume : Charlemagne et Louis-le-Débonnaire avoient été sacrés à Rome, les fils de Charles-le-Chauve à Mayence, Louis IV à Forsheim, Louis-le-Gros enfin à Orléans. Henri IV résolut de se faire sacrer à Chartres, non point par un archevêque, mais par l'évêque de cette ville, Nicolas de Thou.

(1) Il ne faut pas confondre Saint-Paul, maréchal de la Ligue, avec le comte de Saint-Paul, royaliste, frère du duc de Longueville.

(2) De Thou. L. CVIII, p. 372. — Davila. L. XIV, p. 935.

Le siége archiépiscopal de Sens étoit alors vacant; mais celui de Bourges étoit occupé par le même prélat qui avoit réconcilié le roi à l'Église catholique. Ce fut une raison pour Henri de ne pas le choisir; il n'aimoit pas qu'un même homme pût se vanter d'avoir contribué deux fois à le faire roi. Cependant aucune des formalités de tout temps pratiquées dans le sacre, et qui sembloient donner au roi adopté par l'Église l'empreinte des siècles passés, ne pouvoit être observée à Chartres. La sainte ampoule, qu'on prétendoit avoir été apportée du ciel à saint Remi pour le sacre de Clovis, étoit toujours gardée à Reims; on imagina de faire venir du couvent de Marmoutiers une autre ampoule qu'on disoit avoir été également apportée du ciel pour guérir saint Martin d'une chute. Aucun des antiques pairs du royaume n'étoit présent, à la réserve de l'évêque de Châlons. Les ecclésiastiques, qui tous encore étoient attachés à la Ligue, furent représentés par les évêques de Chartres, de Nantes, de Digne, de Maillezais, de Châlons et d'Orléans; les laïques, dont les anciens duchés et comtés étoient depuis longtemps éteints, furent représentés par les princes de Conti, de Soissons, de Montpensier, et les ducs de Luxembourg, de Retz et de Ventadour. La cérémonie fut faite le 27 février 1594, et, malgré cet abandon de toutes les formalités antiques, la France voulut bien regarder son roi comme sacré. (1)

Le roi, qui venoit de recevoir cette dernière consécration religieuse, qui le lendemain s'étoit fait solennellement décorer du collier du Saint-Esprit, et qui n'avoit point hésité, à cette occasion, de prononcer ces paroles dans son serment : « Outre je tâcherai à mon pouvoir, en « bonne foi, de chasser de ma juridiction et « terres de ma subjection tous hérétiques dé- « noncés par l'Église », étoit encore lui-même exclu de sa capitale, comme hérétique dénoncé par l'Église. Mayenne, il est vrai, qui occupoit Paris, s'y sentoit mal assuré ; la bourgeoisie, dont Mayenne avoit précédemment assuré le triomphe sur la populace, désiroit ardemment la paix. Le parlement venoit, au mois de janvier, de rendre des arrêts en faveur de l'autorité de Henri IV. Le 3 janvier, sur la remontrance faite par le procureur général du roi, il avoit déclaré « que, conformément à l'ancienne et louable loi « salique, la couronne étoit de présent tombée « par ligne masculine à Henri de Bourbon, roi « de Navarre, par le décès du dernier roi. Qu'il « avoit plu à Dieu de le toucher et le ramener « au giron de l'Église catholique ; qu'ayant de- « mandé l'absolution au pape Clément VIII,

(1) De Thou. L. CVIII, p. 376-381. — Davila. L. XIV, p. 911. — V. P. Cayet. T. LIX, L. VI, p. 58-94.

« c'étoient les pratiques d'un prince étranger
« qui tiennent en longueur ladite absolution,
« qui ne peut et ne doit être déniée au moindre
« chrétien reconnoissant sa faute.... Sur quoi la
« cour ordonne que M. le duc de Mayenne,
« lieutenant-général de l'État, sera supplié, par
« l'un des présidens et six conseillers, de pour-
« voir dans un mois, ou plus tôt si faire se peut,
« à un bon repos, et traiter une ferme et stable
« paix en ce royaume...... et enjoint à tous
« ordres, états et personnes, de quelque qualité
« qu'elles soient, de reconnoître ledit roi et sei-
« gneur, et le servir envers et contre tous,
« comme ils sont naturellement tenus, sous
« peine de confiscation de corps et de biens » (1).
Il semble que cet arrêt demeura secret; aucun
des historiens du temps n'en fait mention. Mais
la cour, bientôt avertie que le duc de Mayenne,
au lieu d'en tenir compte, songeoit à ôter le
gouvernement de Paris au marquis de Belin,
qu'il voyoit être entièrement dévoué au parlement, et qui en secret étoit déjà gagné par
Henri IV (2), s'assembla de nouveau le 10 janvier, et ordonna : « Vu le mépris que le duc de
« Mayenne a fait d'elle, mettre par écrit autres
« remontrances ; proteste de s'opposer aux mau-
« vais desseins de l'Espagnol et de ceux qui le

(1) L'arrêt dans Capefigue. T. VII, p. 28-31.
(2) Économ. royales. T. II, c. 18, p. 195.

« voudroient introduire en France ; ordonne
« que les garnisons étrangères sortiront de la
« ville de Paris, et déclare son intention être
« d'empêcher de tout son pouvoir que le sieur
« de Belin abandonne ladite ville, ni aucuns
« bourgeois d'icelle, et plutôt sortir tous en-
« semble avec ledit sieur de Belin ; et enjoint au
« prévôt des marchands de faire assemblée de
« ville pour aviser à ce qui est nécessaire, et se
« joindre à ladite cour pour l'exécution dudit
« arrêt. » (1)

A cette assemblée de la ville Mayenne voulut tenter d'opposer de nouveau ce pouvoir populaire des Seize, qu'il avoit lui-même brisé, et dont il avoit envoyé les chefs au supplice. Il trouva dans les prédicateurs toujours la même haine du Béarnais, toujours le même empressement à soulever contre lui la multitude par des injures ; mais le peuple, dans tous les rangs également, ne demandoit plus que la paix ; des bourgeois en députation venoient, les uns après les autres, au prévôt des marchands, implorer de lui du soulagement, et protester qu'ils vouloient être Français et non Espagnols (2). Mayenne se défiant toujours plus de Belin, l'engagea enfin à donner sa démission : il vint, le 15 janvier l'annoncer

(1) Mém. de la Ligue. T. VI, p. 52. — Mém. de l'Estoile. T. II, p. 575, 578.
(2) Mém. de l'Estoile. T. II, p. 581, 583.

lui-même au parlement, et peu de temps après il passa au quartier du roi et endossa l'écharpe blanche. Mayenne avoit destiné sa place à Charles de Cossé, comte de Brissac, en échange du gouvernement du Poitou, qu'il avoit promis au duc d'Elbeuf. Brissac, qui s'étoit signalé le premier aux barricades, par sa résistance à l'autorité royale, paroissoit à Mayenne tellement compromis qu'il seroit sans doute le dernier homme à quitter le parti de la Ligue. Sully lui-même assure que Brissac songeoit alors à fonder en France une république. Il prêta serment en parlement, le 24 janvier. Il avoit protesté auparavant « qu'il n'acceptoit la place que sous le « bon plaisir de la cour, n'y voulant entrer contre « le gré d'une telle compagnie, qu'il honoreroit « toujours, et à laquelle il feroit service. » (1)

Cependant, le moment d'entrer en campagne approchoit : dès le 15 janvier Mayenne écrivoit à Montpesat, son agent à la cour d'Espagne : « Le mal est violent et pressant; dans peu de « jours le roi de Navarre aura une armée de « vingt mille hommes; et comment ferons-nous « alors si, non seulement nous ne pouvons lui « faire quitter la campagne, mais s'il peut lui-« même assiéger nos places principales? Sans « ma présence à Paris, ce noyau de la guerre

(1) Mém. de l'Estoile. T. II, p. 577, 589. — Économ. royal. T. II, c. 18, p. 197.

« eût été perdu par les grandes factions qui y
« sont pour le roi de Navarre. Je les dissipe à
« grand'peine par le peu de secours, et surtout
« les contradictions des ministres du roi d'Espa-
« gne, qui, pleins d'imprudence et d'opiniâtreté,
« résistent à mes meilleurs avis, de telle sorte
« que, me mettant moi en désespoir, et les af-
« faires en ruine, je me porterois d'un autre côté
« si je n'étois retenu par la religion et l'affection
« que j'ai au service de S. M. catholique » (1).
Enfin, une armée auxiliaire d'Espagne commença à se réunir à Soissons, sous les ordres du
comte de Mansfeld. Avant d'aller la joindre,
Mayenne fit assembler au couvent des Carmes,
le 2 mars, tout ce qui restoit de la faction des
Seize. Il avoit compté au moins sur douze cents
assistans, il s'en trouva à peine trois cents. Il les
fit haranguer par le curé Boucher, leur recom-
mandant d'être fidèles au vieil esprit de la Ligue,
et promettant de s'exposer lui-même jusqu'à la
mort, pour la défense de la religion. Le 5 mars
il convoqua encore tous les capitaines de quartier et il les exhorta à obéir en tout à Brissac et
au prévôt des marchands. Il leur dit qu'il leur
laissoit tout ce qu'il avoit de plus cher au monde,
son épouse, ses enfans, sa mère et sa sœur.
Cependant, le lendemain, lorsqu'il partit de

(1) *Apud* Capefigue. T. VII, p. 120.

Paris, il emmena sa femme et ses enfans avec lui. (1)

Chaque heure révéloit davantage, en effet, à Mayenne, combien sa femme et ses enfans, s'il les avoit laissés dans Paris, y auroient été peu en sûreté. Il avoit lui-même pris tant de soin d'empêcher que nul des Seize ne parvînt plus aux charges de la maison de ville, que le prévôt des marchands L'Huillier et trois des quatre échevins étoient secrètement d'accord pour remettre la ville en l'obéissance du roi. Brissac, qu'il avoit choisi comme le plus déterminé ligueur, et pour donner quelque satisfaction aux ministres espagnols, lui avoit déjà été dénoncé par la duchesse de Nemours sa mère comme ayant chargé son proche parent Rochepot d'avoir à Chartres de secrètes conférences avec Schomberg, Bellièvre et de Thou. En effet, Brissac, justement parce qu'il se sentoit plus compromis qu'un autre, désiroit alors plus vivement faire sa paix; il voyoit la puissance royale grandir chaque jour, et il jugeoit qu'il étoit temps de se vendre tandis qu'il valoit encore la peine d'être acheté (2).

Brissac trouva, au reste, que Henri IV étoit

---

(1) De Thou. L. CIX, p. 384. — Journal de l'Estoile. T. II, p. 615. — V. P. Cayet. T. LIX, L. VI, p. 95.

(2) De Thou. L. CIX, p. 383. — Davila. L. XIV, p. 908. — V. P. Cayet. L. VI, p. 100.

disposé à le payer plus encore peut-être qu'il ne s'estimoit lui-même; car l'acquisition de la capitale devoit changer entièrement la condition du roi. Il promit, comme Brissac le lui avoit demandé, une amnistie pour tous les crimes commis par les Parisiens pendant la durée de la guerre civile, le régicide seul excepté : la confirmation de tous les emplois accordés, de toutes les nominations faites par les Guises ou les autorités de la Ligue; l'interdiction de tout culte hérétique à Paris et à dix lieues à la ronde; la liberté pour le légat, les prélats, les princesses, les ambassadeurs espagnols et les troupes étrangères, de se retirer où ils voudroient, avec tous leurs effets, après l'occupation de Paris. Enfin, Henri IV accorda à Brissac lui-même la confirmation de sa dignité de maréchal de France, qu'il tenoit de la Ligue, les gouvernemens de Corbeil et de Mantes; et, de plus, deux cent mille écus une fois payés, et une pension de vingt mille francs par année (1). Le prévôt des marchands, Jean l'Huillier, le président Le Maistre, l'échevin Langlois et le conseiller du Vair, que Brissac fut obligé d'associer à son complot, se firent aussi assurer quelques offices de judicature que le roi créa en leur faveur. (2)

1594.

(1) Davila. L. XIV, p. 910. — D'Aubigné. L. IV, c. 3, p. 334. — Édit du roi pour Paris. Mém. de la Ligue. T. VI, p. 71.
(2) Mém. de l'Estoile. T. III, p. 32.

Après que Brissac se fut assuré des récompenses suffisantes pour livrer la ville que le duc de Mayenne avoit confiée à sa foi, il lui falloit réussir à dérober son complot aux ministres et à la garnison espagnole que Philippe II entretenoit dans Paris. Les ligueurs étoient alarmés par des bruits qui circuloient déjà sur une trahison ; on croyoit savoir que les royalistes comptoient rentrer bientôt dans la capitale, mais les soupçons n'atteignoient point Brissac. Le duc de Féria déclaroit qu'il l'avoit toujours connu comme un bon homme, qu'il mèneroit comme il voudroit à l'aide des jésuites. « Même, ajoutoit-il, pour
« vous montrer quel grand homme d'affaires
« c'est, une fois que nous tenions le conseil
« séant, au lieu de songer à ce qu'on disoit, il
« s'amusoit à prendre des mouches contre la
« muraille » (1). Le légat étoit plus édifié encore de sa foi et de sa soumission à l'Église. Brissac avoit dans le camp du roi un beau-frère, Saint-Luc, avec lequel il passoit pour être en procès. Le 14 mars, jour où le roi avoit chassé jusque tout près des portes de Paris, Brissac sortit des portes pour parler à Saint-Luc de ses affaires particulières, disoit-il, qui lui importoient presque de tout son bien, et il resta avec lui de trois heures jusqu'à sept. Quand il fut re-

---

(1) Mém. de l'Estoile. T. II, p. 625.

venu « il s'en alla trouver le légat, et, se pro-
« sternant à ses pieds, lui demanda humblement
« l'absolution de la faute qu'il avoit faite d'avoir
« communiqué avec un hérétique, disant que
« c'étoit à son grand regret, mais qu'il y avoit
« été forcé par la nécessité et par le grand in-
« térêt qu'il y avoit. Le légat la lui donna, et
« loua hautement sa dévotion et soumission. »
C'étoit dans cette entrevue cependant que Brissac avoit mis la dernière main à son traité, et
qu'il étoit convenu des moyens de l'exécuter (1).
Le 21 mars au soir, quelques uns des Espagnols
et des Seize, ayant été avertis qu'on apercevoit
quelques mouvemens dans la ville, accouru-
rent pour en donner avis à Brissac, mais il leur
répondit froidement qu'il en avoit eu avis avant
eux, et qu'il les prioit seulement de se tenir
tranquilles pour ne pas donner l'alarme à ces
traîtres, qu'il étoit assuré de surprendre. (2)

C'étoit dans la nuit qui approchoit cependant
que Brissac étoit convenu de livrer à Henri IV
une des portes de la ville. Il avoit eu soin, long-
temps avant le jour, d'envoyer le colonel Jacques Argenti, avec deux régimens français dont
il se défioit, au-devant d'un convoi qu'il prétendoit que Mayenne lui faisoit passer de Sois-

(1) Mém. de L'Estoile. T. II, p. 624. — Sully, Économ.
royales. T. II, c. 18, p. 198. — V. P. Cayet. L. VI, p. 100.
(2) Mém. de l'Estoile. T. II, p. 631.

sons. Il confia aux Napolitains le soin d'introduire par le faubourg Saint-Germain un autre convoi qu'il attendoit aussi, disoit-il, la même nuit. Il avoit enfin gagné Saint-Quentin, le colonel des Wallons; mais le duc de Féria, qui eut quelques soupçons sur cet homme, le fit arrêter, et comptoit l'envoyer dès le lendemain au supplice. Enfin le duc de Féria avoit ordonné aux deux régimens des Wallons et des Espagnols de se réunir autour de sa demeure, au faubourg Saint-Antoine. C'étoit justement ce qui convenoit le mieux à Brissac, car le roi devoit arriver cette nuit même de Saint-Denis. Il avoit chargé l'échevin Langlois de se trouver à la porte Saint-Denis, l'échevin Néret à la porte Saint-Honoré, et lui-même, avec le prévôt des marchands l'Huillier, il attendoit le roi à la porte Neuve, près des Tuileries. Les Allemands restoient seuls chargés, avec les milices bourgeoises, de la garde de ce quartier, et Brissac n'avoit pas osé les éloigner, pour ne point exciter de soupçons. C'étoit dans la soirée précédente seulement qu'il avoit appelé auprès de lui le prévôt des marchands, les échevins et les quarteniers royalistes, dont il demandoit la coopération. Il leur avoit communiqué les conditions qu'il avoit obtenues pour la ville, et il les avoit trouvés empressés à le seconder.

Au commencement de la nuit du lundi 21 au

mardi 22 mars, le roi étoit parti de Senlis, à la tête de son armée, pour se rendre à Saint-Denis. Cette nuit étoit fort obscure; il tomboit une pluie abondante avec beaucoup de tonnerres. Le mauvais temps déroba à toute observation la marche du roi, mais d'autre part la retarda; ce ne fut qu'à quatre heures du matin qu'il arriva devant la porte Neuve, la même par laquelle Henri III étoit sorti six ans auparavant, le jour des barricades. On l'y attendoit déjà depuis deux heures. Dans la ville, des bourgeois, portant l'écharpe blanche, se réunissoient par petites bandes armées sur le pont Saint-Michel et sur le Petit-Pont; elles s'y fortifioient, et elles arrêtoient et retenoient prisonniers les ligueurs qui par hasard sortoient de leurs maisons (1). Don Diégo d'Ibarra cependant, le commandant de toutes les troupes étrangères qui étoient dans Paris, avoit conçu quelque inquiétude; suivant la lettre qu'il écrivit peu de jours après à Philippe II, depuis dix heures du soir jusqu'à trois heures du matin, il ne fit qu'aller et venir de la porte Saint-Honoré à la porte Saint-Antoine. Comme il passoit devant la porte Neuve, il fut étonné d'y trouver si peu de gardes; il la recommanda à Brissac, qu'il rencontra près de là, et qui lui parla du convoi

---

(1) Journal de l'Estoile. T. II, p. 633.

qu'il attendoit de Soissons. Ibarra retourna auprès du duc de Féria, pour s'assurer que sa garde napolitaine étoit sur pied. Pendant ce temps les chefs du complot éprouvoient une grande inquiétude; ils avoient fait abaisser le pont-levis, l'échevin Langlois avoit été à la découverte hors la porte Neuve, et n'avoit rien vu; enfin, un peu après quatre heures du matin, le mardi 22 mars 1594, la troupe royaliste parut, et Saint-Luc entra le premier dans la ville, à pied, le pistolet à la main, entre Brissac et le prévôt des marchands. Il confia au capitaine Favas le commandement de la porte Neuve. De Vic, gouverneur de Saint-Denis, avec quatre cents hommes, occupa la rue de Saint-Thomas : d'Humières, Belin, qui venoit de passer au parti du roi, et le capitaine Raulet, tous également à pied, entrèrent ensuite, et s'avancèrent jusqu'au pont Saint-Michel. D'O, gouverneur de l'Ile-de-France, et le baron de Salignac, en suivant les murs, allèrent s'emparer de la porte Saint-Honoré. Le maréchal de Matignon, qui entra ensuite à la tête des Suisses, remarqua alors les Allemands de la Ligue, qui, étonnés de ce qu'ils voyoient, étoient restés immobiles sous les armes. Il leur ordonna de jeter leurs piques à terre; comme ils refusoient de le faire, il les fit charger par les Suisses, qui en tuèrent une vingtaine, et en jetèrent à peu près

autant dans la rivière. Ce fut la seule résistance
qu'éprouvât le roi, tous les autres posèrent aussitôt les armes. De nouvelles troupes, conduites
par Bellegarde et par le comte de Saint-Paul,
entrèrent ensuite. Enfin le roi parut, également
à pied, mais revêtu d'une armure complète, entouré des archers de sa garde, et à la tête de
quatre cents gentilshommes. A l'entrée du pont
il reconnut Brissac, auquel il passa aussitôt sa
propre écharpe blanche qu'il ôta de son col, et
il l'embrassa étroitement. Le prévôt l'Huillier
présenta au roi les clefs de la ville ; le comte de
Brissac lui ayant dit : « Il faut rendre à César ce
qui appartient à César », il lui répondit fièrement :
« Il faut le lui rendre et non pas le lui vendre ».
Ce qui fut bien entendu par le roi, qui n'en fit
semblant (1). Dans ce moment Brissac cria *vive le
roi!* ce cri fut aussitôt répété par le prévôt des
marchands, puis par toute la foule qui étoit derrière lui, et, se reproduisant de rue en rue, il
apprit aux bourgeois, d'un bout de Paris jusqu'à
l'autre, que la ville étoit désormais soumise à
Henri IV. (2).

« Le roi, dit Capefigue, avoit alors quarante-

---

(1) Journal de l'Estoile. T. III, p. 33.
(2) Davila. L. XIV, p. 914. — De Thou. L. CIX, p. 388.
— Journal de l'Estoile. T. III, p. 39. — V. P. Cayet. T. LIX,
L. VI, p. 105-112. — Sully, Écon. royales. T. II, c. 18,
p. 200. — Lettres, dans Capefigue, de don D. d'Ibarra. T. VII,
p. 140 ; du duc de Féria, *ib.*, p. 152 ; de Taxis, p. 161 ; de
Henri IV, *ib.*, p. 193.

« un ans. Les fatigues de la guerre avoient encore
« basané son teint du Béarn et des montagnes, sa
« barbe étoit épaisse et crêpue ; ses cheveux
« blanchis sous son casque d'acier, surmonté de
« quelques plumes flottantes ; il avoit de petits
« yeux brillans, cachés sous des joues sail-
« lantes ; un nez long et crochu, pendant sur de
« fortes moustaches grises ; son menton et sa
« bouche sentoient déjà la vieillesse au milieu de
« la vie. Il portoit sa cuirasse de guerre sur son
« coursier caparaçonné de fer comme en un jour
« de bataille ; ses gardes brisoient la foule silen-
« cieuse à son passage (1).... Dans des gravures
« publiées quelques jours après l'événement, et
« qui devoient naturellement se ressentir des véri-
« tables impressions de la victoire, on représente
« Henri de Navarre armé de toutes pièces, la
« dague au côté ; il est entouré d'une mer de têtes
« pressées sous le casque ; les lansquenets ont la
« pique en main ou l'arquebuse sur l'épaule ; à
« droite et à gauche marchent en éclaireurs de
« vieux arquebusiers à l'œil farouche, au teint
« basané ; ils font feu sur des habitans qui fuient,
« ou se précipitent dans la rivière. Il n'y a point
« foule de peuple, mais des hommes d'armes qui
« se rangent autour de leur chef, et le protégent
« dans son entrée toute guerrière. » (2)

(1) Capefigue. T. VII, p. 149.
(2) *Ib.*, p. 151.

Avant d'entrer dans le palais, le roi, accompagné de tous ses officiers, se rendit à Notre-Dame pour remercier Dieu de cet heureux événement. En même temps il fit publier parmi ses soldats la défense d'insulter personne sous peine de la vie. Les prêtres, qui l'avoient si souvent outragé dans leurs sermons, le reçurent avec respect et obéissance. Quand il ressortit de l'église, les acclamations de *vive le roi* redoublèrent. Déjà les Parisiens étoient tranquillisés sur leur sort, et en moins de deux heures toutes les boutiques furent ouvertes, excepté au quartier de Saint-Antoine, qu'occupoient les Espagnols; ainsi la ville reprit son aspect accoutumé. Les Espagnols cependant étoient sous les armes et fort troublés. D. Diégo d'Ibarra, qui avoit poussé une reconnoissance du côté de la Cité, avoit rencontré les troupes du roi, et des bandes de gens du peuple portant des cocardes et des ceintures blanches, et témoignant leur joie d'être délivrés de la domination des Espagnols; on les laissa cependant reculer vers Saint-Antoine, sans les attaquer. Quelques heures plus tard, Brissac alla à eux de la part du roi, pour les sommer de remettre en liberté Saint-Quentin, commandant des Wallons, qu'ils destinoient au supplice, et leur annoncer qu'ils pourroient ensuite sortir de Paris sans être molestés. En effet, le même jour ils sortirent en bataille par la porte Saint-Martin, pour se retirer à Soissons, que Mayenne avoit choisi comme quartier-général de la Ligue. Saint-Luc et Salignac les escortèrent jusqu'au Bourget. Le roi, dit Pérefixe, « les voulut voir « sortir, et les regarda passer d'une fenêtre d'au- « dessus de la porte Saint-Denis. Ils le saluoient « tous, le chapeau fort bas et avec une profonde « inclination. Il rendit le salut à tous les chefs « avec grande courtoisie, ajoutant ces paroles : « Recommandez-moi bien à votre maître ; allez « vous-en, à la bonne heure, mais n'y revenez « plus » (1). Ibarra écrivit au contraire à Philippe : « Bien que le prince de Béarn se fût placé « à une fenêtre de la porte Saint-Denis, l'ordre « fut donné de ne le pas saluer avec les éten- « dards. » Le duc de Féria dit la même chose. (2)

Avec la même affabilité, le roi envoya Du Perron au cardinal-légat, Bellièvre et le chancelier Cheverny aux princesses de Lorraine, pour leur garantir toute liberté s'ils vouloient se retirer, toute protection s'ils vouloient rester. Le cardinal-légat passa encore six jours à Paris pour mettre en sûreté ses propriétés, qui lui tenoient fort au cœur : il refusa cependant de voir le roi,

---

(1) Pérefixe, p. 205. — De Thou. L. CIX, p. 390. — Davila. L. XIV, p. 914. — V. P. Cayet. L. VI, p. 121.

(2) Leurs dépêches du 28 mars, dans Capefigue. T. VII, p. 148 et 160. Les Espagnols saluèrent apparemment du chapeau, non de l'étendard.

qui lui demandoit une entrevue, déclarant que puisque le pape n'avoit pas voulu voir ses ambassadeurs, il ne pouvoit voir non plus celui qui les envoyoit. Il annonça en même temps qu'il vouloit sortir non seulement de la ville, mais du royaume. Il mourut avant d'arriver à Rome. Le cardinal de Pellevé, auquel on avoit porté un semblable message, étoit alors à l'agonie. Il répondit cependant qu'il espéroit bien encore voir les Espagnols et les bons catholiques rentrer dans Paris, et en chasser ce méchant huguenot. Il expira le samedi suivant. Les princesses parurent touchées de l'affabilité du roi, qui fut pour elles d'une politesse extrême; elles se retirèrent avec bonne sauvegarde. Rose, évêque de Senlis, l'Avocat d'Orléans, le père Varade, jésuite, les curés Boucher, Aubry, Pelletier, Cueilly, Hamilton, Guarini et quelques autres parmi les plus violens d'entre les prédicateurs, et les Seize, sortirent avec les princesses; d'autres, dont le langage n'avoit pas été moins emporté, demeurèrent, en se fiant à la clémence du roi, ou comptant sur leur obscurité; mais le lendemain, plus de quatre-vingts d'entre eux reçurent un billet qui leur ordonnoit de déguerpir de Paris. Du Bourg, qui commandoit à la Bastille, et Beaulieu à Vincennes, s'y trouvèrent sans vivres, et furent obligés de capituler le 26 mars; le premier du moins ne voulut pas prendre de

1594. l'argent pour rendre la place qui lui étoit confiée. Leur retraite laissa dès-lors Henri IV vraiment maître de sa capitale. (1)

(1) Davila. L. XIV, p. 916. — De Thou. L. CIX, p. 392. — L'Estoile. T. III, p. 40, et p. 15, 27, 28. — Capefigue. T. VII, p. 188. — V. P. Cayet. L. VI, p. 123.

CHAPITRE VI.

Défection des principaux ligueurs. — Derniers efforts de Mayenne. — Nouvelle tentative pour assassiner le roi; il déclare la guerre à l'Espagne. — Le pape lui accorde l'absolution. — 1594-1595.

Jusqu'à la soumission de Paris, Henri IV n'étoit encore, aux yeux d'un grand nombre de Français, qu'un chef de parti, et peut-être un rebelle. En effet, il avoit contre lui l'autorité des princes qui avoient exercé le pouvoir sous les derniers Valois, et celle du parlement de Paris : les premiers représentoient la majesté royale, le second la nation ; aussi la force de l'habitude confirmoit l'obéissance ; il avoit encore contre lui la grande majorité des prélats, des prêtres et des moines, qui paroissoient dépositaires de l'autorité temporelle de l'Eglise ; il avoit contre lui la Sorbonne, à qui l'on reconnoissoit le droit d'exprimer la science religieuse, la pensée et la loi des catholiques. Lorsque Brissac trahit Mayenne, qui venoit de se fier à lui, lorsqu'il trahit la Ligue et la ville de Paris, il accorda en quelque sorte le sceau de la légitimité au roi auquel il

1594.

livra sa capitale. Les conséquences de cette transaction furent si brillantes, la condition de Henri IV en fut si changée, la capitale elle-même et tout le royaume recueillirent de si grands avantages de cet acte de perfidie, que personne ne lui donna le nom qu'il méritoit, et ne désigna comme un traître celui qui vendoit à un ennemi, pour deux cent mille écus, le dépôt qu'un ami lui avoit confié.

La première pensée du roi et de ses ministres fut de faire disparoître de tous les monumens publics et de tous les registres tous les actes qui attestoient la résistance de la magistrature et du peuple de Paris à l'autorité royale. Tandis que le lieutenant civil, Jean Séguier, faisoit détruire chez tous les libraires tous les libelles publiés contre le feu roi et contre le roi régnant, le chancelier Cheverny, et par ses ordres, Pierre Pithou, procureur général, compulsoient les registres du parlement de Paris, pour biffer tout ce qu'ils contenoient d'injurieux à la majesté royale; puis Pithou et Loisel, avocat général, répétèrent la même opération dans les autres cours, « et firent aussi ôter des églises, cloîtres, « monastères, colléges, maisons communes, « lieux et endroits publics, les tableaux, in- « scriptions et autres marques qui pouvoient « conserver la mémoire de ce qui s'est passé à « Paris pendant qu'il a été au pouvoir de la

« Ligue.» (1). Cette purification étoit à peine accomplie que Henri IV consentit à recevoir en grâce le parlement de la Ligue siégeant à Paris, avant même de l'avoir réuni avec le parlement royal qu'il avoit établi à Tours. «Ceux de Tours, aimoit à dire le roi, ont fait leurs affaires, ceux de Paris feront les miennes. » Il se défioit en effet de l'attachement à leurs vieilles maximes, de la roideur de ces magistrats qui l'avoient suivi dans l'exil pour demeurer fidèles aux lois fondamentales de la monarchie, et il comptoit trouver bien plus de souplesse dans ceux qui s'étoient conformés au temps, et qui avoient beaucoup à se faire pardonner. (2)

L'homme auquel le parlement de Paris dut surtout la faveur que lui montroit le roi, fut François d'O, que Henri III avoit fait gouverneur de Paris et de l'Ile-de-France, et que Henri IV rétablit, au grand mécontentement des Parisiens, dans cette charge qu'il avoit perdue par les barricades. D'O étoit un ancien mignon du dernier des Valois; ses mœurs étoient scandaleuses, son langage habituellement obscène; chacun savoit qu'on ne pouvoit prendre aucune

---

(1) De Thou. L. CIX, p. 392. — Journal de l'Estoile. T. III, p. 29.
(2) De Thou. L. CIX, p. 393. — Lettres de Pasquier. L. XVI, lett. 2, p. 457. — V. P. Cayet. L. VI, p. 125. — Capefigue. T. VII, p. 179.

confiance en sa probité; mais sa gaîté licencieuse amusoit le roi, sa rudesse passoit pour de la franchise, et sa facilité à trouver des expédiens avoit engagé Henri IV à lui confier l'office de surintendant de ses finances. Ce fut lui qui fit sentir à son maître que pour que la grâce qu'il accordoit au parlement de la Ligue fût complète, il ne falloit pas que ce corps reçût son pardon en présence des conseillers fidèles (1). La politique de Henri, en effet, étoit de se faire des serviteurs de ceux qui avoient été ses adversaires, dût-il pour cela mortifier ceux dont le dévouement ne lui étoit plus nécessaire. D'Aubigné en donne deux preuves qui, dit-il, blessèrent quelques esprits. « L'une est qu'en la même journée que le roi « reçut Paris, on vit jouer aux cartes avec lui « la duchesse de Montpensier, laquelle, par la « voix commune, étoit accusée d'avoir, avec le « duc d'Aumale, tramé et pratiqué la mort du « roi..... L'autre, connue de moins de gens et « déplaisante à tous ceux qui la connurent, fut « que comme La Noue gardoit encore la porte « de Saint-Denis, son équipage, venant du fort « de Gournai, fut saisi et enlevé par des sergens « du Châtelet, notamment pour la dette des pou- « dres, dont son père s'étoit obligé en allant au « secours de Senlis. Le pis fut que venant sup-

(1) De Thou. L. CIX, p. 393. — Journal de l'Estoile, T. III, p. 27.

« plier le roi qu'il fît cesser cette rudesse pour « un temps, il eut pour réponse : « La Noue, « quand il me faut payer mes dettes, je ne me « va point plaindre à vous. » (1)

L'édit qui confirmoit le traité de Brissac, et qui devenoit la charte nouvelle de Paris, fut porté au parlement, le 28 mars, par le chancelier Cheverny, accompagné par les grands officiers de la couronne, les ducs et pairs, les conseillers d'État et les maîtres des requêtes. Ses clauses les plus importantes étoient l'interdiction de tout culte hérétique à Paris, et à dix lieues à la ronde, la conservation de toutes les libertés de la ville et de l'université, l'oubli du passé, la confirmation de tous les jugemens rendus, à la réserve de ceux qui atteignoient les partisans du roi, en raison de leur conduite politique; enfin l'obligation imposée à tous ceux qui avoient reçu de Mayenne des charges civiles ou des bénéfices ecclésiastiques d'échanger dans le mois les titres qu'ils tenoient de la Ligue contre ceux que leur donneroit le roi. En même temps un autre édit fut présenté et vérifié pour remettre aux membres du parlement de Paris la peine qu'ils avoient encourue, en n'obéissant pas à l'ordre de Henri III de sortir de la capitale pendant la révolte; il les appeloit à prêter de nouveau serment au roi, entre les mains du chance-

(1) D'Aubigné. L. IV, c. 3, p. 337.

lier, et il les investissoit d'un nouveau pouvoir pour exercer leur juridiction. Le même édit fut ensuite enregistré à la chambre des comptes, à la cour des aides, et à la cour des monnoies (1). La fraction du parlement royaliste qui s'étoit établie à Tours rentra seulement le 14 avril, et celle qui étoit à Châlons le 15 mai. Les premiers étoient au nombre de deux cents environ; ils étoient en assez mauvais équipage. « On les di-
« soit si chargés d'écus, dit l'Estoile, qu'ils n'en
« pouvoient plus; mais les pauvres montures
« qu'ils avoient étoient assez empêchées à les
« porter, sans porter encore leurs écus..... Aus-
« sitôt qu'ils furent arrivés ils allèrent saluer le
« roi, lequel leur fit bon accueil et bon visage;
« mais au surplus il leur dit que sa volonté étoit
« qu'on ne se souvînt plus de tout le passé, et
« que tout fût oublié d'une part et d'autre; qu'il
« avoit bien oublié et pardonné ses injures, qu'ils
« ne pouvoient moins faire que d'oublier et par-
« donner les leurs. » Le seul avantage qui demeura aux conseillers royalistes fut qu'ils prirent le pas sur ceux qui, quoique plus anciens qu'eux, avoient persisté dans la révolte. (2)

Le parlement de Paris eut à cœur de prouver que Henri IV pouvoit en effet se fier à lui, et

(1) De Thou. L. CIX, p. 394. — Journal de l'Estoile. T. III, p. 31.

(2) Journal de l'Estoile. T. III, p. 47 et 65.

n'avoit point besoin de le renforcer par les deux sections émigrées, pour que le parlement condamnât ce même gouvernement de la Ligue dont il avoit été jusqu'alors le support. Le 30 mars, cette cour rendit un arrêt pour abolir tous les arrêts, édits et sermens faits depuis le 29 décembre 1588, au préjudice de l'autorité royale. Elle révoqua l'autorité et puissance conférées au duc de Mayenne avec le titre de lieutenant-général du royaume; elle ordonna à ce duc, et à tous les princes de la maison de Lorraine, de rendre à Henri IV l'obéissance qu'ils lui devoient comme à leur roi, et elle commanda à tous les princes, prélats, nobles, villes et communautés, de renoncer à la Ligue, sous peine d'être punis comme criminels de lèse-majesté; enfin, elle déclara nulles toutes les résolutions des députés des provinces assemblés à Paris sous le faux nom d'États, leur défendant de s'assembler de nouveau, et leur enjoignant de se retirer chacun en leurs provinces. (1)

La Sorbonne ne montra pas moins d'empressement que le parlement à se ranger sous l'étendard du plus fort. Jacques d'Amboise, licencié en médecine, avoit été nommé recteur de l'Université, le 31 mars, par les quatre facultés de

---

(1) De Thou. L. CIX, p. 395, 396. — L'Estoile. T. III, p. 33. Avec l'extrait des registres. — États-Généraux. T. XV, p. 595. — Mém. de la Ligue. T. VI, p. 85.

théologie, de droit, de médecine et des arts; il remplaçoit Antoine de Vincy, déterminé ligueur, qui avoit reçu la veille le billet par lequel il étoit chassé de Paris comme factieux. Amboise étoit un zélé royaliste; il demanda à la Sorbonne un décret sur l'obéissance due au roi, et cinquante-quatre docteurs en théologie le rédigèrent et le signèrent. Il portoit que : « Henri IV étoit vrai « et légitime roi, seigneur et héritier naturel des « royaumes de France et de Navarre, et que « tous ses sujets étoient tenus de lui obéir, en- « core que les ennemis de cet État eussent jus- « qu'ici empêché le saint-siége de l'admettre à « sa communion et de le reconnoître pour fils « aîné de l'Eglise. » La plupart des ordres religieux étoient énumérés dans ce décret comme se soumettant à la décision de l'Université. Les jésuites seuls et les capucins s'y refusèrent, déclarant qu'ils vouloient attendre le jugement du souverain pontife. Quelques uns des prédicateurs qui s'étoient le plus signalés par leurs invectives, tournèrent plus rapidement encore. « Commolet « et Lincestre recommandèrent fort en leurs « sermons la personne du roi notre sire; princi- « palement Lincestre, qui s'étendit si avant sur « les louanges de Sa Majesté, qu'on pensoit « qu'il n'en dût jamais sortir. Le jour de la ré- « duction, comme le roi dînoit, il se vint jeter « à ses pieds et lui demanda pardon, que Sa Ma-

« jesté lui octroya. Toutefois, comme il appro-
« choit près, le roi étant à table, il dit tout haut :
« Gare le couteau ! » (1)

Le cardinal de Bourbon, qui s'étoit figuré quelque temps être le chef d'un tiers parti, avoit conservé jusqu'à la réduction de Paris des espérances que le légat s'efforçoit d'entretenir. On lui faisoit croire que le saint-siége ne consentiroit jamais à reconnoître pour roi un relaps; que c'étoit donc vers lui que tous les Français finiroient par se tourner, comme représentant à la fois le sang des Bourbons et la constance dans la foi catholique. Il croyoit en même temps que Philippe II réservoit pour lui la main de l'infante sa fille. La nouvelle de la soumission de Paris le désespéra: on prétend que ce fut la cause de la phthisie dont il fut bientôt atteint. Pour lui, il l'attribuoit à madame de Rosières, qui l'avoit, disoit-il, ensorcelé, pour se venger de ce qu'il avoit destitué l'abbé de Bellosane, son amant (2). Il étoit alors à son beau château de Gaillon ; il se fit rapporter en litière à Paris afin de paroître prendre part à la joie publique; il s'y logea à l'abbaye Sainte-Geneviève, d'où il se fit ensuite transporter à l'abbaye Saint-Germain, où son

---

(1) L'Estoile. T. III, p. 44. — Le décret du 22 avril. *Ibid.*, p. 51. — Hist. de l'Université. T. VI, L. XII, p. 442. — De Thou. L. CIX, p. 397, 398. — Davila. L. XIV, p. 926.

(2) Sully, Écon. roy. T. II, c. 21, p. 229.

oncle, le premier cardinal de Bourbon, avoit bâti un palais d'une extrême magnificence. Son mal s'aggravant chaque jour, il y mourut enfin le 28 juillet 1594. (1)

La nouvelle de la soumission de Paris, et des décrets du Parlement et de la Sorbonne, quand elle parvint dans les provinces, fit éclater presque partout des révolutions. La première et la plus importante fut la soumission de Villars-Brancas, qui livra au roi Rouen, le Havre-de-Grâce, tout le cours de la Seine et toute la haute Normandie. Villars avoit montré beaucoup de talent dans la défense de Rouen; c'étoit un des plus braves et des plus habiles généraux de la Ligue; mais il étoit emporté, hautain et fort détesté. L'ambition seule l'avoit attaché à Mayenne, et l'ambition pouvoit aussi le lui faire abandonner. Dès le commencement de l'année Rosny avoit été chargé de traiter avec lui; il avoit trouvé qu'un agent d'Espagne étoit en même temps auprès de lui, et que Villars se décideroit pour celui qui lui feroit les offres les plus brillantes. Rosny, cependant, avant d'avoir rien conclu à Rouen, avoit été rappelé par Henri IV, qui vouloit l'employer aux honteuses intrigues du palais. Henri vouloit à tout prix rompre le mariage de sa sœur avec le comte de Soissons. « Et avoit le roi, dit Rosny,

(1) De Thou. L. CIX, p. 401; et CX, p. 492.

« une telle passion à cette affaire, pour ce que
« quelques malins lui avoient mis en tête que ce
« mariage mettroit sa vie en danger s'il en venoit
« des enfans, que vous ne l'aviez jamais vu par-
« ler d'affaire avec telle violence, ni en solliciter
« l'entremise et conclusion avec telle instance et
« obstination.... Cette affaire lui importoit plus
« pour le repos de son esprit que Rouen ni toute
« la Normandie » (1). Rosny quitta donc Villars,
il revint à la cour, et profita de la confiance que
le comte de Soissons et la princesse de Navarre
avoient en lui, pour les tromper l'un et l'autre.
C'est lui-même qui raconte par quels mensonges,
par quelles assurances décevantes il les engagea
à lui rendre les promesses de mariage qu'ils s'é-
toient faites l'un à l'autre, et quelle inimitié l'un
et l'autre lui conservèrent ensuite quand ils
s'aperçurent qu'ils les avoit trahis. (2)

Ce ne fut qu'après l'entrée du roi à Paris que
Rosny retourna à Rouen pour reprendre avec
Villars la négociation qui avoit été interrompue:
celle-ci présentoit de grandes difficultés. Villars
venoit de découvrir l'intrigue d'un autre négociateur royaliste qui avoit cherché à le faire assassiner, et il avoit peine à se persuader que
Rosny n'y étoit pour rien (3). D'ailleurs il met-

---

(1) Écon. royales. T. II, c. 15, p. 159.
(2) *Ibid.*, p. 164.
(3) Sully, Écon. royales. T. II, ch. 17, p. 186.

toit à sa défection des conditions qui devoient offenser les plus zélés serviteurs du roi. Le duc de Montpensier étoit depuis long-temps pour le roi gouverneur de Normandie; Villars déclaroit ne pas vouloir lui être subordonné. Biron, le plus brave, le plus heureux, et de beaucoup le plus habile des généraux du roi, étoit aussi, depuis long-temps, amiral de France; Villars, qui avoit reçu de la Ligue cette même dignité, entendoit que Biron fût destitué pour lui faire place. Enfin Villars vouloit se faire donner la ville de Fécamp et en faire chasser le capitaine Bois-Rosé, qui s'en étoit rendu maître par un trait d'audace sans égal dans les fastes militaires. Bois-Rosé s'étoit fait débarquer avec cinquante soldats, par une nuit fort noire, au pied du rocher de Fécamp, qui a 100 toises de hauteur. La petite plate-forme où on l'avoit mis à terre, est ordinairement couverte de plus de 10 pieds d'eau, et seulement à la plus basse marée de l'année (celle qu'il avoit choisie), elle reste à sec quatre ou cinq heures. Deux soldats qu'il avoit gagnés dans le fort, avoient suspendu solidement à une canonnière, un gros câble garni de nœuds et de petits bâtons en étrier, par lequel Bois-Rosé faisant passer ses cinquante hommes devant lui, monta jusqu'au fort, suspendu en l'air comme une araignée. Pendant cette ascension effrayante, la mer avoit déjà recouvert la plate-forme et battoit avec fureur contre le rocher; en ce moment le cœur défaillit au premier des soldats qui montoient, la tête lui tourna, et il ne put pas aller plus avant. Bois-Rosé, qui en fut averti, et qui étoit tout au bas, passa par-dessus les épaules et la tête des cinquante hommes qui étoient suspendus au-dessus de lui; de son poignard il poussa en avant celui qui défailloit; il les amena tous jusqu'à la canonnière où étoit attaché le câble; il entra par là dans le fort et s'en rendit maître. Bois-Rosé n'étoit pas un homme considérable, mais Rosny répugnoit à faire éprouver une disgrâce à un capitaine qui avoit montré tant d'audace; il ne pouvoit aussi prendre sur lui d'offenser mortellement Montpensier ou Biron. (1)

Les autres conditions de Villars étoient déjà exorbitantes. Non seulement il vouloit être maintenu dans le gouvernement de Rouen, sans reconnoître de trois ans l'autorité du gouverneur de la province, sur toutes les villes et les bailliages de Rouen et de Caux; il vouloit, pour lui-même, les abbayes de Jumièges, Tiron, Bonport, Vallasse et Saint-Taurin, que le roi avoit données à ses serviteurs, et celle de Montivilliers pour la sœur de madame de Simiane. Il demandoit que l'exercice de la religion réformée

(1) Sully, Écon. royales. T. II, c. 14, p. 149; et c. 17, p. 181.

ne se fît point plus près de Rouen que six lieues ; il vouloit la conservation de tous les officiers pourvus par la Ligue, quinze cents hommes de pied et trois cents chevaux entretenus dans les places qu'il remettroit en obéissance, 1,200,000 mille livres pour payer ses dettes, 60,000 mille livres de pension et quelques autres points. Tout cela fut accordé par Rosny, et le traité signé conditionnellement ; la sanction du roi réservée seulement pour ce qui regardoit Montpensier, Biron et Bois-Rosé (1). Voici, quant à ces trois personnages, la réponse que le roi adressa à Rosny.

« Mon ami, vous êtes une bête d'user de tant
« de remises et apporter tant de difficultés et de
« ménage en une affaire de laquelle la conclu-
« sion m'est de si grande importance pour
« l'établissement de mon autorité et le soulage-
« ment de mes peuples. Ne vous souvient-il
« plus des conseils que vous m'avez tant de fois
« donnés, m'alléguant pour exemple celui d'un
« certain duc de Milan au roi Louis XI, au temps
« de la guerre nommée *du bien public*, qui étoit
« de séparer par intérêts particuliers, tous ceux
« qui étoient ligués contre lui sous des prétextes
« généraux, qui est ce que je veux essayer de
« faire maintenant. Aimant beaucoup mieux

(1) Écon. royales. T. II, c. 17, p. 181.

« qu'il m'en coûte deux fois autant en traitant
« séparément avec chaque particulier, que de
« parvenir à mêmes effets par le moyen d'un
« traité général fait avec un seul chef, qui pût
« par ce moyen entretenir toujours un parti
« formé dans mon État : partant, ne vous amusez
« plus à faire tant le respectueux pour ceux dont
« il est question, lesquels nous contenterons
« d'ailleurs; ni le bon ménager, ne vous arrêtant
« à de l'argent, car nous payerons tout des mêmes
« choses que l'on nous livrera, lesquelles, s'il
« falloit prendre par la force, nous coûteroient dix
« fois autant.... De Senlis, ce 8 mars 1594. » (1)

Ce fut le 27 mars que Villars ayant renvoyé sous escorte, à Soissons, La Chapelle-Marteau et don Simon Antonio, qui jusqu'alors étoient demeurés auprès de lui pour la Ligue, et s'étant bien assuré du fort de Sainte-Catherine, du Vieux Palais, du château, et autres lieux forts, passa à son col l'écharpe blanche, au milieu de ses officiers, et s'écria avec un grossier jurement. « Allons, morbleu, la Ligue est perdue !
« que chacun crie vive le roi ! » L'artillerie, les cloches, et les acclamations du peuple répondirent à ce signal. Villars fit en même temps reconnoître le roi au Havre, à Montivilliers, Harfleur, Pont-Audemer et Verneuil. Le parle-

(1) Écon. royales. T. II, c. 17, p. 185.

ment royaliste revint de Caen à Rouen, et enregistra, le 26 avril, l'édit pour la pacification de la Normandie. Villars, la première fois qu'il vit Montpensier, lui déclara qu'il renonçoit à l'indépendance qu'il s'étoit fait assurer à son égard. Le roi donna au baron de Biron le titre de maréchal, en échange de celui d'amiral, avec 140,000 écus; il donna à Bois-Rosé 2,000 écus de récompense et une place de capitaine appointé. Aucune plainte n'éclata; cependant le ressentiment de Biron, qui savoit bien que le roi avoit autant de plaisir à humilier ses anciens serviteurs, qu'à gagner par des faveurs ses adversaires, eut plus tard de funestes effets. (1)

Plusieurs autres villes suivirent bientôt l'exemple que venoient de leur donner celles de Normandie : Abbeville et Montreuil-sur-Mer se donnèrent au roi par le vœu libre des bourgeois, en opposition au duc d'Aumale, gouverneur de Picardie pour la Ligue, sans qu'aucun grand seigneur se fît payer leur retour à la fidélité, et par conséquent sans qu'il y eût d'édit en leur faveur (2). Troyes, où le duc de Guise avoit laissé son frère le prince de Joinville, mais sans garnison, se souleva, chassa le

(1) Sully, Écon. roy. T. II, p. 203, 211, 217, 223. — De Thou. L. CIX, p. 399. — Davila. L. XIV, p. 916. — L'Estoile. T. III, p. 29, 30. — V. P. Cayet. L. VI, p. 154.

(2) De Thou. L. CIX, p. 399, 400.

prince, et appela les troupes du roi. A Sens, le gouverneur et la ville traitèrent en même temps; Riom se soumit avec toute l'Auvergne, en publiant un manifeste pour protester que si les Auvergnats avoient résisté au roi, c'étoit par le seul motif de la religion, et que ce motif étant écarté, ils revenoient avec joie à leur ancienne affection pour la maison de Bourbon. Agen, Villeneuve et Marmande, que les catholiques occupoient en Guienne, firent la même protestation, et l'édit que le roi leur accorda pour confirmer leurs priviléges fut enregistré au parlement de Bordeaux, le 16 juin. Poitiers, enfin, de concert avec le duc d'Elbeuf, qui étoit gouverneur de Poitou pour la Ligue, envoya des députés au roi, qui étoit alors occupé au siége de Laon, pour lui prêter serment de fidélité : c'étoit le premier des princes lorrains qui faisoit sa soumission. Le roi le confirmoit dans le gouvernement de Poitou, et lui accordoit plusieurs grâces personnelles, auxquelles il joignit celle de rétablir l'exercice de la religion catholique à Niort, à Fontenai, à La Rochelle, et dans tous les lieux du Poitou dont les réformés étoient demeurés en possession exclusive. (1)

Tandis que l'influence de l'exemple et la confiance dans la clémence du roi lui faisoient faire

(1) De Thou. L. CIX, p. 400, 401. — D'Aubigné. L. IV, c. 6, p. 345. — V. P. Cayet. L. VI, p. 142, 160, 163, et 187.

1594. des conquêtes si promptes et si importantes, il essaya aussi de soumettre par la force des armes les places qui lui résistoient encore ; mais la guerre ne lui procuroit pas des avantages si rapides que les négociations. De toute la Normandie, la seule place de Honfleur, où commandoit un frère du brave Crillon, étoit demeurée fidèle à la Ligue ; elle avoit servi de refuge à tous les Normands qui s'étoient signalés d'une manière fâcheuse dans ce parti. Montpensier vint l'assiéger, le 11 avril, pour délivrer la province de ce foyer de brigandages autant que de guerres civiles : la résistance fut obstinée ; cependant le commandeur de Crillon, qui vouloit sauver les richesses accumulées par le pillage, capitula avant d'être réduit aux dernières extrémités. (1)

De son côté, le roi étoit entré en campagne, et le 25 mai il avoit mis le siége devant Laon. Le duc de Mayenne, en sortant de Paris, y avoit conduit sa famille et ses équipages, et il y avoit laissé le comte de Sommerive, un de ses fils, sous la direction du capitaine du Bourg, celui même qui venoit de capituler à la Bastille. La ville de Laon sembloit devenue la capitale des derniers ligueurs à l'avénement des Bourbons, comme elle avoit été la capitale des derniers

(1) Davila. L. XIV, p. 917-920.

Carlovingiens à l'avénement des Capétiens (1).
Cependant Mayenne ne s'étoit point enfermé
dans cette ville; il avoit passé à Soissons, où
Charles comte de Mansfeld devoit réunir l'armée
que Philippe II promettoit d'envoyer des Pays-
Bas au secours de la Ligue. Mayenne avoit in-
vité tous les princes de sa maison à se réunir
dans le lieu qu'ils voudroient choisir, pour délibérer avec lui sur le parti qu'ils avoient à
prendre après la perte de Paris. Le duc de Lorraine indiqua pour ce congrès Bar-le-Duc, sur
les frontières de ses États. Mayenne et d'Aumale
s'y réunirent à lui; mais ils n'y virent point
paroître ni le duc de Mercœur, tout occupé à
s'assurer de la souveraineté de la Bretagne,
quel que fût le sort de la Ligue, ni le duc d'Elbeuf, qui étoit déjà entré en secrètes négociations avec le roi pour lui soumettre le Poitou,
ni le duc de Guise et son frère le prince de
Joinville, qui avoient assez à faire à maintenir
les restes de leur autorité en Champagne. Joinville venoit d'être chassé de Troyes, tandis que
Guise avoit couru à Reims pour ne pas perdre
aussi cette ville (2). Il en avoit confié le commandement à Saint-Paul, officier de fortune
élevé dans la maison de son père, mais que la
Ligue avoit fait maréchal de France et lieute-

(1) De Thou. L. CXI, p. 495.
(2) Davila. L. XIV, p. 920.

nant de gouverneur en Champagne. Saint-Paul accabloit les habitans de Reims de contributions pour nourrir des troupes dont il augmentoit sans cesse le nombre : il visoit à l'indépendance ; il avoit pris, de sa propre autorité, le titre de duc de Réthelois. On le soupçonnoit d'être entré en négociations avec Henri IV, et les habitans, ne pouvant plus supporter sa tyrannie, avoient recouru au duc de Guise pour qu'il les protégeât contre son lieutenant. Saint-Paul reçut avec honneur le duc de Guise dans Reims ; mais il comptoit sur les soldats dévoués dont il étoit entouré, et il ne vouloit obéir à celui dont il étoit le représentant qu'autant qu'il y trouveroit son avantage. Le duc de Guise le savoit, et ne pouvoit compter que sur un coup de main pour ressaisir son autorité. Le 25 avril, il aborda Saint-Paul devant la cathédrale ; et prenant occasion des plaintes que lui adressoient les habitans sur les vexations des gens de guerre, il lui demanda pourquoi il avoit, sans attendre ses ordres, augmenté si démesurément la garnison. Saint-Paul répondit que de tous les côtés il étoit entouré d'ennemis, et qu'en l'absence du duc il avoit cru devoir faire tout ce qu'il jugeoit convenable pour la sûreté du dépôt qui lui étoit confié. Mais Guise vouloit le blesser ; il éleva la voix, il l'accabla de paroles piquantes, il déclara vouloir faire la leçon à un valet qui oublioit ce qu'il devoit à son maître. Saint-Paul, offensé, répondit que, comme maréchal de France, il n'avoit point d'ordre à attendre d'un gouverneur de province. A ces mots, Guise, feignant de n'être plus maître de lui, tira son épée, et le tua sur la place; quelques uns de ses officiers furent tués en même temps par les gardes du duc, et le peuple, qui détestoit Saint-Paul, célébra par des cris de joie ce qu'il nommoit l'acte de vigueur de son gouverneur. (1)

Mayenne ne jugea point cette action comme avoit fait le peuple de Reims. Il regrettoit un bon officier enlevé à la Ligue au moment où elle en avoit le plus besoin; il voyoit avec défiance son neveu se mettre au-dessus de toutes les lois, aliéner ou effrayer les chefs qui s'étoient le plus distingués dans son parti, et encourir par là peut-être la nécessité de traiter bientôt avec le roi, pour se soustraire à leur ressentiment. Les trois ducs qui se trouvoient réunis à Bar n'étoient point d'accord. Celui de Lorraine, renonçant désormais à des espérances qui n'avoient jamais été près de se réaliser, et voulant délivrer ses États des dépenses et des dangers d'hostilités plus prolongées, se prononça pour la paix. Le duc d'Aumale, au contraire, plein de ressentimens et de haines contre les politiques et les hu-

(1) De Thou. L. CX, p. 464. — Davila. Liv. XIV, p. 936. — Journal de l'Estoile. T. III, p. 48.

guenots, vouloit à tout prix continuer la guerre, dût-il pour cela se soumettre entièrement à l'Espagne. Le duc de Mayenne avoit des sentimens plus modérés et plus français ; mais s'il trouvoit difficile de prendre un parti dans des circonstances si critiques, c'étoit tout autant l'effet de la lenteur et de l'irrésolution de son esprit, que de sa modération. Il repoussoit avec une sorte d'horreur le joug de l'Espagne, et il croyoit d'autre part son honneur engagé à ne point reconnoître Henri IV avant que le pape l'eût absous. Il apprenoit les rapides succès des royalistes, il commençoit à redouter que les princes de sa famille se détachassent de lui ; aussi, sans prendre plus de confiance dans les Espagnols, il se voyoit forcé de se mettre plus que jamais dans leur dépendance. (1)

Mayenne, après avoir confié à du Bourg la défense de la forteresse de Laon, et la garde de son fils et de sa maison, et avoir obtenu du duc de Lorraine qu'il lui enverroit deux cents lances et trois cents arquebusiers pour renforcer sa garnison, se rendit à Bruxelles pour se concerter avec les Espagnols et s'assurer de leur secours. L'archiduc Ernest, frère de l'empereur Rodolphe, avoit été récemment nommé, par Philippe II, gouverneur des Pays-Bas, et il avoit

---

(1) Davila. L. XIV, p. 924.

fait son entrée à Bruxelles le 31 janvier (1); mais ce jeune prince avoit été mis, par le monarque espagnol, sous la direction des habiles ministres qui depuis long-temps administroient ses affaires dans les Pays-Bas. Ceux-ci étoient partagés d'opinion : Pierre-Ernest de Mansfeld et son fils Charles, qui depuis long-temps exerçoient dans ces provinces le principal commandement militaire, vouloient, d'accord avec tous les ministres flamands, que désormais on renonçât à la guerre civile de France, qui épuisoit la monarchie espagnole, et qui, depuis les derniers événemens, ne pouvoit avoir d'issue favorable. Ils demandoient qu'on employât toutes les forces dont on pourroit disposer à raffermir l'autorité de Philippe sur les Pays-Bas. Le comte de Fuentes, au contraire, le duc de Féria et D. Diego d'Ivarra, qui avoient pris une part très active à la politique française, et dont les deux derniers se sentoient humiliés et irrités de leur expulsion de Paris, prétendoient que les chances étoient encore belles en France pour les Espagnols; que, si l'on y faisoit proclamer l'Infante comme reine, tous les plus zélés catholiques se réuniroient à elle, et que tout au moins il seroit facile d'annexer aux Pays-Bas la Picardie, la Bourgogne, ou quelqu'autre province limitrophe. (2)

1594.

(1) De Thou. L. CIX, p. 402. — *Bentivoglio, Guerre di Fiandra.* P. III, Lib. I, p. 13.
(2) Davila. L. XIV, p. 921, 922.

L'archiduc Ernest embrassa cette dernière opinion, et dès qu'on put avoir une réponse de Madrid, on apprit que c'étoit aussi celle de Philippe. Comme cependant des revers toujours plus accablans n'avoient cessé de frapper le parti de la Ligue, le roi d'Espagne repoussa la proposition de proclamer sa fille reine de France ; il recommanda à ses généraux de poursuivre désormais la guerre de manière à ce que la monarchie espagnole en recueillît seule les avantages. Il ne falloit plus voir dans les ligueurs des alliés, mais bien des sujets ou des transfuges, et il falloit engager les ducs d'Aumale, de Guise, et Mayenne lui-même à se ranger franchement sous les drapeaux espagnols, et à n'agir plus que comme lieutenans du monarque des Espagnes. (1)

Le duc de Mayenne arriva à Bruxelles avec une suite de soixante chevaux. Il fut reçu par l'archiduc Ernest avec beaucoup de démonstrations d'honneur, mais lorsqu'il voulut entrer en traité avec lui, il trouva ce prince très prévenu contre lui, et très résolu à ne poursuivre désormais que des intérêts purement espagnols. Mayenne crut reconnoître dans ces préventions l'influence du duc de Féria, de D. Diego d'Ivarra, de tous ces ministres espagnols qui l'avoient si souvent contrarié en France. Il les accusa à son tour auprès de l'archiduc de tous

(1) Davila. L. XIV, p. 924.

ses revers. L'un d'eux, cependant, J. B. de Taxis, de même que Richardot, estimoient qu'on devoit se fier au duc de Mayenne, et que ce qui se bâtiroit sans lui renverseroit. Ce sont les expressions du duc de Féria lui-même dans une dépêche à Philippe II ; mais Féria, en même temps, envoyoit à son roi un mémoire dicté par la haine la plus violente contre le lieutenant-général du royaume. « Je puis dire, écrivoit-il, que jusqu'ici
« le duc de Mayenne n'a fait chose qui vaille, et
« a été plus pernicieux à la religion, sous cou-
« leur de la défendre, qu'autre qui en ait pré-
« tendu la ruine.... Il a souillé ses mains, sous le
« manteau de la justice, du sang de ceux qui
« ont apporté le principal avancement à sa gran-
« deur, et qui étoient les plus zélés catholiques
« de la France : il a livré à l'ennemi les princi-
« pales places et épargné le Béarnais au temps où
« il n'avoit ni armée, ni argent.... Quand il fut
« à Amiens, qu'il livra la ville à l'ennemi, le maire
« d'Amiens lui a soutenu en présence, que tout
« s'étoit fait de son consentement.... L'on sait les
« paroles qu'il a tenues au duc de Guise, jusques
« à lui dire quand viendra le temps où nous nous
« verrons avec une bonne armée contre ces Espa-
« gnols.... C'est chose toute certaine, et que les
« petits enfans savent à Paris qu'il envoya l'ar-
« chevêque de Lyon pour tramer la prison du
« duc de Nemours son frère, avec charge de

« livrer la ville à l'ennemi, ainsi qu'il s'est de-
« puis exécuté..... Quand il se résolut de partir
« de Paris, il laissa la ville en l'état que chacun
« sait, sans que les prières du légat, les miennes
« ni celles des Etats, qui, tous ensemble, pro-
« testions du danger auquel il nous laissoit, l'en
« pussent démouvoir. » (1)

Le courrier qui portoit cette dépêche fut arrêté par un parti de royalistes, et la lettre fut
renvoyée par Henri IV à Mayenne, pour lui
montrer quelle confiance il pouvoit prendre
dans ses alliés ; Mayenne écrivit aussitôt à
Philippe II, pour réfuter ces calomnies, et lui
demander la permission « de faire mentir le duc
« de Féria de tout ce qu'il a dit contre mon
« honneur, par le combat de sa personne à la
« mienne » (2). Non seulement Féria cependant,
mais la plupart des conseillers de Philippe s'ac-
cordoient à dire qu'ils avoient reconnu que
Mayenne n'étoit pas moins ennemi du roi catholique que du roi de Navarre, pas moins ré-
volté à l'idée de choisir pour roi un Espagnol,
que si on lui avoit parlé d'un Indien ou d'un
nègre. Ils ajoutoient que, tandis que Mayenne
venoit traiter avec eux à Bruxelles, toutes les
princesses de la maison de Lorraine travailloient

(1) La dépêche, du 31 août 1594, dans Capefigue. T. VII, p. 223-229.

(2) Capefigue. T. VII, p. 234.

à la réconciliation de leurs époux avec Henri IV. Que la duchesse de Guise étoit entrée en pourparlers avec sa sœur la duchesse de Nevers, pour le duc de Guise son fils; que la reine Louise étoit allée en Bretagne pour négocier avec le duc de Mercœur son frère; que les duchesses de Nemours et de Montpensier, avant de quitter Paris, avoient vu Henri IV à plusieurs reprises et avoient entamé un traité pour le duc de Mayenne (1); enfin, qu'ils ne voyoient de sûreté pour l'Espagne que dans un seul parti, celui d'arrêter le duc de Mayenne et de le retenir prisonnier à Bruxelles, tandis qu'on réuniroit toutes les forces de la Ligue entre les mains du duc de Guise. (2)

L'archiduc Ernest ne voulut point consentir à cette perfidie. Il avoit, disoit-il, autant lieu de se défier de Guise que de Mayenne, et il étoit assuré qu'en sévissant contre le plus ancien allié de l'Espagne il révolteroit contre lui tous les Français encore dévoués à la Ligue; or celle-ci, malgré ses revers, n'étoit point encore à mépriser. Après plusieurs conférences il fut convenu que Mayenne iroit joindre le comte Charles de Mansfeld, qui, avec l'armée espagnole, étoit déjà entré en Picardie, où il assiégeoit la Capelle, qui ne lui résista pas long-temps;

(1) Davila. L. XIV, p. 924.
(2) Davila. L. XIV, p. 927. — De Thou. L. CXI, p. 495.

qu'ils commanderoient l'armée avec une autorité égale ; que Mayenne seconderoit Philippe avec toutes les forces qui restoient à la Ligue, et qu'ils renverroient à des temps meilleurs de régler le gouvernement que le parti catholique destinoit à la France. (1)

Henri IV, que le duc de Nevers étoit venu joindre à son retour d'Italie, avec tout ce qu'il avoit pu rassembler de soldats, et qui avoit aussi appelé à lui le duc de Bouillon, se trouva à la tête de douze mille fantassins et de deux mille cavaliers, lorsqu'il investit Laon le 25 mai. Le maréchal de Biron, le plus habile entre ses capitaines, commanda les approches ; il avoit sous ses ordres cinq mille cinq cents Suisses, que les ennemis redoutoient plus que tout le reste de l'armée. Du Bourg, qui étoit dans la ville avec le comte de Sommerive, second fils de Mayenne, y avoit trouvé une garnison de quinze cents hommes, abondamment pourvue de munitions, d'artillerie et de feux d'artifice. Le comte de Mansfeld lui fit encore passer deux cents soldats napolitains. Ce comte avoit forcé, le 9 mai, la Capelle à capituler ; il étoit logé devant cette ville dans un camp retranché, avec sept mille fantassins et huit cents chevaux, à douze lieues environ au nord de Laon, tandis

(1) Davila. L. XIV, p. 928. — De Thou. L. CXI, p. 496. — Bentivoglio. P. III, L. I, p. 14.

qu'au couchant La Fère, au midi Soissons, au levant Reims, qui, les unes et les autres, ne sont qu'à six ou huit lieues de distance, étoient toutes aux mains de la Ligue; que le duc de Guise étoit à Reims, et que le duc de Lorraine n'étoit pas non plus bien éloigné. (1)

Le siége de Laon étoit donc une entreprise difficile et dangereuse, et en effet, durant cette guerre, il n'y eut pas de service plus meurtrier. Le roi perdit beaucoup de monde à l'ouverture des tranchées, avant que ses soldats eussent pu se mettre à couvert dans cinq redoutes qu'il fit élever tout autour de la ville. Il en perdit davantage encore lorsque le 13 juin Mayenne et Mansfeld s'avancèrent jusqu'à une lieue de la ville et s'efforcèrent de s'emparer d'un bois qui couvroit la position du roi. Les deux armées s'engagèrent tout entières dans ce combat, où les obstacles du terrain gênoient la cavalerie française, tandis que l'infanterie n'étoit pas de force à lutter avec les vieilles bandes des Espagnols; elle alloit être enfoncée lorsque le maréchal de Biron survint, et, mettant pied à terre, avec les deux compagnies d'hommes d'armes de Torigni et de la Curée, il arrêta enfin les Espagnols. Pendant ce combat, un convoi qui arrivoit de Noyon devoit être introduit dans la

(1) Davila. L. XIV, p. 929. — V. P. Cayet. L. VI, p. 164. — Lettre de Mayenne, *ibid.*

forteresse; il fut intercepté par le duc de Longueville. De son côté, le camp des Espagnols manquoit de vivres, mais comme il avoit derrière lui le grand chemin de La Fère, Mayenne crut qu'il n'éprouveroit aucune difficulté à faire arriver un convoi considérable qu'il y avoit fait préparer; seulement il envoya pour l'escorter six cents Espagnols, mille Italiens et cent chevau-légers. Mais il n'avoit pu dérober au maréchal de Biron la connoissance de ce grand rassemblement de vivres, ou de leur destination. Celui-ci partit dans la nuit du 15 au 16 juin avec huit cents Suisses, huit cents Français, deux cents Anglais et quatre cents chevaux, et tournant dans un profond silence le camp de la Ligue, il vint se placer entre ce camp et La Fère, cachant sa cavalerie dans deux petits bois, et se couchant à plat ventre avec son infanterie dans des champs de blé. A une lieue devant lui étoit La Fère, à deux lieues derrière lui le camp espagnol, et, sur le chemin qui traversoit son embuscade, il y avoit sans cesse des passagers. Le moindre mouvement, le moindre bruit l'auroit fait découvrir. Mais Biron avoit tant d'empire sur les soldats qu'il les retint dix-huit heures cachés dans cette position dangereuse, sans manger, sans boire, sans discourir, jusqu'au soir du 18 juin, qu'ils virent enfin passer les chars devant eux; ils les laissèrent s'avancer, de manière à barrer presque le chemin, et alors, paroissant tout à coup de toutes parts, ils attaquèrent l'escorte avec impétuosité. La résistance fut vaillante et obstinée. Biron auroit été gravement compromis si quelques fuyards avoient porté l'alarme au camp espagnol; mais les vieux soldats italiens et espagnols ne se dispersoient pas, ne fuyoient pas; tous se fortifièrent dans l'enceinte de leurs chariots, tous y périrent, à la réserve d'un bien petit nombre qui furent faits prisonniers. Les quatre cents chariots du convoi furent brûlés par Biron, car il n'y avoit pas de possibilité de les emmener, et la même nuit il revint au camp royal, après avoir eu deux cents hommes tués, autant de blessés, mais après avoir causé un si grand dommage à l'ennemi que Mayenne et Mansfeld se virent dans la nécessité de se retirer. Mayenne le fit en plein jour, quoiqu'il eût à traverser quatre lieues de pays découvert, en présence d'une cavalerie fort supérieure à la sienne. Mais il le fit avec tant d'habileté militaire, comme de bravoure, qu'il ne se laissa point entamer. (1)

La retraite de l'armée espagnole ne fit pas perdre courage aux assiégés. Ils continuèrent plus d'un mois à se défendre avec vaillance. Une

(1) Davila. L. XIV, p. 932, 934. — De Thou. L. CXI, p. 497, 500. — Sully, Écon. royales. L. II, c. 23, p. 247. — V. P. Cayet. L. VI, p. 167.

sortie terrible qu'ils firent le 1ᵉʳ juillet, plusieurs assauts qu'ils soutinrent, même après que la mine eût ouvert de larges brêches à leurs murailles, coûtèrent encore beaucoup de monde à Henri IV; il y perdit entre autres le baron de Givry, un des hommes les plus aimés et les plus estimés dans les deux armées. Enfin la garnison de Laon sentit l'impossibilité de se défendre davantage; elle capitula le 22 juillet, et le comte de Sommerive, le baron du Bourg et le président Jeannin eurent la liberté de se retirer à La Fère avec toute la garnison, en emportant leurs armes et leurs bagages. (1)

Dans cette campagne, c'étoit Biron qui avoit montré le plus de talent et le plus de courage, et chacun dans le camp lui attribuoit le mérite de la prise de Laon. Mais d'Aubigné remarque « Que Henri IV souffroit impatiemment qu'on « louât ceux de ses serviteurs qui avoient fait « les plus belles actions à la guerre, et qui lui « avoient rendu les plus grands services » (2). Et Sully nous en donne un exemple dans ses Économies royales. « Deux jours après la dé- « faite du grand convoi, écrivent ses secré- « taires, le roi vous envoya quérir si matin

---

(1) Davila. L. XIV, p. 935. — De Thou. L. CXI, p. 501, 502. — Lettre du duc de Féria à Philippe II, dans Capefigue. T. VII, p. 237.

(2) Mém. de la vie de Théod. Agr. d'Aubigné, p. 61.

« qu'il étoit encore au lit; lequel après quelque
« discours de ce qui s'étoit passé en ces grands
« combats où vous vous étiez trouvé, et voyant
« que vous louiez M. de Biron, il vous dit :
« Tout ce que vous dites est bien vrai; mais
« il en parle tant et y ajoute tant de choses
« qu'il semble que vous n'avez tous rien fait,
« et que tout ce qu'il en dit n'est qu'à des-
« sein de me demander le gouvernement de
« cette place, de la fortification de laquelle il
« parle déjà tout ouvertement, jusques à mena-
« cer de faire quelque escapade si je lui refuse.
« Mais, outre que j'en suis déjà engagé de paroles
« envers d'autres que j'aime et auxquels je me
« fie, je craindrois en la lui baillant et la for-
« tifiant comme il dit, de le rendre insuppor-
« table, lors de ses dépits et vanteries, capable,
« lui étant si proche des Pays-Bas, de tout mé-
« priser et tout imaginer; et partant vous prié-je
« de penser à toutes ces choses, et le mettre un
« peu sur ces discours, pour voir ce qu'il dira ;
« car l'on m'a dit qu'il vous caresse (1)..... D'un
« tel esprit, et tant présomptueux qu'il vou-
« droit persuader au monde qu'il m'a mis la
« couronne sur la tête, me semble qu'il faut
« craindre toute chose..... Je vous prie me dire
« encore ce que vous pensez touchant les pro-

1594.

---

(1) Sully, Écon. royales. T. II, c. 24, p. 263.

« cédés de M. de Bouillon, qui fait tant le sa-
« pient.... Tant plus je l'ai obligé, tant plus il
« m'a fait d'algarades, et tâché toujours de faire
« défier les huguenots de moi.... et n'est pas
« possible qu'il fasse tout cela par innocence,
« si elle n'est fourrée de malice bien noire : la-
« quelle trois autres ne l'ont pas moindre, mais
« ne sont pas si soigneux de la cacher que lui,
« à savoir : le comte d'Auvergne, le duc d'Eper-
« non et le maréchal de Biron. « (1)

Les hommes dont Henri IV se défioit étoient en effet ceux qui s'étoient le plus tôt dévoués à lui, et qu'il avoit le plus mal récompensés. Nous avons vu comment Bouillon, ou le vicomte de Turenne, avoit servi la cause protestante dès sa première jeunesse, avec autant de dévouement que de bravoure et de talent. La seule récompense que lui eût accordée Henri avoit été de lui permettre d'épouser l'héritière de la maison de Bouillon; elle venoit justement de mourir en le laissant son unique héritier. Elle étoit protestante, et elle ne pouvoit choisir dans le parti huguenot un homme de plus haut rang que Turenne, ou plus fait pour mériter son attachement ou flatter son amour-propre; aussi Turenne croyoit-il n'avoir d'obligation qu'à lui-même et à elle pour la préférence que lui avoit accordée

(1) Écon. royales. *Ibid.*, p. 265.

cette princesse étrangère (1). Autant Bouillon étoit le plus habile entre les généraux huguenots du roi, autant les deux Biron père et fils avoient été les plus habiles entre les catholiques ; leur fidélité ne s'étoit jamais démentie : quoique catholiques, ils n'avoient jamais fatigué le roi de leur intolérance, ils formoient au contraire par leur modération le lien entre les deux religions. Dès l'âge de quatorze ans Biron étoit colonel des Suisses ; Henri l'avoit fait amiral de France en 1592, mais il lui avoit repris cette charge en 1594, pour la donner à Villars, le nommant maréchal pour le consoler. Il n'est pas étrange que Biron espérât que Henri lui donneroit le gouvernement de Laon, qu'il avoit tant contribué à soumettre, tandis que le roi étoit si prodigue de ses grâces envers ceux qui lui avoient résisté. Le duc d'Epernon avoit été le protecteur du Béarnais à la cour de Henri III, dans un temps où tous les autres favoris s'étoient donnés à la Ligue. Henri cherchoit alors à lui enlever la Provence, qu'il tenoit du dernier roi. Le comte d'Auvergne enfin, fils naturel de Charles IX, n'avoit que vingt-un ans, c'étoit Henri III qui lui avoit donné, en 1589, les comtés de Clermont et d'Auvergne ; il s'étoit des premiers attaché à Henri IV, mais

(1) Écon. royales. *Ib.*, p. 266.

il n'avoit encore ni mérité ni obtenu de lui aucune faveur. (1)

Pendant le siége de Laon Saint-Chamans avoit ouvert au roi les portes de Château-Thierry, sous condition qu'il en demeureroit gouverneur, et les bourgeois d'Amiens s'étoient donnés au roi sans condition, mais il n'en confirma pas moins tous leurs priviléges. L'acquisition la plus importante cependant qu'il fit alors fut celle de Cambrai; et à cette occasion il montra de nouveau que s'il croyoit que la fidélité de ses serviteurs pouvoit se passer de récompense, il n'épargnoit rien pour séduire ses ennemis. Balagni, alors seigneur ou prince de Cambrai, étoit ce même aventurier, fils naturel de Jean de Montluc, évêque de Valence, qui avoit été envoyé dans sa première jeunesse en Pologne, pour y préparer l'élection de Henri III. Le duc d'Alençon lui avoit confié le gouvernement de Cambrai, lorsqu'il avoit surpris cette ville; dès lors Balagni s'y étoit fortifié : et à la mort du duc d'Alençon il y étoit demeuré indépendant. Il avoit formé des compagnies de cavalerie, avec lesquelles il s'étoit mis au service de la Ligue, s'assurant ainsi en retour l'alliance des princes puissans dont elle étoit composée. Comme militaire il

(1) Mém. du duc d'Angoulême. T. LXII, p. 173.

avoit éprouvé plusieurs revers qui avoient fait élever des doutes sur son habileté et même sur son courage; et il se figuroit pouvoir les dissiper par sa férocité envers les protestans; il étoit détesté dans Cambrai, mais il s'y faisoit craindre à l'aide des nombreux aventuriers qu'il tenoit à sa solde. Il avoit épousé Renée, sœur de Bussy d'Amboise, qui ne lui avoit donné sa main que sous condition qu'il tueroit Montsoreau, le meurtrier de son frère. Quand Balagni vit décliner la fortune de la Ligue et grandir celle de Henri IV, il résolut de s'attacher au pouvoir nouveau; il envoya secrètement sa femme à Dieppe, où se trouvoit le roi, au mois de novembre 1593, pour se faire comprendre dans la trève qui devoit durer jusqu'à la fin de l'année. Elle fit mieux, elle réussit à engager le roi à signer, le 29 novembre, un traité par lequel il prenoit sous sa protection Jean de Montluc de Balagni, souverain de Cambrai, avec sa femme et ses enfans. Il s'engageoit à lui payer 70,000 écus par année pour l'entretien de sa garnison et de sa citadelle, et de plus, 20,000 francs pour intérêt des sommes qu'il y avoit précédemment dépensées. Il accordoit à Balagni et à tous ses serviteurs une amnistie pour tous les actes de violence qu'ils avoient commis en France; il s'engageoit à le défendre contre Philippe II, à le comprendre comme son allié dans tous les traités qu'il signeroit, et à faire jouir en France, les habitans du Cambresis, de tous les priviléges des Français. (1)

Ce traité fut tenu quelque temps secret, pour ne pas compromettre Balagni, dont l'État étoit enclavé dans les Pays-Bas espagnols ; il fut ratifié par le roi au milieu d'avril, par Balagni le 12 août, et il fut vérifié au parlement de Paris le 14 janvier 1595. Henri IV prit à tâche de gagner le cœur de Balagni par ses prévenances : il alla le voir à Cambrai au mois d'août, il le nomma maréchal de France, et il agréa les fêtes somptueuses que lui donna le nouveau prince. Toutefois il ne pouvoit guère contracter d'alliance plus dangereuse : Balagni étoit le Valentinois de la France ; il n'étoit pas plus digne de la protection de Henri IV, que César Borgia ne l'avoit été de celle de Louis XII. L'un comme l'autre étoit odieux à ses sujets et à ses voisins, et ne maintenoit sa tyrannie que par des supplices ; Balagni osa davantage depuis qu'il se sentit soutenu par un grand roi : bientôt les bourgeois de Cambrai ne voulurent plus souffrir sa tyrannie, ni les Flamands son voisinage ; et Henri IV perdit Cambrai pour avoir voulu y maintenir un brigand.

La campagne de 1594 finit avec la prise de Laon. Henri IV, au mois d'août, après Cambrai,

(1) De Thou. L. CXI, p. 503, 507 ; et CXIII, p. 596. — Journal de l'Estoile. T. II, p. 535. — Davila. L. XIV, p. 937.

visita Amiens ; il reçut encore la soumission des habitans de Beauvais, puis celle de Saint-Malo. Il revint ensuite à Paris, où le parlement reçut le serment, au mois d'octobre, de Villars comme amiral de France, de Balagni et de Bouillon comme maréchaux : il fit cependant de grandes difficultés quant au dernier, parce qu'il étoit huguenot; il céda sur les représentations du président de Thou, qui dit « qu'il n'étoit point ques-
« tion de recevoir un docteur de théologie, mais
« un maréchal de France, en quoi il ne s'agissoit
« point de la religion. Que M. de Bouillon avoit
« bonne épée pour faire service au roi en cette
« charge, de laquelle s'il y avoit seigneur en
« France qui fût digne, c'étoit lui » (1). En même temps Henri IV chargea le maréchal de Biron de défendre la Bourgogne, ou de la reconquérir sur le duc de Mayenne, qui en étoit gouverneur. Enfin, le dimanche 25 septembre, dit l'Estoile, le roi déclara tout haut « Villeroi
« secrétaire d'Etat, en la place de Révol, et ce,
« contre sa protestation souventefois réitérée,
« contre les prières aussi très humbles et très af-
« fectionnées de madame sa sœur, qui, au nom
« de toutes les Eglises, principalement de celles
« des Pays-Bas, avoit supplié sa majesté de n'y
« mettre point Villeroi, pour ce qu'elles le con-

(1) Mém. de l'Estoile. T. III, p. 87.— De Thou. L. CXI, p. 507. — Davila. L. XIV, p. 938.

« noissoient pour leur ennemi formel et juré, et
« de tous ceux de la religion ; et au surplus très
« mauvais Français et vrai Espagnol. » Villeroi,
en effet, ancien ligueur, avoit été surtout l'homme
du duc de Mayenne, dans ses négociations, soit
avec l'Espagne, soit avec Henri IV lui-même;
mais celui-ci changeoit de parti, et c'étoit d'hommes qui en eussent changé qu'il aimoit à se servir. (1)

Pendant la durée des guerres civiles, une partie considérable du royaume sembloit oubliée et
du roi, et de la France, et de ses historiens : on
s'y battoit cependant aussi, et peut-être avec non
moins d'acharnement; mais c'étoit tout autant de
guerres privées entre le gouverneur nommé par
la Ligue et le gouverneur nommé par le roi;
chacune étoit soutenue avec les ressources de la
province, sans que l'un ou l'autre chef recourût
au gouvernement central, ou reçût de lui des
ordres. Dans la Bretagne, cette guerre privée
avoit pris un caractère plus indépendant encore;
Mercœur prétendoit hériter des anciens ducs du
pays; Philippe II avoit la même prétention pour
sa fille, car quoi qu'il advînt de la loi salique,
quant à la couronne de France, la Bretagne tout
au moins étoit un fief féminin. Le maréchal
d'Aumont étoit gouverneur de la province pour

(1) Mém. de l'Estoile. T. III, p. 84.

le roi ; mais Elisabeth d'Angleterre croyoit être intéressée plus encore que lui à ce que cette grande péninsule, si rapprochée de son royaume, ne passât point entre les mains ou d'un fanatique prince lorrain ou des Espagnols.

Ce furent les États de Bretagne présidés à Rennes, le 18 octobre 1593, par le maréchal d'Aumont et le sire de Saint-Luc, qui envoyèrent des députés à la reine d'Angleterre et aux États de Hollande, pour leur demander des secours. Elisabeth promit cinq mille hommes, et les Hollandais quinze cents; mais la première se plaignoit que la place d'armes qu'on avoit livrée à ses troupes, Paimpol, étoit malsaine et insuffisante ; elle demandoit que la place de Brest fût remise à son général Norris, pour sa sûreté, et elle fit même quelques tentatives auprès de Sourdeac, qui y commandoit, pour se la faire livrer sans l'ordre des États. L'armée qu'elle entretenoit en France lui coûtoit trois mille livres sterling par semaine, et elle reprochoit amèrement à Henri de n'avoir voulu l'employer à rien qui pût être réellement utile à l'Angleterre. (1)

Le duc de Mercœur éprouvoit des difficultés précisément du même genre avec son allié le roi d'Espagne. Il avoit été obligé de livrer à

(1) D. Taillandier, Hist. de Bretagne. L. XIX, p. 429. — Rapin-Thoiras. T. VII, L. XVII, p. 475.

1594. D. Juan de Aquila, commandant de ses auxiliaires espagnols, la place de Blavet, aujourd'hui Port-Louis ; mais celui-ci n'en étoit pas content ; ayant cinq mille vieux soldats sous ses ordres, il s'étoit emparé de la langue de terre qui sépare la baie de Douarnenez de celle de Brest, et il avoit commencé à y élever auprès du village de Crozon un fort sur un rocher, dans la position la plus formidable ; ce fort l'auroit rendu maître de Brest et du Conquet, il auroit détruit le commerce anglais en Bretagne et favorisé tout projet de descente en Angleterre. D. Thomas de Praxèdes fut chargé du commandement du Crozon ; mais comme Mercœur et les Bretons voyoient l'érection de ce fort avec autant de jalousie que le maréchal d'Aumont ou le général Norris, l'Espagnol ne vouloit employer que des ouvriers espagnols, et des briques cuites en Espagne, pour que l'intérieur de ses fortifications ne fût connu d'aucun Français. Il en résulta que ses ouvrages avancèrent très lentement ; aussi le maréchal d'Aumont, après avoir soumis au roi Laval et Concarneau, puis Morlaix et Quimper, trouva-t-il encore les fortifications de Crozon incomplètes quand il vint y mettre le siége le 11 octobre. Il avoit sous ses ordres deux mille Anglais commandés par Norris, trois mille Français, trois cents arquebusiers à cheval, et quatre cents gentilshommes. Dans aucune occasion l'émulation entre les Anglais et les Français, et la haine des uns et des autres contre les Espagnols, ne se manifestèrent avec plus d'acharnement. Après plusieurs combats et plusieurs assauts meurtriers, Crozon fut enfin pris d'assaut le 15 novembre, et tout ce qui y restoit de défenseurs fut passé au fil de l'épée. (1)

La grande province de Languedoc formoit en quelque sorte deux États séparés. Le maréchal duc de Montmorency, long-temps connu sous le nom de Damville, qui s'étoit maintenu dans le gouvernement malgré Catherine, malgré Charles IX, malgré Henri III, agissoit plutôt comme l'allié que comme le sujet de Henri IV; il ne faisoit rien pour lui et il ne lui demandoit rien; mais il avoit son parlement à Béziers, et il assembloit les États tour à tour à Pézénas, à Beaucaire et à Béziers; il n'avoit jamais consenti à la révocation de l'édit de pacification de 1577, et il étoit secondé par tous les huguenots et tous les catholiques politiques. D'autre part, le capucin frère Ange, qui avoit repris le titre de duc de Joyeuse et de gouverneur du Languedoc pour la Ligue, se montroit le plus fanatique de tous les chefs de ce parti en décadence, le plus éloigné de recon-

(1) D. Taillandier; Hist. de Bret. L. XIX, p. 430-440. — Davila. L. XIV, p. 943-945. — De Thou. L. CXI, p. 517-520. — Lettre de Mercœur à Philippe, dans Capefigue. T. VII, p. 17.

noître pour roi un hérétique relaps; et il faisoit agir à Rome son frère, le cardinal de Joyeuse, de concert avec lui. Il avoit son parlement à Toulouse, ville glorieuse de son inquisition, et la plus intolérante de France, et il avoit, de son côté, assemblé des États, ardens catholiques, à Carcassonne, à Albi et à Lavaur.

Pour rétablir son autorité dans la province, Henri IV se proposoit d'en éloigner son lieutenant Montmorency, et de séduire son ennemi Joyeuse. Il conféra au premier, dès le mois de septembre 1593, la dignité de connétable, la plus éminente de toutes les charges du royaume; et il lui exprima en même temps le besoin qu'il avoit de lui, soit pour pacifier la France et le Dauphiné, soit pour assister à son sacre, soit enfin pour conduire ses armées. Montmorency parut flatté de ces faveurs, mais quoiqu'il eût, avec la permission du roi, prolongé pour l'année 1594 la trève particulière au Languedoc, il ne se hâta pas de quitter la province. Il en confia le gouvernement à Anne de Lévi, duc de Ventadour, lorsqu'il joignit enfin le roi pour la campagne de Bourgogne. En même temps le roi envoyoit Aymeric de Vic à Toulouse pour gagner Joyeuse, en lui offrant le gouvernement de la partie du Languedoc qui le reconnoissoit, avec d'autres conditions avantageuses. La négociation fut entamée, et l'on vit une grande partie du parlement et de la bourgeoisie de Toulouse se prononcer pour la paix; mais Joyeuse écoutoit plus son fanatisme que son ambition, il ne voulut suivre les conseils que des plus forcenés parmi les ligueurs, il força une partie du parlement de la Ligue à se retirer à Castel-Sarrazin pour se dérober à ses fureurs, et il recommença les hostilités avec les royalistes à la fin de mai 1595. (1)

La plus grande partie de la Provence étoit soulevée contre le duc d'Épernon, mais ce seigneur avoit pourtant trouvé moyen de réunir une armée assez considérable, avec laquelle il recommença le siége d'Aix au commencement de cette année. Il n'y avoit aucun gouverneur de province que Henri IV désirât plus dépouiller de son pouvoir qu'Epernon, et cependant il ne vouloit pas se déclarer ouvertement contre lui, de peur que ce duc orgueilleux n'embrassât le parti de la Ligue. Henri, qui s'étoit réconcilié avec les ligueurs de la Provence, et qui les avoit armés lui-même contre le gouverneur qui exerçoit l'autorité en son nom, recommanda le soin de les pacifier aux deux gouverneurs des provinces voisines, le connétable de Montmorency, qu'il étoit bien aise de faire sortir sous ce prétexte du Languedoc, et Lesdiguières, qu'il ne

(1) Hist. gén. de Languedoc. T. V, L. XLI, p. 467-476. — De Thou. L. CXI, p. 523. — Davila. L. XIV, p. 947.

désiroit guère moins faire sortir du Dauphiné, où ce chef habile des protestans commençoit à devenir trop puissant. Lesdiguières ayant passé la Durance le 27 avril, remporta quelques jours plus tard l'avantage sur d'Epernon, dans un combat qu'il lui livra à Orgon. D'autre part, son éloignement du Dauphiné et du Piémont permit au duc de Savoie de s'emparer de plusieurs vallées protestantes, dans le pays des Vaudois, qui s'étoient données au roi. Ce n'étoit cependant ni à Montmorency ni à Lesdiguières que Henri IV avoit confié ses véritables intentions relativement à d'Epernon. Il choisit pour être son agent en Provence, un intrigant, Beauvais la Nocle, sieur de Lafin, qui eut plus tard une part aussi honteuse que déplorable à la ruine du maréchal de Biron. Lafin avoit une triple instruction, la première, publique, de réconcilier Epernon avec les seigneurs provençaux; la seconde, secrète, pour engager ces seigneurs, et surtout le marquis d'Oraison et de Saint-Canat, à continuer à faire la guerre à d'Epernon, dont le roi désiroit la ruine; la troisième, plus secrète encore, portoit: « Que s'il reconnoissoit que le parti de ces
« seigneurs étoit le plus foible, il désavouât de la
« part du roi leur procédure, et leur fît faire
« leur procès comme à des déserteurs, des sé-
« ditieux et perturbateurs du repos public, se-
« cret que le sieur de Saint-Canat lut un jour en

« cachette dans les Mémoires et instructions du
« sieur de Lafin; ces instructions étoient signées de
« la propre main du roi et de celle d'un secrétaire
« d'Etat » (1). Mais Lafin, reconnoissant que le
parti du duc d'Epernon penchoit vers sa ruine,
se lia étroitement avec Lesdiguières, le comte
de Carces, la comtesse de Saulx, le marquis
d'Oraison et le parlement d'Aix, tous ennemis
acharnés d'Epernon. Cependant, il les engagea
les uns et les autres à signer une trêve, qui devoit durer jusqu'à ce que le roi se fût expliqué
sur les demandes des deux partis. (2)

Le roi attendoit pour s'expliquer l'issue d'une
autre négociation, qu'il regardoit comme plus
importante encore; il avoit recommencé à traiter avec les princes de la maison de Lorraine,
assuré que, s'il pouvoit les gagner, toute la
Ligue seroit bientôt dissoute, et il n'épargnoit
ni dignités, ni argent, ni promesses, pour les
séduire les uns après les autres. Le premier dont
le traité fut signé fut Charles III, duc de Lorraine, qui avoit plus à perdre par la guerre et
moins à gagner qu'aucun de ses parens. Son
négociateur, Bassompierre, obtint pour lui le

---

(1) Bouche, Hist. de Provence. L. X, p. 792. — Nostradamus. P. VIII, p. 969.

(2) Bouche, Hist. de Prov. T. II, L. X, p. 788-801. — Nostradamus, Hist. de Provence. P. VIII, p. 963-972. — Davila. L. XIV, p. 946-949. — De Thou. L. CXI, p. 523-529.

gouvernement de Toul et de Verdun, qui, avec quelques places plus petites, étoit donné à l'un de ses fils; une somme de 900,000 écus pour dédommagement de toutes les pensions qu'il avoit perdues pendant la guerre, et la promesse de maintenir tous les droits que prétendoient ses enfans à l'héritage de Catherine de Médicis. Le négociateur Bassompierre ne s'oublia point lui-même; le roi reconnut lui devoir 68,000 écus que Bassompierre disoit avoir avancés à Henri III, et au lieu d'argent il se fit céder en paiement la seigneurie de Vaucouleurs. (1)

Treize jours après le traité du duc de Lorraine, celui du duc de Guise fut également signé; la duchesse de Guise sa mère l'avoit entamé, et c'étoit Rosny qui avoit eu la principale part à le conclure avec le maréchal de La Châtre. Guise insistoit pour conserver le gouvernement de Champagne, qui avoit déjà été donné à son père, et que la Ligue lui avoit transmis. Henri IV, qui de son côté l'avoit donné au duc de Nevers, ne vouloit pas offenser ce grand seigneur en le lui reprenant. Guise consentit à échanger ce gouvernement contre celui de Provence, et Henri saisit avec empressement cette occasion, comme il le dit à Rosny, « de

(1) Traités de Paix. T. II, §. 199, p. 559, à Saint-Germain-en-Laye, 16 novembre 1594.

« mettre au duc d'Épernon M. de Guise en tête ;
« d'autant que lui réunissant, de son côté, ceux
« qui se ressentent encore de la Ligue à mes
« serviteurs affidés MM. d'Ornano, Lesdiguières
« et autres, à qui je l'enjoindrai ainsi, tout le
« crédit que peut avoir acquis M. d'Épernon
« sera bientôt réduit à néant, et lui contraint,
« après y avoir bien dépensé, de s'en revenir
« me trouver et faire le bon valet » (1). Le traité
du duc de Guise et de ses deux frères le prince
de Joinville et l'abbé Louis fut signé le 29 novembre. Henri promit de ne point permettre
l'exercice de la religion réformée dans les principales villes de Champagne ; il confirma toutes
les nominations faites par les Guises, il abolit
toutes les offenses, il déchargea le duc de tout
ce qu'il pouvoit devoir au trésor, il le dispensa
de payer pendant une année aucune dette à des
particuliers ; enfin, il lui promit 400,000 écus
pour rétablir ses affaires. Il donna aussi à l'abbé
Louis de Guise la plupart des bénéfices ecclésiastiques qui avoient appartenu au cardinal de
Bourbon. De son côté, Guise remit au roi
Reims, Vitry, Rocroy, Saint-Dizier, Guise,
Moncornet, et tout ce qui lui restoit en Champagne. (2)

On a peine à comprendre comment le trésor

(1) Écon. royales. T. II, c. 27, p. 318.
(2) Traités de Paix. T. II, §. 200, p. 261. — Écon. royales.

du roi pouvoit suffire à payer les scandaleuses rançons que lui demandoient tous ces princes et ces seigneurs, qui prétendoient n'avoir pris les armes que pour la défense de la religion, et qui ne les posoient qu'au prix de l'or. Les finances avoient jusqu'alors été administrées par François d'O, gouverneur de Paris et de l'île de France, ancien mignon de Henri III, homme perdu de débauche, et qui, à l'âge de quarante ans, succomba, le 24 octobre 1594, aux maladies que lui avoient attirées ses vices. Cet homme, sans pitié et sans probité, avoit souvent fait preuve de son talent pour trouver des expédiens dans les besoins pressans du trésor : on le regardoit comme un administrateur infidèle; mais il dissipoit plus rapidement encore qu'il ne voloit, et il mourut chargé de dettes. Ses embarras privés lui avoient fait rendre, le 14 juillet, un édit pour réduire d'un tiers l'intérêt de l'argent sur toutes les dettes constituées tant des particuliers que du public; pendant son agonie, plusieurs de ses créanciers, qui étoient ses parens et ses domestiques, firent saisir tous les meubles de son logis et détendre jusqu'à la tapisserie de la chambre où il respiroit encore. Henri IV confia l'administration de ses finances au duc de Ne-

T. II, c. 28, p. 339. — Davila. L. XIV, p. 942. — De Thou. L. CXI, p. 510, 511.

vers, puis à Nicolas Harlay de Sancy, avant d'y appeler le baron de Rosny. (1)

Tandis que, par la défection du duc de Lorraine et du duc de Guise, la Ligue sembloit sur le point de se dissoudre; que le duc d'Aumale, perdant successivement ses meilleures places de Picardie, étoit réduit à se faire tout-à-fait Espagnol; que le duc de Mayenne avoit passé en Bourgogne pour sauver tout au moins cette province, dont il avoit le gouvernement, un attentat odieux montra tout à coup combien le fanatisme des anciens ligueurs avoit encore de puissance sur certains esprits. Le 27 décembre, le roi, à peine descendu de cheval à son retour de Saint-Germain, entra dans une salle du Louvre, où il étoit entouré des chevaliers du Saint-Esprit, qui devoient l'accompagner à la procession du premier de l'an. Un jeune homme de dix-neuf ans, nommé Jean Chastel, s'étoit glissé parmi eux; c'étoit le fils d'un marchand de Paris. Au moment où les chevaliers de Ragni et de Montigni saluoient le roi, Chastel lui porta un coup de couteau qu'il destinoit à la gorge; mais le roi s'étoit baissé pour les embrasser, en sorte que le couteau frappa à la lèvre et fut

(1) De Thou. L. CXI, p. 513. — Mém. de l'Estoile. T. III, p. 91. — Rosny, Écon. royales. T. II, c. 27, p. 300, et c. 29, p. 354. — Édit sur les rentes, aux Mém. de la Ligue. T. VI, p. 218.

arrêté par les dents. La blessure fut si légère que le roi crut que c'étoit sa folle mathurine qui l'avoit atteint. Chastel avoit à l'instant laissé tomber le couteau, et s'étoit perdu dans la foule; il fut cependant reconnu et arrêté. Il fut mis à la torture; et, d'après ses aveux, on prétendit qu'il avoit été élevé dans l'école des jésuites, et qu'il avoit été encouragé au meurtre du roi par le curé de Saint-André, comme expiation de désordres honteux auxquels il avoit été adonné; d'autres affirmèrent, au contraire, que par sa confession il déchargea absolument les jésuites de tout blâme. Le surlendemain, jeudi 29 décembre, il eut le poing coupé, puis il fut tenaillé et tiré à quatre chevaux en la place de Grève; ses membres furent jetés au feu, et les cendres dispersées au vent. (1)

La tentative de Chastel fournit au parlement le prétexte qu'il cherchoit pour sévir contre les jésuites. Cet ordre, qui prétendoit l'emporter sur tous les autres dans son zèle pour l'Église, et qui faisoit vœu d'une obéissance plus implicite que le reste du clergé à la cour de Rome, avoit excité le ressentiment et la jalousie des autres

---

(1) Mém. de P. de l'Estoile. T. III. p. 101-104. — Davila. L. XIV, p. 949, 950. — De Thou. L. CXI, p. 532, 533. — D'Aubigné. L. IV, c. 4, p. 339. — Rosny, Écon. royales. T. II, c. 29, p. 359. — Lettre de Henri IV, et extrait de l'interrog. de Chastel. Capefigue. T. VII, p. 255, 259.

ordres monastiques. Dès le commencement de cette année, il étoit en procès avec l'Université; il avoit aussi une querelle avec les curés de Paris, et le parlement le regardoit avec une extrême défaveur. De Thou rapporte avec complaisance toutes les accusations qui circuloient alors contre les jésuites, et les autres historiens s'en montrent également avides (1). Le jour même du supplice de Chastel, le parlement rendit un arrêt ordonnant « que les prêtres du « collége de Clermont, leurs disciples, et en « général tous les membres de la Société de Jé- « sus, sortiroient de Paris, et de toutes les villes « où ils auroient des colléges, trois jours après « que cet arrêt leur auroit été signifié, et dans « quinze jours hors du royaume, comme cor- « rupteurs de la jeunesse, perturbateurs du repos « public, et ennemis du roi et de l'État. » En cas de désobéissance, ils devoient être traités comme criminels de lèse-majesté. Le dimanche 8 janvier, on les vit, en effet, au nombre de trente-sept, les uns dans trois charrettes, les autres à pied, sortir de Paris, conduits par un huissier de la cour. Le père Guéret, jésuite sous lequel Jean Chastel avoit fait son cours de philosophie, fut mis à la question, aussi bien que le père Alexandre Haym, Écossais; mais on ne put

1594.

1595.

(1) De Thou. L. CX, p. 466-490. — V. P. Cayet. T. LIX; L. VI, p. 210-279. — Mém. de la Ligue. T. VI, p. 133-218.

rien tirer de l'un ou de l'autre. Le père Guignard, autre jésuite, homme docte et régent dans leur collége, fut, le 7 janvier, « pendu et « étranglé, dit l'Estoile, en la place de Grève à « Paris, et son corps ards et consommé en cen- « dres, après avoir fait amende honorable, en « chemise devant la grande église Notre-Dame. « Et ce, par arrêt de la cour de parlement, pour « réparation des écrits injurieux et diffamatoires « contre l'honneur du feu roi, et de celui-ci, « trouvés dans son étude, écrits de sa main et « faits par lui. Ce qu'il auroit confessé, et toute- « fois soutenu qu'il les avoit faits pendant la « guerre et avant la conversion du roi.... Et sur « ce qu'il lui fut remontré pourquoi, depuis la « conversion du roi et réduction de Paris, il « n'avoit brûlé lesdits écrits, ains les avoit « gardés, répondit qu'il n'en avoit tenu autre- « ment compte, pour ce que tout cela avoit été « pardonné par le roi » (1). Pierre Chastel, enfin, le père du régicide, après avoir été mis à la question, et son innocence ayant été constatée, fut cependant condamné à neuf années d'exil et à 2,000 écus d'amende, en même temps que sa maison fut rasée, en haine de son fils.

On ne sait ce qu'on doit regarder comme plus

(1) Journal de l'Estoile. T. III, p. 108-112. — De Thou. L. CXI, p. 536. — Davila. L. XIV, p. 951. — V. P. Cayet. L. VI, p. 354.

déplorable du fanatisme qui armoit un assassin contre le roi, pour faire triompher un système religieux et plus tôt encore un système d'intolérance, ou de la cruauté, de la précipitation, de la lâche servilité du premier corps de la magistrature, qui ne se contentoit pas de faire périr dans d'atroces tourmens le jeune coupable, mais qui étendoit les châtimens jusqu'aux hommes innocens, jusqu'aux hommes dont les anciennes offenses étoient pardonnées ; qui ne se donnoit pas le temps de reconnoître la vérité, et qui condamnoit en masse, en quarante-huit heures, à un exil déshonorant, une nombreuse société religieuse qui n'avoit été ni écoutée, ni défendue, pour une tentative de régicide à laquelle elle n'avoit eu aucune part. Ce n'étoit pas seulement une scandaleuse iniquité, c'étoit un grand acte de lâcheté politique, car le parlement qui condamnoit l'ordre entier des jésuites, d'après quelques doctrines contraires à l'autorité royale qui se trouvoient exprimées dans les écrits de quelques uns de ces religieux, étoit le même corps qui, l'année précédente encore, sanctionnoit la révolte, et donnoit une adhésion tout au moins tacite à l'assassinat commis par Jacques Clément. En effet, toute sa sévérité n'avoit qu'un but, celui de faire excuser sa précédente opposition à l'autorité royale. (1)

(1) *Voyez* l'avertissement aux catholiques sur l'arrêt du parlement. Mém. de la Ligue. T. VI, p. 261.

Les huguenots, cependant, qui voyoient dans les jésuites leurs ennemis les plus habiles et les plus redoutables, se réjouirent de leur exil comme du seul acte favorable à leurs intérêts qu'ils vissent émaner d'un gouvernement qui leur devoit son existence. Chaque jour, en effet, ils voyoient accorder les plus hautes dignités de l'État, avec des pouvoirs illimités, des sommes d'argent scandaleuses aux Guises, et à tous les chefs de la Ligue qui les avoient persécutés avec le plus d'acharnement, qui souvent avoient commis contre eux des crimes à faire frémir l'humanité. Les villes qui se soumettoient à l'autorité royale demandoient presque toutes qu'aucun culte hérétique ne fût permis dans leurs murs, et cette grâce ne leur étoit jamais refusée par Henri IV. Il est vrai qu'ensuite il n'y tenoit pas la main. Tous les dimanches il y avoit prêche au Louvre, chez sa sœur. « Le « jour de Pâques, dit l'Estoile, y eut telle presse « chez Madame, à ouïr le prêche, qu'on ne s'y « pouvoit asseoir.... Quand le roi avisoit quel- « qu'un des ministres de Madame, il l'appeloit « toujours, et lui disoit : Priez Dieu pour moi, « et ne m'oubliez pas en vos prières. » (1)

Avec son habitude de tourner tout en plaisanterie, de se gausser, comme on disoit, et des gens et des choses, Henri IV ne laissoit guère deviner

---

(1) Mém. de l'Estoile. T. III, p. 130 et 134.

quels étoient ses sentimens réels. Au moment de sa conversion il avoit dit à plusieurs réformés : « Mes amis, priez Dieu pour moi ; s'il faut que « je me perde pour vous, au moins vous ferai-je « ce bien, que je ne souffrirai aucune forme « d'instruction, pour ne faire point de plaie à la « religion, qui sera toute ma vie celle de mon « âme et de mon cœur » (1). Six mois après, le roi, dit l'Estoile, « ayant avisé un gentilhomme à « la messe, qui toujours avoit fait profession de « la religion, lui demanda s'il l'avoit pas vu au « prêche. — Oui, dit-il, sire. — Comment donc « allez-vous aujourd'hui à la messe? — Pour ce « que vous y allez, sire, lui répondit-il. — Ah, « dit le roi, j'entens ; vous avez quelque cou- « ronne à gagner » (2). D'autre part, Henri IV s'efforçoit de convaincre ceux qu'il croyoit zélés catholiques, de sa ferveur pour la religion qu'il avoit embrassée. A son sacre, il n'avoit fait aucune difficulté de s'engager par serment à exterminer l'hérésie de son royaume ; il renouvela cet engagement à la procession des chevaliers du Saint-Esprit, qui fut différée jusqu'au 8 janvier 1595 à cause de sa blessure (3). Il renvoya le cardinal de Gondi à Rome, pour solliciter

---

(1) D'Aubigné. L. III, c. 22, p. 293.
(2) Mém. de l'Estoile. T. II, p. 598.
(3) Mém. de l'Estoile. T. III, p. 111. — Davila. L. XIV, p. 955.

de nouveau le pape sur son absolution, averti qu'il étoit, par ses agens secrets, que Clément VIII se réjouissoit de ses succès, et regardoit le moment où il pourroit l'absoudre, comme celui qui assureroit sa propre indépendance vis-à-vis de Philippe II (1). Enfin, il manifestoit à Rosny lui-même sa défiance de tous ces braves huguenots qui s'étoient jusqu'alors sacrifiés pour lui. Lorsque Rosny revint de la mission que Henri lui avoit donnée auprès du duc de Bouillon, à l'occasion de la mort de sa femme, le roi lui dit : « Hé bien, M. de Thu-
« renne n'est-il pas bien honnête et bien humble?
« Cela veut dire qu'il a fort affaire de moi ; car,
« s'il vous en souvient, il ne parloit pas si doux
« à Montauban, lors d'une assemblée qui s'y
« tint avec les ministres et gens de synode et
« de consistoire. Lui, et ses partisans, comme
« Constant, d'Aubigné, Saint-Germain-Beau-
« pré, Saint-Germain de Clan, Bresolles et
« autres tels brouillons, faisoient toutes sortes
« de menées et pratiques, pour faire que toutes
« les églises de France résolussent de se mettre
« en espèce d'état populaire et république,
« comme les Pays-Bas, élisant pour protecteur
« le comte Palatin; sans se fonder plus sur les
« princes du sang, desquels les espérances de

(1) Davila. L. XIV, p. 938, 939.

« pouvoir parvenir à la couronne diminuoient
« grandement le zèle de religion. » (1)

Les huguenots répugnoient à se persuader
que le roi eût, au fond du cœur, abandonné
leur croyance, ou qu'il voulût aliéner de lui les
seuls de ses sujets qu'il eût constamment trouvés
fidèles. Toutefois, ils croyoient devoir à eux-
mêmes et à leur religion de se préparer pour
tout événement, de conserver une organisation
séparée, et de se tenir en état de se défendre s'ils
étoient attaqués. Ils firent quelques démarches
auprès du duc de Bouillon, le plus puissant et le
plus indépendant des religionnaires, afin de l'engager à se mettre à la tête de leur parti; mais
ce duc, qui avoit besoin du roi pour se faire confirmer l'héritage de sa femme, étoit trop adroit
politique pour s'exposer à attirer sur lui la jalousie de Henri IV. Ils songèrent aussi au connétable de Montmorency; mais celui-ci, quoiqu'il se fût constamment appuyé sur leur parti,
n'avoit jamais voulu embrasser leur religion;
d'ailleurs il étoit vieux et sans enfans; et content
de la souveraineté presque indépendante qu'il
s'étoit formée en Languedoc, il ne vouloit pas
compromettre de nouveau sa fortune (2). Cependant une assemblée, tenue à la mi-mai 1594,
par trente députés des réformés de toutes les

(1) Sully, Écon. royales. T. II, c. 24, p. 267.
(2) Davila. L. XIV, p. 951, 952.

provinces, convint, après d'assez longs débats, d'une organisation provisoire du parti aussi long-temps qu'il restoit sans chef. La France réformée fut divisée en dix départemens; savoir, 1°. celui de Bretagne et Normandie; 2°. de Picardie, Champagne, Sédan et Pays-Messin; 3°. Isle de France, Pays-Chartrain, Dunois, Berry et Orléans; 4°. Touraine, Anjou, Maine, Perche, Vendomois et Loudunois; 5°. Saintonge, Aunis, la Rochelle et Angoûmois; 6°. Haut et Bas-Poitou et Châtelleraudois; 7°. Bourgogne, Lyonnais, Provence et Dauphiné; 8°. Bas-Languedoc, Basse-Auvergne et Basse-Guienne; 9°. Gascogne, Bourdelais, Agénois, Perigord et Limousin, 10°. Haut-Languedoc, Haute-Auvergne et Haute-Guienne. Chacun de ces départemens dut nommer un commissaire pour en former un directoire composé de dix personnes, quatre gentilshommes, deux ministres, et quatre membres du tiers-état. Les provinces devoient, par rotation, choisir tour à tour leurs députés dans chacun de ces trois ordres, le directoire étant renouvelé par moitié tous les six mois; ce directoire devoit correspondre avec dix conseils de province, composés chacun de cinq à sept membres. Il devoit veiller surtout à la conservation des places qui appartenoient à la religion, s'assurer que leur commandant et toute leur garnison fussent de la religion réformée, tenir la main à ce que leur solde leur fût payée des deniers royaux, à ce qu'une somme de 45,000 écus fût toujours prête pour les besoins urgens ; à ce que toutes les plaintes qu'auroient à faire les religionnaires, avant d'être présentées au roi, fussent communiquées au maréchal de Bouillon et à Duplessis-Mornay. (1)

Les réformés se flattoient cependant qu'un chef nouveau grandissoit pour eux, c'étoit Henri II, prince de Condé, enfant de sept ans, qui jusqu'alors étoit élevé par sa mère Charlotte de la Trémoille, à Saint-Jean-d'Angely, dans la religion protestante. Le pape, de son côté, avoit témoigné que tant qu'il voyoit ce jeune prince, qui jusqu'alors étoit l'héritier du roi, élevé dans l'hérésie, il ne pouvoit accorder l'absolution à Henri IV, après lequel la France retomberoit entre les mains d'un roi huguenot. Henri IV ne négligea point l'avertissement qui lui en fut donné ; il engagea la famille de la Trémoille à demander que la sentence rendue contre la princesse de Condé, comme ayant empoisonné son mari, fût révisée par le parlement de Paris, car lui seul étoit juge naturel des princes et pairs de France, tandis que la première sentence n'étoit pas moins irrégulière, quant aux juges qui l'avoient prononcée, qu'injuste. La princesse en

---

(1) D'Aubigné. L. IV, c. 10 et 11, p. 366-372.

1595. effet fut ramenée à Paris avec son fils (1), que le cardinal de Bourbon avoit déclaré à Rosny n'être point fils de son frère; du moins, disoit-il, lui et tous ses frères, en leur conscience, ne le croyoient point de la race royale (2). Peu après son retour, elle fit profession de la foi catholique, dans laquelle son fils fut dès-lors élevé; en retour, elle fut l'année suivante déclarée innocente du crime dont le soupçon avoit si long-temps pesé sur elle. Les conditions de cet acquittement et son motif politique laissent peut-être peser sur l'innocence de Charlotte de la Trémoille plus de doutes que la sentence qui la condamnoit. Les cours de justice avoient en effet si peu de respect pour la vérité, et les preuves sur lesquelles elles se décidoient étoient si peu concluantes que l'opinion publique ne peut jamais, avec sûreté, prendre leurs sentences pour ses règles. (3)

Henri IV cependant craignit aussi d'aliéner par trop le parti huguenot, sur le sincère attachement duquel il comptoit bien plus que sur tous les transfuges qu'il avoit à grand prix déta-

(1) En décembre 1595. L'Estoile. T. III, p. 149. — Il fut conduit pour la première fois à la messe, le 24 janvier. *Ibid.*, p. 154.

(2) Rosny, Écon. royales. T. II, c. 22, p. 233.

(3) Davila. L. XIV, p. 966. — De Thou. L. CXII, p. 560; et T. IX, L. CXVII, p. 20.

chés de la Ligue. Pour lui donner quelque satisfaction, il fit donc porter au parlement de Paris l'édit de tolérance qu'il avoit donné à Tours le 24 juillet 1591, et qui confirmoit la pacification de 1577. Quoique le parlement royaliste de Tours l'eût précédemment enregistré, plusieurs conseillers le repoussoient encore, et le procureur général exigeoit que, par une clause nouvelle, les protestans fussent déclarés incapables de toutes les hautes fonctions publiques; d'autres cependant, sans vouloir justifier l'édit, protestèrent qu'il ne leur appartenoit point de limiter les prérogatives royales; grâce à cette doctrine servile l'édit fut enregistré purement et simplement le 6 février 1595. (1)

En même temps, Henri IV jugea à propos de déclarer formellement la guerre au roi d'Espagne. Jusqu'alors Philippe II avoit prétendu agir comme allié de la couronne de France, représentée, selon lui, par le lieutenant-général du royaume, le parlement et les états-généraux ; cette fiction avoit été respectée par Henri, qui n'avoit exercé aucune hostilité contre les Pays-Bas, la Franche-Comté, ou la frontière espagnole; Henri annonça à son conseil que son but étoit de donner à la guerre un caractère politique et non plus religieux ; que la jalousie des Fran-

(1) Davila. L. XIV, p. 953. — De Thou. L. CXII, p. 545, 546. — L'Estoile, Mémoires. T. III, p. 118.

çais contre les Espagnols les réuniroit à lui, que le pape enfin rentreroit dans la neutralité, dès qu'il verroit que la guerre n'avoit pour objet que des intérêts temporels. Rosny, cependant, regarda cette détermination comme mal fondée et dangereuse; elle fut suggérée au roi, assure-t-il, par le maréchal de Biron et le connétable de Montmorency, qui désiroient une occasion de faire briller leurs talens militaires, mais bien davantage encore par sa maîtresse Gabrielle d'Estrées, qu'on nommoit alors madame de Liancourt, et à laquelle il donnoit fréquemment quelque fief et quelque titre nouveau. Henri, en avançant en âge, étoit chaque jour plus subjugué par les femmes. Il s'étoit brouillé avec sa première maîtresse, Corisande d'Andoyns, comtesse de Guiche, non point à cause de leurs infidélités réciproques; ils étoient accoutumés à se les pardonner; mais, dit Rosny, « la comtesse « de Guiche étoit irritée contre lui et se plaisoit « à le fâcher, pour ce que l'ayant aimée, non « seulement il ne l'aimoit plus et en aimoit d'au- « tres, mais même encore avoit honte, à cause « de la laideur où elle étoit venue, que l'on dît « qu'il l'eût aimée » (1). Gabrielle d'Estrées, dont il avoit fait la connoissance en 1590, et qu'il avoit fait épouser au complaisant Damerval de

---

(1) Rosny, Écon. royales. T. II, c. 15, p. 138.

Liancourt, passoit aussi pour ne lui être pas fidèle. Cependant Henri reconnut le fils dont elle accoucha cette année: il le nomma César; il voulut, à la persuasion de sa mère, lui faire une principauté indépendante, et il se flattoit de conquérir la Franche-Comté pour la mère et pour le fils. (1)

La déclaration de guerre de Henri contre l'Espagne fut publiée à Paris le 17 janvier; Philippe y répondit seulement deux mois plus tard; il protesta que, malgré toutes les provocations du prince de Béarn et des huguenots, il n'étoit nullement en guerre avec la France; il recommanda à ses sujets de ne point molester les Français vrais catholiques, avec lesquels il vouloit demeurer en paix; mais il s'engagea en même temps à poursuivre jusqu'à leur expulsion ou leur extermination, le prince de Béarn, les huguenots, et tous leurs adhérens. (2)

En effet, Philippe, pour ce renouvellement de la guerre, redoubla aussi ses efforts. Ayant renforcé son armée en Flandre, il ordonna au comte Charles de Mansfeld de la conduire en Picardie, où le duc d'Aumale tenoit encore

---

(1) Sully, Écon. royales. T. II, c. 29, p. 358; et c. 30, p. 364. — Journal de P. de l'Estoile. T. III, p. 72.
(2) Davila. L. XIV, p. 955. — De Thou. L. CXI, p. 530. — Mém. de la Ligue. T. VI, p. 278. — Traités de Paix. T. II, §. 201, p. 565. — V. P. Cayet. L. VII, p. 488.

plusieurs villes à sa dévotion; il fit passer des renforts à D. Juan d'Aquila, en Bretagne, pour seconder le duc de Mercœur; il chargea enfin Ferdinand de Velasco, connétable de Castille et gouverneur du Milanez, de conduire dans la Franche-Comté l'armée considérable qu'il avoit levée en Italie. Le duc de Mayenne, qui avoit fait un nouveau traité avec l'Espagne, et auquel Philippe accordoit une subvention de 10,000 écus par mois, pour maintenir son titre de lieutenant-général du royaume, s'étoit établi dans son gouvernement de Bourgogne, qu'il essayoit de défendre contre les royalistes. (1)

C'étoit aussi sur les deux Bourgognes que Henri IV comptoit, dans la campagne de 1595, diriger les forces de son royaume. Le maréchal de Biron l'y avoit précédé, et le 5 février il s'étoit rendu maître de Beaune. Le baron de Sénecey, qui, dans les précédens États, avoit été président de la noblesse, avoit ensuite passé au parti royaliste, avec la ville d'Auxonne, où il commandoit, et dont il s'étoit réservé le gouvernement. Puis, les bourgeois d'Autun, le 8 mai, avoient appelé Biron et l'avoient introduit de nuit dans leur ville. La modération des royalistes, dans l'occupation de chacune de ces

(1) Davila. L. XIV, p. 940. — Sully, Écon. royales. T. II, c. 30, p. 363.

villes, encouragea les habitans de Dijon à se confier à eux. Mais tandis qu'ils traitoient avec Biron, le vicomte de Tavannes, lieutenant du duc de Mayenne dans la province, rassembla toutes les garnisons des ligueurs du voisinage et entra dans le château. Après s'en être assuré, il descendit dans la grande rue pour y attaquer les bourgeois; il leur avoit déjà causé assez de pertes, lorsque Biron, de son côté, fut introduit dans la ville; c'étoit le 28 mai. Tavannes fit sonner la retraite, et les deux chefs cherchèrent à se fortifier dans le poste qu'ils occupoient. La capitale de la Bourgogne, cependant, couroit un danger éminent. Tavannes étoit maître de la citadelle et du château de Talan. Le connétable de Castille et Mayenne, avec huit mille fantassins et deux mille cavaliers espagnols, venoient de s'emparer de Vesoul, et Biron, qui avoit été introduit dans Dijon, n'avoit pas assez de forces pour s'y défendre. Heureusement pour lui, le connétable de Castille ne connoissoit ni le pays ni l'art de la guerre; il se défioit de Mayenne, et il l'offensa bientôt tellement que ces deux généraux ne purent plus servir ensemble. (1)

1595.

(1) Davila. L. XIV, p. 957. — De Thou. L. CXII, p. 550, 554. — Journ. de l'Estoile. T. III, p. 136. — V. P. Cayet. T. LIX, Liv. VII, p. 498.

Avant de se rendre à l'armée, Henri jugea convenable d'établir un conseil résident à Paris, auquel se pussent adresser toutes les plaintes et demandes des provinces. « Le comte de Soissons, « dit Rosny, désiroit en être nommé chef, à « cause de sa qualité et capacité; mais il y avoit « tant d'antipathie entre ces deux esprits et « naturels, qu'ils ne demeuroient quasi jamais « deux mois sans brouillerie. Tellement que le « roi, afin qu'il ne l'en pressât pas davantage, « un jour, à son dîner, auquel MM. les princes « de Conti et de Soissons étoient tous deux, « appela le premier, et lui dit tout haut, car « autrement ne l'eût-il pas entendu, que s'étant « résolu de faire un voyage à Lyon et en Bour- « gogne, il l'avoit choisi pour représenter sa « personne à Paris, et en toutes les autres pro- « vinces dont il seroit trop éloigné, ensemble « pour être chef d'un conseil qu'il laisseroit pour « la direction des affaires de finances, et en « même temps, dit à M. le comte qu'il le vou- « loit mener avec lui en son voyage, s'assurant « qu'il aimeroit bien mieux cela, pour ce qu'il « y auroit des coups à donner et de l'honneur à « acquérir.... A quoi il fut répondu avec fort « peu de paroles, se contentant tous deux de « faire des révérences, l'un pour ce qu'il ne « pouvoit parler, et l'autre pour ce que ce n'étoit

« pas ce qu'il désiroit. » Dans ce conseil, présidé par un prince qui ne pouvoit ni parler ni entendre, le roi fit entrer quelques hommes d'affaires, mais il en écarta tous ses anciens serviteurs, à la réserve de Rosny. (1)

Le roi avoit compté se rendre à Lyon pour défendre cette ville contre les entreprises du duc de Nemours, qui s'étoit échappé de Pierre-Encise, le 26 juillet 1594, sous les habits de son domestique, en faisant pour lui l'office qu'on auroit le moins attendu d'un grand seigneur. Il avoit trouvé son frère à la tête d'un bon corps de ligueurs; le duc de Savoie lui avoit envoyé un renfort de trois mille Suisses, et il n'avoit pas de plus ardent désir que de se venger des Lyonnais: aussi quand Nemours apprit l'arrivée du connétable de Castille en Franche-Comté, il alla le joindre pour lui persuader d'amener son armée dans le Lyonnais. D'autre part, Dizemieu, le commandant qu'il avoit laissé à Vienne, avoit profité de son absence pour entrer en traité avec le connétable de Montmorency, qui venoit d'arriver à Lyon, du Languedoc, avec mille chevaux et quatre mille arquebusiers. Dizemieu lui livra Vienne le 24 avril; cette partie du royaume fut ainsi pacifiée, et le roi, au lieu de prendre cette route, donna rendez-vous à

---

(1) Sully, Écon. royales. T. II, ch. 30, p. 366.

son armée à Troyes, où il entra lui-même le 30 mai. (1)

Il ne tarda pas à y recevoir courrier sur courrier du maréchal de Biron, qui lui exposoit le danger où il se trouvoit à Dijon, avec des bourgeois effrayés; tandis que le colonel Franceschi étoit maître de la citadelle, Tavannes, du château de Talan, à un mille de distance, et que le connétable de Castille avançoit avec une armée formidable. Henri fit aussitôt partir pour Dijon tout ce qu'il avoit de troupes; lui-même il y arriva le dimanche 4 juin, au soir: quoiqu'il n'eût encore que fort peu de monde, il jugea que son nom suffiroit à contenir les garnisons des deux châteaux, et qu'il falloit payer d'audace pour arrêter, par une brillante escarmouche, l'armée du connétable de Castille, qui passoit déjà la Saône à Gray. Il n'avoit amené avec lui que quatre cents gendarmes et quatre ou cinq cents arquebusiers à cheval. Il convint, avec le baron de Lux, d'aller déjeuner au château dont ce dernier prenoit le nom, à moitié chemin entre Dijon et Gray, le lendemain lundi 5 juin; et il donna ordre qu'on y envoyât successivement toutes les troupes qui arriveroient ou dont on pourroit disposer. Pendant ce temps, le baron d'Aussonville avoit poussé une reconnois-

(1) V. P. Cayet. T. LIX, Liv. VII, p. 491-498. — De Thou. L. CXIII, p. 626, 627. — Davila. L. XV, p. 994.

sance jusqu'à Fontaine-Française ; mais voulant pénétrer au-delà, il vint donner étourdiment dans l'armée du connétable, qui, à l'heure même, venoit prendre position à Saint-Seine. Trois cavaliers échappés au galop, vinrent donner avis au roi du danger que couroit Aussonville.

Le baron de Lux et le marquis de Mirebeau, tous deux du pays même, coururent aussitôt à son aide, avec une centaine de chevaux; mais ce renfort étant insuffisant, le maréchal de Biron s'offrit d'aller les dégager avec environ trois cents chevaux. La vaillance de sa première attaque fit en effet d'abord reculer les ennemis; mais ensuite, accablé par le nombre, il fut obligé de s'enfuir vers le roi, qui étoit arrivé à trois heures après midi à Fontaine-Française, et qui n'avoit encore avec lui que deux cents gentilshommes et soixante arquebusiers à cheval. Biron étoit blessé à la tête ; beaucoup de gentilshommes étoient tombés. Mais Henri payant de sa personne, et, d'une voix enrouée, appelant à lui ses compagnons d'armes, à mesure qu'ils arrivoient, et les encourageant au combat, se maintint dans la mêlée avec un péril extrême. Sa petite armée, qui étoit en marche, avertie du danger qu'il couroit, arrivoit à la file pour le dégager. De leur côté, les rangs des Espagnols grossissoient sans cesse par l'arrivée de nouvelles troupes. Le connétable de Castille, dont le caractère étoit défiant, ne voulut pas engager une action générale, et il commanda la retraite. Le roi, qui disoit avoir combattu ce jour-là, non pour la victoire, mais pour la vie, voulant dissimuler sa propre foiblesse, le poursuivit jusqu'au bois de Saint-Seine. Les deux armées passèrent la nuit, les Français à Fontaine-Française, les Espagnols à Saint-Seine. Le matin suivant, le connétable de Castille repassa la Saône et se retira à Gray, abandonnant un avantage presque certain; car, avec plus de résolution, il auroit probablement pris ou tué le roi, et détruit sa principale noblesse. (1)

Mayenne, de son côté, étoit lent et précautionneux, et son énorme embonpoint le rendoit peu propre aux fatigues de la guerre; cependant il entendoit bien l'art militaire, il passoit pour un capitaine consommé, et il jugeoit sévèrement les fautes qu'il voyoit commettre. L'incapacité du connétable de Castille le blessoit d'autant plus, que cet Espagnol présomptueux méprisoit ses avis, et laissoit percer contre lui beaucoup de défiance. Mayenne ne voulut pas qu'un chef malhabile pût compromettre plus long-temps

(1) Lettre de Balthasard à Rosny. Écon. royales. T. II, c. 30, p. 380. — Lettre du roi à sa sœur. L'Estoile. T. III, p. 136. — Davila. L. XIV, p. 960-963. — De Thou. L. CXII, p. 557. — V. P. Cayet. L. VII, p. 500. — D'Aubigné. L. IV, c. 8, p. 352. — Péréfixe, p. 214.

sa fortune et sa réputation. Il vit qu'il ne tarderoit pas à perdre toute la Bourgogne ; alors il ne seroit plus lui-même qu'un fugitif, à qui la cour de Madrid accorderoit à regret et avec mépris une pension alimentaire, comme elle avoit fait autrefois au connétable de Bourbon. C'étoit pendant qu'il avoit encore quelques places fortes et quelques soldats, pour justifier son titre de lieutenant-général du royaume qu'il lui convenoit de traiter. D'ailleurs il apprenoit que le pape, de son côté, laissoit percer un grand désir de se réconcilier avec le roi de France. Mayenne n'avoit plus de prétexte pour refuser de reconnoître son roi, dès l'instant que Rome lui vouloit accorder l'absolution. Pendant même qu'il continuoit la guerre, il n'avoit pas cessé de négocier avec Henri, par l'entremise, tantôt de Villeroi, tantôt du président Jeannin. Il annonça donc au connétable, qu'avec les troupes françaises qui étoient sous ses ordres, il vouloit tenter de ravitailler les châteaux de Dijon. Il quitta le camp espagnol à Gray, mais au lieu de s'approcher de Dijon, il se rendit à Châlons-sur-Saône. Henri IV lui avoit assigné cette retraite, et avoit promis à son agent Lignerac qu'il pourroit s'y rendre en sûreté, afin d'y convenir des articles de sa soumission. Comme condition de cet accord, Mayenne fit, le 28 juin, livrer au roi la citadelle de Dijon. La trève, cependant, entre Mayenne

1595.

et Henri, ne fut publiée que le 23 septembre.(1)

La crainte que ressentoit Mayenne de voir le pape se réconcilier avec Henri IV avant lui n'étoit pas sans fondement. Clément VIII n'étoit ni un fanatique ni un ligueur; il sentoit tout le poids de la domination des Espagnols sur l'Italie, et il se réjouissoit de tous les succès du roi de France, comme nourrissant son espoir de voir rétablir l'équilibre de l'Europe. Il voyoit tous les petits princes italiens, en même temps qu'ils se disputoient sur la précédence, qu'ils prenoient des titres toujours plus fastueux, tomber toujours plus sous la dépendance de Philippe II, et s'assimiler toujours plus aux grands de l'Espagne. Il voyoit la république de Venise ne déguiser son impuissance que par sa parfaite immobilité, et il croyoit ne pouvoir suivre un meilleur exemple en politique que celui du sénat si habile qui gouvernoit cet État. Il s'étoit cru obligé de seconder toujours Philippe, en même temps qu'il faisoit des vœux contre lui; mais ce qu'il avoit secrètement dans le cœur, il le voyoit avec plaisir ouvertement professé par la seigneurie de Venise et le grand-duc de Toscane. Il étoit bien aise que ces deux gouvernemens le pressassent de rentrer dans la neutralité qui convenoit au père commun des fidèles, et refusas-

(1) Davila. L. XIV, p. 964. — De Thou. L. CXII, p. 559. — Journ. de l'Estoile. T. III, p. 142.

sent de voir une guerre de religion dans la rivalité entre deux grandes nations et deux grands monarques.

Henri IV attachoit une grande importance à son absolution ; elle lui paroissoit nécessaire pour le réhabiliter entièrement aux yeux du monde catholique, pour ôter tout prétexte aux ligueurs, et pour lui faire acheter à plus bas prix l'adhésion des chefs insurgés, qu'il réconcilioit les uns après les autres à la couronne. Aussi, quoique le duc de Nevers, en quittant Rome, eût déclaré qu'on ne devoit pas y attendre une autre ambassade de France, et que le roi sauroit bien se passer de l'absolution qu'on lui refusoit (1), il n'avoit pas cessé d'entretenir auprès du saint-siége des négociateurs, tels que la Clielle, d'Ossat, le cardinal de Gondi et du Perron.

On fit honneur à ces négociateurs de leur adresse, tandis qu'au fond ils n'obtinrent que ce que le pape désiroit ardemment leur donner, et ils se soumirent, au nom du roi, à bien plus d'humiliations qu'il n'étoit nécessaire. Le pape avertit le duc de Sezza, ambassadeur d'Espagne, qu'il se croyoit obligé, en conscience, à ne pas refuser davantage une réconciliation qui lui étoit demandée par un grand roi et un grand peuple, et que le moment étoit venu pour lui de consulter ses cardinaux. L'ambassadeur, qui se croyoit

(1) Davila. L. XIV, p. 967.

sûr du sacré collége, dont la majorité étoit dans la dépendance de l'Espagne, ne regretta point de voir rejeter sur un corps nombreux la responsabilité d'un refus en opposition aux vœux de l'Europe. Clément VIII obtint donc son assentiment à ce que l'absolution de Henri IV fût mise en délibération ; mais aussitôt le pape déclara que, dans une mesure de cette importance, il ne lui suffisoit point d'obtenir le vote du consistoire ; que c'étoit seulement dans des conférences secrètes avec chacun des cardinaux qu'il sonderoit réellement leur conscience et qu'il éclaireroit la sienne. Il les appela, en effet, les uns après les autres auprès de lui. Pendant plusieurs semaines, la cour pontificale fut occupée de ces conférences ; personne cependant ne pouvoit en connoître les résultats ou compter les suffrages. Enfin il assembla le sacré collége, et il lui annonça que, d'après ses consultations secrètes, il s'étoit assuré que les deux tiers des cardinaux opinoient pour que le roi fût absous des censures, et reçu dans le sein de l'Eglise. Le cardinal Marc-Antonio Colonna voulut élever quelques objections ; mais le pape lui imposa silence, et déclara qu'il ne souffriroit pas de nouvelles délibérations. (1)

(1) Davila. L. XIV, p. 969, 970. — *Voyez* dans Capefigue, les instructions de Du Perron. T. VII, p. 283. — La lettre de Loménie à Nevers, p. 287 ; et celle de d'Ossat, p. 292.

Enfin, le 16 septembre 1595, le pape, accompagné de tous les cardinaux, à la réserve de celui d'Alexandrie et de celui d'Aragon, vint s'asseoir sur le trône qui lui avoit été préparé sous le portique de Saint-Pierre. Jacques-David du Perron et Arnaud d'Ossat, en habits de simples prêtres, tenant à la main la procuration du roi, présentèrent au secrétaire du saint-office la supplique que Henri adressoit au pape; elle fut lue publiquement. Le secrétaire d'État qui étoit assis au pied du trône, se leva alors, et il lut le décret du pontife. Celui-ci ordonnoit que Henri de Bourbon, roi de France et de Navarre, après avoir abjuré toutes les hérésies qu'il professoit autrefois, avoir accepté la pénitence publique qui lui seroit imposée, et avoir accompli les conditions que lui dictoit sa sainteté, seroit absous des censures prononcées contre lui, et admis dans le sein de l'Eglise. Les principales de ces conditions étoient le rétablissement du culte catholique dans la principauté de Béarn; la fondation d'un certain nombre de monastères; la publication dans toute la France du concile de Trente, à l'exception cependant de celles de ses dispositions qui pourroient causer du trouble, et dont le pape le dispenseroit; la consignation du prince de Condé, héritier présomptif de la couronne, entre les mains des catholiques, pour être élevé par eux; la restitution au clergé de ses biens, l'exclusion des hérétiques de tous les emplois; enfin l'obligation que prenoit le roi de ne les tolérer qu'autant que, pour les exterminer, il ne seroit pas obligé de recommencer la guerre. A ces conditions politiques étoient jointes aussi des pénitences toutes spirituelles, en grand nombre. Les procureurs du roi, d'Ossat et du Perron, acceptèrent ces conditions par acte notarié; puis se mettant à genoux devant le temple, ils abjurèrent à haute voix, au nom du roi, l'hérésie des huguenots, selon la formule qui leur fut prescrite. Le grand pénitencier toucha alors leurs têtes de sa baguette, en signe de la discipline qu'ils devoient recevoir corporellement; leur absolution fut prononcée, les portes du temple furent ouvertes au son de toute l'artillerie et d'un bruyant orchestre, et les procureurs du roi ayant revêtu leurs habits de prélats, assistèrent à la messe dans le banc habituellement réservé aux ambassadeurs de France. (1)

(1) Davila. L. XIV, p. 971. — De Thou. Liv. CXIII, p. 635-644. — D'Aubigné. L. IV, c. 25, p. 451. — Mém. de l'Estoile. T. III, p. 142. — Lettre des ambassadeurs au roi, du 17 septembre. Capefigue. T. VII, p. 294. — V. P. Cayet. T. LX, Liv. VII, p. 42-63.

CHAPITRE VII.

Revers éprouvés dans la guerre contre Philippe II. — Perte du Catelet, de Dourlens, de Cambrai. — Pacification de la Provence. — Surprise de Marseille. — Traités de Folembray. — Réconciliation de Mayenne et fin de la Ligue. — 1595-1596.

Lorsque Henri IV s'étoit déterminé à ne pas supporter plus long-temps que l'Espagne le provoquât sans cesse sous le manteau de la paix, qu'elle offrît son assistance à tous ceux qui repoussoient l'autorité royale, qu'elle le combattît enfin comme un ennemi acharné, sans lui déclarer la guerre, la plupart des Français applaudirent à la résolution du roi; elle leur parut dictée par un sentiment généreux de fierté nationale et de point d'honneur, et fondée en même temps sur une juste appréciation des dangers de cet état ambigu. Le roi d'Espagne, en effet, attaquoit Henri en Picardie, en Champagne, en Bretagne, en Languedoc; il étoit prêt à l'attaquer de même partout où il pourroit le faire avec avantage. Étoit-il juste, étoit-il prudent de laisser

1595.

pendant ce temps les Pays-Bas espagnols jouir de tous les avantages de la paix? Le duc de Bouillon affirmoit qu'il avoit des intelligences dans les principales places du Luxembourg, et qu'il n'attendoit que la permission du roi pour s'en rendre maître. Tout au moins, disoit-il, en faisant trembler les Flamands pour eux-mêmes, on interromproit leur commerce, et on les obligeroit à dépenser pour se garder l'argent qu'ils prodiguoient pour nourrir la guerre en France. (1)

Cependant Rosny avoit répondu au duc de Bouillon qu'il avoit tout lieu de « croire que le « roi d'Espagne s'évertueroit bien d'une autre « façon lorsqu'il se verroit directement attaqué, « et qu'il iroit de son honneur, et d'une guerre « purement sienne, qu'il ne faisoit à présent, qu'il « ne se considère que comme simple auxiliaire. » Dans le conseil du roi, il fut, dit-il, un de ceux qui insistèrent le plus pour ne rien innover, et après plusieurs mois d'altercations le roi se laissa emporter à faire cette déclaration de guerre sur des fondemens que Rosny qualifie de ridicules et absurdes (2); et l'événement prouva en effet que Henri IV n'avoit pas bien calculé ses ressources et celles de son adversaire, en sorte qu'il auroit agi plus prudemment en entretenant la fausse

(1) Sully, Économ. royales. Tome II, c. 25, p. 277.
(2) Économ. royales. T. II, ch. 29, p. 358, 359; et ch. 30, p. 365.

neutralité dans laquelle l'Espagne s'étoit placée à son égard.

Henri étoit encore dans la force de l'âge; il étoit accoutumé aux fatigues de la vie de soldat; sa vaillance personnelle, la certitude de son coup d'œil à la guerre, et ses succès, lui avoient inspiré une grande confiance dans ses talens de général d'armée, confiance que tous ses courtisans entretenoient par leur admiration. La belliqueuse France étoit depuis près de quarante ans le théâtre d'une guerre civile, qu'on croyoit avoir accoutumé tous ses habitans aux combats, en sorte qu'on s'attendoit à trouver de braves guerriers dans ses moindres paysans. Les calamités de cette longue guerre l'avoient ruinée, il est vrai, mais l'expérience sembloit avoir prouvé que les généraux trouvoient toujours des ressources, tant que leurs soldats avoient l'arme au poing pour les procurer. Philippe II, au contraire, que Henri avoit résolu d'attaquer corps à corps, étoit né le 21 mai 1527, il avoit donc soixante-huit ans; il y en avoit quarante qu'il régnoit; et pendant ce long espace de temps c'étoit toujours à ses généraux qu'il avoit confié le commandement de ses armées; ceux-ci, il est vrai, n'avoient pas cessé de combattre. Ils avoient porté la guerre en France, aux Pays-Bas, en Angleterre, en Turquie, en Portugal, et dans les vastes régions que les Castillans conquéroient en Amérique.

1595. L'impitoyable dureté de Philippe II avoit fait éclater des révoltes dans tous les pays qui lui étoient soumis, et chaque fois il s'étoit efforcé de les noyer dans des flots de sang; il avoit été le bourreau, non le roi, des Bataves, des Belges, des Maures de Grenade, des Mexicains, des Péruviens. Son administration n'avoit guère été moins sanguinaire en Portugal, en Aragon, à Naples, en Sicile, à Milan. La population avoit diminué dans tous les pays qui lui étoient soumis, de la manière la plus effrayante; aucun homme, depuis Attila, n'infligea jamais de plus grandes plaies à l'humanité. Aussi Henri IV avoit de justes motifs de croire que les crimes de son rival portoient enfin les fruits que la justice divine leur avoit réservés, et que le colosse qui avoit si long-temps fait trembler l'Europe avoit perdu ses forces.

Lorsque les deux combattans entrèrent en lice, cependant, l'expérience montra que le plus redoutable de beaucoup étoit encore le roi d'Espagne. Le but que celui-ci s'étoit proposé, dès le commencement de son règne, étoit de réduire tous les peuples qui lui étoient soumis sous le plus inflexible despotisme; ennemi par conscience de toute liberté civile et de toute liberté religieuse, il avoit poursuivi l'indépendance de l'esprit et celle du caractère comme une révolte qu'il avoit éteinte dans le sang. Il n'avoit souffert dans ses vastes Etats d'autre volonté que la sienne, et la sienne n'avoit jamais qu'un but, l'ordre qui consistoit, à ses yeux, dans l'uniformité d'obéissance. Philippe II n'avoit jamais été un de ces despotes amollis, qui ne demandent à leurs sujets de se soumettre que pour se dispenser eux-mêmes et de penser et d'agir, et qui n'ont pas plus tôt détruit les résistances qu'ils s'abandonnent eux-mêmes au repos. Au contraire, sa pensée étoit toujours vigilante, sa volonté ne se reposoit point, et sans sortir des solitudes de son palais, où la terreur qu'il inspiroit faisoit régner le silence, il menoit une vie active, toute dévouée aux affaires, tout occupée du gouvernement. Il étoit vraiment l'âme de la monarchie espagnole, qui après lui ne fut plus qu'un corps sans vie. Aussi, cet homme qui a fait tant de mal, et dont le nom seul inspire un frisson d'horreur, avoit probablement lui-même le sentiment qu'il avoit accompli ses devoirs de roi et de chrétien, car il avoit réglé toutes ses actions sur ce qu'il considéroit comme le plus grand bien de l'Etat et de l'Eglise.

Avec une volonté inflexible et impitoyable, avec un but précis devant les yeux, avec une diligence qui ne se relâcha jamais, avec un rare talent pour connoître les hommes dont il pouvoit attendre autant de promptitude que d'habileté pour exécuter ses ordres, Philippe II pouvoit agir sur ses voisins, en raison de son despotisme même, avec une énergie à laquelle un gouvernement plus libre n'auroit jamais pu prétendre. Il tournoit contre le reste de l'Europe, non point la force surabondante de ses Etats, mais celle même qu'il auroit été nécessaire de ménager pour conserver leur existence. Il faisoit la guerre, non avec le revenu de ses peuples, mais avec leur capital; quel que fût leur épuisement, comme il prenoit tout, il se trouvoit encore proportionnellement le plus riche. Le 20 novembre 1596 il déclara par un édit qu'il ne paieroit plus les intérêts de toutes les dettes qu'il avoit contractées (1). Il détruisit ainsi pour jamais son crédit, mais il en avoit déjà tellement abusé qu'il ne pouvoit plus en attendre grand'chose, et sa banqueroute, en ruinant le commerce, faisoit sentir son contrecoup à ses ennemis. D'autre part, tandis que la France se releva comparativement assez vite de la ruine de ses guerres civiles, Philippe II réduisit l'Espagne à un tel degré d'inanition, qu'aujourd'hui même, après deux siècles et demi, elle n'a pu encore s'en relever.

L'art de la guerre, tel qu'il étoit alors pratiqué, n'admettoit point de grandes armées; Philippe II ne levoit point en vingt ans sur ses

---

(1) De Thou. T. IX, Liv. CXVII, p. 41.

vastes Etats autant de soldats que la France, pendant la révolution, en a levé en une année. Aussi ne fût-ce point par le sang versé dans les batailles que l'Espagne s'épuisa d'habitans ; ce ne fut pas davantage par l'émigration en Amérique ; toute la marine espagnole, pendant tout le règne de Philippe, n'auroit pas suffi pour y transporter un million d'habitans, et c'est par millions cependant qu'il falloit compter la dépopulation de l'Espagne : les villes comme les campagnes demeurèrent désertes, non que leurs habitans eussent péri sur le champ de bataille, mais parce que, sous une administration désastreuse, ils ne pouvoient pas naître ou ne pouvoient pas vivre.

Mais les Espagnols en petit nombre qu'on choisissoit pour la guerre, ces recrues qu'on voyoit arriver chaque année en Italie, au nombre de trois ou quatre mille, et qu'on y désignoit sous le nom de *bisogni*, parce qu'en effet ils avoient besoin de tout, devenoient, entre les mains des officiers qui les formoient, des instrumens de carnage plus redoutables que les bronzes que nous fondons dans ce but. Le fanatisme religieux, le point d'honneur national et militaire, l'obéissance imperturbable à la plus inflexible discipline, la férocité la plus impitoyable, et le mépris le plus profond pour le bonheur ou la vie de tout ce qui n'étoit pas militaire, étoient les sentimens qu'on leur inculquoit avec soin.

Au reste, ces sentimens, on les retrouvoit également dans tous les soldats de Philippe, quelle que fût leur origine; en sorte qu'on ne savoit observer aucune différence entre les vieilles bandes napolitaines et les vieilles bandes castillanes. Les Italiens, comme les Espagnols, comme les Vallons, en face de l'ennemi, unissoient un calme, un aplomb imperturbables à une bravoure éprouvée. Leurs capitaines étoient toujours assurés de la précision de tous leurs mouvemens, de l'exécution scrupuleuse de tous les ordres qu'ils donnoient. Rien ne les troubloit jamais, pas plus l'enthousiasme que la peur. Il y avoit dans ces vieilles bandes peu d'élan, peu d'inattendu, peu d'invention; mais le déploiement complet de toutes les forces, de toute l'énergie d'un homme calme, pouvoit être calculé avec autant de précision que la portée de son mousquet.

Les armées de Henri IV ne ressembloient aucunement à celles de Philippe II. Pendant quarante années de guerres civiles la France avoit usé presque tous ses vieux soldats, et elle n'avoit point formé de vieux corps qui fussent empreints de leur esprit. Comme il n'y avoit aucun gouvernement établi, aucune police assurée dans le royaume, aucun trésor qui voulût seulement promettre de payer à l'avenir la solde des troupes, il ne pouvoit y avoir non plus aucune discipline maintenue rigoureusement dans les armées. Chacun quittoit et reprenoit le service comme il vouloit. Les chefs levoient des régimens pour l'occasion, mais ils étoient plus empressés encore, après chaque campagne, de les licencier, faute d'argent pour les entretenir, que ne l'étoient les soldats de les quitter par inconstance. Il n'y avoit donc dans les armées françaises point d'esprit et d'honneur de corps, point d'habitude de servir ensemble, point de confiance de chacun dans le sang-froid, dans la stricte obéissance de tous ses camarades, et partant, lorsque venoit le moment du danger, point d'obéissance, point d'immobilité, car chaque soldat savoit bien que c'étoit à lui à songer à lui-même, puisqu'il ne sentoit pas qu'un autre, que tous les autres, que son chef, que ses camarades songeoient à lui. Aussi, après tant de combats qui auroient dû les éprouver et les aguerrir, les fantassins français étoient encore les plus mauvais qui parussent en bataille. Leur infériorité étoit reconnue, étoit avouée, quand on les comparoit soit aux Espagnols, aux Italiens et aux Vallons de Philippe, soit aux Anglais, aux Allemands et aux Suisses qui servoient dans leurs propres armées. Aucun général français n'osoit se hasarder en campagne, s'il n'étoit appuyé par quelque corps auxiliaire de l'une ou de l'autre de ces trois nations. Les Anglais, que

1595. Henri IV demandoit avec tant d'instances à Elisabeth, et qu'il croyoit si essentiel de réunir dans ses armées, quoiqu'ils ne fussent jamais plus de trois ou quatre mille, et qu'il ne dût pas être difficile de les remplacer par autant de Français, avoient eu, ce semble, moins que ces derniers l'occasion d'acquérir des habitudes militaires; mais les paysans anglais, mieux nourris, mieux vêtus et plus protégés par les lois, avoient en même temps plus de vigueur de corps et plus d'estime d'eux-mêmes; d'ailleurs l'Anglais, transporté sur le continent où il se voyoit entouré d'étrangers, s'unissoit plus intimement avec ses camarades, et le point d'honneur national remplaçoit pour lui celui des vieilles bandes. Ce même ressort moral agissoit sur toutes les troupes étrangères. Il étoit renforcé chez les Allemands par des habitudes plus militaires, car toute la jeunesse du pays se vouoit au métier de la guerre, et alloit, pendant un certain nombre d'années, chercher la solde des étrangers. Les Suisses enfin tenoient indisputablement le premier rang dans l'infanterie des armées françaises. Ce n'étoit cependant que des paysans, rarement engagés pour plus d'une campagne; mais, outre que ces montagnards étoient les mieux nourris, les plus habitués aux exercices de vigueur, de tous les paysans de l'Europe, outre qu'ils appartenoient au peuple le plus jaloux de son point d'honneur national, ils étoient levés par cantons, par vallées, entre gens qui se connoissoient tous, qui devoient vivre et mourir ensemble, qui, s'ils foiblissoient, ne pourroient cacher dans leurs chaumières la honte dont ils se seroient couverts : aussi avoient-ils les uns dans les autres cette confiance sans laquelle la valeur de chaque soldat est presque inutile au corps dont il est membre.

Ainsi l'honneur français, dans les armées de Henri IV, n'étoit vraiment confié qu'à la cavalerie. Celle-ci, presque uniquement composée de gentilshommes, accouroit auprès du roi dès qu'elle le voyoit entrer en campagne ; elle servoit presque à ses frais ; elle se battoit pour le plaisir de se battre, elle comptoit par avance sur les coups à donner et l'honneur à gagner, comme sur sa récompense, sans négliger pourtant le pillage, quand l'occasion s'en présentoit. Chacun de ses membres étoit animé par un désir de bien faire et de se distinguer, par une ambition de gloire personnelle, qu'on ne peut s'attendre à trouver que dans les rangs élevés de la société. C'est grâce à ce sentiment individuel que la cavalerie française étoit encore, malgré ses défauts, la meilleure de l'Europe, la plus intelligente, la plus audacieuse, la plus capable d'enthousiasme et de dévouement. Mais il ne falloit attendre d'elle ni constance, ni discipline, ni régularité dans l'obéissance. Tour à tour elle écoutoit le point d'honneur, puis l'imagination : elle pouvoit être également entraînée aux actions les plus héroïques, ou aux terreurs paniques les plus humiliantes, et ensuite retomber dans le découragement. Aussi les capitaines, et le roi qui la conduisoit au combat, ne savoient jamais, même en comptant leurs hommes, sur quelle force ils pouvoient calculer.

Les généraux français avoient besoin, pour enlever leurs soldats, des qualités qui brilloient dans Henri IV ; il leur falloit cette familiarité joviale, ces quolibets qu'on répétoit dans le camp, ce coup d'œil perçant qui suivoit et reconnoissoit chaque combattant, cette vaillance enfin toujours prête à donner l'exemple et à communiquer son enivrement. Les généraux de Philippe étoient formés sur un tout autre modèle. Commandant à une armée où l'on retrouvoit partout la même bravoure, le même calme et la même discipline, où il ne se présentoit rien d'inattendu, où l'imagination n'avoit point de part, ils considéroient leurs bataillons d'une manière beaucoup plus abstraite, ils se mettoient peu en rapport avec le soldat, ils avoient peu besoin de lui donner l'exemple ; souvent le plus habile général espagnol étoit impotent, et se faisoit porter dans une litière ; mais pour lui la science remplaçoit la valeur ; les combinaisons de la tactique avoient pu être d'autant plus précises, que la bravoure du soldat étoit plus égale. L'Espagnol comptoit avec confiance sur la capacité et l'art militaire de son chef, celui-ci se faisoit en retour un devoir d'épargner ses troupes, et les généraux de Philippe auroient eu de plus grands succès encore s'ils s'étoient attendu davantage aux fautes de leurs ennemis, s'ils avoient quelquefois donné quelque chose au hasard et à l'audace.

Philippe II, dont le fils n'avoit que dix-sept ans, et qui ne se croyoit point assuré de le conserver après avoir perdu déjà quatre fils, montroit un redoublement d'attachement à la branche allemande de sa maison. Il comptoit faire épouser sa fille à l'un des archiducs frères de l'empereur Rodolphe. Il la destinoit alors à l'archiduc Ernest, auquel il avoit confié le gouvernement des Pays-Bas; mais ce prince, atteint d'une fièvre lente, mourut à Bruxelles le 20 février 1595, à l'âge de quarante-deux ans (1). Dès lors Philippe tourna ses vues sur le frère d'Ernest, l'archiduc Albert, alors cardinal, qui n'avoit pas encore fait de vœux irrévocables, et qui séjournoit auprès de lui en Espagne. Cependant la mort d'Ernest n'apporta aucun désordre dans les affaires des Pays-Bas. Philippe II avoit toujours eu soin d'entretenir auprès de l'archiduc d'ha-

(1) De Thou. L. CXII, p. 565. — Bentivoglio, *Guerre di Fiandra*. P. III, L. I, p. 30. — V. P. Cayet. T. LIX, L. VII, p. 453.

biles capitaines, plus en état que lui-même de diriger et les conseils et la guerre. Dans plus d'une occasion précédente, le comte Charles de Mansfeld avoit remplacé le gouverneur des Pays-Bas et commandé les armées; il venoit cependant d'être appelé en Autriche, et l'empereur l'avoit fait son général dans la guerre contre les Turcs. Il y mourut le 14 août de cette année (1). Le comte de Fuentes lui avoit succédé dans le commandement, après avoir long-temps servi sous lui. Fuentes étoit plus propre qu'un général allemand à commander des Espagnols: il étoit connu d'eux, il les connoissoit bien, et il savoit mettre à profit toutes les particularités de leur caractère; son impitoyable sévérité étoit conforme à leurs notions sur l'obéissance qu'un chef doit exiger, et sa perfidie ne dépassoit point les bornes qu'ils croyoient prescrites par l'honneur castillan. Les soldats s'étoient mutinés faute de paie, il les fit rentrer dans le devoir, il rétablit dans tous les corps la plus sévère discipline, et il inspira en même temps une telle confiance aux troupes, que de toutes parts des vétérans demandèrent à rentrer sous ses drapeaux, et que son armée, sans être nombreuse, fut une des plus formidables que la Flandre eût vues depuis long-temps. Sous lui, Valentin de La Motte, Français qui s'étoit fait Brabançon, de Rosne, Lorrain, Avellino,

(1) De Thou. L. CXIV, p. 671, 677.

napolitain, Belgioioso, milanais, la Berlotte et Verdugo, espagnols, capitaines vieux et expérimentés, auroient chacun été en état de commander l'armée à sa place. (1)

Le duc de Bouillon avoit fait résoudre Henri IV à la guerre, en lui annonçant qu'il avoit des intelligences dans le duché de Luxembourg; et en effet, au moment où le roi se rendoit en Bourgogne, Bouillon avoit rassemblé environ quatre mille fantassins et mille cavaliers, avec lesquels il s'étoit emparé presque sans difficultés des deux places frontières de la Ferté et d'Ivoix. En même temps Philippe de Nassau, avec l'armée hollandaise, s'étoit emparé de Huy dans l'état de Liége, et les deux généraux qui agissoient de concert n'étoient plus qu'à vingt-cinq lieues de distance l'un de l'autre; mais Fuentes leur fit bientôt voir qu'ils n'étoient pas de force à tenir tête à ses vieilles bandes : il envoya La Motte contre Nassau, qui lui reprit Huy, et le chassa du pays de Liége; et Verdugo contre Bouillon, qui reprit également Ivoix et la Ferté, et qui fit sortir les Français de toute la province. Peu après, cet Espagnol, vieil officier de fortune, mourut après quarante ans de service, durant lesquels il avoit parcouru tous les degrés de la milice. (2)

(1) Davila. L. XV, p. 974.
(2) Bentivoglio. P. III, L. II, p. 32. — Davila. L. XV,

Le comte de Fuentes comptoit bien rendre aux Français la visite qu'il avoit reçue d'eux : il rassembla son armée, et après avoir tenu dans l'attente et la crainte les places frontières de Picardie, il vint, le 19 juin, investir le Catelet. Il avoit cependant d'autres projets encore. Trois places seulement demeuroient en Picardie au pouvoir des ennemis du roi : Soissons, que tenoit le duc de Mayenne, Ham entre les mains du duc d'Aumale, et La Fère dans celles des Espagnols. Aumale, résolu à se donner sans réserve à l'Espagne, consentit à mettre Fuentes en possession de Ham, place forte où il avoit déjà plus de dix-huit cents hommes de garnison, Napolitains, Vallons et Espagnols ; mais son lieutenant tenoit toujours le château avec des troupes de la Ligue. Ce lieutenant, nommé Gomeron, vint à Bruxelles pour s'entendre avec le duc d'Aumale et le comte de Fuentes, et il leur demanda 20,000 écus de dédommagement pour livrer sa forteresse, dans laquelle il avoit laissé sa mère et son beau-frère d'Orvilliers ; tandis qu'il avoit mené avec lui à Bruxelles ses deux plus jeunes frères, qu'il se proposoit de laisser pour otages. Fuentes, au lieu d'accepter sa proposition, les fit arrêter tous trois, au mépris de son propre sauf-conduit, et il fit dire à

p. 974. — De Thou. L. CXII, p. 547. — V. P. Cayet. T. LIX, L. VII, p. 477.

leur mère qu'il lui enverroit leurs trois têtes si elle n'ouvroit pas immédiatement son château. Elle vouloit céder, tandis que d'Orvilliers, indigné de cette perfidie, appela le duc de Bouillon et d'Humières, un des premiers seigneurs de Picardie, et leur offrit de les introduire par son château dans la ville, sous condition que les Français lui livreroient tous les prisonniers qu'ils feroient sur la garnison espagnole, afin qu'il pût les échanger contre son beau-frère. Ce projet s'exécuta dans la nuit du 20 au 21 juin ; mais les Espagnols opposèrent aux Français déjà introduits dans la ville la plus vaillante résistance : pendant douze heures on combattit au milieu des flammes que les deux partis avoient tour à tour allumées. D'Humières y fut tué avec vingt gentilshommes et un grand nombre de soldats ; enfin les Espagnols succombèrent sous la supériorité du nombre ; mais ils furent presque tous tués, la ville fut ruinée, et Fuentes irrité fit trancher la tête à Gomeron, au pied du château, sous les yeux de sa mère et de tous ses amis. (1)

Cette catastrophe excita en même temps l'horreur et la pitié. La mort d'Humières, qui, en 1576, s'étoit mis le premier à la tête de la Ligue en Picardie, et qui avoit ainsi donné l'exemple à

(1) De Thou. L. CXII, p. 574-584. — Davila. L. XV, p. 976, 978. — Bentivoglio. P. III, L. II, p. 57. — V. P. Cayet. T. LIX, L. VII, p. 512-515.

tout le royaume de la résistance, tandis qu'à présent on le considéroit comme le premier et le plus puissant des royalistes de la même province; la mort de Gomeron, le désespoir de sa mère, la froide férocité de Fuentes, le pillage enfin et l'incendie de Ham, contribuoient également à aigrir les esprits. Le parlement, empressé à se montrer plus royaliste que le roi, se fit l'organe du ressentiment populaire. Tous ces funestes événemens s'étoient passés en Picardie, province dont le duc d'Aumale étoit gouverneur au nom de la Ligue; tandis que le comte de Saint-Paul, frère du duc de Longueville, en étoit gouverneur au nom du roi. D'Aumale en se donnant aux Espagnols avoit entièrement oublié qu'il étoit Français; de tous les ligueurs il étoit celui qui s'étoit le plus aliéné de son pays. Le procureur général requit le parlement de Paris de procéder juridiquement contre lui, comme coupable au premier chef du crime de lèse-majesté. D'Aumale étoit pair de France, et en cette qualité il ne pouvoit être jugé que par toutes les chambres assemblées et en présence de tous les ducs et pairs. Mais le parlement le déclara indigne de jouir du privilége attaché à son rang, après quoi il prononça que ce duc s'étoit rendu coupable de lèse-majesté, qu'il étoit traître à la patrie, perturbateur et ennemi de la tranquillité et de la sûreté publiques, et il le condamna à être traîné sur une claie jusqu'à la place de Grève; là, tiré par quatre chevaux, ses membres dépecés, attachés aux quatre principales portes de la ville, et sa tête mise au bout d'une pique au haut de la porte Saint-Denis. Heureusement d'Aumale n'étoit pas entre les mains du parlement, et ce fut seulement en effigie que cet arrêt atroce fut exécuté le 6 juillet. (1)

Ces procédures si violentes du parlement n'inspiroient ni crainte aux Espagnols, ni courage aux troupes françaises. Le comte de Fuentes étoit retourné devant le Catelet, après le supplice de Gomeron, et La Grange, qui commandoit dans cette place avec six cents soldats, après avoir soutenu un assaut, fut obligé de la rendre le 25 juin. Fuentes, après s'y être arrêté une quinzaine de jours pour en faire relever les brèches et la mettre en état de défense, vint, le 15 juillet, mettre le siége devant Dourlens. Aux premières approches, La Motte, son grand-maître de l'artillerie et l'un de ses plus anciens capitaines, fut tué. La place de Dourlens étoit assez bonne et avoit un bon château, mais la garnison étoit très foible. Le duc de Bouillon, que Henri IV avoit chargé de défendre cette frontière, de concert avec le comte de Saint-Paul,

(1) De Thou. L. CXII, p. 579. — V. P. Cayet. T. LIX, L. VII, p. 529.

gouverneur de Picardie, n'avoit point d'armée. Il semble que le roi en commençant la guerre avoit cru qu'il suffisoit de faire un appel à sa noblesse; lui-même il s'étoit rendu en Bourgogne presque sans soldats, et c'étoit à la tête d'un petit nombre de gentilshommes qu'à Fontaine-Française il avoit arrêté les progrès du connétable de Castille. Bouillon n'avoit de même avec lui qu'une poignée de braves; cependant quatre cents gentilshommes et huit cents fantassins lui offrirent de se jeter dans la place assiégée, et de la défendre jusqu'à ce qu'il eût rassemblé une armée pour la délivrer. Bouillon accepta cette offre, ce que ses envieux lui reprochèrent vivement ensuite; car, disoient-ils, pour sauver une place de médiocre importance, il avoit hasardé la fleur de la noblesse de Picardie et de Champagne, qui valoit mieux que de vieilles murailles. Ces braves gens entrèrent dans Dourlens avant que la place fût entièrement investie. (1)

Cependant Henri avoit ordonné à l'amiral Villars Brancas d'assembler le plus de noblesse et de gens de guerre qu'il pourroit en Normandie et de venir au secours de la Picardie; Villars étoit en effet arrivé à Amiens avec sa troupe, Belin, l'ancien gouverneur de Paris, Sesseval, et plusieurs autres grands seigneurs, avoient aussi

(1) Davila. L. XV, p. 979. — De Thou. L. CXII, p. 585. — V. P. Cayet. L. VII, p. 516.

amené des soldats; le duc de Nevers, gouverneur de Champagne, étoit sur le point d'arriver avec trois cents chevaux et six ou sept cents hommes de pied, et devoit prendre le commandement de l'armée. Le duc de Bouillon, qui ne l'aimoit pas, et qui se croyoit au moins son égal, ne voulut pas servir sous ses ordres; mais il crut, et il persuada à Saint-Paul, gouverneur de Picardie, qu'avec douze cents cuirassiers et six cents arquebusiers à cheval qu'il avoit rassemblés, il étoit assez fort pour faire une trouée dans les lignes de Fuentes, faire entrer dans Dourlens mille fantassins sous un capitaine d'autorité, et en retirer les quatre cents gentilshommes qu'il se reprochoit d'y avoir compromis, car il apprenoit qu'ils ne vouloient obéir ni à d'Araucourt, commandant de la garnison, ni à Ronsoi, gouverneur de la citadelle. Le 24 juillet il sortit d'Amiens dans cet espoir; mais Fuentes n'étoit pas homme à se laisser surprendre; après avoir donné le commandement de ses lignes à Fernand Tello de Portocarrero, auquel il laissa deux mille hommes, il s'avança avec le duc d'Aumale, le prince de Chimay, et le marquis de Varambon, au-devant des Français. La cavalerie française se montra digne de sa réputation, et de la confiance que Bouillon avoit mise en elle. Deux fois elle enfonça la cavalerie espagnole et la mit en fuite, mais autant de fois elle

1595.

fut arrêtée et forcée à reculer par l'infanterie que dirigeoit le duc d'Aumale, impatient de se venger de l'arrêt du parlement lancé contre lui. Bouillon, qui avoit déjà perdu beaucoup de monde, fit enfin sonner la retraite; mais Villars ne voulut pas obéir à l'ordre que lui transmettoient des chefs qu'il regardoit tout au plus comme ses égaux; selon d'autres, il tenta une nouvelle charge pour dégager le jeune Montigny, son neveu, qu'il voyoit en danger. La retraite lui fut coupée, il fut entouré, blessé, et renversé de son cheval. Dans ce moment il se nomma, et offrit cinquante mille écus pour sa rançon : le maréchal-de-camp Sesseval, lieutenant du roi en Picardie, fut fait prisonnier en même temps. Tous les deux étoient d'anciens ligueurs, à tous deux on reprocha d'avoir trahi leur parti; ils répondirent quelques mots piquans sur les Français qu'ils voyoient porter l'écharpe rouge des Espagnols; on permit alors à des soldats de se jeter sur eux et de les égorger, comme pour leur ravir les joyaux qu'ils portoient au doigt, ou pour se disputer leur rançon. Toute l'infanterie qui devoit entrer dans Dourlens fut détruite; dans la cavalerie, plus de six cents hommes furent tués, tous gentilshommes, et parmi eux il y avoit beaucoup de personnages de distinction. Le marquis de Belin, Longchamp, et une soixantaine d'autres, demeurèrent prisonniers; aussi la désolation et l'effroi que causa la défaite de Dourlens furent proportionnés moins à la perte réelle qu'avoit faite la France qu'au nombre de familles nobles qui furent mises en deuil. La garnison de Dourlens, qui, pendant le combat, avoit fait une sortie, fut repoussée avec vigueur par Porto-Carrero. (1)

Le soir même de ce combat fatal le duc de Nevers arriva de Saint-Quentin à Amiens, et bientôt après il y vit rentrer les fuyards. Bouillon lui remit le commandement, et se retira dans sa principauté; mais Nevers se hâta de dire qu'il n'étoit plus temps pour lui de rétablir les affaires après que son prédécesseur les avoit ruinées. En effet, la jalousie entre les chefs, la défiance entre huguenots et catholiques, entre ligueurs et politiques, qui depuis peu de semaines seulement servoient sous le même drapeau, eurent autant de part aux désastres des Français que la bonne discipline des Espagnols. Villars, en particulier, avoit été si richement récompensé du mal qu'il avoit fait aux royalistes, il excitoit si vivement leur jalousie, qu'on croyoit Bouillon

(1) De Thou. L. CXII, p. 587. — Davila. L. XV, p. 982, 984. — Bentivoglio. P. III, L. II, p. 41, 42. — V. P. Cayet. T. LIX, L. VII, p. 518. — L'Estoile, Journal. T. III, p. 139. — Lettre de La Fond, serviteur de Villars, à Rosny. Écon. royales. T. II, p. 374-380.

et Saint-Paul peu touchés de sa perte; on les accusa de n'avoir pas clairement donné leurs ordres, ou de n'avoir pas songé à lui. Nevers dit d'eux qu'ils lui avoient paru bien hardis dans le conseil, bien prudens dans la retraite, et Saint-Paul, offensé, quitta aussi son armée (1). Nevers se rapprocha pourtant jusqu'à deux lieues de Dourlens, et réussit à y faire entrer soixante cuirassiers avec vingt mulets chargés de poudre, mais ce qui manquoit à la place assiégée c'étoit l'habileté et l'accord entre ceux qui y commandoient. Longueval d'Araucourt, Charles de Halwin, comte de Dinan, et Ronsoi, son frère, étoient braves, mais ignorans dans l'art de la défense; les ouvrages qu'ils avoient élevés à l'intérieur étoient mal entendus, ces chefs étoient sans cesse en dispute entre eux. Ils montrèrent leur vaillance dans une sortie, le 28 juillet, dans un assaut, le 29, mais à cet assaut Dinan fut tué, la brèche qu'il défendoit fut emportée. Les Espagnols se rendirent maîtres d'abord du château, d'où ils se répandirent ensuite dans la ville. Alors ils s'encouragèrent au massacre, en criant vengeance de Ham! Plus de trois cents gentilshommes, un nombre triple de soldats, et presque autant de bourgeois avec leurs femmes et leurs enfans furent égorgés, d'Araucourt et une ving-

---

(1) Davila. L. XV, p. 985.

taine de personnes de qualité furent seuls faits prisonniers. (1)

Après le massacre et le pillage de Dourlens, le comte de Fuentes s'occupa de mettre de nouveau cette ville en état de défense. Il détruisit les ouvrages des assiégeans, il ferma les brèches, il rassembla des munitions et des vivres, et il donna le commandement de sa conquête à Fernand Telles de Porto-Carrero, qui, par sa valeur, avoit le plus contribué à la lui assurer. Mais bientôt le duc de Nevers apprit qu'il rassembloit un parc considérable d'artillerie de siége, et qu'à ses préparatifs on voyoit bien qu'il se préparoit à quelque entreprise difficile. Nevers eut d'abord des craintes pour Amiens, qui n'est qu'à six lieues de Dourlens ; il y courut, et pour rassurer les habitans, il leur laissa son fils, le duc de Réthelois, âgé seulement de quinze ans. De là il passa à Corbie, qui est à peu près à la même distance, et qu'il pourvut le mieux qu'il put. Enfin le 4 août Fuentes sortit de Dourlens, et prit la route de Péronne ; Nevers fut avant lui dans cette ville, mais Fuentes passa au pied de ses murailles sans faire mine de les attaquer, et continua sa marche vers Saint-Quentin. Pendant quatre jours il menaça cette dernière place, et

(1) De Thou. L. CXII, p. 589. — Davila. L. XV, p. 984. — Bentivoglio. P. III, L. II, p. 43. — V. P. Cayet. L. VII, p. 524.

Nevers, qui y étoit entré à la hâte, fit travailler avec activité à en relever les fortifications. Enfin, le 11 août, Fuentes tournant tout à coup au nord, s'approcha jusqu'à quatre milles de Cambrai, et manifesta ainsi son intention.

En effet, depuis le commencement de la campagne c'étoit au siége de Cambrai que le comte de Fuentes s'étoit préparé; il regardoit cette conquête, qu'aucun de ses prédécesseurs n'avoit osé tenter depuis que le duc d'Alençon s'étoit, en 1580, emparé de Cambrai en trahison, comme devant illustrer son administration. Par la conquête successive de la Capelle, du Catelet, et de Dourlens, les Espagnols avoient coupé presque toute communication entre le Cambresis et la France, et Fuentes venoit encore, par sa marche habile, d'en éloigner le duc de Nevers, et de se placer entre lui et la ville qu'il vouloit attaquer. Louis de Barlemont, archevêque et prince de Cambrai, pressoit Fuentes de le remettre en possession de sa souveraineté, et l'assuroit qu'il avoit pour lui tous les cœurs des bourgeois. Balagni, en effet, fils naturel de l'évêque de Valence, Montluc, que le duc d'Alençon avoit placé comme gouverneur à Cambrai, et qui, depuis la mort de ce prince, s'en étoit fait une souveraineté, étoit odieux également à ses sujets qu'il accabloit d'impôts, à ses voisins qu'il vexoit par les brigandages de ses soldats; il étoit odieux aux protestans qu'il avoit persécutés, et aux ligueurs qu'il avoit trahis; mais il avoit fortifié sa ville avec beaucoup de soin, le château étoit plus redoutable encore : il avoit une garnison nombreuse et aguerrie, et Henri IV, intéressé en sa faveur par Gabrielle d'Estrées, l'avoit richement pourvu d'argent et de munitions. Aussi Fuentes, qui sentoit toute la difficulté de son entreprise, avoit-il eu grand soin de ne laisser pénétrer son secret à personne. Cependant lorsque le duc de Nevers connut enfin le projet de son adversaire, il se résolut à donner à Balagni la plus grande preuve du zèle qu'il mettroit à le défendre ; il donna au duc de Réthelois, son fils, quatre cents hommes d'armes, et quatre compagnies d'arquebusiers à cheval ; il les mit sous la direction de Pierre Mornai de Buhy, capitaine expérimenté, et il leur donna ordre de se jeter dans Cambrai. Buhy, grâce à l'habileté de ses guides, profitant de tous les replis du terrain, évita la cavalerie de Fuentes, qui étoit tout entière aux champs pour lui couper le chemin, et il entra dans Cambrai, le 15 août, en plein jour. (1)

1595.

Mais un renfort de soldats ne suffisoit point pour sauver Balagni ; c'étoit surtout la tête et le

---

(1) Davila. L. XV, p. 986, 987. — De Thou. L. CXIII, p. 599. — Bentivoglio. P. III, L. II, p. 45. — V. P. Cayet. L. VII, p. 539.

cœur qui lui manquoient. Il étoit tellement troublé par le sentiment de la haine de tous les bourgeois, haine que jusqu'alors il avoit bravée avec insolence, qu'il laissa passer dix jours sans rien faire pour arrêter les premiers travaux des assiégeans. Le 2 septembre, Dominique de Vic, l'un des meilleurs officiers de Henri IV, et celui qui avoit été gouverneur de Saint-Denis, trompant la vigilance des Espagnols, réussit à entrer dans la place avec quelques centaines de cavaliers ; alors seulement Balagni, qui, comme maréchal de France, n'avoit voulu recevoir d'ordres ni de conseils de personne, et qui cependant sentoit sa propre incapacité, consentit à remettre presque absolument à de Vic la direction de la défense. Nevers, en même temps, avoit établi son quartier à Péronne ; il y avoit réuni quatre mille fantassins et sept à huit cents chevaux. Les attaques de Fuentes étoient repoussées, Philippe II le laissoit sans argent ; de Vic et de Buhy déployoient contre lui autant d'habileté que de valeur. Mais Balagni devoit être puni par où il avoit péché. Les habitans de Cambrai désiroient ardemment rentrer sous la domination paternelle de Louis de Barlemont leur archevêque, et ils regardoient les Espagnols comme des libérateurs et des vengeurs. Ils avoient envoyé à Henri des députés pour lui déclarer que, s'il vouloit les délivrer du joug insupportable de Balagni et de sa femme, ils étoient encore assez riches pour solder les troupes nécessaires à leur défense et se maintenir en liberté. Mais Balagni étoit sous la protection spéciale de Gabrielle d'Estrées, et les députés de Cambrai furent durement éconduits (1). Ce fut alors qu'ils se tournèrent du côté des Espagnols. La Berlotte, commandant de l'artillerie de Fuentes, ayant ouvert, le lundi 2 octobre, une batterie de quarante-cinq pièces de canon, Balagni crut que le moment d'un assaut approchoit, et il fit rassembler dans la grande place trois mille bourgeois armés, pour seconder au besoin les efforts de la garnison. Ce fut dans ce rassemblement que le mécontentement éclata. Balagni venoit de faire battre des jetons de cuivre pour remplacer les monnoies d'argent; il les donnoit en paie aux soldats, et il avoit ordonné, sous peine de mort, que les bourgeois les reçussent dans tous les marchés pour leur valeur nominale de vingt sols; cependant il ne vouloit point les recevoir lui-même en paiement des contributions. Ce fut l'acte de tyrannie qui les poussa à bout; ils barricadèrent, avec des chariots, les avenues de la place où leur maître les avoit fait assembler. Ils se saisirent de la porte de Saint-Sépulcre, qui, n'étant point du

---

(1) De Thou. L. CXIII, p. 604. — Davila. L. XV, p. 991.

côté des ennemis, étoit la plus mal gardée, et ils envoyèrent aussitôt au comte de Fuentes, des députés pour lui demander de suspendre le feu et de traiter avec eux. Balagni, sa femme, de Vic et Buhy, bientôt avertis de ce soulèvement, reconnurent qu'ils ne pouvoient rien attendre de la force. Tour à tour ils essayèrent ce que pourroit faire la persuasion.

L'orgueilleuse dame de Balagni s'avança sur un balcon pour parler au peuple; et elle commença, pour le séduire, par jeter à poignées, dans la foule, des monnoies d'or et d'argent. Elle redoubla au contraire ainsi l'indignation générale, car cette action prouvoit que ce n'étoit pas le besoin, mais la cupidité qui l'avoit fait recourir aux jetons de cuivre. Toutes ses prières comme toutes ses offres furent repoussées. De Vic, voyant que tout autre espoir étoit perdu, donna l'ordre à la garnison de se retirer dans la citadelle, et en même temps il annonça aux bourgeois qu'il ne vouloit plus contrarier leurs vœux, qu'il les exhortoit seulement à agir avec prudence, à se souvenir combien souvent une ville avoit été surprise tandis qu'elle traitoit, et avec quelle férocité elle étoit alors saccagée par les soldats qui avoient craint de la voir sauvée par une capitulation. Il leur recommanda de profiter de tous leurs avantages, de ne se relâcher sur aucune sûreté, de se faire garantir tous leurs

priviléges ; et tandis qu'il leur donnoit ces sages
conseils, il faisoit filer le plus rapidement qu'il
pouvoit les troupes dans la citadelle. Mais autant
il étoit désireux de gagner du temps, autant
Fuentes étoit empressé à n'en pas perdre. Il ne
fit aucune difficulté d'accorder la capitulation la
plus avantageuse. Non seulement il garantit la
ville du pillage, mais il consentit à un pardon
général, à la conservation de tous les priviléges
de Cambrai, et à la reconnoissance de la souveraineté de l'archevêque ; seule partie de ce traité
qu'il se dispensa ensuite d'observer. Gaston
Spinola, et Jean-Jacques Belgioioso furent aussitôt introduits dans la ville avec trois cents chevaux : ensuite on laissa entrer toute l'infanterie
espagnole, qui se logea sur la place, sans causer
aucun dommage aux habitans. Enfin le comte de
Fuentes et l'archevêque entrèrent ensemble le
même soir, accueillis par les cris de joie des
habitans. Ils se réjouissoient de rentrer sous la
domination légitime de leur archevêque, et ils ne
songeoient point encore combien est précaire la
puissance d'un petit prince garantie par la garnison d'un puissant voisin. (1)

De Vic avoit compté, en se retirant dans la
citadelle, dont il connoissoit toute la force, de

---

(1) Davila. L. XV, p. 992. — De Thou. L. CXIII, p. 606-
610. — Bentivoglio. P. III, L. II, p. 51, 52. — V. P. Cayet.
T. LX, L. VII, p. 36.

pouvoir s'y défendre encore long-temps; mais quand il fit ouvrir les magasins, qu'on lui avoit annoncé être pleins de vivres, il les trouva presque absolument vides : l'avare dame de Balagni avoit tout vendu sans en prévenir son mari. Cette femme, qui parloit avec courage aux soldats, et qui parut même quelquefois avec un sponton à la main sur la brèche, a été célébrée par quelques historiens comme une héroïne. Ce furent sa hauteur, cependant, son insolence, sa dureté, qui contribuèrent le plus à faire révolter les habitans de Cambrai; ce fut sa basse cupidité qui fit perdre à son mari son dernier asile. Une femme, pas plus qu'un homme, ne peut racheter de tels vices par sa seule audace, ou par l'élégance avec laquelle elle marche, à la tête d'un bataillon, l'épée à la main. De Vic fut réduit à capituler, et à livrer, le 9 octobre, la citadelle de Cambrai au comte de Fuentes. Il obtint de lui que toute la garnison, officiers et soldats, également, pussent se retirer à Péronne avec leurs armes et tous leurs équipages, et que Balagni fût reconnu quitte de toutes les dettes qu'il avoit contractées envers les habitans de Cambrai. Ce ci-devant prince, avec le duc de Réthelois, de Vic et de Buhy, sortit de la citadelle à la tête d'environ mille fantassins et quatre cents chevaux; mais madame de Balagni y fut laissée malade : le regret et la colère l'étouffoient également. On assure qu'elle refusa non seulement tout remède, mais tout aliment, et qu'elle mourut au bout de peu de jours. Balagni, moins abattu par la perte de sa principauté, et peu sensible à celle de sa femme, revint étaler à la cour de Henri IV ses décorations et ses titres; et six mois après, le 17 février 1596, il épousa Diane d'Estrées, sœur de la maîtresse du roi, à laquelle il devoit surtout son crédit. (1)

Après une campagne aussi brillante, Fuentes, ayant pourvu à la sûreté de ses conquêtes, ramena son armée à Bruxelles, et la mit en quartiers d'hiver; il savoit que son commandement en chef ne se prolongeroit point jusqu'à la campagne suivante. Philippe II vouloit continuer dans un prince de sa maison le gouvernement des Pays-Bas; et pour remplacer l'archiduc Ernest, il avoit fait choix du sixième des fils de Maximilien, l'archiduc Albert, né en 1559, et qui vivoit auprès de lui décoré du chapeau de cardinal. Il l'envoya en Italie, d'où l'archiduc Albert continua son chemin par la Savoie, la Franche-Comté et la Lorraine, conduisant avec lui deux régimens espagnols, deux italiens, et

(1) Davila. L. XV, p. 993. — De Thou. L. CXIII, p. 611. — V. P. Cayet. L. VII, p. 38. — Bentivoglio. P. III, L. II, p. 52, 53. — Journal de l'Estoile. T. III, p. 146 et 159. — Lettres de Henri IV, dans Capefigue. T. VII, p. 349.

apportant un million et demi d'écus en argent. Le cardinal Albert fit son entrée à Bruxelles seulement au milieu de février 1596; il y amenoit avec lui Philippe-Guillaume, fils aîné du premier prince d'Orange, qui, retenu d'abord en Espagne comme ôtage, avoit été jeté en prison lors de la révolte de son père, et élevé dans la religion catholique. Après trente ans de captivité, Philippe le renvoyoit dans son pays, se flattant qu'une partie des anciens partisans de sa maison s'attacheroit à lui, et qu'il pourroit ainsi l'opposer à son plus jeune frère Maurice, l'habile et heureux stadtholder des Hollandais. Il y eut, en effet, quelques tentatives de négociations; mais les États-Généraux étoient résolus à ne jamais laisser mettre en doute leur liberté et leur indépendance. Chaque jour Maurice leur devenoit plus cher et s'illustroit par de nouvelles victoires; les guerres civiles de France lui avoient fourni l'occasion d'étendre et de fortifier la frontière des Provinces-Unies, pendant que les armées espagnoles étoient appelées sur un autre théâtre. En 1593, il avoit assiégé et pris Gertrudenberg, en 1594 Groningue, qui s'unit, le 23 juillet de cette année, à la confédération; il n'avoit pas eu le même succès, en 1595, au siége de Groll, les États ayant profité du relâche que leur laissoient les Espagnols pour réduire leurs dépenses et licencier une partie de leur armée. Cependant les Hollandais, loin d'être désormais des rebelles tremblans devant leur maître et exposés aux séductions de l'intrigue, sentoient qu'ils étoient devenus une puissance opulente, belliqueuse et redoutée. (1)

1595.

En France, au contraire, la perte du Catelet, de Dourlens et de Cambrai, avoit répandu la consternation; on étoit moins effrayé encore de la conquête de ces places importantes que de l'impossibilité où le roi avoit paru être d'assembler une armée pour tenir tête aux ennemis. On avoit célébré sa vaillance à Fontaine-Française; mais plus on l'avoit admirée, plus on avoit dû répéter aussi qu'avec quelques escadrons de cavalerie il avoit soutenu tout l'effort de l'armée du connétable de Castille; et si celui-ci n'avoit pas timidement repassé la Saône, on ne voyoit pas comment le royaume auroit été défendu du côté de la Bourgogne. Un général plus habile avoit tenté, du côté de la Picardie, une attaque plus formidable, et là des revers plus sanglans s'étoient succédé coup sur coup; trois forteresses importantes avoient été perdues; d'Humières, Villars, Sesseval, Ronsoi, Dinan, avoient été tués, avec un nombre de gentils-hommes supérieur à celui qu'on avoit perdu

---

(1) Bentivoglio. P. III, L. II, p. 57. — De Thou. L. CXVI, p. 755. — Watson, Hist. de Phil. II. T. IV, L. XXIII, p. 186, 202; L. XXIV, p. 252.

dans aucune campagne précédente. La réputation des maréchaux de Bouillon et de Balagni, celle des officiers-généraux Saint-Paul et Belin, étoient entamées, et le duc de Nevers, qui leur avoit succédé dans le commandement, découragé par ses revers, par l'obligation de défendre, avec cinq ou six mille hommes, une frontière étendue contre un ennemi nombreux et actif, venoit d'être atteint d'une maladie, fruit de ses fatigues : il mourut à Nesle, d'une dysenterie, le 23 octobre 1595. (1)

Pendant que le royaume étoit en danger, le roi étoit à Lyon, avec la belle Gabrielle; il y avoit fait son entrée le 4 septembre, et l'on prétendoit qu'il ne s'y occupoit que de fêtes et de ses amours. Il y étoit venu de Bourgogne après avoir engagé Mayenne à accepter la suspension d'armes, probablement attiré par les nouvelles qu'il venoit de recevoir d'un autre des chefs de la Ligue. Le duc de Nemours, que cette faction avoit nommé gouverneur de Lyon, venoit de mourir le 13 août à Annecy, où il s'étoit retiré comme en l'apanage qu'il tenoit de la maison de Savoie, et où depuis quatre mois on le voyoit dépérir d'une maladie de poitrine, avec regorgement de sang. Son titre passa au marquis de

---

(1) Davila. L. XV, p. 1000. — De Thou. L. CXIII, p. 614, — L'Estoile, Journal. T. III, p. 148.

Saint-Sorlin son frère, qui étoit toujours attaché à la Ligue. (1)

Pierre d'Espinac, l'archevêque de Lyon, que le peuple avoit reconnu quelques mois pour gouverneur, après Nemours, persistoit aussi toujours dans le parti de la Ligue; il étoit exilé de son siége, et il ne se réconcilia jamais au roi, jusqu'à sa mort, survenue au commencement de l'année 1599 (2). Le roi étoit donc appelé à pourvoir au gouvernement du Lyonnais, et presqu'en même temps il apprenoit qu'il pouvoit aussi disposer du gouvernement d'une autre grande province. Le maréchal d'Aumont, qui commandoit pour lui en Bretagne, étant mort le 19 août, à la suite d'une blessure reçue au siége de Comper. (3)

Le roi n'avoit point encore pourvu au gouvernement du Lyonnais; il le réservoit comme appât au duc de Nemours, au moment où celui-ci feroit sa paix. Il n'avoit, de même, point donné le gouvernement de Bretagne au maréchal d'Aumont; c'étoit une récompense réservée au duc de Mercœur, avec lequel il traitoit toujours. D'Aumont étoit gouverneur du Dauphiné, province qui en réalité étoit gouvernée

---

(1) Davila. L. XV, p. 995. — De Thou. L. CXIII, p. 632.
— V. P. Cayet. T. LX, L. VII, p. 1-25.
(2) De Thou. T. IX, L. CXXII, p. 270.
(3) De Thou. L. CXIII, p. 619. — Davila. L. XV, p. 994.
— Taillandier, Hist. de Bretagne. L. XIX, p. 447.

depuis long-temps par Lesdiguières et par d'Ornano, deux des plus habiles, des plus heureux et des plus vaillans entre les chefs royalistes qui s'étoient attachés à Henri IV avant sa grandeur. Tous deux avoient l'espérance d'être récompensés en cette occasion. Mais Henri, en disposant des gouvernemens et des dignités vacantes, avoit surtout à cœur de se réserver les moyens d'attacher à sa fortune les puissans chefs de la Ligue, et, dans son propre parti, de diminuer l'influence locale que ses capitaines pouvoient déjà avoir acquise. Le colonel des Corses Ornano, qui avoit rendu aux Lyonnais de grands services, qui étoit venu opportunément à leur secours quand ils étoient menacés par Nemours, et qui étoit fort aimé d'eux, demanda au roi le gouvernement, ou la lieutenance du Lyonnais; mais c'étoient justement autant de motifs pour l'en écarter : le roi lui préféra Philibert de la Guiche, alors grand-maître de l'artillerie, et dont le principal mérite dans ce moment, aux yeux du roi, étoit son âge très avancé, qui donnoit lieu de croire que sa place seroit bientôt vacante. Henri donna le gouvernement de Dauphiné à son cousin le prince de Conti, qui étoit fort sourd et presque muet, mais en même temps il nomma d'Ornano pour être son lieutenant. Par son traité avec le duc de Guise, il avoit promis à celui-ci le gouvernement de Provence, qu'il vouloit ôter à d'Épernon ; Henri destina Lesdiguières à être sous Guise lieutenant de Provence. Il s'applaudissoit d'avoir ainsi éloigné deux habiles capitaines, d'Ornano du Lyonnais, Lesdiguières du Dauphiné, où ils lui paroissoient acquérir une trop grande influence ; mais s'il les maintenoit ainsi mieux dans sa dépendance, il diminuoit d'autant d'autre part l'action que, par eux, il pouvoit exercer sur les provinces. Le roi donna en même temps le bâton du maréchal d'Aumont à Lavardin, et il chargea Saint-Luc, qui y prétendoit, du commandement de ses troupes en Bretagne ; il le fit aussi grand-maître de l'artillerie. Après ces nominations, Henri repartit en poste pour la Picardie, sur la nouvelle du siége de Cambrai ; mais il n'étoit pas encore arrivé à Beauvais quand il apprit que la ville et la citadelle avoient capitulé. (1)

En même temps que le roi couroit en Picardie pour résister aux Espagnols, le duc de Guise se dirigeoit vers la Provence, pour empêcher les Espagnols d'y prendre pied. Guise, qui avoit alors seulement vingt-quatre ans, avoit reçu des mains du roi Lesdiguières comme un guide éclairé, comme un vaillant capitaine, qui depuis long-temps faisoit avec succès la guerre dans le Midi, et

---

(1) De Thou. L. CXIII, p. 632. — Davila. L. XV, p. 1000. — Capefigue, Lettres de Henri. T. VII, p. 351. — V. P. Cayet. L. VII, p. 33.

dont il se déclaroit heureux de recevoir les leçons. En lui parlant ou en lui écrivant, il l'appeloit toujours son père; mais tous ces témoignages extérieurs de déférence et d'affection n'étoient employés que pour cacher sa jalousie ou sa haine. Guise ne doutoit point que Lesdiguières ne lui eût été donné par le roi comme un fâcheux surveillant. Ses préjugés de ligueur n'étoient point éteints, et Lesdiguières étoit protestant. Aussi ne fut-il pas plus tôt arrivé en Provence qu'il chercha à s'attacher le marquis d'Oraison, le comte de Carces, et tous ceux qui s'étoient signalés pendant les guerres civiles par leur haine contre les huguenots. Tous s'empressoient à montrer au duc de Guise l'affection qu'ils avoient vouée à la maison du chef de la Ligue; tous considéroient son arrivée en Provence comme le triomphe de leur ancien parti: ils lui rappeloient les droits que la maison de Lorraine avoit toujours prétendus sur l'héritage du vieux René d'Anjou; ils le félicitoient de rentrer dans une province qui appartenoit à ses ancêtres; mais ils lui demandoient de ne pas ternir ce triomphe en paroissant associé avec le vieux huguenot, qui avoit à plusieurs reprises ravagé leur pays pour y assurer la prépondérance des hérétiques. A cette heure même Lesdiguières étoit entré dans la haute Provence, où les religionnaires étoient en grand nombre, avec une armée de quatre mille hommes levés à ses frais; mais il fut contrarié dans toutes ses opérations. Il avoit assiégé Sisteron, ville où Henri IV l'avoit autorisé à nommer un gouverneur de son choix; Guise y fit entrer un ligueur provençal, avec deux cents hommes à lui, et refusa d'admettre Lesdiguières dans la ville. Celui-ci assiégea encore Riez, mais le gouverneur produisit une trêve qu'avoit signée avec lui le duc de Guise. Enfin le parlement d'Aix, encouragé par le nouveau gouverneur, déclara qu'il n'enregistreroit point les lettres de lieutenant-général que le roi avoit données à Lesdiguières, par le motif que celui-ci étoit huguenot. Ce vaillant capitaine n'éclata point en reproches; il licencia son armée et se retira dans ses terres en Dauphiné; mais il ressentit jusqu'au fond du cœur le traitement qu'il recevoit du roi, qu'il avoit si bien servi, à cause de la religion que ce roi avoit abandonnée. (1)

Le duc d'Épernon n'avoit pas supporté l'ingratitude du roi avec autant de patience. Le sieur du Fresne, qui lui avoit été envoyé par Henri, lui ayant dit « que la volonté du roi « étoit qu'il sortît de cette province, pour en « être le gouvernement promis et donné à un « prince, le duc, changeant de couleur et de

(1) De Thou. L. CXIII, p. 633. — Bouche, Hist. de Provence. L. X, p. 808-811.

« ton, lui avoit répondu : qu'il avoit arraché la
« Provence des mains du duc de Savoie et de la
« Ligue, aux dépens du sang de ses amis, de ses
« parens, de son frère et du sien propre; que lui
« vouloir ôter après tout cela une charge ac-
« quise par tels et si honorables moyens, c'étoit
« offenser et mordre cruellement sa réputation;
« qu'il étoit donc tout résolu, avant que de la
« perdre et abandonner ainsi lâchement, de
« jouer à quitte ou double, et de se jeter entre
« les bras du Savoyard, de l'Espagnol et du
« diable même; et quand il n'en pourroit plus,
« se jeter sur son épée.... Du Fresne ayant ré-
« pondu qu'il avoit commandement de sa majesté
« de lui dire qu'elle le viendroit tirer elle-même
« de ce pays s'il s'aheurtoit davantage; comme
« tout forcené il avoit repris : que si le roi y
« venoit ainsi qu'il disoit, en personne, il lui
« serviroit de fourrier, non pour marquer, mais
« pour brûler tous les logis de son passage. » (1)

D'Épernon ne s'en tint point à de vaines menaces. Dévoué au souvenir de Henri III, il
avoit combattu la Ligue, comme ennemie de ce
monarque, comme favorable à son rival Joyeuse :
dans ce même intérêt, il avoit favorisé à la cour
le roi de Navarre, et il s'étoit plus tard rangé
sous ses drapeaux; mais d'Épernon n'en étoit

(1) Nostradamus, Hist. de Provence. P. VIII, p. 904. —
Bouche, Hist. de Prov. L. X, p. 804.

pas moins catholique et persécuteur; il avoit peu de considération pour Henri, et il ne sentoit aucun scrupule de porter les armes contre lui ou contre la France. Dès qu'il vit clairement la résolution du roi de lui ôter son gouvernement, il entra en traité avec Philippe II; et, le 10 novembre 1595, il signa à Saint-Maximin l'engagement « de faire guerre au prince de « Béarn, et aux hérétiques et fauteurs d'iceux « dans le royaume de France, et de ne traiter « ni résoudre aucun accord ni paix avec eux « sans en avoir la permission de Sa Majesté ca- « tholique. » Tandis que Philippe promit de lui payer 12,000 écus tous les mois, de lui fournir de la poudre et des balles, et de l'aider, en mettant à sa disposition six mille arquebusiers et quelques galères, à se rendre maître de Toulon, où il recevroit ensuite garnison espagnole. (1)

Les deux parties contractantes n'eurent cependant point le temps d'exécuter ce traité. Ce n'étoit ni le courage, ni le talent militaire qui manquoient au duc d'Epernon pour exécuter ses menaces; mais sa hauteur, sa cruauté, sa cupidité et ses emportemens l'avoient rendu tellement odieux à tout le pays, qu'il n'y avoit pas un seul Provençal qui lui demeurât attaché.

(1) Le traité dans Capefigue. T. VII, p. 327-330.

1595. Il ne comptoit pour sa défense que sur les soldats gascons, ou sur ceux de ses gouvernemens de Saintonge et d'Angoumois, qu'il avoit amenés avec lui. Chaque jour il apprenoit quelque défection nouvelle. Avant l'arrivée du duc de Guise, il avoit consenti à des trèves de deux et de trois mois pendant lesquelles l'été se consuma. Il avoit voulu ensuite fermer l'entrée de la haute Provence à Lesdiguières, son ennemi personnel, tandis que, le 21 novembre, le duc de Guise entroit en Provence, bien accompagné de noblesse et de gens de guerre, et que le 18 décembre il vint prendre séance au parlement d'Aix comme gouverneur pour le roi. (1)

1596. Le duc de Guise, débarrassé de Lesdiguières par sa retraite volontaire, ne se pressa point d'agir contre Epernon, qui, au commencement de l'année 1596, s'étoit retiré à Brignolles, et qui, effrayé des défections nombreuses qui lui étoient annoncées chaque jour, ne songeoit point non plus à attaquer son rival. Guise s'occupoit au contraire à se faire reconnoître par les villes de la Provence qui étoient demeurées jusqu'alors fidèles à la Ligue. Il avoit reçu la soumission des places gardées jusqu'alors par le duc de Savoie. Il avoit engagé la grande ville d'Arles à le reconnoître; dès le 14 octobre elle s'étoit soumise à

(1) Bouche. L. X, p. 808.

l'autorité du roi. Il avoit pris Martiguez, le Vinon, Grasse, Barbentane et Hières, et il ne lui restoit plus que Marseille à soumettre pour se sentir maître dans son gouvernement. (1)

Marseille, que son commerce avoit rendue puissante et fière, avoit obtenu depuis long-temps des souverains de Provence le privilége de se gouverner par ses propres magistrats, de se garder et se défendre par ses propres milices. Deux fonctionnaires annuels, le viguier et le premier consul, dont l'un devoit être gentilhomme, l'autre bourgeois, étoient à la tête de la municipalité de Marseille ; celle-ci se composoit encore de deux autres consuls, un assesseur et quatre capitaines de quartier ; mais Charles de Casaux et Louis d'Aix, qui s'étoient fait élire, l'un premier consul, l'autre viguier, dans une sédition au mois de février 1591, avoient dès lors trouvé moyen de se faire continuer en charge sans réélection. Ils prenoient à tâche d'exciter les passions de la populace fanatique de Marseille ; ils dénonçoient à son indignation les huguenots, les politiques, les tièdes, qui s'associoient au prince de Béarn, auquel ils attribuoient tous les vices de Henri III (2) ; ils se déclaroient les champions dévoués de la liberté et des priviléges de Marseille. En même temps

(1) Bouche. L. X, p. 810, 811.
(2) Pamphlets marseillais, dans Capefigue. T. VII, p. 363.

ils faisoient tomber la tête de leurs adversaires par une justice sommaire, ils levoient arbitrairement de l'argent sur les riches bourgeois; mais ils flattoient les basses classes, et c'étoit sur elles que s'appuyoit leur pouvoir. Ni d'Épernon, ni Lesdiguières, ni Guise, n'avoient eu des forces suffisantes pour assiéger Marseille; et quand l'un ou l'autre s'étoit approché des murs de cette cité, la puissante artillerie des remparts l'avoit bientôt fait reculer (1). Le château d'If, cependant, qu'on peut regarder comme la citadelle de Marseille, étoit occupé par une garnison toscane. Bâti sur une des îles Pomègues, à trois milles en mer, et dominant le port, il avoit été offert dès 1589 au grand-duc Ferdinand par le capitaine Beausset qui y commandoit, lorsque Christine de Lorraine avoit passé par Marseille pour se rendre en Toscane, dont elle épousoit le souverain; et il fut occupé le 8 juillet 1591 par les galères du grand-duc, qui eut grand soin de le faire fortifier et approvisionner. En même temps Ferdinand s'efforça de persuader aux Guises qu'il le faisoit pour conserver les droits de la maison de Lorraine sur la Provence; aux Marseillais, qu'il prenoit des sûretés contre l'ambition du duc de Savoie; à Philippe II, qu'il vouloit mettre le commerce toscan à l'abri des

---

(1) Bouche. L. X, p. 812. — De Thou. L. CXVI, p. 746. — Davila. L. XV, p. 1002. — V. P. Cayet. L. VIII, p. 174.

pirateries des Marseillais; à Henri IV, enfin, qu'il vouloit empêcher le démembrement de la monarchie française. Ces explications contradictoires avoient obtenu partout fort peu de créance; mais les Toscans s'étoient puissamment fortifiés au château d'If, et d'autre part ils évitoient de donner offense à personne; aussi comme chacun redoutoit l'entreprise d'un siége difficile, chacun aussi les traitoit comme neutres. (1)

Lorsque le reste de la Provence avoit reconnu l'autorité de Henri IV, le consul Casaux avoit conçu de l'inquiétude; il avoit offert sa ville à Philippe II, il lui avoit représenté combien elle pouvoit être importante pour la communication entre les Etats d'Espagne et d'Italie de ce monarque, et il lui avoit demandé l'assistance de douze galères commandées par le prince Doria, avec un subside de cent cinquante mille écus, et une garnison espagnole. Philippe II saisit avec avidité ces propositions, et les galères et les troupes espagnoles avoient été reçues dans le port de Marseille, avant que le duc de Guise eût fait son entrée en Provence. D'autre part, le grand-duc Ferdinand, qui fondoit tout son espoir d'indépendance pour l'Italie, sur la gran-

(1) Galluzzi, Hist. de Toscane. T. V, ch. 1 et 3, p. 40 et 106. — Nostradamus, Hist. de Provence. P. VIII, p. 904. — Bouche, Hist. de Prov. L. X, p. 755.

deur de Henri IV servant de contrepoids à la puissance espagnole, se regardoit comme perdu si les Espagnols possédoient Marseille, ou si le duc de Savoie gardoit la possession du marquisat de Saluces; car, dans l'un et l'autre cas, la porte de l'Italie restoit fermée aux Français. L'arrivée en Provence du duc de Guise, dont le nom étoit si cher aux ligueurs, avoit causé un partage même à Marseille dans le parti catholique. Plusieurs citoyens avoient manifesté le désir de la paix et de la soumission au roi, et parmi eux les parens du capitaine Beausset, celui qui avoit admis les Toscans dans le château d'If, et qui en partageoit toujours le gouvernement avec le Toscan Pesciolini; il en résulta des hostilités entre Marseille et le château d'If, des persécutions contre toute la famille de Beausset, et comme Casaux ne pardonnoit pas la plus légère hésitation dans l'obéissance, la Provence se remplit bientôt de Marseillais fugitifs, qui recouroient au duc de Guise. Pesciolini lui offrit en même temps son assistance, au nom du grand-duc; mais il lui représenta qu'il seroit trop dangereux et trop long d'attaquer Marseille à force ouverte. Le docteur Nicolas Beausset se chargea de trouver un traître qui délivreroit Henri IV, Ferdinand et le duc de Guise du consul de Marseille. Il fit choix pour cela d'un aventurier corse nommé Pierre Libertà, capitaine à la solde du consul Casaux, lequel avoit la plus grande confiance en lui, et lui avoit commis la garde de la porte royale. Libertà ne se refusoit point à l'assassinat, mais ses demandes pour prix de sa trahison étoient exorbitantes. Il exigeoit la somme de cent soixante mille écus, la charge de viguier pendant une année, un fief noble, un évêché, ou tout au moins une abbaye pour un de ses parens, le commandement d'un des forts de Marseille; enfin, une amnistie pour tous les Marseillais. Le duc de Guise accepta ce traité et le signa le 10 février à Toulon. La difficulté principale, celle de l'argent, avoit été levée par Ferdinand, qui avoit envoyé l'été précédent Jérôme de Gondi au roi avec trois cent mille écus, en lui représentant que c'étoit pour la guerre du Midi, non pour celle du Nord, qu'il lui envoyoit ce subside, et qui, de nouveau, avoit fait passer quatre-vingt mille écus à Lyon pour les affaires de Provence (1). Mais Henri IV, qui désiroit réserver cet argent pour la guerre de Picardie, quand le traité de Libertà lui fut présenté, déclara que, dans l'embarras actuel de ses affaires, il ne pourroit payer comptant plus de cinquante mille écus. D'ailleurs, il promit au libérateur de Marseille les plus magnifiques récompenses. (2)

1596.

(1) Galluzzi. T. V, ch. 6, p. 228, 255.
(2) Texte du traité dans Capefigue. T. VII, p. 366.— Il est

Au reste, Libertà n'attendit pas la réponse du roi; il avoit fixé au 17 février l'exécution de son complot, et il avoit demandé que le duc de Guise s'approchât avec son armée pour menacer Marseille et déterminer l'un ou l'autre des consuls à sortir de la ville pour le reconnoître. Ce fut Louis d'Aix qui, le matin, se trouvant à la porte royale, vit avancer les royalistes. Comme leur corps étoit nombreux et que le temps étoit fort mauvais, il conclut qu'ils avoient quelque projet sur la ville, et il donna ordre qu'on allât avertir Casaux de venir garder la porte royale, avec la troupe espagnole. En même temps il sortit avec ses mousquetaires pour reconnoître les avenues. Allamanon, envoyé par le duc de Guise avec une petite avant-garde, ayant laissé passer Louis d'Aix, sortit tout à coup du lieu où il s'étoit caché et se montra devant la porte de Marseille, mais il fut accueilli à coups de fusil et la herse aussitôt abaissée. Casaux arrivoit pendant ce temps de l'intérieur de la ville. Libertà alla au-devant de lui, et lui dit de se presser, car ses gens étoient déjà aux prises avec les royalistes. Il l'entraîna ainsi en avant de sa troupe; mais à peine Casaux avoit passé la seconde porte que la herse en fut également abattue, et Casaux se trouva pris entre Libertà

tronqué dans Bouche. L. X, p. 816; et dans Nostradamus. P. VIII, p. 1026.

ses deux frères et quelques soldats vendus. « Qu'est ceci, mon compère ? » s'écria-t-il. — « Méchant homme, c'est qu'à ce coup il faut « crier *vive le roi !* » En même temps il le frappa de son épée, et Casaux fut à l'instant achevé par ceux qui l'entouroient. Quelques royalistes commencèrent alors à parcourir le quartier de Saint-Jean en appelant les bourgeois aux armes et criant *vive le roi, le tyran est mort !* Mais personne ne bougea ; Casaux n'étoit ni assez haï pour qu'on se réjouît de sa mort, ni assez aimé pour qu'on le vengeât. Personne, d'ailleurs, ne connoissoit la force des conjurés et ne vouloit se compromettre. Toutefois Libertà, maître de la porte royale, fit entrer la troupe du duc de Guise. Les Espagnols troublés couroient vers le port ; Louis d'Aix, qui étoit rentré dans la ville par une autre porte, n'ayant pu se réunir avec les fils de Casaux, ils finirent tous, après une courte résistance, par s'embarquer sur les galères de Doria, qui se hâta de sortir du port et de faire voile pour Gênes, où il déposa tous les fugitifs de Marseille. (1)

Guise fut reçu dans Marseille avec de vives acclamations ; la ville entière retentissoit du cri

---

(1) Nostradamus, Hist. de Prov. P. VIII, p. 1022-1030. — Bouche. L. X, p. 817. — Capefigue. T. VII, p. 373. — De Thou. L. CXVI, p. 754. — Davila. L. XV, p. 1004. — Galluzzi. T. V, c. 6, p. 236. — V. P. Cayet. L. VIII, p. 177.

de *vive le roi* ; chacun voulant montrer d'autant plus de zèle qu'il craignoit d'être accusé de plus de tiédeur. Libertà fut nommé viguier, comme on le lui avoit promis; mais avant qu'il eût touché les sommes considérables qu'on lui devoit encore, s'étant donné une entorse au pied, il mourut le 11 avril 1597, non sans soupçon de venin, comme dit Nostradamus. Le duc de Guise voyoit aussi avec jalousie les Toscans maîtres de l'île et du château d'If ; il tenta dès lors, à plusieurs reprises, de leur enlever cette forteresse à l'aide du même capitaine Beausset, qui la leur avoit livrée; mais le commandant toscan le prévint, et le 20 avril 1597, il surprit les Français qui étoient avec lui de garde au château d'If, et après en avoir tué quelques uns il arrêta les autres et les débarqua à Marseille. (1)

La réduction de Marseille fut suivie de près par la soumission du duc d'Epernon. Il sentit l'impossibilité de lutter davantage pour conserver le gouvernement d'un pays où il n'avoit point de partisans, où la Ligue s'étoit ralliée à son rival, où la communication lui étoit coupée avec l'Espagne et avec la Savoie. Il réduisit ses prétentions à la demande d'une somme d'argent. Il estimoit à 600,000 livres les dédommagemens

---

(1) Nostradamus. P. VIII, p. 1043. — Bouche. L. X, p. 820. — Galluzzi, ch. 7, p. 270.

qui lui étoient dus. Le roi et les Etats du pays ne voulurent lui accorder que 50,000 écus. Il sortit enfin de Provence le 27 mai pour n'y plus rentrer, et il alla trouver le roi, qui lui donna, quelques années plus tard, le gouvernement de Guienne. (1)

Le premier intérêt, pour Henri IV, étoit de faire reconnoître son autorité par toutes les parties de son royaume; aussi quelqu'eussent été les désastres de la guerre étrangère, il trouva que l'année 1596 commençoit heureusement pour lui; car tandis que le duc de Guise pacifioit la Provence, et y faisoit rentrer tous les partis divers sous la domination du roi, lui-même il négocioit avec le duc de Mayenne, et bientôt il l'amena non seulement à se soumettre, mais à dissoudre absolument la Ligue, et à faire rentrer tout le royaume, à la réserve de la Bretagne, sous l'autorité légitime.

Le duc de Mayenne, retiré à Châlons-sur-Saône depuis le combat de Fontaine-Française, avoit voulu attendre la publication de la réconciliation du roi avec la cour de Rome, avant de conclure la sienne, pour que personne ne pût douter que son seul but en prenant les armes avoit été le maintien de la religion catholique. Il avoit cependant chargé Jeannin, prési-

(1) Nostradamus. P. VIII, p. 1037. — Bouclic. L. X, p. 825. — V. P. Cayet. L. VIII, p. 188.

dent au parlement de Dijon, de présenter ses conditions, et en attendant qu'elles fussent agréées, une trêve de trois mois pour tout le royaume avoit été signée le 23 septembre par le duc à Châlons, et par le roi, à Lyon (1). Mais à peine Jeannin étoit-il arrivé auprès de Henri, que celui-ci reçut les nouvelles désastreuses de Cambrai qui l'engagèrent à partir pour la Picardie. Il emmena bien Jeannin avec lui, mais il ne put s'occuper de cette négociation qu'après son retour dans le voisinage de Paris, à Folembray, maison de chasse bâtie par François Ier dans la forêt de Coucy, où Henri IV vint passer les mois de décembre et de janvier, pour se reposer de ses fatigues. (2)

Mayenne étoit prêt à reconnoître le roi, à se détacher de l'Espagne, et à rompre pour jamais toute association avec les ennemis du royaume; mais son traité présentoit des difficultés qui ne s'étoient pas rencontrées dans la négociation avec les autres ligueurs. Mayenne étoit chef de son parti, et il ne vouloit point renoncer à cette qualité; il vouloit traiter pour le parti tout entier, tandis que Henri IV montroit de la répugnance à considérer comme toujours unis ceux que depuis le commencement de son règne il s'étoit attaché à diviser. Mayenne étoit accablé de

(1) Traités de Paix. T. II, §. 206, p. 570.
(2) De Thou. L. CXV, p. 737. — Davila. L. XV, p. 997.

dettes contractées pour la Ligue, et il demandoit que le roi les reconnût pour siennes, et affranchît le patrimoine du duc de tous les engagemens qu'il avoit pris. Enfin Mayenne ne vouloit point se soumettre à ce que la clause insérée dans tous les autres édits de pacification, pour excepter de l'amnistie tous les complices de l'assassinat du feu roi, fût aussi insérée dans le sien. Mayenne étoit loin d'avouer qu'il y eût eu aucune part; il ne l'avoit pas fait même au temps où Paris, et la Ligue, et l'Eglise, célébroient Jacques Clément comme leur libérateur. Mais il n'avoit aucune confiance dans les tribunaux; il croyoit que le parlement de Paris n'avoit tant insisté pour l'insertion de cette clause dans tous les édits qu'il enregistroit, que pour se réserver le moyen de les annuler toutes les fois que cela conviendroit au roi; et ce corps en effet ne cessoit de montrer par toute sa conduite, qu'il ne refuseroit pas des condamnations si elles lui étoient demandées. D'ailleurs les princes de la famille de Lorraine, mais surtout la duchesse de Montpensier, n'avoient point eu la même réserve que Mayenne; celle-ci avoit mis sa gloire à faire entendre que c'étoit elle qui avoit dirigé l'assassin par lequel avoit été vengé le duc de Guise, son frère. Mayenne demandoit pour tous ses parens une garantie qui les mît hors de cause, sans être un aveu de leur complicité.

1596.

Henri IV sentit qu'il falloit avant tout connoître avec précision quelles étoient les preuves déjà acquises par la justice contre les princes lorrains. Il écrivit, le 14 décembre, au procureur-général : « Monsieur de La Guesle, je veux
« mettre fin aux affaires de mon cousin le duc
« de Mayenne, sur l'assurance qu'il m'a donnée
« de sa foi, et bonne volonté à mon service; et
« parce que je sais qu'il s'est porté diversement
« à l'instance qu'il a faite d'être déchargé de l'as-
« sassinat commis en la personne du feu roi mon
« frère, duquel il atteste être innocent, et que
« je veux me conduire en ce fait, avec les con-
« sidérations et respect que je dois porter à la
« personne et mémoire dudit roi; je vous prie
« me venir trouver incontinent, la présente re-
« çue, et apporter avec vous les charges, infor-
« mations et procédures faites en mon parlement
« concernant ledit fait, pour aviser en mon con-
« seil ce qui sera de faire pour ce regard, et en
« conférer avec le parlement; car je veux bien
« mettre ledit duc en sûreté, mais aussi je ne
« veux rien faire qui soit contre ma dignité et
« mon devoir, et moins en ce fait qu'en tous
« autres, pour l'obligation que j'ai d'en faire la
« justice, telle que l'énormité de l'acte le re-
« quiert. » (1)

---

(1) Aux Mss. de Colbert, d'après Capefigue. T. VII, p. 337.

Jacques de la Guesle se rendit à Folembray avec Achille de Harlay, premier président du parlement de Paris, le président Séguier, et d'autres membres de cette assemblée. Ils apportèrent toutes les pièces, toutes les dépositions reçues, toutes les informations relatives à l'assassinat du feu roi ; or ces pièces se trouvèrent fort incomplètes, le parlement n'ayant songé à s'en occuper que depuis la soumission de Paris. On avoit seulement entendu quelques témoins qui chargeoient l'ancien prévôt des marchands la Chapelle-Marteau, en haine de la part qu'il avoit eue au soulèvement. Après cet examen, il fut convenu que, dans le traité avec Mayenne, il seroit inséré un article qui mettroit tous les princes et les princesses à l'abri de toutes poursuites. (1)

Le traité fut ensuite rédigé en trente et un articles, outre quelques articles secrets. Dans le préambule, le roi disoit : « Le bon œuvre de « gagner et affermir les cœurs de nos sujets ne « seroit parfait, ni la paix entière, si notre très « cher et très amé cousin le duc de Mayenne, « chef de son parti, n'eût suivi le même chemin, « comme il s'est résolu de faire sitôt qu'il a vu « que notre saint père avoit approuvé notre ré- « union. Ce qui nous a mieux fait sentir qu'au-

---

(1) De Thou. L. CXV, p. 737. — Davila. L. XV, p. 997.

« paravant le but de ses actions, et recevoir et
« prendre en bonne part ce qu'il nous a remon-
« tré du zèle qu'il a eu à la religion; louer et
« estimer l'affection qu'il a montrée à conserver
« le royaume en son entier, duquel il n'a fait
« ni souffert le démembrement, lorsque la pro-
« spérité de ses affaires sembloit lui en donner
« quelque moyen; comme il n'a fait encore de-
« puis qu'étant affoibli, il a mieux aimé se jeter
« entre nos bras, et nous rendre l'obéissance que
« Dieu, nature et les lois lui commandent, que
« de s'attacher à d'autres remèdes qui pourroient
« encore faire durer la guerre longuement, au
« grand dommage de nos sujets. Ce qui nous a
« fait désirer de reconnoître sa bonne volonté,
« l'aimer et traiter à l'avenir comme notre bon
« parent et fidèle sujet. » (1)

Le roi donnoit pour sûreté au duc de Mayenne, pendant six ans, les villes de Châlons, Seurre et Soissons, qui étoient déjà en son pouvoir; il interdisoit tout autre culte que le catholique dans ces villes et à deux lieues à la ronde; il promettoit de n'y accorder aucune fonction publique à aucun de ceux qui n'étoient pas catholiques. Il abolissoit tous les arrêts rendus contre le duc de Mayenne et tous ses partisans à l'occasion des troubles; il rendoit aux ligueurs leurs biens, leurs

(1) Mém. de la Ligue. T. VI, p. 349. — Traités de Paix. T. II, §. 207, p. 571. — V. P. Cayet. L. VIII, p. 208.

offices et leurs dignités; il mettoit à néant toute procédure et information commencée contre eux. « Fors les crimes et délits punissables en « même parti, et l'assassinat du feu roi, notre « très honoré seigneur et frère. » Après quoi venoit l'article 6, qui avoit tenu la négociation en suspens; il portoit :

« Et néantmoins ayant été ce fait mis par plu-
« sieurs fois en délibération, et eu sur ce l'avis
« des princes de notre sang, autres princes, offi-
« ciers de notre couronne, de plusieurs seigneurs
« de notre conseil étant chez nous; et depuis vu
« par nous, séant en notre conseil, les charges et
« informations sur ce faites, depuis sept ans en
« çà, par lesquelles il nous a apparu qu'il n'y a
« aucune charge contre les princes et princesses
« nos sujets, qui s'étoient séparés de l'obéissance
« du feu roi notre très honoré seigneur et frère
« et de la nôtre; avons déclaré par ces présentes
« que la dite exception ne se pourra étendre en-
« vers les dits princes et princesses qui ont re-
« connu et reconnoîtront envers nous, suivant
« le présent édit, ce à quoi le devoir et fidélité
« les oblige. Attendu ce que dessus, plusieurs
« autres considérations à ce nous mouvant, et
« le serment par eux fait de n'avoir consenti ni
« participé au dit assassinat; défendons à notre
« procureur général, présent et à venir, et à
« tous autres, d'en faire contr'eux aucune re-

« cherche ni poursuite, et à nos cours de parle-« ment, et à tous nos justiciers et officiers d'y « avoir égard. » (1)

Les articles suivans déchargeoient le duc de Mayenne et tous les siens de toutes les conséquences des actes d'hostilité commis par eux, et en particulier de la mort du marquis de Maignelai, assassiné à la Fère. Ils confirmoient toutes les nominations faites par Mayenne; le roi promettoit de faire payer en deux ans à Mayenne, et en huit quartiers, trois cent cinquante mille écus, pour lesquels celui-ci s'étoit engagé envers des particuliers, afin de subvenir aux frais de la guerre. Il se chargeoit en même temps de répondre pour Mayenne aux Suisses, reiters, landsknechts, Lorrains et autres étrangers, auxquels des soldes de guerre étoient dues. Il comprenoit dans le traité les seigneurs, gentilshommes, gouverneurs, officiers, corps de ville, communautés et autres particuliers qui avoient suivi Mayenne, et nommément le duc de Joyeuse, le marquis de Villars et son frère Montpésat, dont le premier étoit gouverneur de Languedoc, et le second de Guienne pour la Ligue. Enfin, disoit le roi : « Désirant donner toute occasion

---

(1) Art. 6, p. 352. Mém. de la Ligue. T. VI. — La duchesse de Montpensier, qu'on avoit eu surtout en vue dans cet article, n'en profita pas long-temps. Elle mourut le 6 mai 1596. L'Estoile. T. III, p. 168.

« aux ducs de Mercœur et d'Aumale de revenir
« à notre service et nous rendre obéissance,...
« nous déclarons que nous verrons bien volon-
« tiers leurs demandes quand ils nous les présen-
« teront; et dès à présent, voulons que l'exécu-
« tion de l'arrêt donné contre le duc d'Aumale
« en notre cour de parlement soit sursise. »

Les ducs d'Aumale et de Mercœur ne profi-
tèrent point de cette faveur dans le terme de
six semaines, fixé pour demander le bénéfice
du traité. Le duc de Nemours, auparavant
marquis de Saint-Sorlin, obtint, par l'entremise de sa mère, un édit donné aussi à Folembray, par lequel la mémoire de tout ce que lui
et son frère avoient fait pendant les troubles
étoit abolie; toute recherche étoit interdite pour
les saisies de recettes générales, pour celles du
trésor de Saint-Denis, et pour les exécutions à
mort faites sous l'autorité de l'un ou l'autre duc
de Nemours. Ceux, enfin, qui commandoient
dans les places que le duc de Nemours ramenoit
au service du roi devoient y demeurer, « en
« faisant le serment de les conserver, sous ledit
« sieur duc, en l'obéissance de Sa Majesté. » (1)

Le duc de Joyeuse obtint aussi un édit en sa
faveur, donné à Folembray, le 24 janvier 1596;

---

(1) V. P. Cayet. T. LX, L. VIII, p. 225.

il ne contenoit pas moins de cent dix articles secrets. Joyeuse se faisoit assurer le bâton de maréchal de France et la charge de lieutenant-général dans la partie du Languedoc qui le reconnoissoit; il demandoit le remboursement de sommes très considérables, et distribuoit des gratifications et des pensions à un nombre infini de ses créatures. Un autre édit encore fut accordé en même temps à la ville de Toulouse, dont toutes les conditions étoient au préjudice des huguenots; leur culte étoit interdit non seulement à Toulouse et à quatre lieues à la ronde, mais dans toutes les communautés qui jusqu'alors étoient demeurées attachées à la Ligue. Les États de la Ligue, assemblés à Toulouse, acceptèrent le traité, publièrent la paix, et reconnurent solennellement Henri IV. La partie du parlement qui s'étoit retirée à Castel-Sarrasin vint se réunir à celle qui étoit demeurée à Toulouse, et le Languedoc demeura séparé en deux demi-gouvernemens : l'un sous le duc de Ventadour, l'autre sous le duc de Joyeuse, agissant tous deux comme lieutenans-généraux du connétable de Montmorency. Cet état dura jusqu'au 8 mars 1599, que le duc de Joyeuse, se repentant tout à coup d'être rentré dans le monde, prit la résolution inattendue d'aller de nouveau s'enfermer au couvent des Capucins, à Paris, et de reprendre le froc qu'il avoit quitté. (1)

Aucun sacrifice ne paroissoit trop coûteux à Henri IV, aucun droit ne paroissoit trop sacré pour n'être pas immolé au désir de rétablir la paix intérieure. Quoique les finances fussent dans un désordre qui paroissoit irrémédiable, et que les contribuables fussent réduits à la dernière misère, le roi consacroit plus de six millions d'écus à racheter ses sujets rebelles, et la France se réjouissoit avec lui de ce qu'il avoit éteint la guerre civile et le nom de la Ligue; car le duc d'Aumale, qui s'étoit fait tout Espagnol, et le duc de Mercœur, qui prétendoit en Bretagne être un souverain étranger, faisoient à peine une exception. Mais le point d'honneur du siècle, qui exigeoit que le sang fût lavé par du sang, engagea deux femmes à protester contre cette paix que désiroit la France. L'une étoit la veuve du feu roi, Louise de Vaudemont; l'autre sa sœur naturelle, Diane, duchesse d'Angoulême. Elles présentèrent de leurs mains un acte d'opposition à la clause qui interdisoit toute poursuite contre les princes pour l'assassinat de Henri III; elles trouvèrent le parlement de Paris disposé à accueillir leur protestation. Cette assemblée servile, qui pendant plusieurs années

(1) Hist. de Languedoc. T. V, L. LXI, p. 480; et L. LXII, p. 489. — Preuves, §. 155, p. 328.

avoit entendu célébrer l'héroïsme de Jacques Clément sans en être alors scandalisée, prétendit faire acte de courage en maintenant son droit de poursuivre ceux qui avoient suggéré l'assassinat; elle refusa d'enregistrer les édits de Folembray, et ce ne fut qu'après plusieurs lettres de jussion qu'ils furent enfin reçus, purement et simplement, au parlement le 9 avril, à la chambre des comptes le 7 mai, et à la cour des aides le 29 mai 1596. (1)

Le roi, après avoir signé les édits, avoit passé à Mousseaux, terre qu'il avoit donnée à Gabrielle d'Estrées sa maîtresse. Le 31 janvier, le duc de Mayenne vint l'y trouver, accompagné de six gentilshommes seulement, après lui en avoir fait demander la permission. « Ayant mis « un genou en terre, dit l'Estoile, pour baiser « les pieds de Sa Majesté, le roi s'avançant avec « un visage fort gai, le releva et l'embrassa, lui « disant ces mots : Mon cousin, est-ce vous, ou si « c'est un songe que je vois ? (2) Il le prit ensuite « par la main, dit Rosny, et se mit à le prome-- « ner à fort grands pas dans son parc de Mous- « seaux, lui montrant ses allées, et contant ses « desseins, et les beautés et accommodemens de « cette maison. M. de Mayenne, qui étoit in- « commodé d'une sciatique, le suivoit au mieux

(1) De Thou. L. CXV, p. 739-743. — Davila. L. XV, p. 999.
(2) L'Estoile, Journal. T. III, p. 155.

« qu'il pouvoit, mais d'assez loin, traînant une
« cuisse après fort pesamment. Ce que voyant
« le roi, dit à l'oreille à Rosny : Si je promène
« encore long-temps ce gros corps ici, me voilà
« vengé sans grand'peine de tous les maux qu'il
« nous a faits, car c'est un homme mort......
« Après avoir fait convenir Mayenne qu'il n'en
« pouvoit plus, il lui dit d'une face riante, lui
« frappant de la main sur l'épaule : Touchez là,
« mon cousin; car, par Dieu, voilà tout le mal
« et le déplaisir que vous recevrez jamais de
« moi. » (1)

Tous deux, en effet, furent fidèles à leurs promesses de réconciliation ; Mayenne servit dès lors Henri IV avec loyauté, et Henri ne garda aucun ressentiment contre le chef de parti qu'il avoit eu tant de peine à soumettre. Mayenne remit au roi son gouvernement de Bourgogne et sa place de grand-chambellan ; mais celle-ci fut rendue aussitôt au duc d'Aiguillon son fils aîné, qui fut déclaré pair de France, pourvu du gouvernement de l'île de France, excepté Paris, et marié à la sœur du duc de Nevers (2). Mayenne étoit alors âgé seulement de quarante-deux ans, et d'un an plus jeune que le roi. Il mourut à Soissons, en 1611, dans sa cinquante-septième année.

(1) Sully, Écon. royales. T. III, ch. 1, p. 8.
(2) V. P. Cayet. L. VIII, p. 226.

CHAPITRE VIII.

Henri IV contracte une nouvelle alliance avec l'Angleterre et les Provinces-Unies. — Il assiége La Fère. — Calais surpris par les Espagnols. — Il prend La Fère. — Amiens surpris. — Il reprend Amiens. — Il accorde aux protestans l'édit de Nantes, et fait à Vervins la paix avec l'Espagne. — 1596-1598.

1596. LA réconciliation des ducs de Mayenne, de Joyeuse et de Nemours; la dissolution de la Ligue, et la cessation des guerres civiles, laissoient à Henri IV toute sa liberté d'esprit, et la disposition de toutes les forces de la France, pour repousser cette attaque du roi d'Espagne qu'il avoit cru devoir provoquer. Les deux monarchies se trouvoient de nouveau, sans partage, aux prises l'une avec l'autre. Toutes deux, il est vrai, étoient ruinées, toutes deux épuisées par de longues guerres civiles dont les plaies n'étoient point cicatrisées; toutes deux ne présentoient que des champs dévastés, des villes, fameuses par leur opulence, incendiées, l'agriculture abandonnée, les métiers brisés et les manufactures désertes; la population étoit partie en fuite, partie succombant à la misère, et le peu qui restoit étoit accablé d'impôts, de telle sorte que là où il n'y avoit plus que trente feux au lieu de cent, ces trente feux devoient payer plus que les cent ne faisoient autrefois. Il sembloit, au milieu de tant de misère, que tout ce qu'on pouvoit attendre encore des Français et des Espagnols c'étoit qu'ils réussissent à vivre; mais leurs rois exigeoient davantage, ils vouloient que toutes leurs forces leurs servissent à se détruire mutuellement.

Heureusement toutefois, le théâtre de la guerre entre les deux monarchies avoit été restreint par l'intervention des Suisses. Le traité de neutralité fait au mois de mars 1580, au bénéfice de la Franche-Comté, n'avoit point été respecté par les deux puissances, lorsque le connétable de Castille étoit entré dans le comté, et Henri IV dans le duché de Bourgogne. Peu après le combat de Fontaine-Française, la confédération helvétique s'étoit plainte de sa violation; elle avoit déclaré qu'elle ne pouvoit souffrir que la guerre éclatât sur ses frontières. Sur la demande des treize cantons, et sous leur médiation, des députés de Philippe II et du parlement de Dole, se réunirent à Lyon avec ceux du roi, et la veille même du jour où la trêve de la Ligue avoit été agréée, un traité avoit été signé le

22 septembre 1595, par lequel les deux monarques s'étoient engagés de nouveau à respecter la neutralité de la Franche-Comté, et à rétablir un libre commerce entre les deux Bourgognes (1). Cette transaction, jointe à celle précédemment conclue avec le duc de Lorraine, mettoit à l'abri de la guerre la Bourgogne et la Champagne. D'autre part, les passages des Pyrénées avoient été rendus si difficiles par la nature, ou avoient été si bien fortifiés par l'art, que pendant toute la durée de la guerre, il n'y eut pas une invasion tentée d'Espagne dans la France méridionale, ou de France en Espagne. Le théâtre de la guerre entre Henri IV et Philippe II étoit donc restreint à la Picardie et à l'Artois. Toutefois, Henri IV reconnoissoit qu'il étoit trop foible pour défendre même cet espace étroit, et découragé par les revers de la précédente campagne, il jugeoit nécessaire de se donner des alliés.

Depuis le règne de François Ier la France avoit été accoutumée à chercher ses amis parmi ceux que réprouvoit l'Eglise, et à braver en cela l'opinion publique. Il est vrai que ces alliances toutes politiques, contractées uniquement en vue de son intérêt, l'avoient accoutumée à respecter tout aussi peu la bonne foi que l'opinion. Elle ne s'unissoit jamais de cœur à ceux dont elle

(1) Traités de Paix. T. II, §. 204, p. 569.

demandoit les secours; elle ne se faisoit aucun scrupule de les tromper, de les abandonner, dès qu'elle n'en retiroit plus d'avantages; elle considéroit toujours comme un acte de vertu de combattre les infidèles, et après avoir recherché leur amitié, elle n'hésitoit point, non seulement à faire la paix sans les consulter, mais encore à tourner ses armes contre eux au moment où elle congédioit les auxiliaires qu'elle leur avoit empruntés. Henri IV adopta la même politique; il s'efforça de contracter des relations amicales avec Mahomet III, qui, le 18 janvier 1595, avoit succédé, sur le trône de Constantinople, à Amurath III, son père (1), et il l'avoit sollicité d'envoyer une flotte ottomane dans le détroit de Gibraltar, pour, de concert avec les puissances barbaresques, attaquer les possessions de Philippe II (2). Cette demande n'eut pas de suite, l'empire turc étant alors engagé dans une guerre dangereuse avec celui d'Allemagne.

Aux yeux des diplomates français les relations de la France avec toutes les puissances qui avoient adopté la réforme, étoient à peu près de même nature. Dans le cœur de Henri IV il

(1) De Thou. T. VIII, L. CXIV, p. 659.
(2) Capefigue. T. VII, p. 278. — Rosny prétend que Henri lui confia les dix souhaits pour lesquels il n'avoit cessé de prier Dieu, et le septième étoit de gagner en personne une bataille contre les Turcs. Écon. royales. T. III, c. 6, p. 63.

s'y mêloit encore probablement un peu d'affection et de reconnoissance; mais son secrétaire d'État pour les affaires étrangères étoit ce même Villeroi qui avoit tant insisté auprès de Henri III pour qu'il regagnât les affections de son peuple, en persécutant les protestans, et qui ensuite s'étoit jeté dans la Ligue. Presque tous les membres du conseil d'Etat partageoient ses sentimens; ils désiroient l'aide de l'Angleterre, en même temps qu'ils détestoient Elisabeth et son peuple. Elisabeth avoit été profondément affligée du changement de religion du roi, et elle lui avoit écrit à cette occasion, avec une vivacité qu'on trouve rarement dans les lettres des princes: « Mon Dieu, lui disoit-elle, quelle cuisante dou-
« leur, quelle tristesse n'ai-je pas ressentie au
« récit de ce que Morland m'a annoncé! Où est
« la foi des hommes! quel siècle est celui-ci?
« Est-il possible qu'un avantage mondain vous
« ait obligé à vous départir de la crainte de
« Dieu? Pouvons-nous attendre une bonne issue
« d'une telle action? Ne pensez-vous pas que
« celui qui vous a conservé jusqu'ici par sa puis-
« sance, vous abandonnera maintenant? Il y a
« multitude de dangers à faire du mal afin qu'il
« en arrive du bien. J'espère pourtant qu'un
« meilleur esprit vous inspirera une meilleure
« pensée. Je ne laisserai pas de vous recomman-
« der à la protection de Dieu, et de le prier de

« faire en sorte que les mains d'Esaü ne corrom-
« pent pas les bénédictions de Jacob. Pour ce
« qui regarde l'amitié que vous m'offrez comme
« à votre bonne sœur, je sais que je l'ai méritée,
« et certes à un grand prix; et je ne m'en re-
« pentirois pas si vous n'aviez pas changé de
« père. Mais d'ici en avant je ne puis plus être
« votre sœur de père; car j'aimerai toujours
« plus chèrement celui qui m'est propre que
« celui qui vous a adopté; Dieu le connoît, et
« je le prie de vous ramener dans un meilleur
« chemin.

« Votre bonne sœur à la vieille mode; je n'ai
« que faire de la nouvelle.   ÉLISABETH. » (1)

Malgré ce changement de religion, Élisabeth
avoit continué à secourir Henri IV, mais chaque
année elle avoit eu de nouvelles raisons de se
plaindre de sa mauvaise foi et de son ingratitude.
Les ligueurs et les ardens catholiques qui étoient
récemment entrés dans les conseils du roi, étoient
intérieurement résolus à ce que l'alliance de
France ne pût en aucun cas profiter à l'Angleterre.
Aussi, quoique Élisabeth eût envoyé des troupes
auxiliaires et en Normandie et en Bretagne, ils
prirent soin d'empêcher qu'elles fussent jamais
employées à l'objet que désiroit la reine. Jamais
ils ne voulurent la délivrer de l'inquiétude que

(1) Rapin-Thoyras, d'après Cambden. Annal. L. XVII,
p. 476.

lui causoient les garnisons espagnoles, maîtresses des ports de mer en face de ses rivages. Au contraire, Henri lui-même étoit bien aise que ce sujet de crainte réveillât sans cesse son attention sur les affaires de France. Il avoit même vu avec plaisir les Espagnols partir de Bretagne en 1595, pour faire une descente dans le Cornouailles et y brûler quelques villages (1). En vain, Élisabeth lui avoit demandé de donner à ses troupes, en Bretagne, une place de sûreté meilleure que Paimpol. Il lui avoit bien promis Morlaix, mais quand cette place s'étoit rendue au maréchal d'Aumont, celui-ci s'étoit volontairement mis dans l'impossibilité d'y admettre les Anglais, en laissant insérer dans la capitulation qu'on ne permettroit l'entrée de la ville à personne qui ne fût catholique (2). « Nous ne vîmes jamais », écrivoit Élisabeth à son envoyé en France, « l'ennemi si proche d'être entier possesseur des « parties de son royaume desquelles nous rece- « vons plus d'incommodités, comme nommé- « ment de la Bretagne, où on lui a permis de se « fortifier à son aise ; et puis, quel avantage nous « ont apporté les armées que nous avons en- « voyées à Paris et à Rouen, puisque nous nous « voyons encore importunée de sa demande ? « ou autrement, si nous refusons, toute la fron-

(1) Rapin-Thoyras. L. XVII, p. 485.
(2) Rapin-Thoyras. L. XVII, p. 482.

« tière qui nous regarde est en danger imminent. « Nous sommes certaine du danger auquel sont « toutes les villes frontières de deçà, et savons « notamment que Calais est maintenant le plus « proche désir de l'Espagnol, comme une place « de plus grand renom, et plus propre pour in- « terrompre notre pouvoir, au détroit de la mer, « où ne pouvons endurer de compagnon. Vous « lui direz librement que nous sommes contrainte « de lui refuser tout support, ayant si grands « frais sur les bras, sinon à la charge et condi- « tion qu'il soit content de nous assurer sous sa « main privée, ou par chiffres, ou autrement, « que nos forces seront reçues dans la ville de « Calais, pour assurer la ville contre les attentats « et pratiques de l'ennemi. Ce qu'étant accordé « privement, nous sommes contente de lui prêter « nouvelle assistance pour fortifier son armée, et « la faire mieux subsister contre l'Espagnol en « ses quartiers. » (1)

Henri IV ne répondit à cette demande que d'une manière vague; il pressoit cependant la reine de lui envoyer des secours; son ambassadeur Loménie lui reprocha même d'une manière blessante d'avoir causé la perte de Cambrai, en rappelant Norris et ses troupes auxiliaires pour réprimer une révolte des catholiques d'Irlande.

(1) Mss. de Brienne, vol. 37, fol. 5, rapporté par Capefigue. T. VII, p. 268.

1596.   Le duc de Bouillon fit sentir à Henri IV combien il étoit important d'envoyer auprès de cette reine un homme qui pût lui inspirer une entière confiance, et lui faire comprendre que les intérêts de la France et de l'Angleterre continuoient à être identiques. Il lui offrit de s'y rendre lui-même; Henri IV accepta cette offre, et demanda à Rosny de l'y accompagner pour le surveiller, car l'indépendance de Bouillon, chef des protestans, lui causoit toujours de la jalousie. Rosny refusa, et le roi fit choix de Sancy, homme de talens, mais sans principes, qui, l'année suivante, abjura sa religion pour se conformer à celle du roi. (1)

Cependant le roi étoit déterminé à faire lui-même un effort vigoureux pour rétablir la réputation de ses armes, et c'étoit sur la prise de La Fère qu'il comptoit pour contre-balancer les échecs de la dernière campagne. Dès le 8 novembre 1595, il s'étoit approché de La Fère avec cinq mille fantassins et douze cents chevaux; il s'étoit emparé des deux seules avenues au travers des marais, par lesquelles cette place est accessible. Il y avoit élevé deux forts dans lesquels il avoit laissé une garnison, en sorte que, sans avoir besoin d'y entretenir son armée,

---

(1) Rosny, Écon. royales. T. II, ch. 32, p. 401. — Journal de l'Estoile. T. III, mai 1597, p. 203.

il avoit bloqué la place pendant tout l'hiver. (1)

La Fère avoit été livrée par Mayenne au prince de Parme, en 1592, comme place de sûreté. Dès lors, presque chaque année, on y avoit accumulé les dépôts des corps espagnols qui entroient en France, en sorte qu'il y avoit abondance de munitions de guerre, avec une garnison nombreuse d'Espagnols, d'Italiens et d'Allemands, sous les ordres de don Alvarez Osorio, capitaine vieux et expérimenté. Les vivres seuls n'étoient pas préparés pour une longue défense; et, dès les premiers jours du siége, Osorio dut mettre ses soldats à la petite ration. (2)

Au printemps, le roi revint devant La Fère, et la resserra plus étroitement. Il ne put empêcher cependant Nicolas Basti, commandant de la cavalerie albanaise, d'y introduire quelques secours le 16 mars, au travers des marais. Les ingénieurs de Henri lui proposèrent d'arrêter le cours de la petite rivière qui sort de ces marais, de manière à inonder La Fère. L'entreprise mal conçue tourna contre ses auteurs : les digues rompirent; les eaux se précipitèrent en torrens dans le quartier des landsknechts du roi, et en-

---

(1) Davila. L. XV, p. 1000.
(2) Davila. L. XV, p. 1001. — De Thou. L. CXIII, p. 614. — Bentivoglio. P. III, L. III, p. 60.

traînèrent ou détruisirent presque tous leurs bagages (1). L'armée de Henri grossissoit cependant; le connétable de Montmorency, le duc de Montpensier, et tous les seigneurs du royaume s'étoient fait un devoir de venir le joindre avec toutes les forces dont ils pouvoient disposer dans un siége, où il commandoit en personne. Ces seigneurs, il est vrai, étoient loin de le voir avec plaisir reconstruire la monarchie; ils auroient voulu pouvoir perpétuer l'espèce d'indépendance qu'ils s'étoient faite pendant les guerres civiles, ou rendre une nouvelle vie à cette féodalité qu'ils rêvoient encore comme les beaux temps de la noblesse. Ils engagèrent même Montpensier à venir dire au roi « que plusieurs « de ses meilleurs et plus qualifiés serviteurs « avoient excogité le moyen de lui entretenir « toujours sur pied une grande et forte armée « bien soudoyée, qui ne se débanderoit jamais... « Il s'agissoit seulement de trouver bon que « ceux qui avoient des gouvernemens par com- « mission les pussent posséder en propriété, les « reconnoissant de la couronne par un simple « hommage lige. » Le roi répondit à cette proposition de manière à faire repentir Montpensier de la lui avoir faite, quoique le désir de la

(1) Davila. L. XV, p. 1007. — V. P. Cayet. T. LX, L. VIII, p. 233.

réaliser un jour ne demeurât pas moins vif dans le cœur de ceux qui l'avoient envoyé. (1)

Le roi comptoit alors sous ses ordres dix-huit mille fantassins et cinq mille cavaliers. La faim commençoit à presser cruellement les assiégés, et, malgré toute son obstination, Osorio ne pouvoit tarder à se rendre. On savoit, il est vrai, que le cardinal-archiduc avoit rassemblé son armée à Valenciennes, et que, le 30 mars, il y avoit passé en revue huit mille Espagnols, six mille Vallons, deux mille Italiens, quatre mille Allemands, avec douze cents hommes d'armes et deux mille chevau-légers; mais il n'étoit guère probable qu'il songeât à forcer le roi dans ses retranchemens. Tout à coup on apprit que, le 9 avril, de Rosne, avec une partie de cette armée, avoit paru au pont fortifié de Nieullay, qui, à deux milles de Calais, ferme les abords de cette ville; qu'il l'avoit forcé; qu'il s'étoit emparé également dans la journée du fort de Risbank, à gauche de la petite rivière qui forme le port, et que Calais étoit investi. Quoique cette place fût estimée très forte, elle étoit tellement en dehors de la marche des armées que dans toutes les campagnes précédentes on n'avoit jamais songé à l'attaquer. Aussi étoit-elle très mal pourvue et de garnison

(1) Sully, Econ. royales. T. II, c. 31, p. 394.

et de munitions : d'ailleurs, par la prise du pont fortifié de Nieullay et du Risbank, presque tous ses avantages de position étoient perdus. (1)

En apprenant l'entrée en France de l'archiduc, le roi avoit laissé le commandement de son armée au connétable, et, avec quelques troupes légères, il s'étoit porté à Abbeville, puis à Montreuil, qu'il avoit crus menacés. C'étoit là que, le 13 avril, il avoit appris l'arrivée de l'ennemi devant Calais. Il fit des efforts inouïs pour faire entrer des secours dans la ville; Montluc, Belin, Saint-Paul, s'embarquèrent tour à tour à Saint-Valery, puis à Boulogne : mais ils furent toujours repoussés par des vents contraires. Enfin, un nommé Matelet, gouverneur de Foix, bravant l'orage avec obstination, s'y fit débarquer avec quatre ou cinq cents gentilshommes et soldats; mais on eût dit que toute leur énergie s'étoit usée sur mer. Ils furent les premiers dans la ville à parler de capituler (2). L'ambassade destinée pour l'Angleterre n'étoit point encore partie; Henri pressa Sancy, qui étoit aussi retenu par le vent, de s'embarquer. Il n'arriva que le 20 avril à Lon-

---

(1) Davila. L. XV, p. 1011. — De Thou. L. CXVI, p. 759. — Bentivoglio. P. III, L. III, p. 63. — V. P. Cayet. L. VIII, p. 236.

(2) Sully, Écon. royales. T. II, ch. 31, p. 391.

dres. Il devoit solliciter Élisabeth d'envoyer de prompts secours à Calais ; lui représenter que l'Espagne avoit démasqué ses vues ; qu'en attaquant cette place, qui ne tient à la France que par une étroite langue de terre, et qui est sans importance dans la guerre continentale, l'archiduc en vouloit à l'Angleterre ; que ce n'étoit que pour nuire à l'Angleterre qu'il cherchoit à s'en rendre maître. Mais avant l'arrivée de Sancy on avoit déjà appris à Londres que Calais avoit capitulé le 17 avril. Le château, il est vrai, tenoit toujours, et on le disoit en état de faire une longue résistance. Élisabeth offrit de le secourir, pourvu qu'il lui fût livré. Il n'étoit pas juste, disoit-elle, puisque cette place étoit si menaçante pour l'Angleterre, si indifférente à la France, que les Anglais dépensassent leur sang et leurs trésors pour la remettre à des alliés qui se donnoient si peu de peine pour la garder. Henri IV répondit avec colère que s'il devoit être dépouillé, il aimoit mieux que ce fût l'arme au poing, et par ses ennemis, que par ses amis. La correspondance entre Boulogne, où étoit le roi, et Londres devenoit chaque jour plus aigre : le comte d'Essex, malgré les instances de Henri, ne mettoit point à la voile de Douvres avec les auxiliaires anglais dont la reine lui avoit donné le commandement. Les Espagnols pressoient cependant le siége du château de Calais, et, le 27 avril, ils le prirent d'assaut, massacrant tout ce qu'ils y trouvèrent, à la réserve de ceux qui, en bien petit nombre, avoient pu trouver un refuge dans la chapelle. (1)

Après la prise de Calais, les deux châteaux de Ham et de Guines se rendirent sur la simple sommation d'un trompette. L'archiduc se reposa dix jours à Calais pour mettre la ville en état de défense; puis, le 7 mai, il vint mettre le siége devant Ardres. Le roi étoit retourné à son quartier devant La Fère pour ne pas perdre le fruit de toutes ses fatigues; et en effet cette place capitula le 22 mai. Don Alvarez Osorio obtint la permission de se retirer au Catelet avec toute sa garnison, ses armes et tous les honneurs de la guerre. Le roi étoit impatient de terminer ce siége pour marcher au secours d'Ardres, où Belin, Annebourg et le jeune Montluc commandoient une bonne garnison. Mais Montluc fut tué; Annebourg et Belin prirent querelle ensemble, et ce dernier, pour faire voir qu'il étoit le maître, par obstination, et contre l'avis de son conseil de guerre, capitula, le 23 mai, quand il pouvoit se défendre

---

(1) De Thou. L. CXVI, p. 765-771. — Davila. L. XV, p. 1013. — Bentivoglio. P. III, L. III, p. 64. — Lettres de Henri IV au comte d'Essex et à Sancy, dans Capefigue. T. VII, p. 356. — L'Estoile, Journal. T. III, p. 164.

long-temps encore. Belin fut traduit en jugement par ordre du roi; mais il étoit protégé par Gabriel d'Estrées, et on ne donna aucune suite à la procédure. (1)

Le cardinal-archiduc en avoit assez fait pour humilier le roi aux yeux des Français : il apprenoit que pendant son absence l'armée des États-Généraux faisoit des progrès en Flandre; il y ramena la sienne pour s'opposer à eux. Henri IV, après sa retraite, mit en délibération s'il essayeroit de reprendre les villes qu'il avoit perdues; mais son infanterie étoit épuisée de fatigues par le long siége de La Fère; les maladies gagnées dans ces lieux marécageux et malsains commençoient à y faire de grands ravages; d'ailleurs toutes ses ressources pécuniaires étoient épuisées. Il la licencia donc et retourna à Paris, où il semble que ses soldats rapportèrent une fièvre contagieuse qui fit de grands ravages dans la capitale, et reçut même le nom de peste (2). Henri IV, en désarmant, n'étoit pas fâché d'augmenter l'inquiétude d'Élisabeth, qui voyoit les Espagnols maîtres de Calais, sans qu'aucune armée française fût à portée de faire

(1) Davila. L. XV, p. 1016-1019. — De Thou. L. CXVI, p. 765-768. — Bentivoglio. P. III, L. III, p. 67-69. — V. P. Cayet. L. VIII, p. 240.

(2) Journal de l'Estoile. T. III, p. 166.

diversion aux projets qu'ils pourroient former contre l'Angleterre. (1)

Les ministres anglais, Cecil et lord Cobham, avoient, en effet, montré beaucoup de froideur à Sancy, puis au duc de Bouillon, qui l'avoit suivi à Londres. Ils avoient déclaré que les ressources de leur maîtresse étoient épuisées, qu'elle devoit garder son argent et ses soldats pour repousser l'attaque dont Philippe II la menaçoit; que les deux royaumes étoient sans doute également intéressés à combattre l'ennemi commun; mais qu'il n'étoit point nécessaire pour cela de les unir par une nouvelle alliance; que l'Angleterre agissoit déjà aussi vigoureusement contre l'Espagne qu'elle pourroit le faire après avoir signé le traité qu'on lui proposoit, et qu'il lui valoit bien mieux rester avec les mains libres pour faire la paix quand son intérêt l'exigeroit, que de s'engager envers un autre État qui n'avoit pas accoutumé à compter avec lui sur une observation bien ponctuelle de ses promesses. Ce soupçon sur la fidélité de la France fut repoussé avec chaleur. Les ambassadeurs répondirent qu'en effet, par la nature seule des choses, ils étoient associés pour la guerre; mais que ce qui importoit à l'une et à l'autre puissance, c'étoit

(1) Davila. L. XV, p. 1020. — De Thou. L. CXVI, p. 770. — Bentivoglio. P. III; L. III, p. 70.

d'être associées pour la paix ; d'être liées par un engagement d'honneur de telle sorte, que Philippe ne pût pas les détacher l'une de l'autre, et offrir à l'une des avantages qui seroient la ruine de l'autre. Elisabeth se laissa ébranler, et ses ministres annoncèrent par son ordre qu'ils étoient disposés à signer une ligue plus étroite. Ils le firent en effet le 24 mai. Ce nouveau traité portoit qu'il y auroit alliance offensive et défensive entre le roi de France et la reine d'Angleterre contre le roi d'Espagne ; qu'on engageroit à entrer dans la même alliance tous les princes et les Etats qui auroient également à redouter l'ambition espagnole ; que le plus tôt possible on mettroit sur pied une armée pour porter à frais communs la guerre dans les Etats de la couronne d'Espagne ; qu'en attendant, Elisabeth fourniroit quatre mille Anglais à Henri IV pour défendre ses provinces de Normandie et de Picardie ; qu'elle les maintiendroit au complet, et leur feroit l'avance de leur solde, sous condition que le roi ne les feroit jamais marcher à plus de cinquante milles de Boulogne. Le roi promettoit d'empêcher qu'aucun sujet britannique fût jamais vexé ou dans sa personne, ou dans ses biens, pour la profession de la religion anglicane, par les inquisiteurs de la foi ; enfin, et c'étoit là l'article essentiel, l'article auquel tous les autres étoient subordonnés, l'une et l'autre partie contractante promettoit de ne faire aucun traité de paix ni de trêve, ni avec le roi d'Espagne, ni avec aucun de ses lieutenans ou capitaines, sans le consentement de l'autre ; « et ce consentement « devra être signifié par des lettres signées de la « propre main dudit roi ou de ladite reine. »(1)

Busenval, ambassadeur de France auprès des États-Généraux, négocioit en même temps pour obtenir les secours des provinces-unies, et Guillaume Ancel parcouroit les cours de l'Allemagne protestante pour les engager dans la même confédération. Le traité des Hollandais fut signé le 31 octobre par le duc de Bouillon, qui avoit été à La Haie joindre Busenval. Les États-Généraux promirent à la France quatre mille hommes de troupes auxiliaires et une avance de 350,000 florins, équivalant à 450,000 livres, toujours sous condition qu'aucune négociation ne s'entreprendroit avec l'ennemi commun sans le consentement mutuel. Les États d'Allemagne exprimèrent de l'intérêt pour le roi, mais ne voulurent rien promettre. (2)

(1) Traités de Paix. T. II, §. 209, p. 577. — Flassan, Hist. de la Diplomatie. T. II, L. III, p. 163. — De Thou. L. CXVI, p. 772-782. — Davila. L. XV, p. 1016. — Rapin-Thoyras. T. VII, L. XVII, p. 490.

(2) De Thou. L. CXVI, p. 784-789. — Flassan, Hist. de la Dipl. T. II, L. III, p. 165. — Instructions et lettres de Henri IV, dans Capefigue. T. VII, p. 272. — Traités de Paix. T. II, §. 213, p. 583.

Henri n'avoit vu aucun inconvénient à promettre à ses alliés qu'il ne négocieroit pas séparément avec l'Espagne, car il ne croyoit pas que l'occasion pût s'en présenter. Il avoit vu Philippe II, dès le commencement de son règne, s'engager dans une guerre perpétuelle, comme si c'étoit l'état naturel de sa monarchie, et ne faire jamais aucun effort ou pour soulager son peuple de tant de calamités, ou pour se réconcilier avec aucun des ennemis qu'il se faisoit un devoir de conscience d'exterminer. Du reste, Henri ne désiroit rien plus ardemment que de faire la paix avec l'Espagne; c'étoit évidemment la seule voie qui pût le conduire à raffermir son autorité, ou à rétablir quelque ordre dans ses finances. Or, à peine il avoit licencié son armée et il étoit revenu à Paris, qu'il reçut une ouverture inespérée lui montrant une négociation comme possible, à l'heure même où le duc de Bouillon protestoit en Hollande qu'il n'en accueilleroit jamais aucune.

Cette ouverture lui fut présentée par le cardinal Alexandre de Médicis, archevêque de Florence, que le pape avoit choisi pour légat en France. Le grand-duc Ferdinand de Médicis s'étoit montré, entre les catholiques, l'ami le plus fidèle de Henri IV. Il avoit eu la plus grande part à sa réconciliation avec le saint-siége; maître du château d'If devant Marseille il avoit veillé à ce que cette ville ne tombât pas aux mains des Espagnols ; il avoit été le principal promoteur du complot contre Casaux, qui avoit rendu au roi la clef de la Provence. Aucun gouvernement enfin n'avoit prodigué plus abondamment ses trésors à la France. Ferdinand venoit encore d'envoyer Jérôme de Gondi à Henri IV avec un secours de trois cent mille écus, qui étoit arrivé très à propos le 17 mai devant La Fère, pour payer les Suisses et les landsknechts, qui se révoltoient faute de solde. Sans ce subside, Henri, abandonné par ses soldats, auroit été contraint de lever le siége, et les quatorze cent mille écus qu'il y avoit déjà dépensés auroient été perdus (1). Aussi le choix d'un Médicis pour être légat en France étoit déjà une marque de la bienveillance du pontife. Henri IV y fut sensible, et dès l'entrée du cardinal dans le royaume il lui fit rendre les plus grands honneurs. Lui-même il vint le rencontrer à Montlhéry le 19 juillet, et dès l'abord il lui donna des marques de sa confiance et de son attachement. Il avoit eu soin de se faire accompagner dans cette occasion par le duc de Mayenne, afin que le légat vît de ses yeux l'intimité qui s'étoit établie entre le roi et l'ancien chef de la Ligue. Henri voulut aussi que le jeune prince

---

(1) Galluzzi, Hist. du Gr.-Duché. T. V, p. 228-240.

de Condé lui fût présenté avant son arrivée à Paris, afin que le légat vît bien que cet héritier des Bourbons étoit élevé dans la foi catholique. Le cardinal Alexandre de Médicis fit, le 1ᵉʳ août, son entrée à Paris : tous les ordres de l'Etat s'empressèrent de lui rendre hommage ; mais, de son côté, il mit un soin tout particulier à ménager les parlemens ainsi que tous ceux qui étoient attachés aux libertés de l'Eglise gallicane, et tous ceux qui auroient pu être disposés à voir sa venue de mauvais œil. (1)

Dès ses premières audiences, le légat annonça au roi qu'il étoit chargé par le pape de rechercher tous les moyens de rétablir la paix générale. Le pape, lui dit-il, savoit fort bien que les deux rois en avoient un désir également vif ; il savoit que les deux monarchies succomboient sous les calamités d'hostilités si prolongées. Il voyoit que la continuation de la guerre forçoit Henri à rechercher l'alliance des hérétiques, qu'elle forçoit Philippe à laisser du répit aux Hollandais, à leur permettre même de faire des conquêtes ; qu'elle empêchoit l'un et l'autre roi de secourir l'empereur dans sa guerre contre les Turcs. Le pape regardoit donc cette guerre comme funeste à l'Eglise catholique, comme retardant l'extermination des Infidèles et des hérétiques ; mais il

---

(1) Davila. L. XV, p. 1022. — De Thou. L. CXVI, p. 791-794. — Journal de l'Estoile. T. III, p. 175.

savoit aussi que les deux monarques étoient trop fiers pour faire les premières démarches qui pourroient amener leur réconciliation. C'est pourquoi, comme leur père commun, il s'avançoit entre eux, il les appeloit tous deux à la paix, et il s'offroit d'en être le médiateur. Henri IV ne nia point que cette paix ne fût l'objet de tous ses vœux, mais il protesta avec feu qu'il n'y consentiroit jamais si toutes les possessions de la France, telles qu'elles avoient été reconnues par le traité de Cateau-Cambresis ne lui étoient pas restituées. Quoique le légat se flattât peu d'obtenir des conditions si avantageuses, il crut que cette déclaration lui suffisoit pour commencer de premières négociations. Il envoya donc en Espagne frère Jean Bonaventure Calatagirone, général des Franciscains, avec la commission de sonder les intentions de Philippe. Dès cet instant des négociations, indirectes il est vrai, ne furent plus interrompues jusqu'à la conclusion de la paix. (1)

Le reste de l'année se passa sans combats, à la réserve d'une incursion de cavalerie du maréchal Biron dans l'Artois, au mois de septembre, où il battit et fit prisonniers le marquis de Varambon et le comte de Montecuculi; tandis que le comte de Belgioioso, quoique blessé de

---

(1) Davila. L. XV, p. 1023-1025. — Lettres de Henri IV sur les Négociations de paix, dans Capefigue. T. VIII, p. 22.

deux coups de pistolet, dirigea et assura la retraite de l'armée espagnole. Les pluies d'automne forcèrent bientôt après Biron à se retirer (1). Les hostilités continuoient aussi en Bretagne; mais, quoiqu'elles causassent la ruine de cette province, il est impossible d'en suivre le détail avec aucun intérêt. Le duc de Mercœur sentoit bien qu'il ne pouvoit tout seul continuer la Ligue; il étoit troublé par les instances de ceux qui lui demandoient la paix; il négocioit, par l'entremise de la reine Louise sa sœur, et par celle de Duplessis-Mornay, mais il ne pouvoit se résoudre à abandonner son projet chéri, de reconstituer le duché de Bretagne; il consentoit à signer des trèves de deux ou trois mois, puis il les violoit dès qu'il se présentoit pour lui quelque occasion favorable, et comme Henri ne craignoit, de ce côté, aucun danger bien grave, il n'envoyoit point de troupes à Saint-Luc, son lieutenant. Mercœur remporta divers avantages sur les royalistes. Brissac fut ensuite envoyé en Bretagne pour remplacer Saint-Luc, et la trève fut renouvelée. (2)

Mais si les hostilités étoient presque partout suspendues, le royaume n'en étoit pas moins dans un état de désolation et de misère qui contrastoit cruellement avec le luxe des traitans

(1) Davila. L. XV, p. 1029.
(2) Davila. L. XV, p. 1025. — Taillandier, Hist. de Bretagne. L. XIX, p. 452.

enrichis par la perception des impôts. « Proces-
« sions de pauvres se voyoient par les rues, dit
« l'Estoile, en telle abondance qu'on n'y pou-
« voit passer, lesquels crioient à la faim, pen-
« dant que les maisons des riches regorgeoient
« de banquets et superfluités.... Cependant
« qu'on apportoit à tas, de tous les côtés, dans
« l'Hôtel-Dieu, les pauvres, membres de J.-C.,
« si secs et exténués qu'ils n'y étoient plus tôt
« entrés qu'ils ne rendissent l'esprit. On dansoit
« à Paris, on y mommoit; les festins et banquets
« s'y faisoient à quarante-cinq écus le plat,
« avec les collations magnifiques à trois ser-
« vices, où les dragées, confitures sèches et
« massepains étoient si peu épargnés, que les da-
« mes et damoiselles étoient contraintes de s'en
« décharger sur les pages et laquais, auxquels
« on les bailloit tout entiers. Quant aux habille-
« mens, bagues et pierreries, la superfluité y
« étoit telle qu'elle s'étendoit jusqu'au bout de
« leurs souliers et patins » (1). Et cependant la
maladie contagieuse continua jusqu'à la fin de
l'année à Paris, et dans toutes les campagnes
environnantes, frappant avec une égale violence sur les riches et sur les pauvres. (2)

L'homme qui donnoit le plus l'exemple de
ce luxe accablant au milieu de la misère pu-

(1) Journal de l'Estoile. T. III, p. 156.
(2) *Ibid.*, p. 158-188.

blique, étoit le fils d'un cordonnier de Lucques, Sébastien Zamet, d'abord valet de garde-robe de Henri III, puis le financier de la Ligue et l'ami de Mayenne, enfin le confident de Henri IV (1). Zamet avoit montré l'habileté la plus extraordinaire pour mettre à profit le désordre universel des finances, pour réaliser les recettes qui sembloient désespérées, pour gagner sur tous les marchés qu'il faisoit avec le trésor public, pour avancer de l'argent à gros intérêt, d'abord à la Ligue, puis au roi, avec une apparente hardiesse, et en assurer pourtant toujours la rentrée. Sa fortune étoit colossale, et passoit tout ce qu'on avoit encore vu en France; mais il joignoit au luxe d'un parvenu le goût des beaux-arts d'un Italien, et les manières aisées et libres d'un grand seigneur. Il étoit devenu le favori de Henri IV, auquel il prêtoit de l'argent avec une égale libéralité, et pour la guerre et pour le jeu; auquel il prêtoit aussi sa maison, la plus magnifique de Paris, près de l'Arsenal, non pas seulement pour ses rendez-vous avec la belle Gabrielle d'Estrées, dont le roi ne faisoit point mystère, mais pour y rencontrer les maîtresses oubliées presque aussitôt que connues que Zamet pourvoyoit pour lui. (2)

(1) Après lui Rosny nomme Gondi, Florentin, Cenami, Lucquois, le Grand, de l'Argentière, etc. Écon. royales. T. III, c. 1, p. 11.
(2) Biographie univers. T. LII, p. 71.

1596.

De tels amis, comme de tels goûts, avoient achevé de jeter dans un désordre effroyable les finances du roi; la France étoit vaste et accablée d'impôts, mais encore ne pouvoit-elle suffire à tant de dépenses nécessaires et à tant de prodigalités. Henri IV, accoutumé lui-même aux privations, et souvent accusé d'avarice par ceux qui l'avoient vu de près, malgré l'imprudence avec laquelle il prodiguoit l'argent pour son jeu ou pour ses maîtresses, comptoit quelquefois. M. Capefigue a reproduit deux états, écrits tout entiers de sa main, dans lesquels il récapitule les dépenses faites pour la pacification de la France (1). Il fait monter celles

---

(1) En voici l'analyse et le résultat seulement. Capefigue. T. VII, p. 389.

J'ai payé à la reine d'Angleterre, tant pour argent prêté à moi, que fourni à l'armée allemande. . . . . . . 7,370,800 l.
Dû aux cantons suisses. 35,823,477
    aux princes d'Allemagne. 14,689,834
    aux Provinces-Unies 9,275,400
                                                                    67,159,311

Il sembleroit, d'après les expressions des mémoires, que les Suisses et les landsknechts n'étoient pas payés, que la reine d'Angleterre l'étoit; ni l'un ni l'autre n'est probable.

Suit un autre mémoire des sommes payées par le roi pour traités faits pour réduction de pays, villes, places, et seigneuries particulières en l'obéissance du roi, pour pacifier le royaume.

A M. de Lorraine et autres particuliers, suivant son traité et promesses secrètes . . . . 3,766,825 l.

A M. de Mayenne et autres, compris les dettes
de deux régimens suisses. 3,580,000

remboursables aux étrangers à plus de 67 millions, et celles payées à des particuliers pour racheter les villes ou les provinces, à plus de

Report....	7,346,825
A M. de Guise, P. de Joinville, etc.....	3,888,830
A M. de Nemours, etc............	378,000
A M. de Mercœur, pour Blavet, Vendôme et Bretagne............	4,295,350
A M. d'Elbeuf, pour Poitiers........	970,824
A M. de Villars, pour la Normandie....	3,477,800
A M. d'Épernon............	496,000
Pour la réduction de Marseille......	406,000
A M. de Brissac, réduction de la ville de Paris.	1,695,400
A M. de Joyeuse, pour Toulouse......	1,470,000
A M. de La Chastre, pour Orléans et Bourges.	898,900
A M. de Villeroy et son fils, pour Pontoise..	476,594
A M. de Bois-Dauphin...........	670,800
A M. de Balagni, pour Cambrai.......	828,930
A MM. de Vitry et Medavid.........	380,000
Vidame d'Amiens, d'Estourmel et autres, Amiens, Abbeville, Péronne..........	1,261,880
A Bélin, Joffreville, etc., pour Troyes, Nogent, Vitry, Rocroy, Chaumont, etc....	830,048
Pour Vezelay, Mâcon, Mailly, et places de Bourgogne............	457,000
Pour Canillac, Monfan, la ville de Puy, etc.	547,000
Pour Montpesat, Montespan et villes de Guienne............	390,000
Pour les traités de Lyon, Vienne, Valence, et autres en Lyonnais et Dauphiné.....	636,800
Pour Dinan, etc., 180,000; pour Leviston, Baudouin et Bevilliers, 160,000... ensemble	340,000
Total... francs	32,142,976

32 millions; l'ensemble faisant tout près de 100 millions.

Peut-être ces états, sur la scrupuleuse exactitude desquels il ne faut pas compter, avoient-ils été dressés par le roi pour faire sentir la nécessité de recourir à quelque ressource extraordinaire. Peut-être se proposoit-il de les communiquer à l'assemblée qu'il prit au mois d'octobre la résolution de convoquer à Rouen. Henri savoit fort bien que la gêne qu'il éprouvoit étoit fort augmentée par les voleries universelles de tous ceux qu'il avoit admis dans son conseil de finances, à la tête duquel il avoit appelé Sancy, et Rosny, en effet, en rapporte des exemples scandaleux (1). Sur les instances de Gabrielle d'Estrées, qu'on nommoit alors la marquise de Mousseaux, il vouloit faire entrer Rosny dans ce conseil, se fiant, pour réformer les abus, à son caractère inflexible et à sa hauteur autant qu'à sa probité. Gabrielle ne désiroit cette nomination que pour que son amant étant plus riche, elle pût avoir plus de part à ses largesses. D'autre part, les financiers prétendoient que les affaires d'argent étoient un mystère si compliqué, que jamais un homme d'épée comme Rosny ne pourroit le comprendre; si bien qu'ils retardèrent long-temps l'appel de

---

(1) Éconum. royales. L. III, ch. 1, p. 11 *et passim*.

Rosny à leur conseil, après même que le roi s'y fut décidé. (1)

Ce fut au milieu d'octobre 1596 que le roi partit pour Rouen, pour y rencontrer l'assemblée nationale qu'il y avoit convoquée, parce que Paris étoit toujours désolé par une espèce de peste. En même temps il fit délivrer à Rosny le diplôme pour son entrée aux finances, qu'il avoit jusqu'alors retenu, et il le chargea, avec d'autres commissaires, de parcourir les diverses généralités, pour apurer les comptes de tous les receveurs, découvrir les voleries dont le roi étoit victime, juger des améliorations dont le revenu étoit susceptible, et rassembler, s'il étoit possible, quelque argent, dont le roi ressentoit le plus pressant besoin. Rosny, avec sa brusquerie et ses manières despotiques, rassembla en effet, entre quatre généralités, cinq cent mille écus, qu'il amena à Rouen sur soixante et dix charrettes. Il s'étoit bien gardé cependant de toucher à aucune des assignations faites en faveur des princes du sang, du connétable, de Gabrielle, ou d'aucun de ceux qui approchoient du roi. Il n'avoit fait rendre gorge qu'aux petits voleurs, à ceux qui n'avoient aucun accès à la cour. Cependant, ce ne fut qu'à grand'peine que Henri résista à la clameur universelle éle-

(1) Econom. royales. T. III, ch. 1, p. 1.

vée contre Rosny par tous ceux qui redoutoient la découverte ou la correction des abus. (1)

L'assemblée à laquelle Henri IV vouloit recourir pour mettre quelque ordre dans les finances, et sanctionner de nouveaux impôts, n'étoit point celle des Etats-Généraux; il n'étoit point assez sûr de sa popularité pour consulter la nation; d'ailleurs tout son travail tendoit à reconstruire l'autorité royale, sans mélange, sans barrière; et il se seroit bien gardé d'élever une puissance rivale de la sienne. Il convoqua donc seulement une assemblée des notables, qu'il nomma tous individuellement lui-même. D'après la liste nominative qui nous en a été conservée, on voit que le roi avoit appelé à cette assemblée, vingt-quatre prélats, quarante-deux membres de la noblesse, et quatre-vingt-cinq du tiers-état; mais il ne se rendit à sa convocation que neuf prélats, dix-neuf membres de la noblesse, et cinquante-deux du tiers-état, parmi lesquels dix-sept appartenoient à la finance, douze à la magistrature des villes, et vingt-trois à l'ordre judiciaire. (2)

Le roi fit, le 4 novembre, l'ouverture de cette assemblée dans la salle de l'abbaye de Saint-Ouen; on y remarquoit autour de lui les ducs

---

(1) Économ. royales. T. III, ch. 2, p. 15-21.
(2) Des États-Généraux et autres assemblées nationales. Paris, 1789. T. XVI, p. 1-8.

de Montpensier et de Nemours, le connétable, les ducs d'Epernon et de Retz, le maréchal de Matignon, les quatre secrétaires d'Etat, le cardinal légat, les cardinaux de Gondi et de Givry, et les présidens des parlemens de Paris, de Bordeaux et de Toulouse (1). Henri parla à cette assemblée avec ce ton de bonhomie spirituelle, de confiance et d'abandon, qu'il savoit si bien prendre, et qui exerçoit un si grand empire sur les esprits.

« Si je voulois, dit-il, acquérir le titre d'ora-
« teur, j'aurois appris quelque belle et longue
« harangue, et vous la prononcerois avec assez
« de gravité; mais, Messieurs, mon désir me
« pousse à deux plus glorieux titres, qui sont
« de m'appeler libérateur et restaurateur de cet
« Etat. Pour à quoi parvenir je vous ai assem-
« blés. Vous savez à vos dépens, comme moi
« aux miens, que lorsque Dieu m'a appelé à
« cette couronne, j'ai trouvé la France non seu-
« lement quasi ruinée, mais presque toute per-
« due pour les Français. Par la grâce divine,
« par les prières et bon conseil de mes serviteurs
« qui ne font profession des armes, par l'épée de
« ma brave et généreuse noblesse (de laquelle je
« ne distingue point les princes, pour être notre
« plus beau titre), foi de gentilhomme, par mes

---

(1) De Thou. T. IX, liv. CXVII, p. 14.

« peines et labeurs, je l'ai sauvée de la perte ;
« sauvons-la à cette heure de la ruine. Participez,
« mes chers sujets, à cette seconde gloire avec
« moi, comme vous avez fait à la première. Je
« ne vous ai point appelés, comme faisoient mes
« prédécesseurs, pour vous faire approuver
« leurs volontés ; je vous ai assemblés pour re-
« cevoir vos conseils, pour les croire, pour les
« suivre, bref, pour me mettre en tutelle entre
« vos mains; envie qui ne prend guère aux rois,
« aux barbes grises, et aux victorieux. Mais la
« violente amour que je porte à mes sujets, et
« l'extrême envie que j'ai d'ajouter ces deux
« beaux titres à celui de roi, me font trou-
« ver tout aisé et honorable. Mon chancelier
« vous fera plus amplement entendre ma vo-
« lonté. » (1)

L'Estoile dit qu'on « trouva cette harangue
« brusque et courte, selon son humeur, et sen-
« tir un peu beaucoup son soldat. Il en voulut,
« ajoute-t-il, avoir l'avis de madame la mar-
« quise sa maîtresse, laquelle, cachée derrière
« une tapisserie, l'avoit ouï tout du long. Le roi
« lui en demanda donc ce qu'il lui en sembloit,
« auquel elle fit réponse que jamais elle n'avoit
« ouï mieux dire; seulement s'étoit-elle étonnée
« de ce qu'il avoit parlé de se mettre en tutelle.

(1) Mém. de la Ligue. T. VI, p. 364. — Péréfixe, p. 224.
— Écon. royales, Rosny. T. III, c. 3, p. 29.

« — Ventre saint-gris! lui répondit le roi, il est « vrai, mais je l'entends avec mon épée au « côté. » (1)

Le chancelier de Cheverny parla plus longuement; il exposa les souffrances du royaume, et proposa, dit-il, les moyens et ouvertures plus promptes et convenables à y tenir; il parla près de trois quarts d'heure, avec, assure-t-il, très favorable audience, et satisfaction d'un chacun; après quoi les notables se partagèrent en trois bureaux, présidés par le duc de Montpensier, le duc de Retz, et le maréchal de Matignon. Ils se mirent à rédiger des cahiers qui ne furent présentés au roi qu'au commencement de l'année suivante. (2)

Ces cahiers, comme ceux que présentoient les Etats-Généraux, contenoient d'abord les chapitres du clergé, de la noblesse, et de la magistrature; et l'on y trouvoit aussi à peu près les mêmes plaintes, les mêmes demandes que depuis deux siècles on avoit trouvées dans tous les cahiers des Etats-Généraux. Le clergé demandoit que les archevêques et évêques fussent promus par la voie d'élection, conformément aux saints canons, ou tout au moins que toute promotion fût précédée par une information sur la

---

(1) Journal de l'Estoile. T. III, p. 184.
(2) Mém. de Cheverny. T. LI, p. 274-277. — De Thou. L. CXVII, p. 16.

vie et les mœurs, afin d'éviter les élections scandaleuses et de faveur qu'on voyoit tous les jours. La noblesse demandoit qu'on lui réservât le plus grand nombre des bénéfices ecclésiastiques, toutes les sénéchaussées et bailliages, et toutes les soldes dans la cavalerie; en même temps, dans sa jalousie des nouveaux riches, elle demandoit qu'on leur interdît de prendre le nom des terres qu'ils achetoient, et qu'on rétablît les lois somptuaires. Le tiers-état demandoit l'abolition de la vénalité des charges, la diminution des offices, la prohibition des manufactures étrangères, et diverses réformes dans la perception des impôts. (1)

Les courtisans et les conseillers du roi étoient tous également jaloux de toute autorité populaire, tous empressés à faire voir que ces hommes qui arrivoient de la province n'entendoient rien aux affaires d'Etat qu'ils prétendoient diriger, et que toutes les mesures qu'ils proposoient étoient inexécutables. Accoutumés aux demandes qu'ils trouvoient dans les trois premiers chapitres des cahiers, et se reposant sur l'opposition qui s'y révéloit entre l'intérêt de la noblesse et celui du tiers-état, ils n'en tinrent aucun compte. Mais ce qui leur avoit paru important dans l'assemblée des notables, c'étoit de se couvrir de leur

(1) De Thou. L. CXVII, p. 16-19.

autorité pour demander de l'argent au peuple, et rétablir l'équilibre entre les recettes et les dépenses. Les notables s'en étoient occupés en effet, et pour y réussir ils avoient proposé trois expédiens : 1°. La nomination d'un conseil qu'ils appelèrent de raison, pour revoir les comptes, et réprimer par une autorité nationale les voleries des financiers, et les prodigalités auxquelles le roi se laissoit entraîner par les importunités de ses courtisans. Ce conseil devoit être nommé cette première fois par les notables, et quand il y surviendroit des vacances elles seroient remplies par les cours souveraines. 2°. Le partage des revenus royaux en deux portions égales, l'une royale, l'autre nationale; leur ensemble étoit évalué, par les notables, à dix millions d'écus, dont cinq millions seroient abandonnés au roi pour les dépenses du palais et pour celles de la guerre; mais la disposition des cinq autres millions devoit être soumise au conseil de raison, pour le service de la dette publique, pour l'acquittement de tous les traitemens, et pour l'accomplissement de tous les ouvrages d'utilité publique. 3°. L'établissement enfin d'une imposition nouvelle d'un sol pour livre sur toutes les choses vénales. C'étoit le terrible *alcavala* des Espagnols, qui avoit ruiné l'Espagne et causé la révolte des Pays-Bas; les notables dans leur ignorance de l'économie politique, en proposoient

1597. l'introduction en France, et en évaluoient le produit à cinq millions de livres. (1)

Lorsque ces propositions furent portées au conseil du roi, elles y excitèrent la clameur la plus violente ; c'étoit, disoient ses conseillers, former un état dans l'Etat, et anéantir l'autorité royale. Chacun, à l'envi, faisoit remarquer les inconvéniens réels de ce partage ; mais les conseillers étoient plus alarmés encore des avantages de l'inspection à laquelle ils alloient être soumis, que de ses dangers. Rosny ne voulut pas alors dire son avis, mais tête à tête avec le roi, il lui conseilla d'accepter la proposition des notables, lui représentant qu'il s'étoit en quelque sorte engagé à suivre leurs conseils ; qu'il étoit utile d'ailleurs de leur faire sentir à eux-mêmes par expérience leur incapacité. Il se fit garant envers le roi que le conseil de raison ne seroit pas plus tôt établi, qu'il perdroit toute considération aux yeux du public et des notables eux-mêmes, par l'opposition de vues qui s'y manifesteroit, et les aigres disputes qui en seroient la conséquence. Il ajouta que l'impôt du sol pour livre qu'ils vouloient introduire, loin de produire cinq millions de livres, n'en rendroit pas six cent mille ; mais que le roi se trouveroit bien de leur laisser toutes les difficultés de cet établissement, et tous

---

(1) Sully, Écon. royales. T. III, c. 4, p. 41-46.

les déboires qui s'en suivroient. Il insista pour que le roi, en répondant aux notables, leur demandât de faire un état de toutes ses recettes, et pour qu'après les avoir évaluées eux-mêmes, ils lui laissassent comme juste le choix de celles qui entreroient dans ses cinq millions d'écus; et il lui prédit que d'après la connoissance qu'il avoit déjà des diverses natures d'impôt, il dirigeroit son choix de sorte que les cinq millions du roi doubleroient ou triploroient en deux ans, tandis que ceux du conseil de raison s'en iroient en fumée. Ainsi, ajoutoit-il, toutes les plaintes, toute la haine, tomberoient sur le conseil de raison, toutes les bénédictions sur le roi; et le peuple, en se dégoûtant de toute autorité populaire, reporteroit toutes ses affections et toute sa confiance à la couronne. (1)

Henri IV adopta le conseil de Rosny, « le jour
« suivant il alla en l'assemblée, où il leur déclara
« qu'il approuvoit les trois ouvertures qui lui
« avoient été faites de leur part, tant il désiroit
« de gratifier ses sujets, déférer aux conseils des
« plus sages, et témoigner qu'il aimoit ses peu-
« ples comme ses chers enfans; et partant les
« prioit-il de nommer, dans vingt-quatre heures,
« ceux qu'ils estimoient devoir être de ce conseil
« de raison, qu'ils avoient demandé tant instam-

---

(1) Sully, Écon. royales. T. III, c. 4, p. 47-52.

« ment; et dresser pareil temps après un état
« d'estimation de tous les revenus de France,
« auquel fût comprise cette nouvelle imposition
« du sol pour livre, par eux tant industrieuse-
« ment inventée ; sur lequel après il formeroit le
« partage entre eux et lui; n'y ayant point de dou-
« tes que puisqu'ils faisoient les lots d'estimation,
« que ce ne fût à lui à choisir ce qu'il jugeroit
« être le plus commode pour ses gens de guerre,
« esquels consistoit la défense de l'Etat, et la
« sûreté d'eux tous. Etant très aise qu'il en fût
« ainsi usé, afin de faire voir qui seroient les
« plus équitables et meilleurs ménagers de lui et
« de son conseil, ou d'eux. » (1)

Le conseil de raison vint s'établir, à Paris, à
l'évêché, et ouvrit ses séances sous la présidence du cardinal de Gondi, « estimant qu'il se-
« roit aussi bon ménager des deniers publics,
« qu'il l'avoit été des siens particuliers. Mais,
« dit Rosny, tant plus ils alloient en avant, plus
« arrivoit-il de diminutions aux natures de re-
« venus qui leur avoient été délaissés, et d'aug-
« mentations en leurs dépenses..... Ils consu-
« mèrent plusieurs semaines en disputant les
« uns contre les autres, s'entre-reprochant la peu
« judicieuse estimation qu'ils avoient faite des
« revenus du royaume..... Les parties que le
« roi avoit retenues augmentant journellement,

(1) Écon. royales. T. III, c. 4, p. 53.

« et celles qu'il leur avoit laissées diminuant in-
« cessamment. » Ils supplièrent Rosny de venir
au moins une fois par semaine les aider de ses
avis. Celui-ci refusa, jusqu'à ce que le roi lui eût
ordonné de les contenter; « de quoi néantmoins,
« ajoutent ses secrétaires, ils ne tirèrent pas
« grand'assistance, d'autant que vous ne leur
« disiez rien dont ils pussent tirer quelque éclair-
« cissement, étant même bien aise de les voir
« tomber dans les difficultés que vous aviez pré-
« dites..... Enfin, au bout de deux ou trois mois,
« tous ces messieurs du conseil d'imaginaire rai-
« son furent mis à raison; d'autant qu'ils vinrent
« trouver le roi en corps, auquel ils tinrent de
« si grands discours que chacun en étoit ennuyé;
« la substance et sommaire desquels fut qu'ils
« reconnoissoient maintenant que leur conseil de
« raison auroit eu grand tort de vouloir partager
« avec lui, qui en savoit plus qu'eux tous, et
« qui sauroit mieux ménager le royaume que
« tous les siens ensemble une partie d'icelui. Et
« partant le supplioient-ils très humblement de
« les vouloir décharger de leur commission, re-
« joindre tous ses revenus ensemble, et disposer
« du total selon son équité, intelligence et pru-
« dence accoutumée. A quoi ils furent reçus
« après quelques difficultés que le roi en fit, afin
« de faire mieux valoir la marchandise. » (1)

(1) Écon. royales. T. III, ch. 7, p. 71.

Le roi traitoit en même temps avec une autre assemblée qui demandoit, de sa part, des ménagemens que jusqu'alors il lui avoit trop peu montrés; c'étoit celle des députés de toutes les églises réformées. Dès l'époque de la conversion du roi, les membres du conseil, craignant que les réformés ne s'aliénassent de lui, leur avoient donné une promesse signée d'eux tous, par laquelle ils s'engageoient à ce que, dans les conférences avec ceux de la Ligue, il ne seroit rien conclu à leur préjudice. En même temps le roi avoit écrit, dans chaque province, aux principaux de la noblesse et aux plus notables villes, « de faire trouver quelques
« députés de tous les ordres, même d'entre les
« ministres de la parole de Dieu, près de lui,
« pour avec eux être avisé à ce qui concernoit
« leur repos et contentement.... Se trouvèrent
« donc en la ville de Mantes, au mois de no-
« vembre 1593, les convoqués de ceux de la
« religion, de toutes les provinces, de toutes
« qualités, en nombre notable » (1). Cette assemblée dressa le cahier des requêtes des réformés, qui furent présentées au roi à Mantes.
« Ces requêtes, dit Duplessis, ne tendoient
« point, comme celles des ligueurs, à partager

(1) Brief discours par lequel chacun peut être éclairci des justes procédures de ceux de la religion réformée, par M. Duplessis. T. VII, p. 278.

« l'autorité avec le roi, à demander son État ni
« son domaine, à créer en leur faveur des offi-
« ciers de la couronne, à charger de sommes
« excessives les sujets du roi, pour récompenser
« eux ou les leurs.... mais bien purement et
« simplement à obtenir une liberté pour leur
« conscience, une justice non partiale pour la
« conservation de leurs biens, vies et honneurs,
« une sûreté pour leur condition contre la mau-
« vaise foi trop éprouvée : liberté, justice et
« sûreté qui ne se pouvoient dénier aux chré-
« tiens, puisque le pape la donne aux Juifs, ni
« aux Français, puisqu'elle est due à tous étran-
« gers, à eux particulièrement, foibles au regard
« de leurs ennemis. »

Le conseil du roi, cependant, n'avoit qu'un but, celui de ne donner point de jalousie aux catholiques, de les convaincre que le roi Bourbon ne leur étoit pas moins favorable que les rois Valois; il répondit aux réformés qu'on leur rendroit tous les bénéfices de l'édit de 1577; mais cet édit, le moins avantageux pour eux de ceux qu'ils avoient obtenus durant les guerres civiles, se trouvoit encore rendu inefficace par les usurpations de la Ligue dans toutes les provinces, par la partialité découverte des juges, qui pour la plupart s'étoient passionnés et armés contre eux. « Encore ces réponses,
« ajoute du Plessis, toutes maigres qu'elles

« étoient, ne furent-elles lues qu'à trois d'entre
« eux, qu'il leur fut ordonné de nommer, pour
« en retenir ce qu'ils pourroient par cœur ou en
« leurs tablettes; n'étant l'intention de MM. du
« conseil qu'il en fût fait édit ni déclaration,
« pour ne scandaliser, disoient-ils, le roi envers
« ceux de la Ligue. Avec quelle espérance de
« les voir exécutées, quand les édits vérifiés ès
« cours de parlemens, jurés par tous les princes,
« officiers de la couronne et magistrats, publiés
« par tout le royaume, rencontrent tant de dif-
« ficultés sur l'exécution, tant de contraven-
« tions lorsqu'on les peut exécuter ! » (1)

Pour rendre compte aux provinces de ce qui s'étoit passé en cette négociation, la même assemblée se réunit à Sainte-Foi-sur-Dordogne, sous l'autorité et par le commandement du roi, le 15 juillet 1594. Dans l'intervalle, le roi avoit traité avec plusieurs des chefs de la Ligue, et à chaque fois c'étoit sous condition que l'exercice de la religion seroit banni de la ville qui se soumettoit et de ses environs; que les réformés n'y pourroient exercer aucune charge. L'assemblée de Sainte-Foi se résolut donc à députer auprès du roi MM. de Choupes et Tixier, « pour
« le supplier très humblement de répondre à
« leurs requêtes, et lui remontrer les mauvais

---

(1) Brief Discours. *Ibid.* T. VII, p. 281.

« traitemens qu'ils recevoient, contre ce qu'il
« lui avoit plu leur faire espérer ; que tous ses
« ennemis faisoient leur condition, celle seule de
« ceux de la religion demeuroit derrière ; que
« pour contenter ceux-là, il n'y avoit heure en
« la nuit qui fût importune, pour ceux-ci heure
« au jour qui se trouvât propre. » On fit attendre
trois mois une réponse à ces députés, puis on
les renvoya de nouveau à l'édit de 1577 tel qu'il
étoit demeuré mutilé par les traités de la Ligue,
ainsi qu'aux réponses de Mantes, qu'on leur lut
de nouveau, mais après en avoir changé la rédaction et en avoir supprimé divers articles les
plus avantageux pour eux.

L'assemblée des huguenots, convoquée par
lettres-patentes du roi, se réunit ensuite à Saumur, le 24 février 1595, pour entendre le rapport de MM. de Choupes et Tixier, et prendre
connoissance en même temps des plaintes des
provinces sur les rigueurs contre la religion,
les injustices des parlemens, l'entretien des
places encore occupées par eux, que malicieusement on faisoit tarir ; elle députa de nouveau
auprès du roi MM. de La Noue et de La Primaudaye, qui furent reçus par lui en juillet,
à Lyon, et retenus assez long-temps. Cependant
il ne leur promit autre chose que d'envoyer des
commissaires par les provinces pour faire exécuter l'édit de 1577, lequel, par les traités faits

avec la Ligue, ne consistoit presque plus qu'en ce qui étoit à l'avantage de ceux de l'Église romaine. On consentit aussi cette fois, et comme par grande faveur, à confier à M. de La Noue seul les réponses de Mantes telles qu'on les avoit altérées, et non en forme authentique; sous condition encore qu'il ne les montreroit à l'assemblée que trois mois plus tard. (1)

Pendant ces négociations, « le prince de
« Condé, premier prince du sang, fut tiré de
« la ville de Saint-Jean-d'Angely et mené en
« cour, et aussitôt conduit à la messe, contre
« l'intention du feu prince son père et l'institu-
« tion qu'il avoit reçue de sa mère; même contre
« l'article de l'édit de 1577, qui veut que les en-
« fans *ab intestato* soient nourris et institués
« en la religion de leurs pères; article confirmé
« par les réponses de Mantes.... Mais comme le
« roi eût été par eux promptement obéi en cet
« acte comme en tous autres, les conseillers du
« roi se soucièrent moins que jamais de leurs
« requêtes, et il ne s'ouït plus parler d'envoi
« de commissaires. » (2)

Une nouvelle assemblée convoquée par le roi, s'ouvrit à Loudun, le 1er avril 1596, pour entendre le rapport de La Noue et de La Pri-

---

(1) Brief Discours. Duplessis. T. VII, p. 285.
(2) *Ibid.*, p. 286.

maudaye; bientôt après, le roi lui ordonna de
se séparer. « La patience, dit Duplessis, échap-
« poit aux plus modérés, et ils s'en alloient, après
« avoir tous prié Dieu de leur donner conseil,
« en intention de pourvoir à leur conservation »,
lorsque le roi se ravisa, et leur écrivit, le 11 juin,
de rester assemblés, promettant de leur envoyer
quelque notable personnage de son conseil privé
pour pourvoir à leur contentement. Ces commissaires du roi, qui arrivèrent en effet à Loudun, le 20 juillet 1596, étoient MM. de Vic,
conseiller d'État, et Calignon, chancelier de
Navarre; et le 10 novembre, par l'ordre de Sa
Majesté, l'assemblée se transporta à Vendôme.
Cette assemblée réduisit ses prétentions autant
que possible, dans la confiance que le bien de
la paix les feroit absoudre de ce en quoi ils auroient excédé leurs pouvoirs. Le roi chargea
encore Schomberg, comte de Nanteuil, et de
Thou, président au parlement de Paris, de
se joindre à ses précédens commissaires; et
comme ils étoient alors à Tours pour la négociation de Bretagne, l'assemblée, pour se rapprocher d'eux, vint s'établir à Saumur, le
17 février 1597. « Mais quelque confiance que
« les réformés eussent mise dans la nomination
« de ces personnages amateurs du bien et du
« repos du royaume, la vérité est qu'ils n'eurent
« charge de leur ajouter rien qui amendât leur

« condition »(1). Le roi, cependant, s'obstinoit à ne pas comprendre que ces braves gens, les Bouillon, les La Trémoille, les La Noue, Duplessis, d'Aubigné, Constant, qui avoient pris les armes pour conquérir la liberté religieuse, avoient peu lieu d'être satisfaits lorsqu'ils voyoient que lui-même avoit obtenu un pouvoir dont il ne leur faisoit aucune part; il nourrissoit contre eux, au fond du cœur, la plus profonde irritation. Les huguenots, au contraire, avoient appris avec surprise et reconnoissance que Mayenne, si long-temps le chef de leurs ennemis, avoit parlé dans le conseil du roi pour leur faire accorder des conditions avantageuses; ce duc avoit appris à respecter les huguenots en les combattant, et il avoit reconnu l'inutilité des longs efforts qu'il avoit faits pour violenter les consciences. (2)

Le roi, pendant ces doubles négociations, étoit revenu à Paris. « Il y arriva, dit l'Estoile, « le jeudi 12 décembre 1596, et le lendemain « alla à l'hôtel-de-ville où il parla en roi; envoya « prisonnier à Saint-Germain-en-Laye un bour- « geois de Paris, nommé Carrel, qui s'étoit

---

(1) Brief Discours. *Ib.*, p. 293. Cet admirable Discours résume toute la négociation, mais les détails en sont épars dans tout le septième volume de Duplessis.

(2) D'Aubigné. P. III, Liv. IV, ch. 1, p. 453-456. — Davila. L. XV, p. 1027.

« mêlé de dresser quelque requête pour les
« rentes de la ville, des deniers desquelles il
« prit huit mille écus, menaçant de la Bastille le
« premier qui parleroit de sédition pour lesdites
« rentes ; car il avoit été bien averti qu'on en
« avoit parlé, et que le peuple murmuroit fort,
« ce qui ne se pouvoit autrement, vu qu'on dit
« que la nécessité apprend à crier. » (1)

Henri étoit alors peu disposé, en effet, à ménager l'argent des pauvres rentiers dont il saisissoit les rentes : il en avoit eu besoin pour la guerre, il en avoit encore besoin pour ses plaisirs. Gabrielle d'Estrées, avec laquelle il affichoit ses liaisons, « qu'il baisoit, dit l'Estoile, devant tout le « monde et elle lui, en plein conseil », venoit de lui donner une fille qu'il fit légitimer l'année suivante et qu'il alloit voir tous les jours. Le 10 de juillet, il acheta pour Gabrielle le duché de Beaufort, et dès ce jour elle prit le titre de duchesse au lieu de celui de marquise de Mousseaux qu'elle portoit auparavant ; il fit aussi son fils César, duc et pair de Vendôme (2). Après avoir été malade sur la fin de l'année, il s'étoit, pendant le carnaval, livré de nouveau aux gaîtés de la saison. « Le jeudi gras, 13 février,
« il soupa et coucha chez Zamet, et le vendredi
« envoya dire aux marchands de la foire qu'ils

(1) Journal de l'Estoile. T. III, p. 186.
(2) Journal de l'Estoile. T. III, p. 186 et 208.

« n'eussent à détaler, pour ce qu'il y vouloit
« aller le lendemain ; comme il fit, et dîna chez
« Gondi avec madame la marquise, à laquelle il
« voulut donner sa foire d'une bague de huit
« cents écus qu'il marchanda pour elle, mais il
« ne l'acheta pas.... Il marchanda tout plein
« d'autres besognes à la foire ; mais de ce que
« on lui faisoit vingt écus il en offroit six, et ne
« gagnèrent guère les marchands à sa vue.... Le
« dimanche gras, il dîna et soupa chez Sancy....
« Le dimanche 23, qui étoit le premier du Ca-
« rême, le roi fit une mascarade de sorciers, et
« alla voir les compagnies de Paris. Il fut chez
« la présidente Saint-André, chez Zamet, et en
« tout plein d'autres lieux, ayant toujours la
« marquise à son côté, qui le démasquoit et le
« baisoit partout où il entroit. Ballets, mascara-
« des, musiques de toute sorte, pantalomismes,
« et tout ce qui peut servir d'amorces à la vo-
« lupté suivirent ces beaux festins.... Le mer-
« credi, 12 mars, veille de la Mi-Carême, pen-
« dant qu'on s'amusoit à rire et à baller, arrivè-
« rent les piteuses nouvelles de la surprise d'A-
« miens par l'Espagnol, qui avoit fait des verges
« de nos ballets pour nous fouetter. De laquelle
« nouvelle Paris, la cour, la danse et toute la
« fête fut fort troublée ; et même le roi, duquel
« la constance et magnanimité ne s'ébranle aisé-
« ment, étant comme étonné de ce coup, et re-

« gardant cependant à Dieu, comme il fait ordi-
« nairement plus en l'adversité qu'en la prospé-
« rité, dit tout haut ces mots : Ce coup est du
« ciel! Ces pauvres gens, pour avoir refusé une
« petite garnison que je leur ai voulu bailler, se
« sont perdus. Puis, songeant un peu, dit :
« C'est assez fait le roi de France, il est temps
« de faire le roi de Navarre. Et se retournant
« vers sa marquise, qui pleuroit, lui dit : Ma
« maîtresse, il faut quitter nos armes, et mon-
« ter à cheval pour faire une autre guerre. » (1)

Fernando Telles Porto-Carrero, gouverneur de Dourlens, avoit profité de ce qu'il étoit à peine éloigné de six lieues d'Amiens, pour étudier exactement l'état militaire de cette grande ville. Elle comptoit alors quinze mille habitans en état de porter les armes, qui, orgueilleux de leur nombre, maintenoient rigoureusement leur privilége de se garder eux-mêmes, et de ne point admettre dans leurs murs de garnison royale. Ces bourgeois faisoient pendant la nuit la garde avec assez de régularité; mais le jour, le poste qui demeuroit aux portes étoit peu nombreux, et, à la réserve d'un seul factionnaire, tous ceux qui le composoient étoient le plus souvent groupés autour du feu dans le corps-de-garde. Pour ne pas répandre d'alarme, Porto-

---

(1) Journal de l'Estoile. T. III, p. 189-193.

1597. Carrero ne voulut point qu'une armée espagnole entrât en Picardie; mais il appela des détachemens des garnisons de Cambrai, de Calais, de Bapaume et du Catelet, qui se réunirent le soir du 10 mars à une lieue de Dourlens. Avec ces renforts Porto-Carrero se trouva à la tête de six cents chevaux et de deux mille fantassins d'élite. Il marcha toute la nuit, et arriva jusqu'à demi-mille d'Amiens. Les échelonnant ensuite de là jusqu'auprès de la porte, il les cacha sous divers abris. Il envoya seulement en avant douze soldats habillés en paysans; quatre d'entre eux conduisoient une charrette, les autres portoient des corbeilles de pommes et de noix. L'un d'eux se laissa tomber à dessein, et répandit ces fruits devant le corps-de-garde, en même temps que les autres engagèrent leur charrette sous la voûte et rompirent les traits des chevaux; de sorte que lorsqu'on laissa tomber la herse elle demeura suspendue à moitié chemin. Pendant ce temps les faux paysans poignardoient les gardes qui s'étoient jetés sur leurs noix et enfermoient les autres dans le corps-de-garde. Le signal fut donné aux soldats espagnols qui attendoient, cachés au-dehors, et la ville fut prise avant que les bourgeois se fussent rassemblés assez en nombre pour tenter quelque résistance. (1)

(1) Davila. L. XV, p. 1031. — De Thou. L. CXVIII, p. 77, 79. — Bentivoglio. P. III, L. IV, p. 81-84. — Surprise d'A-

La nouvelle de la surprise d'Amiens fut un coup de foudre pour le roi. Il y avoit rassemblé quarante pièces de canon, huit cents caques de poudre, et une grande quantité de munitions pour le siége d'Arras, par lequel il comptoit d'ouvrir la prochaine campagne; tout cet arsenal étoit tombé aux mains de ses ennemis. D'ailleurs il savoit quel parti la médisance tireroit contre lui de cet événement. Les Parisiens, qui n'avoient point oublié la Ligue, alloient se livrer à leur mécontentement; car, indépendamment de leurs rentes souvent supprimées, toutes leurs libertés étoient fort mal respectées par le roi; il ne leur avoit pas même permis de nommer eux-mêmes leurs échevins. Plusieurs d'entre eux attendoient encore les Espagnols à Paris; des pasquils insultans circuloient contre lui et contre la marquise de Beaufort, et celle-ci monta dans sa litière en même temps que lui, déclarant qu'elle ne se sentiroit pas en sûreté à Paris après qu'il en seroit sorti. Henri résolut donc de marcher immédiatement contre Amiens, et de recouvrer à tout prix cette ville (1). Il chargea Rosny de recourir aux expédiens les plus prompts pour lui procurer une grosse somme d'argent, et à

miens. Mém. de la Ligue. T. VI, p. 487-489. — V. P. Cayet. L. IX, p. 327.

(1) Journal de l'Estoile. T. III, p. 195, 204. — Davila. L. XV, p. 1033. — De Thou. L. CXVIII, p. 81.

cette occasion il augmenta encore le pouvoir qu'il lui avoit déjà attribué dans son conseil de finances (1), puis n'ayant encore que mille chevaux et quatre mille fantassins, il vint se placer à moitié chemin, entre Dourlens et Amiens, pour empêcher les Espagnols de faire entrer des secours dans cette dernière ville. Il confia au maréchal de Biron ce noyau de sa future armée, ensuite il parcourut les provinces voisines pour faire de toutes parts avancer les renforts. Le 12 avril, on le vit arriver en poste à Paris pour presser les rentrées d'argent. Rosny lui avoit proposé quelques édits bursaux, que le parlement refusoit d'enregistrer. « Messieurs de la cour, dit
« l'Estoile, allèrent trouver Sa Majesté, qui
« étoit au lit. M. le premier président portoit la
« parole, contre lequel le roi, pour ne condes-
« cendre à ses demandes, entra en colère jus-
« qu'aux démentis. Il leur dit qu'ils feroient
« comme ces fols d'Amiens, qui, pour lui avoir
« refusé deux mille écus, en avoient baillé un
« million à l'ennemi.... Au premier président,
« qui lui dit que Dieu leur avoit baillé la justice
« en mains, de laquelle ils lui étoient respon-
« sables, relevant cette parole, il lui repartit,
« qu'au contraire c'étoit à lui, qui étoit roi,
« auquel Dieu l'avoit donnée, et lui à eux. A

---

(1) Econom. royales, T. III, c. 10, p. 86.

« quoi on dit que le premier président ne répli-
« qua rien, outré, comme on présuppose, de
« dépit et de colère, dont il tomba malade et
« fut saigné. Ce que le roi ayant entendu, de-
« manda si, avec le sang, on lui avoit point tiré
« sa gloire » (1). Ce ne fut que par des menaces
répétées de chasser les conseillers ou de les
mettre à la Bastille qu'il fit enfin enregistrer les
édits en sa présence.

De retour à l'armée, le roi ne ménagea guère
plus ses capitaines qu'il n'avoit fait ses conseillers. Pendant son absence, les Espagnols attaquant le maréchal de Biron avec des forces su-
périeures, avoient réussi à forcer un passage, et
à faire entrer dans Amiens un convoi considérable parti de Cambrai; et Henri dit à Biron qu'il
voyoit bien que partout où il n'étoit pas présent,
il pouvoit être sûr d'avoir la fortune contraire,
par la négligence de ses lieutenans. Biron en
fut d'autant plus blessé, qu'égal tout au moins
au roi par la bravoure, l'activité et l'audace
d'esprit, il lui étoit infiniment supérieur par le
talent militaire. A son second retour à l'armée,
cependant, le 7 juin, Henri IV eut soin d'effacer
cette impression fâcheuse, en louant hautement
tout ce que Biron avoit fait en son absence, et
en déclarant qu'il lui laissoit le commandement

(1) Journal de l'Estoile, t. III, p. 201-203.

du siége, car il ne pourroit le confier à un chef plus habile. (1)

Le roi avoit réussi cependant à rassembler une nombreuse armée. Il avoit soulevé la noblesse au nom de l'honneur de la France; il avoit déterminé les villes à lever pour lui des régimens. Il comptoit dix-huit mille fantassins sous ses ordres, parmi lesquels se trouvoient quatre mille Anglais, que sa vieille amie Élisabeth s'étoit empressée de lui fournir pour un si pressant besoin. Il avoit affaire, il est vrai, à l'un des plus habiles, des plus actifs et des plus braves capitaines de toute l'armée espagnole. Hernando Telles Porto-Carrero, dont la taille étoit si petite, qu'on l'auroit pris pour un enfant de treize ans, attaquoit, surprenoit, détruisoit chaque jour, par des sorties désespérées, les ouvrages des assiégeans. Le siége avoit déjà duré cinq mois, et les Français ne paroissoient pas plus rapprochés du moment où ils forceroient Amiens à leur ouvrir ses portes, quand, vers la fin d'août, ils furent avertis que le cardinal-archiduc, avec vingt-quatre mille hommes, s'avançoit pour les forcer à lever le siége. Le roi se mit à la tête d'un gros corps de cavalerie, et se dirigea par la route de Bapaume, pour aller le reconnoître. Le 31 août au matin, il s'aventura au hasard, comme

---

(1) Davila, L. XV, p. 1035-1036.

cela lui étoit déjà arrivé à plusieurs reprises dans d'autres campagnes, et se trouva en face de toute l'armée ennemie. Il étoit trop avancé pour reculer sans danger; mais par une charge impétueuse il se fit faire large. Les Espagnols l'ayant reconnu, ne doutèrent pas qu'il ne fût suivi de gros bataillons, et de même qu'ils l'avoient fait précédemment, pour n'avoir pas pu croire aux fautes de leur adversaire, ils laissèrent échapper l'occasion favorable que celui-ci leur offroit. (1)

Le 4 septembre, cependant, Porto-Carrero fut tué d'un coup d'arquebuse : quatre jours après, du côté des Français, Saint-Luc, grand-maître de l'artillerie, fut aussi tué. Mais quoique ce seigneur fût pleuré par toute l'armée, il n'étoit point si nécessaire au roi que le commandant d'Amiens l'étoit aux assiégés (2). De nouveaux renforts n'avoient cessé d'arriver à Henri, et il avoit sous ses ordres vingt-huit mille hommes. Le cardinal-archiduc, de son côté, étoit arrivé à Dourlens. Le 15 septembre les deux armées se trouvèrent en présence. Dans un engagement auprès de Saint-Sauveur, un corps nombreux

---

(1) Davila. L. XV, p. 1044. — Bentivoglio. P. III, L. IV, p. 92. — V. P. Cayet. L. IX, p. 365.

(2) Davila. L. XV, p. 1045. — De Thou. L. CXVIII, p. 88. — Bentivoglio. P. III, L. IV, p. 95. — V. P. Cayet, L. IV, p. 367.

de Français fut mis en fuite, et l'archiduc auroit remporté une victoire complète s'il ne s'étoit pas montré trop précautionneux. L'occasion perdue ne se représenta plus. Les efforts du cardinal pour faire passer la Somme à son armée furent infructueux. Le 17 septembre il se détermina à la retraite, et le 25, le marquis de Montenegro, demeuré chargé du commandement d'Amiens, après la mort de Porto-Carrero, rendit la ville au roi, en obtenant de lui la capitulation la plus honorable. (1)

Ce fut le dernier fait d'armes de quelque importance de cette guerre si longue et si acharnée. Le frère Bonaventure Calatagirone, général des franciscains, avoit continué, par ordre du pape, ses négociations, pendant que les armées étoient aux prises. Il avoit visité tour à tour le roi Philippe à Madrid, et le cardinal-archiduc Albert à Bruxelles. Il les avoit trouvés tous les deux beaucoup plus disposés à la paix qu'ils ne vouloient eux-mêmes le confesser. Philippe II, parvenu à l'âge de soixante et onze ans, sentoit enfin s'éteindre en lui sa vigueur première. Il reconnoissoit qu'il ne lui restoit plus le temps de

---

(1) Davila. L. XV, p. 1047-1050. — De Thou. L. CXVIII, p. 90-93. — Bentivoglio. — P. III, L. IV, p. 100. — Journal de l'Estoile, avec une lettre du camp, 18 septembre. T. III, p. 211. — Mém. de la Ligue. T. VI. — Lettres interceptées de Porto-Carrero, etc., p. 506-517. — Capitulation. p. 524-526.

mener à leur fin ses ambitieux projets, et, en effet, il n'avoit plus devant lui même une année de vie, puisqu'il mourut le 13 septembre 1598. Son fils, qui fut Philippe III, auquel il destinoit les couronnes des Espagnes, n'avoit que dix-neuf ans, et le vieux monarque désiroit que le commencement du nouveau règne fût libre des soucis et des calamités sous lesquels il se sentoit prêt à succomber. Sa fille aînée, Isabelle-Claire-Eugénie, qu'il préféroit à ses autres enfans, et à laquelle il avoit long-temps destiné le trône de France, étoit parvenue à sa trente-deuxième année. Il vouloit l'établir, et il avoit résolu de la marier au cardinal-archiduc Albert, en lui abandonnant en même temps la souveraineté de l'ancien patrimoine de la maison de Bourgogne, composé des Pays-Bas et de la Franche-Comté. C'étoit à ses yeux un moyen de débarrasser son fils d'une guerre ruineuse avec ceux qu'il nommoit des sujets rebelles, sans leur accorder cependant la paix. Ce projet, connu du cardinal, lui faisoit désirer la réussite de négociations d'où devoit dépendre sa grandeur. Les prétentions de la France étoient connues. Henri IV demandoit seulement à rentrer dans les limites assignées à la monarchie de Henri II, par le traité de Cateau-Cambresis du 3 avril 1559, ce qui entraînoit la restitution de Calais, Ardres, Dourlens, la Capelle et le Catelet, tout comme de

Blavet en Bretagne, places la plupart peu importantes, et dont la conservation ne valoit pas la continuation de la guerre.

Pour mener à une heureuse fin la négociation, la difficulté tenoit donc tout entière au sort et aux prétentions des alliés de l'un et de l'autre monarque. Philippe II, au commencement de la guerre, en avoit eu un grand nombre; mais le premier d'entre eux, le pape, avoit quitté le rôle de partie belligérante pour devenir médiateur. Le duc de Lorraine avoit fait sa paix; tous les Guises, tous les princes ligués, avoient fait la leur. Il ne restoit plus que le duc de Mercœur, en Bretagne et le duc de Savoie, et Philippe déclara qu'il ne les abandonneroit ni l'un ni l'autre. Après de longues négociations, après avoir à plusieurs reprises signé des trèves qu'il violoit ensuite, le duc de Mercœur sentit enfin qu'il falloit songer de bonne foi à faire son traité. On l'avoit entendu, depuis que Henri avoit été réconcilié avec l'Église par le pape, et qu'un légat étoit venu à sa cour, continuer à nommer le roi un faux catholique, et à travailler sans relâche à ameuter les États et le peuple de Bretagne contre lui. Aucun prince n'avoit encore apporté dans ses négociations autant d'arrogance et autant de mauvaise foi. Mais il étoit protégé par sa sœur, la reine Louise, veuve de Henri III; de plus il étoit, par lui-même et par sa femme, immensément riche, et la proposition qu'il fit d'accorder en mariage sa fille et son unique héritière à César de Vendôme, fils naturel de Henri et de la belle Gabrielle, séduisit le roi. Ce fut une des conditions du traité, qui fut enfin signé à Angers, le 20 mars 1598, entre Henri IV et le duc de Mercœur, et qui dispensa Philippe II de songer désormais à celui-ci. Sur la démission de Mercœur, Henri IV conféra, le 26 avril, le gouvernement de Bretagne à son fils, César de Vendôme, qui n'étoit pas encore âgé de quatre ans. (1)

Le second des alliés de Philippe II, le duc de Savoie, avoit été attaqué de nouveau par Lesdiguières en 1597. Il avoit construit récemment le fort Barraux, pour fermer la vallée de l'Isère du côté du Dauphiné; Lesdiguières s'en rendit maître au mois de mars, et il conquit toute la partie de la vallée de l'Isère qui appartenoit à la Savoie. En même temps Lesdiguières avoit secouru efficacement les Vaudois, ces paysans protestans des Hautes-Alpes qui avoient secoué la domination du duc de Savoie pour se ranger

(1) Taillandier. Hist. de Bretagne. L. XIX, p. 470-479. Actes de Bretagne. T. III, p. 1657.—Davila. L. XV, p. 1055. — De Thou. L. CXX, p. 150-153. — Journal de l'Estoile, T. III, p. 224. — Mém. de la Ligue. T. VI, p. 578. — Lettre du roi à MM. de Bellièvre et Sillery, d'Angers, 4 mars 1598.— Duplessis-Mornay. T. VIII, p. 165.

sous celle de la France. Philippe II, en faisant cause commune avec le duc de Savoie, avoit donc à réclamer pour lui des restitutions qui compenseroient jusqu'à un certain point celles qu'il seroit lui-même appelé à faire en Picardie. (1)

Le roi avoit de bien plus nombreux alliés, mais il ne mettoit pas, comme Philippe, son honneur à leur être fidèle. Au contraire, telle la France s'étoit montrée au congrès de Cambrai, et à celui de Cateau-Cambresis, telle elle se montra encore au congrès de Vervins. Ce fut dans cette petite ville, sur la frontière de la Picardie et de l'Artois, que les ambassadeurs se réunirent enfin pour signer la paix. Avant leur réunion, et pendant tout le temps que les négociations se prolongèrent secrètement, Henri IV n'eut qu'une pensée, celle d'éviter d'alarmer ses alliés, avant de s'être assuré les conditions qu'il désiroit pour lui-même. Dès le 15 juin 1597, il écrivoit au duc de Piney (Luxembourg), son ambassadeur à Rome : « Assurez sa sainteté qu'elle me trou-
« vera toujours aussi disposé à la paix que le
« peut être un prince qui craint Dieu et fait pro-
« fession d'honneur. Mais l'archiduc a-t-il bien
« les pouvoirs du roi d'Espagne pour traiter de

---

(1) Guerre de Savoie, aux Mém. de la Ligue. T. VI, p. 489-495, 572. — Journ. de l'Estoile. T. III, p. 223. — De Thou. L. CXIX, p. 108. — V. P. Cayet. L. IX, p. 341.

« la paix? J'en doute, et jusque-là il n'est pas
« raisonnable que je discoure inutilement sur
« mes intentions; d'autant que le bruit de cette
« paix m'est très préjudiciable, parce qu'elle met
« mes alliés en défiance de moi. C'est à ce but
« que tendent mes ennemis, je le sais... Je crains
« bien que cette négociation me fasse plus de
« mal que de bien, comme il m'arrivera, si j'of-
« fense mes alliés, *sans en retirer aucun fruit.* » (1)
Cette dépêche fut interceptée, et elle s'est re-
trouvée dans les archives de Simancas. Elle auroit pu seule suffire à convaincre Philippe II de
ce dont il avoit au reste bien d'autres preuves,
savoir, que Henri IV étoit prêt à sacrifier ses
alliés, pourvu qu'il obtînt pour lui-même des
conditions avantageuses. (2)

1597.

Henri IV sentoit cependant combien il lui importoit de ne pas laisser deviner cette disposition. La ville de Vervins ayant été agréée pour
le congrès, le roi donna, au mois de janvier 1598,
leurs instructions aux sieurs de Bellièvre et de
Sillery, qu'il avoit choisis pour l'y représenter.
Elles portoient qu'un des principaux motifs du
roi pour entamer la négociation, « c'étoit l'assu-
« rance que le père général de l'ordre de Saint-
« François avoit rapportée et donnée au nom
« du roi d'Espagne et du cardinal Albert, au

1598.

(1) La dépêche est entière dans Capefigue. T. VIII, p. 25.
(2) Rapin-Thoyras. L. XVII, p. 494.

« sieur légat représentant la personne de sa sain-
« teté, et à Sa Majesté de lui rendre par ladite paix
« toutes les villes et places qui ont été prises par
« ledit roi et les siens en ce royaume, depuis le
« traité de paix fait entre les deux couronnes de
« France et d'Espagne l'an 1559, sans aucune
« réservation, et pareillement de recevoir et
« comprendre au présent accord la reine d'An-
« gleterre, et les États des Provinces-Unies des
« Pays-Bas, avec les autres alliés de Sa Majesté,
« suivant l'instance qu'elle en a toujours et de
« tout temps faite. » (1)

Mais ce n'étoit rien faire que de réserver une place au traité pour la reine d'Angleterre et les États, si l'on n'étoit point d'accord sur les conditions qu'on demanderoit pour eux. Or, le roi avoit muni en même temps ses ambassadeurs d'un mémoire très bien raisonné de Jeannin, qui n'étoit que le développement de cette maxime. « Le bien que les souverains désirent à leurs
« amis et alliés, et le mal qu'ils veulent à leurs
« ennemis ne doit jamais avoir tant de pouvoir
« sur eux que le soin de conserver leurs États et
« sujets » (2). Maxime vraie sans doute, mais qui ne sauroit dispenser des engagemens précis pris par des traités. Pour rester libre de faire là

(1) Voyez les Instructions dans Duplessis-Mornay. T. VII, p. 254, p. 538-553.

(2) Le Mémoire, *ibid.* T. VII, §. 253, p. 525-532.

paix quand on voudroit et comme on voudroit, il auroit fallu, comme le proposoit Elisabeth, deux ans auparavant, que les deux puissances convinssent d'agir de concert contre l'ennemi commun, mais seulement ainsi que leur intérêt le leur suggéreroit à l'une et à l'autre.

Le 3 février, Bellièvre et Sillery partirent de Paris pour se rendre à Vervins ; le 8 du même mois le président Richardot et J. B. Taxis, avec Louis Verrières, y arrivèrent au nom de l'Espagne, peu après le marquis de Lullin s'y rendit au nom de la Savoie. Henri ne voulut jamais consentir à accorder des passeports à un représentant du duc de Mercœur pour y assister. Le légat Alexandre de Médicis, cardinal de Florence, intervint, au nom du pape, comme médiateur, avec le P. Bonaventure, général des Franciscains (1). Henri IV avoit si peu songé à ménager à ses alliés aucune chance de pacification, qu'il auroit été fort dérangé par l'apparition même momentanée de leurs ambassadeurs à Vervins. Ses ministres plénipotentiaires lui écrivirent : « Le légat nous a promis qu'il ne par-
« tira de ce lieu, de Vervins, sans que première-
« ment il ait su la volonté de Votre Majesté. Il dit
« que si les députés d'Angleterre viennent ici,

(1) Journ. de l'Estoile. T. III, p. 221. — Duplessis-Mornay. Lettre de MM. de Bellièvre et de Sillery à M. de Villeroi, de Vervins, 9 février. T. VIII, p. 23.

« il n'y peut rester avec son honneur, mais que
« doucement il se retirera à Reims, sans que l'on
« s'aperçoive pour quelle occasion il le fait, et
« qu'il sera si près de nous qu'il ne manquera à
« servir Votre Majesté » (1). Mais le légat n'eut aucun besoin de quitter Vervins, les ambassadeurs d'Angleterre et ceux de Hollande ne se pressèrent point de se mettre en route. Ils apprirent bientôt que Philippe II n'avoit pas donné de pouvoirs pour traiter avec eux; que les plénipotentiaires n'en avoient d'autres que ceux de l'archiduc Albert, que Henri IV lui-même reconnoissoit être insuffisans (2). Tandis qu'on négocioit pour réparer cette informalité, le traité avançoit, Henri laissoit percer son humeur contre la reine, et se montroit prêt à l'accuser, comme font les puissans quand c'est eux qui ont tort. « Encore
« que je ne me veuille obliger, écrivoit-il, le
« 15 février, à ses ambassadeurs, à suivre en ce
« fait la volonté de ladite dame, de laquelle je
« connois les intentions et fins mieux que nul
« autre, néantmoins je ne veux pas lui donner
« occasion de se plaindre de ma foi, comme je
« ferois si je résolvois et concluois mon traité
« sans elle, ou sans lui avoir ouvert le chemin

(1) Mss. Dupuy. Vol. 178, fol. 158, verso, rapporté par Capefigue. T. VIII, p. 46.

(2) Lettre de Bellièvre et Sillery, du 11 février. —Duplessis. T. VIII, p. 37.

« d'y entrer » (1). Et ses ambassadeurs écrivoient dans le même esprit à Villeroi. « Quant à cette « négociation, il en faut sortir avec honneur; « mais si nous nous arrêtons aux conseils de la « reine d'Angleterre et des Etats, nous aurons « dix ans la guerre et jamais de paix. Si vous « vous attendez qu'ils fassent nos affaires, vous « vous trouverez fort trompés. Sans l'empêche- « ment qui vient de ce qu'ils n'ont ici envoyé, « cette négociation seroit achevée en huit jours; « et si nous ne serrons ce marché, nous crai- « gnons que nous ne puissions y revenir. » (2)

1598.

Les ambassadeurs d'Angleterre et des Etats des Pays-Bas avoient été long-temps retenus par des vents contraires. Robert Cécil, second fils de lord Burleigh, et Herbert, arrivèrent cependant à Dieppe à la fin de février; Justin de Nassau et Olden Barnevelt, ambassadeurs des Etats, y arrivèrent plus tard encore, et ils ne se présen- tèrent à Henri IV à Angers qu'à la fin de mars, quand tout étoit déjà conclu. Henri et ses minis- tres prétendoient avoir sauvé leur honneur, les ambassadeurs n'en jugèrent pas de même et leur langage fut sévère. (3)

Après avoir abandonné ses puissans amis,

---

(1) Lettre du roi à MM. de Bellièvre et de Sillery. Duplessis. T. VIII, p. 71.

(2) Lettre du 12 février, *ibid.* p. 62.

(3) Duplessis-Mornay. T. VIII, p. 155 et p. 230.

Henri IV avoit encore un bien humble allié, qu'il ne se seroit pas fait plus de scrupule de sacrifier, c'étoit la république de Genève. Mais il ne pouvoit lui retirer son appui sans la livrer à ses ennemis, au duc de Savoie, et par lui à l'Espagne. Or, Genève étoit alors une place de grande importance pour la France, dans un temps où l'Espagne possédoit le Milanez et la Franche-Comté, et disposoit à son gré de la Savoie. C'étoit le point de communication de la France avec la Suisse ; c'étoit un poste avancé pour surveiller ou même pour arrêter les armées qui d'Espagne se rendroient aux Pays-Bas par l'Italie. Henri IV ordonna donc à ses ambassadeurs de conserver à Genève l'appui que lui avoient donné ses prédécesseurs. Ceux-ci, par une sorte de vaine gloire, avoient inséré au traité une énumération des alliés de la France qui n'attendoient rien d'elle, tels que le pape, l'empereur, les rois de Pologne, de Suède, de Danemarck et d'Ecosse, la république de Venise et les ligues des Suisses. Ils voulurent aussi y insérer la ville de Genève. « Mais les députés « d'Espagne ont dit qu'ils ne pourroient ni ose- « roient signer le traité où ladite ville seroit « comprise..... et M. le légat s'est en cela telle- « ment formalisé, que sans doute il se fût départi « d'avec nous plutôt que d'accepter la garde du « traité..... » Nous leur avons dit, poursuivent

les ambassadeurs, dans une note envoyée au roi :
« qu'étant ceux de Genève confédérés aux can-
« tons des Suisses, on ne pouvoit nier qu'ils ne
« fussent compris en la clause générale où nous
« comprenons tous leurs confédérés. A cela ils
« ne nous ont pas contredit, et avons signé le
« traité comme il est, prévoyant assez que M. le
« légat, qui se trouveroit avoir le traité entre
« ses mains, ne faudroit d'en avertir incontinent
« le pape, dont pourroit arriver que le roi se
« trouveroit de nouveau chargé d'une fâcheuse
« crierie..... M. le légat, en recevant ledit traité,
« nous a mis dans une autre peine; car ce bon-
« homme, qui est scrupuleux, nous a dit que
« le pape, intervenant en ce traité, il craint de
« faire chose dont sa sainteté soit offensée, si l'on
« y comprend ceux qui sont séparés de l'Eglise...
« Enfin, ce bon seigneur s'est payé de raison. » (1)

Après l'abandon que faisoit le roi de tous ses alliés, le traité de Vervins ne présentoit aucune espèce de difficulté (2). Il fut signé en effet le 2 mai 1598. Philippe II admettoit pour base de la nouvelle pacification le traité de Cateau-Cambresis, qui fut confirmé et approuvé en tous

(1) Mémoire au roi touchant le traité. Duplessis. T. VIII, §. 157, p. 461-467, aux Traités de paix. T. II, §. 217, p. 622.

(2) Les ambassadeurs Bellièvre et Sillery écrivoient cependant jusqu'à deux et trois dépêches par jour au roi ou à Villeroi. Elles remplissent en partie le 8ᵉ volume de Duplessis-Mornay.

ses points, comme s'il étoit inséré de mot à autre dans celui de Vervins. Ce traité entraînoit la restitution, de la part de la France, du comté de Charolais, enclavé dans la Bourgogne, et que l'Espagne n'essayoit jamais de défendre, quand la guerre éclatoit; de la part de l'Espagne, celle des villes de Picardie conquises dans la dernière guerre, ainsi que de la place de Blavet en Bretagne, que le duc de Mercœur avoit livrée aux généraux espagnols. De semblables restitutions étoient faites réciproquement entre la France et la Savoie, sans que la France stipulât aucune exemption en faveur des protestans des vallées, ou de ceux du Chablais et du bailliage de Ternier, qu'elle rendoit à leur ancien maître. Les droits litigieux que le roi et le duc de Savoie prétendoient sur le marquisat de Saluces, dont le duc s'étoit emparé en 1588, furent remis à l'arbitrage du pape, qui devoit en décider dans l'année. A ces conditions, non seulement la paix, mais « une con-« fédération et perpétuelle alliance et amitié, « avec promesse de s'entr'aimer comme frères», fut rétablie entre Philippe II et Henri IV. (1)

En même temps que le congrès de Vervins

---

(1) Traités de paix. T. II, §. 218, p. 616. — Mém. de la Ligue. T. VI, p. 614. — Guichenon. Hist. de Sav. T. II, p. 336. — De Thou. L. CXX, p. 137. — Davila. L. XV, p. 1055, 1056. — Bentivoglio. P. III, L. IV, p. 103. — Journal de l'Estoile. T. III, p. 224.

travailloit à remettre la France en paix avec tous ses voisins, un autre congrès non moins important étoit occupé à mettre la dernière main à la paix intérieure, à fixer les rapports entre les catholiques et les protestans, et à donner des garanties à la nouvelle religion, vis-à-vis de la nation, qui étoit demeurée fidèle à l'ancienne, et vis-à-vis du prince lui-même, qui avoit abandonné les huguenots pour l'Eglise romaine. Henri IV regardoit les huguenots, mais surtout leurs chefs, avec la malveillance que les grands portent le plus souvent à ceux à qui ils ont fait injure. Rosny, qui étoit lui-même de la religion, raconte qu'un peu avant cette époque, le roi lui disoit que le huitième de ses souhaits les plus constans et les plus ardens, étoit : « De pouvoir
« anéantir non la religion réformée, car j'ai été,
« dit-il, trop bien servi et assisté en mes an-
« goisses et tribulations, de plusieurs qui en font
« profession ; mais la faction huguenote, que
« MM. de Bouillon et de la Trémouille essaient
« de rallumer et rendre plus mutine et tumul-
« tueuse que jamais; sans rien entreprendre
« néanmoins par la rigueur et violence des armes
« ni des persécutions, quoique peut-être cela ne
« me seroit pas impossible..... Et le dixième, de
« pouvoir réduire à ma mercy, avec un sujet
« légitime et apparent d'en faire punition fort
« exemplaire, ceux des miens qui malicieuse-

1598.

« ment ont, sans cesser, envié et traversé ma
« fortune et mon contentement; dont les trois
« principaux et qui m'ont fait le plus d'ennui
« sont : MM. de Bouillon, d'Epernon et de la
« Trémouille ; non en intention de m'en venger
« sévèrement, mais seulement de leur ramen-
« tevoir toutes les escapades et malices noires
« qu'ils m'ont faites. » (1)

Quelque degré de foi qu'on puisse accorder à ceux qui, désirant ardemment l'occasion de se venger, protestent en même temps qu'ils n'en feront pas usage, cette occasion n'étoit pas venue pour Henri IV. Il commençoit au contraire à craindre qu'il n'eût tout-à-fait aliéné les cœurs de ceux qu'il avoit long-temps regardés comme ses serviteurs les plus dévoués. Dans l'agitation et le trouble qu'avoit causés par tout le royaume la surprise d'Amiens, les députés des huguenots, rassemblés à Châtellerault, avoient parlé de conditions avant de prendre les armes pour le roi. Ils savoient que Henri avoit pris contre eux de tels engagemens avec le pape, qu'ils jugeoient convenable de demeurer armés, organisés et indépendans. On venoit de publier un mémoire intitulé « Plaintes des Églises réformées de France sur les violences qui leur sont faites », où leur défenseur anonyme énuméroit

(1) Sully, Econ. royales. T. III, c. 6, p. 63, 64.

leurs griefs, et faisoit voir que depuis huit ans environ qu'ils avoient élevé leur chef sur le trône, leur condition ne s'étoit point améliorée. Au contraire, ils étoient souvent traités avec plus de rigueur qu'ils ne l'avoient été pendant le règne de leurs plus grands ennemis. La plupart des ligueurs qui s'étoient signalés par leur haine pour la religion réformée avoient obtenu, en faisant leur paix avec le roi, le gouvernement des plus grandes provinces; et ils ne se faisoient pas faute d'agir en conformité avec leur vieille rancune. Les parlemens étoient toujours également hostiles à leur religion : dans plusieurs occasions, ils avoient permis qu'en pleine audience les huguenots fussent qualifiés de chiens et d'hérétiques, pires que les Turcs. Des violences individuelles avoient suivi, comme on pouvoit s'y attendre, cette hostilité avouée des pouvoirs politiques et judiciaires : aussi les huguenots présentoient une longue liste d'enfans enlevés à leurs parens pour les éduquer dans le catholicisme, de funérailles interdites, de tombeaux profanés, d'écoles fermées, de contraintes employées pour provoquer l'apostasie. En même temps, V. P. Cayet, l'historien, parmi leurs pasteurs, et Harlay de Sancy parmi les conseillers du roi, venoient de sacrifier leur conscience à la recherche de la faveur du maître; et leur exemple en séduisoit d'autres.

1598.

Qu'avoit pu faire de plus Julien l'Apostat, demandoit enfin le mémoire, que ce qu'ils voyoient faire tous les jours ? (1)

Les huguenots demandoient donc un édit du roi, fondé sur les bases qu'avoient adoptées Charles IX et Henri III, toutes les fois qu'ils avoient voulu mettre fin aux guerres civiles. Ces édits de pacification avoient toujours été le résultat de négociations et de concessions réciproques. Aussi les deux partis les avoient toujours considérés comme non moins solennels que des traités de paix.

La première chose que demandoient les huguenots, c'étoit une garantie de force et d'indépendance; car ils savoient bien que des promesses contenues dans un édit ne les garantiroient point de la tyrannie des gouverneurs de province, de l'iniquité des parlemens, ou des violences populaires. Le roi consentit à leur donner cette sûreté. Il déclara par écrit, le 6 décembre 1597, à Saint-Germain-en-Laye, « que, se confiant dans la fidélité et sincère « affection de ses sujets de la religion prétendue « réformée, il consentoit que toutes les places « qu'ils tiennent, dès avant les troubles, avec « ou sans garnison, demeurent entre leurs mains « durant huit années consécutives, à dater du

(1) Aux Mémoires de la Ligue. T. VI, p. 428-484. V. P. Cayet. T. LX, L. IX, p. 402.

« 1ᵉʳ avril 1598. » Ces places étoient en fort grand nombre ; mais, à la réserve de Saumur, où commandoit Duplessis-Mornay, avec une garnison de trois cent soixante-quatre hommes, il n'y en avoit aucune d'importante. Entre toutes ces places, Henri s'engageoit à entretenir trois mille neuf cent quatre-vingt-cinq soldats, qui tous, ainsi que leurs gouverneurs, devoient être de la religion réformée. « Sa Ma-
« jesté déclare pareillement que son intention,
« tant pendant les huit années qu'après, est de
« gratifier ceux de la religion, et leur faire part
« des grades, charges et gouvernemens, et autres
« honneurs qu'elle aura à départir, sans aucune
« exception, selon la qualité et mérite des per-
« sonnes, comme à ses autres sujets de la religion
« catholique. » (1)

C'étoit l'édit de 1577 que Henri IV annonçoit toujours vouloir prendre pour base ; mais les réformés montroient que cet édit avoit été presque réduit à néant ; que chacun des traités faits par le roi avec la Ligue les avoit exclus, selon que le cas y échéoit, des vicomtés, bailliages et sénéchaussées entières. Quant à la justice, on leur dénioit les chambres mi-parties pour

---

(1) Mss. de Baluze, in-fol. Tom. 238, cité par Capefigue. T. VIII, p. 77.

1598. les parlemens de Paris, Rouen, Rennes et Dijon, qui font les deux tiers du royaume. Ils demandoient enfin « pourquoi plutôt la liberté de reli-« gion es champs qu'es villes, es fiefs qu'es « routes? et pourquoi moins justice égale en « un ressort qu'en l'autre? » Cependant, par un ardent désir de la paix, ils consentirent enfin à cet édit de 1577, mutilé, et bien moins avantageux pour eux que ne l'avoit donné Henri III. (1)

Le traité connu sous le nom d'*Édit de Nantes* fut enfin conclu et signé par le roi le 13 avril 1598. Il se composoit de 92 articles patens et de 50 articles secrets. Ces articles reproduisoient en général à peu près les mêmes stipulations contenues dans tous les traités de paix intervenus pendant les troubles, depuis l'édit du 17 janvier 1561, donné à Saint-Germain, jusqu'à l'édit de Poitiers, de septembre 1577, que Henri III appeloit sa paix. De même, il commençoit par un acte d'oubli de toutes les injures passées et une défense de les rappeler. Il rétablissoit l'exercice de la religion catholique dans toutes les parties du royaume, et il interdisoit

---

(1) Nous renvoyons de nouveau à l'éloquent discours de Duplessis, où il expose toute la suite des discussions et toutes les rigueurs qu'éprouvoient les protestans. T. VII, §. 135, p. 257-298.

de l'interrompre de nouveau. Il accordoit la liberté de conscience aux huguenots dans toute la France. Nulle part ils ne devoient être contraints de faire un acte religieux contraire à leur croyance. Mais quant au culte public, l'édit n'accordoit l'exercice de la religion, tant pour eux, leurs familles et leurs sujets, et ceux qu'ils voudroient admettre à leurs assemblées, qu'aux gentilshommes ayant haute justice qui faisoient profession de la religion. L'ambassadeur d'Espagne écrivit à son maître, à cette occasion, qu'ils étoient au nombre de trois mille cinq cents. Le même exercice public de la religion étoit permis dans toutes les villes, où il étoit demeuré publiquement établi durant les années 1596 et 1597, et de plus, dans les places où il avoit été accordé par les conventions de Nérac et de Fleix, encore qu'il eût été supprimé depuis. Pour assurer une exécution impartiale de la justice, le roi créoit dans le parlement de Paris une chambre composée d'un président et seize conseillers, appelé *Chambre de l'Édit*, pour connoître les causes et procès de ceux de la religion dans le ressort des parlemens de Paris, de Normandie et de Bretagne; en même temps une chambre mi-partie étoit conservée à Castres pour le ressort du parlement de Toulouse, et deux autres étoient créées dans le ressort des parlemens de Bordeaux et de Grenoble. Enfin il étoit ordonné à ceux de la religion de se désister, dès à présent, de toutes pratiques, négociations et intelligences, ligues et associations, tant au-dehors qu'au-dedans du royaume. L'édit de Nantes, qui désormais devoit être la grande charte des huguenots en France, ne fut publié qu'une année entière après sa signature; le roi voulant attendre pour le faire que le légat, cardinal de Florence, eût quitté le royaume. D'ailleurs il eut quelque peine à vaincre l'obstination des cours de justice, qui persistoient à le repousser, et il fut obligé de faire venir au Louvre des députés de chaque chambre du parlement, avant de pouvoir obtenir l'enregistrement. Le parlement de Paris s'y soumit enfin le 2 février 1599, la chambre des comptes le 31 mars, et la cour des aides le 30 août. (1)

Ainsi se terminoit la grande lutte qui, pendant tant d'années, avoit ruiné et ensanglanté la France; ainsi la paix étoit rendue à toutes les provinces du royaume et vis-à-vis des étrangers et vis-à-vis de leurs compatriotes; ainsi Henri IV, qui jusqu'alors avoit été obligé de pactiser avec

(1) Traités de paix. T. II, §. 215, p. 599. — D'Aubigné. L. V, c. 1 et 2, p. 453, 456. — De Thou. L. CXXII, p. 275. — Hist. de Languedoc. T. V, L. XLII, p. 488. — Journal de l'Estoile. T. III, p. 225.

tous les abus comme avec tous les partis, de faire la cour à ses ennemis, d'offenser ses serviteurs, et d'accabler ses sujets d'impositions et de contributions de guerre, put enfin songer à soigner leur prospérité et à se faire aimer d'eux. Aucune époque dans l'histoire de France ne marque mieux peut-être la fin d'un monde ancien, le commencement d'un monde nouveau. Le principe de la réformation avoit été l'assertion du droit de la raison à examiner ses propres croyances. Elle introduisoit, elle répandoit, partout où elle étoit seulement tolérée, la liberté de la pensée. Mais ce germe de liberté qu'on avoit vu éclore en Allemagne, en 1518, avoit été étouffé en France pendant soixante et dix ans, par trente ans de persécutions, par quarante ans de guerres civiles. Tous les progrès de l'esprit avoient été arrêtés, par la souffrance, dans la servitude, ou par la barbarie des armes durant la guerre. Le moyen âge se prolongea pour la France jusqu'à l'édit de Nantes et la paix de Vervins. Alors, autant du moins que, dans la série des événemens humains, une époque peut se détacher entièrement de celle qui la précède, commença un nouveau mouvement des esprits, un nouveau système de monarchie, une nouvelle histoire des Français. Presque tous les acteurs qui ont jusqu'ici fixé notre attention

1598.

1598. furent retirés de la scène du monde, et le petit nombre de ceux qui devoient prendre part aux événemens de la période suivante, semblèrent en entrant dans un monde nouveau changer eux-mêmes de caractère.

FIN DU TOME PREMIER.

TABLE CHRONOLOGIQUE

ET ANALYTIQUE

DU TOME PREMIER.

LA FRANCE SOUS LES BOURBONS.

CHAPITRE PREMIER. *Henri IV reconnu conditionnellement par une portion des catholiques opposés à la Ligue; l'autre l'abandonne. — Il se retire en Normandie. — Ses combats au camp retranché d'Arques. — Il revient sur Paris, dont il pille les faubourgs. — Il licencie son armée et se retire à Tours. — 1589-1590.*

1589. Révolution causée par la mort de Henri III, tout méprisé qu'il étoit............ page 1
Henri III avoit pour lui le prestige du pouvoir établi qui manquoit à son successeur..... 3
Henri IV au milieu de la puissante armée royale comptoit très peu de huguenots.......... 4
Il s'étoit confié aux catholiques; fermentation parmi ceux-ci, autour du roi mort........ 5
Ils conviennent de déclarer au roi qu'il doit se faire catholique pour régner............ 7
Discours de d'O au roi, au nom de la noblesse; réponse de Henri................... 8
Quelques braves et les Suisses se déclarent pour Henri; il donne des espérances aux catholiques.. 10

1589. Ses promesses à quelques députés ; engagement authentique du 4 août............. page 12

Les seigneurs acceptent ses promesses et le reconnoissent pour roi..................... 14

Ces mêmes seigneurs l'abandonnent ; Épernon se retire dans ses terres ; Vitry passe aux ligueurs............................. 15

Mayenne repousse la responsabilité du régicide ; triomphe de sa sœur la duchesse de Montpensier.............................. 16

L'armée de Henri se dissipe ; celle de Mayenne grossit ; négociations entre eux.......... 17

16 août. Le roi partage son armée ; il conduit le corps de Henri III à Compiègne........ 19

Efforts de Henri pour plaire à tous ; son caractère et ses talens populaires............. 20

Manières plus dignes et plus calmes de Mayenne ; on le presse en vain de prendre la couronne. 21

Mayenne proclame le cardinal Charles X, dont Henri IV resserre la prison.............. 23

1er septembre. Mayenne sort de Paris avec une puissante armée pour attaquer Henri IV... 25

Henri, maître de Dieppe, forme un camp retranché à Arques, deux lieues en avant.... 26

13 septembre. Les deux armées en présence ; escarmouches........................... 27

17 et 21 septembre. Nouvelles attaques de Mayenne ; trahison des landsknechts ; danger du roi................................. 28

24 septembre. Attaque sur Dieppe ; artillerie légère de Charles Briza................... 30

Henri secouru par Longueville et d'Aumont. Mayenne s'éloigne le 28 septembre........ 32

1589. Arrivée du renfort anglais, pauvreté de Henri;
19 octobre, il marche sur Paris..... page 33
Zèle et courage de la milice de Paris; 1er novembre, Henri se rend maître des faubourgs. 34
Vengeance de Châtillon; pillage des faubourgs pendant quatre jours................... 35
4 novembre. Henri IV évacue les faubourgs; il partage son armée à Étampes............ 37
21 novembre. Henri IV fait son entrée à Tours; son embarras entre les catholiques et les protestans........................... 38
Il promet des États-Généraux, il réduit Vendôme, le Mans, Falaise et la basse Normandie............................ 39

1590. La reine Louise demande à Henri de venger son mari; supplice du P. Bourgoin........... 41
Henri avoit contre lui les prêtres, les bourgeois et les paysans, appui de la noblesse....... 43
Difficultés de Mayenne; partis divers dans la Ligue, le légat Gaetani................ 44
Prétentions de Philippe II à la couronne pour sa fille; vues opposées des chefs........... 45
Mayenne le plus honnête homme de son parti.. 46

CHAPITRE II. *Mayenne entre de bonne heure en campagne.— Bataille d'Ivry. — Henri assiége Paris. — Famine et détresse des Parisiens. — Le duc de Parme entre en France et force Henri à lever le siége. — 1590.*

1590. Importance de la possession de Paris pour l'un et l'autre parti...................... 48
Pendant que Mayenne se rapproche de Flandre, le roi (28 février), assiége Dreux........ 49

1590. 12 mars. Le roi lève le siége, pour offrir la bataille à Mayenne.................... page 51
13 mars. Les armées en présence dans la plaine d'Ivry............................. 52
14 mars. Bataille d'Ivry; Egmont se fait tuer. 54
Défaite de Mayenne; Henri refuse quartier aux landsknechts, perte des ligueurs.......... 56
La victoire rend Henri plus populaire......... 58
La défaite de la Ligue annoncée par les prédicateurs aux Parisiens; courage de ceux-ci.. 59
Mayenne encourage les Parisiens; puis va demander des secours au duc de Parme..... 60
29 mars. Henri, après quinze jours de repos, attaque les environs de Paris............ 62
Tentatives des Parisiens pour retarder Henri par des négociations.................. 63
9 mai. Mort du cardinal de Bourbon, nommé Charles X............................. 65
8 mai. Le roi se montre devant les murs de Paris, et fait tirer le canon sur eux....... 66
7 mai. Décret de la Sorbonne contre Henri; zèle des prédicateurs dans Paris............ 67
14 mai. Processions de la Ligue à Paris, cherté des vivres apportés par terre............. 69
26 mai. Recensement de la population et des provisions; misère, aumônes............ 70
Henri n'attaque point les murailles de Paris; il assiége Saint-Denis................... 72
Mayenne à Condé; sollicite le secours du duc de Parme; objections de celui-ci............ 73
Philippe II ordonne au duc de secourir Paris même aux dépens des Pays-Bas........... 74
5 juin. Escarmouches entre Henri et Mayenne près de Laon; vivres introduits........... 75

1590. Alimens misérables auxquels le peuple étoit réduit; mortalité.................... page 76

24 juillet. Tous les faubourgs attaqués et pris; augmentation de la famine.............. 78

Le duc de Parme annonce son arrivée pour le 15 août; il part le 4 de Valenciennes..... 80

Force du duc de Parme; sa bonne discipline; ses précautions dans la marche........... 81

23 août. Il s'unit à Meaux avec Mayenne; force égale des deux armées................. 83

Embarras de Henri IV; il permet la sortie de quelques bouches inutiles................ 84

30 août. Le roi lève le siége de Paris, joie du peuple; arrivée des premiers vivres....... 85

Position du roi à Chelles; il offre la bataille à Parme, qui la refuse................... 86

5 septembre. Parme met son armée en marche, comme pour attaquer le roi............. 88

Parme tourne tout à coup à gauche pour attaquer Lagny............................ 89

6 septembre. Prise de Lagny par le duc, sous les yeux de Henri. 7 septembre; retraite du roi............................... 90

Il tente encore une surprise; il disperse son armée. 18 septembre; les ducs à Paris....... 91

22 septembre. — 16 octobre. Parme assiége et prend Corbeil. 13 novembre; il repart pour la Flandre.............................. 93

29 novembre. Le duc de Parme ramène son armée à la frontière sans se laisser entamer.. 94

Chapitre III. *La guerre languit après la retraite du duc de Parme, intrigues et divisions dans le parti royaliste et dans celui de la Ligue. — Le duc de Guise s'échappe de prison. — Fanatisme des Seize et des prédicateurs. — Mayenne punit leurs chefs.* — 1590-1591.

1590. La bravoure de Henri faisoit oublier tous les maux qu'on souffroit à son occasion.. page 96
Comparaison fâcheuse avec le duc de Parme; talens supérieurs de celui-ci.............. 97
Après la retraite de Parme, Henri recommence la petite guerre; il affame Paris.......... 98

1591. 2 janvier. Le chevalier d'Aumale tué en voulant surprendre Saint-Denis................. 99
20 janvier. La journée des farines; Henri IV échoue en voulant surprendre Paris....... 100
16 février. Chartres investi par les royalistes; se rend le 12 avril.................... 101
Maignelais, assassiné parce qu'il vouloit livrer la Fère à Henri IV.................. 102
25 juillet — 18 août. Siége et prise de Noyon par le roi; succès balancés dans les provinces. 103
Avantages des royalistes sur les Savoyards en Dauphiné et en Provence............... 104
Guerre en Languedoc entre Joyeuse et Montmorency; les succès sont balancés......... 105
En Bretagne, succès de Mercœur contre le prince de Dombes; mort de La Noue........... 106
Trois divisions dans le parti royaliste; condition des huguenots................... 108
Les politiques, huguenots secrets, indifférens, et parlementaires..................... 109
Le tiers parti, ou du cardinal de Bourbon, se-

1591.   condé par les Bourbons, et les anciens mignons.. 110
Du Perron, l'âme du tiers parti; le roi rappelle le cardinal auprès de lui................ 111
Les ligueurs déclarent ne pas vouloir de Henri, même converti; il recourt à Élisabeth..... 112
25 juin. Traité avec Élisabeth; promesses de Maurice d'Orange à Turenne................ 113
Turenne ramène une armée allemande en France; il épouse l'héritière de Bouillon.......... 115
24 juillet. Edit de tolérance pour les huguenots accordé par Henri IV.................... 117
Il s'engage en même temps à maintenir la religion romaine en son autorité.............. 118
Rivalités que Mayenne rencontre dans sa propre famille. Guise s'évade de prison le 15 août. 119
Mayenne se défie du duc de Savoie; reçu à Aix comme souverain......................... 121
Philippe II tout puissant à Paris; 12 février, il y tient une garnison de quatre mille hommes.. 122
Mayenne essaie en vain de rallier ses intérêts à ceux de Philippe II..................... 123
Succession rapide de quatre papes; assistance qu'ils donnent à la Ligue................. 124
Monitoire de Grégoire XIV contre Henri IV; arrêts injurieux des parlemens.............. 125
Inquiétude que les Seize causent à Mayenne; bouchers bourguignons.................... 126
Violences des prédicateurs de la Ligue; ils demandent des massacres au peuple........ 127
Pendant neuf mois ces exhortations au carnage ne produisent que peu d'effet............ 130
5 novembre. Formation du comité des Dix pour punir les politiques.................... 131

1591. 15 novembre. Trois magistrats arrêtés par ordre des Dix, et pendus.................... 132
Articles que la faction des Seize veut imposer à Mayenne............................. 133
20 novembre. Mayenne apprend à Laon le soulèvement du parti des Seize............. 135
Il apprend que les Seize offrent la couronne à Philippe II. Guise arrive à l'armée......... 134
Il confie son armée à Guise, et arrive à Paris avec des troupes le 28 novembre......... 137
Mayenne arme la bourgeoisie, et se rend maître de la Bastille.......................... 138
3 décembre. Il fait arrêter quatre des Seize et les fait pendre immédiatement........... 139
Mayenne, en donnant la victoire au parti modéré, affoiblit son propre pouvoir......... ibid.

Chapitre IV. *Henri IV assiége Rouen. — Le duc de Parme délivre cette ville. — Sa belle retraite. — Négociations entre les partis. — Guerre dans les provinces. — États-Généraux de la Ligue appelés pour élire un roi. — Conférences de Surène. — Henri IV embrasse la religion catholique. — 1591-1593.*

1591. Henri IV profite de l'absence de Mayenne pour conduire son armée devant Rouen.......... 141
3 décembre. Il arrive devant Rouen; force de son armée; Villars Brancas commande à Rouen.. 142
1592. 3 janvier. Ouverture des batteries; le siége très meurtrier en hiver pour les deux partis.... 144
Conférence des ducs de Mayenne et de Parme sur la manière de secourir Rouen.......... ibid.
16 janvier. Parme s'avance avec une nombreuse armée; Henri veut l'arrêter avec sa cavalerie. 146

1592. 3 et 5 février. Escarmouches où Henri s'expose
à être pris; il est blessé.................. 147
Son imprudence; sa fuite et ses dangers à Aumale; il se retire à Neufchâtel............ 148
Jugement de Parme sur son imprudence; dévouement de Givry à Neufchâtel........... 150
25 février. Sortie générale de Villars, qui s'empare des lignes des assiégeans............ 151
Mayenne empêche Parme de poursuivre ce succès; l'armée de la Ligue s'éloigne.......... 152
La noblesse abandonne le roi; Parme revient; et le 20 avril Henri lève le siége............ 153
25 avril. Parme est blessé devant Caudebec; il laisse le commandement à Mayenne....... 154
30 avril. Mayenne enfermé par le roi dans le pays de Caux; danger de l'armée de la Ligue.... 155
Les deux ducs se logent à Caudebec; Henri néglige de garder la rivière................ 157
20 mai. Parme fait passer, la nuit, la Seine en bateau à toute son armée................ 158
Henri malhabile devant le duc de Parme; il perd plusieurs de ses meilleurs officiers.... 159
Les négociations se renouent entre Villeroi et Henri; on lui demande l'abjuration........ 161
Propositions exorbitantes, faites par Villeroi au nom de Mayenne..................... 162
Ces propositions rendues publiques; déchaînement des prédicateurs contre les projets de paix................................ 163
Mayenne, à la demande de Philippe II, convoque les États-Généraux à Paris........... 165
Henri tente indirectement des négociations à la cour de Rome, qui s'y refuse............ 166

1592. L'archevêque de Bourges songe à rendre indépendante l'Église gallicane.............. 167
Les deux chefs courent risque d'être abandonnés par leur parti...................... 168
La Valette tué en Provence; conquêtes de Lesdiguières dans les vallées du Piémont........ 169
Joyeuse tué à Villemur; 19 octobre, le capucin Joyeuse reprend les armes.............. 171
Succès du duc de Mercœur et de la Ligue en Bretagne; retour de Mayenne à Paris...... ibid.
1593. Ambassadeurs de Philippe II aux États; leurs demandes; craintes de Mayenne........... 173
5 janvier. Manifeste de Mayenne; manifeste du légat; foiblesse des États.............. 174
Presque tous les monumens de ces États ont disparu........................... 175
Quelques lettres de ces États à Mayenne; ouverture des États le 26 janvier............ 176
Discours de Mayenne aux États; il leur demande d'élire un roi......................... 177
Pendant cinq semaines il n'y a pas d'autre séance; demandes de Philippe II.............. 179
Philippe n'envoie ni soldats ni argent pour soutenir des demandes odieuses............. 180
15 février. Conversation entre Henri et Rosny sur le changement de religion du roi....... 182
Autre conversation; opinion qu'en avoit l'envoyé de Savoie....................... 183
28 janvier. Proposition des catholiques royalistes pour des conférences.................. 184
Le légat et les Espagnols s'opposent à la conférence; Mayenne à Soissons............ 185
Mayenne, mécontent des Espagnols, accepte la conférence; elle s'ouvre à Surène le 29 avril. 186

1593. Du Perron vouloit se faire honneur de convertir le roi; violence des prédicateurs.......... 188
19 mai. Conférence chez le légat, où le duc de Féria demande la couronne pour l'Infante... 190
L'évêque de Senlis repousse avec emportement cette demande........................ 191
26 mai. La même demande adressée aux États; l'archiduc Ernest, époux choisi pour l'Infante. 192
Les cadets des Bourbons et les princes lorrains intriguent pour épouser l'Infante.......... 193
Les Espagnols déclarent choisir Guise pour époux de l'Infante..................... 194
Jalousie des princes; 28 juin, arrêt du parlement pour le maintien de la loi salique..... 196
L'élection ajournée; Henri témoin du mécontentement de ses capitaines................ 197
Quolibets contre la pauvreté et l'humeur belliqueuse de Henri; remontrances de ses serviteurs...................................... 198
22 juillet. Théologiens convoqués à Mantes pour convertir le roi..................... 200
23 juillet. Il écoute un discours de cinq heures de l'archevêque de Bourges, et se déclare converti................................. 201
25 juillet. Il se présente à l'église de Saint-Denis; il est reçu à confession, et assiste à la messe............................... 202

CHAPITRE V. *Effets de la trêve et de la conversion du roi. — Négociations à Rome pour son absolution. — La Ligue affoiblie par de nombreuses défections. — Cossé Brissac ouvre au roi les portes de Paris. —* 1593-1594.

1593. Henri avoit attendu pour son abjuration le moment où tous les amis de la paix désiroient qu'il la fît..................................... 204
31 juillet. Trêve signée à la Villette pour trois mois; détente universelle des esprits....... 205
Les champions des deux partis se mêlent dans des banquets; désir de la paix chez tous....... 206
Exhortations des cardinaux ligueurs; publication décrétée du concile de Trente......... 208
Les royalistes se répandent dans les villes de la Ligue pour négocier; inquiétude des protestans............................... 209
Mémoire de Duplessis au roi sur le chagrin et les dangers des protestans.............. 211
Affabilité de Henri en réponse; sa négociation pour épouser l'Infante d'Espagne.......... 214
Zèle de quelques huguenots pour leur religion, dévouement de Rosny au roi seul......... 215
Propos flatteurs du roi aux huguenots, son désir d'obtenir l'absolution du pape........... 216
Caractère de Clément VIII; agens secrets de Henri IV auprès de lui.................. 217
Ambassade du duc de Nevers auprès du pape, qui ne le reçoit que comme prince italien... 219
Le pape menacé par Philippe II, n'entre pas même en négociations avec Nevers........ 221
Août. Pierre Barrière arrêté, et rompu vif le 31, pour avoir eu l'intention de tuer le roi...... 222

1593. Caractère et talens opposés de Mayenne et de
   Henri IV, suivant d'Aubigné............ 224
Ouïe prodigieux du roi; anecdotes de d'Aubigné.............................. 225
Projets des ministres espagnols et du légat
   contre Mayenne; réconciliation........... 227
Ambition de Nemours, qui veut se faire à Lyon
   une souveraineté indépendante........... 229
Forteresses qu'il élève, ou qu'il garnit de troupes;
   son insolence envers Mayenne............ 230
L'archevêque P. d'Espinac retourne à Lyon;
   21 septembre, barricades contre Nemours.. 232
Il est captif à Pierre-Encise; négociations de
   Mayenne pour le délivrer............... 233
7 février 1594. Nouveau soulèvement à Lyon,
   qui se donne au roi................... 235
Affaires de Bretagne, de Poitou, de Dauphiné;
   conférences pour la paix................ ibid.
Engagement secret des ligueurs; Henri IV refuse de proroger la trève............... 237
1594. Édit du roi. 4 janvier, Vitry retourne au parti
   du roi et lui livre Meaux............... 238
D'Estourmel livre au roi Péronne, Roye et
   Montdidier; la Châtre, Orléans et Bourges.. 241
Ces mêmes défections racontées par un agent du
   roi d'Espagne........................ 242
Pontoise livré au roi; négociations entamées avec
   Mercœur et avec Villars Brancas.......... 243
Épernon en Provence; il assiége Aix avec les
   royalistes; il offense la noblesse.......... 244
20 novembre. Soulèvement des royalistes contre
   d'Épernon. 3 janvier, union des royalistes et
   des ligueurs.......................... 246

1594. Le roi désire se faire sacrer; Reims étoit aux
mains de Saint-Paul pour la Ligue........ 248
27 février. Le roi sacré à Chartres par l'évêque
Nicolas de Thou, collier du Saint-Esprit... 249
Janvier. Arrêts du parlement de Paris en faveur
du roi; il s'attache au gouverneur M. de Bélin. 251
Mayenne veut ramener le parti des Seize; il
fait gouverneur de Paris Cossé Brissac..... 253
Inquiétude de Mayenne; dernière assemblée des
Seize le 2 mars; Mayenne part le 6 mars... 254
Brissac trahit Mayenne; son traité secret avec
le roi pour lui livrer Paris.............. 256
Confiance du duc de Féria et du légat dans
Brissac............................... 258
21 mars. Préparatifs de Brissac pour livrer une
porte de la ville à Henri IV............. 259
Mouvemens dans la nuit des bourgeois royalistes
et des Espagnols........................ 260
22 mars, quatre heures du matin. Entrée de
Henri IV dans Paris; son apparence....... 262
L'ordre assuré dans la ville; les Espagnols ont
la permission de se retirer à Soissons..... 265
Le légat et les princesses de Lorraine sortent de
Paris avec les prédicateurs fanatiques...... 266
26 mars. La Bastille et Vincennes livrés aussi
au roi................................. 267

CHAPITRE VI. *Défection des principaux ligueurs. — Derniers efforts de Mayenne. — Nouvelle tentative pour assassiner le roi. — Il déclare la guerre à l'Espagne. — Le pape lui accorde l'absolution.* — 1594-1595.

1594 La soumission de Paris confère à Henri aux yeux
du peuple la légitimité................. 269

1594. Épuration des registres et actes publics; le parlement de Paris reçu en grâce............ 270
Faveur de d'O; dureté envers La Noue; édit du 28 mars pour Paris...................... 271
Retour des parlemens royalistes de Tours et de Châlons............................. 273
30 mars. Édit du parlement de Paris contre la Ligue; soumission de la Sorbonne......... 274
Espérances déçues du cardinal de Bourbon; sa mort le 28 juillet...................... 277
Négociations de Rosny avec Villars; il l'abandonne et vient tromper Soissons.......... 278
Villars demande des récompenses aux dépens des amis du roi; audace de Bois-Rosé..... 280
Le roi accorde à Villars toutes ses demandes; sa lettre à Rosny..................... 282
27 mars. Villars prend l'écharpe blanche et soumet Rouen au roi................... 283
Soumissions d'Abbeville, Montreuil, Troyes, Sens, Riom, Agen, Poitiers............. 284
Montpensier prend Honfleur; le roi assiége Laon; congrès de la Ligue à Bar-le-Duc......... 285
25 avril. Guise tue le maréchal de Saint-Paul, qu'il avoit fait gouverneur de Reims....... 287
Les ducs de Lorraine, de Mayenne et d'Aumale peu d'accord sur la conduite de la guerre.. 289
Mayenne à Bruxelles auprès de l'archiduc Ernest; avis divers de ses conseillers......... 290
Animosité entre les ducs de Mayenne et de Féria; Mémoire de Féria à Philippe............ 292
Mayenne défie Féria; celui-ci veut faire arrêter Mayenne........................... 294
25 mai. Henri IV investit Laon avec quatorze mille hommes; force de la place......... 296

1594. 13 au 16 juin. Combats autour de Laon; bravoure et habileté de Biron.................. 297
Retraite de Mayenne; vaillance de la garnison; Laon capitule le 22 juillet................ 299
Henri IV jaloux de Biron; il confie à Rosny sa défiance de ses serviteurs................ 300
Bouillon, les Biron père et fils, d'Épernon et le comte d'Auvergne suspects au roi........ 302
Balagni, qui s'étoit emparé de Cambrai, se met sous la protection du roi................ 304
Traité de protection de Cambrai; Henri IV va visiter Balagni à Cambrai................ 305
Retour de Henri à Paris; sermens des grands officiers; Villeroi secrétaire d'État........ 307
Guerre dans les provinces; Bretagne; secours demandés à Élisabeth................ 308
Jalousie entre Mercœur et ses alliés espagnols; fort de Crozon, pris le 15 novembre...... 309
Languedoc; guerre entre Montmorency et le capucin duc de Joyeuse.................. 311
Henri rappelle Montmorency en le faisant connétable; négociations avec Joyeuse........ 312
Provence; intrigue contre Épernon; instructions secrètes données à Lafin................ 313
16 novembre. Traité du duc de Lorraine avec le roi; négociations avec Guise............ 315
29 novembre. Traité avec le duc de Guise; le gouvernement de Provence lui est donné... 316
24 octobre. Mort de F. d'O, sur-intendant des finances; son édit sur les rentes.......... 318
27 décembre. Attentat de J. Chastel sur le roi; 29 décembre, son supplice.............. 319
29 décembre. Arrêt qui exile les Jésuites; 7 janvier, le père Guignard pendu............ 321

1595. Lâcheté du parlement dans sa cruauté; il vouloit effacer le souvenir de sa révolte...... 322
Les huguenots maltraités regardent l'exil des Jésuites comme un avantage.................. 324
Impossibilité de connoître la vraie pensée du roi; il se gausse des gens et des choses...... 325
Dureté du roi pour les huguenots; ils chérchent un chef..................................... 326
Leur organisation en dix départemens; leur directoire; Henri II de Condé................... 328
Condé et sa mère deviennent catholiques; celle-ci est absoute; édit pour les huguenots..... 330
17 janvier. Déclaration de guerre à l'Espagne suggérée par Gabrielle d'Estrées............. 331
Grands préparatifs de Philippe II pour la guerre; le connétable de Castille en Bourgogne... 333
Succès de Biron en Bourgogne. 28 mai, Biron et Tavannes en même temps dans Dijon..... 334
Conseil établi à Paris; présidence donnée à Conti; le duc de Nemours à Vienne........ 336
4 juin. Henri arrive à Dijon avec peu de troupes; il va au-devant des Espagnols........ 338
5 juin. Combat de Fontaine-Française; danger du roi; retraite des Espagnols............ 339
Mayenne se retire à Châlons; il livre les châteaux de Dijon; trève le 23 septembre..... 340
Politique de Clément VIII; négociateurs secrets de Henri auprès de lui.................. 342
Clément VIII consulte séparément les cardinaux sur l'absolution de Henri............. 344
16 septembre. Absolution donnée aux procureurs du roi; ses conditions............... 345

Chapitre VII. *Revers éprouvés dans la guerre contre Philippe II. — Perte du Catelet, de Dourlens, de Cambrai. — Pacification de la Provence.—Surprise de Marseille. — Traités de Folembray. — Réconciliation de Mayenne et fin de la Ligue. —* 1595-1596.

1595. Les Français, pour la plupart, approuvèrent la déclaration de guerre à l'Espagne.......... 347
Rosny s'oppose à la guerre; ressources comparées des deux rois................... 348
Cruauté de Philippe II dans les pays qu'il soumettoit; mais son despotisme étoit établi... 350
Philippe régnoit consciencieusement en faisant le mal; sa banqueroute................. 351
Ce n'est ni la guerre ni l'émigration qui dépeuploient l'Espagne; caractère des soldats.... 352
Opposition entre les armées de Philippe et celles de Henri IV; l'esprit de corps manque aux dernières............................ 354
Infériorité du fantassin français; comparé à l'anglais, à l'allemand, au suisse.......... 355
Brillante valeur de la cavalerie française; son inconstance...................... 357
Vaillance des généraux français; art militaire de ceux de Philippe.................... 358
Les archiducs Ernest puis Albert destinés à gouverner les Pays-Bas; le comte de Fuentès.. 359
Tentatives de Bouillon sur le Luxembourg; il est repoussé; Fuentès, 19 juin, investit le Catelet............................ 361
20 juin. Les royalistes introduits dans Ham; massacres et incendie.................... 362
D'Aumale condamné à un supplice atroce, et exécuté le 6 juillet en effigie............. 363

1595. 25 juin. Le Catelet se rend; 15 juillet, Fuentès devant Dourlens.................... 365

Bouillon jette du secours dans Dourlens; il rassemble une troupe de cavalerie............ 366

24 juillet. Combat de Dourlens; Bouillon repoussé; mort de Villars................ 367

Jalousies entre les généraux français; Nevers prend le commandement en Picardie...... 369

29 au 31 juillet. Dourlens pris d'assaut; massacre de la garnison et des bourgeois....... 370

11 août. Fuentès, après avoir menacé plusieurs places, investit Cambrai................ 371

15 août. Secours jeté dans Cambrai. 2 septembre, De Vic prend le commandement de la garnison........................... 373

2 octobre. Soulèvement des bourgeois de Cambrai contre Balagni; ses jetons de cuivre... 375

Les Français se retirent dans la citadelle; la ville capitule, et conserve ses franchises........ 376

La citadelle se trouve sans vivres; elle capitule le 9 octobre; mort de la dame de Balagni... 377

Fuentès licencie son armée; envoi de l'archiduc Albert à Bruxelles avec le prince d'Orange. 379

Gloire acquise par Maurice de Nassau; découragement en France; mort de Nevers, le 23 octobre........................... 380

4 septembre. Entrée du roi à Lyon; mort de Nemours, 13 août; mort du maréchal d'Aumont, 19 août....................... 382

Politique de Henri en disposant des gouvernemens vacans; il part pour la Picardie...... 383

Haine secrète de Guise pour Lesdiguières son lieutenant; il le dégoûte du service........ 385

1595. D'Épernon résolu à résister au duc de Guise; il entre en traité avec Philippe II.......... 387

D'Épernon abandonné par tous les Provençaux; 18 décembre, Guise reconnu par le parlement d'Aix................... 389

1596. Guise soumet le reste de la Provence; ses projets sur Marseille; condition de cette ville..... 390

Le consul Casaux et le viguier Louis d'Aix à Marseille; les Toscans au château d'If...... 391

Casaux introduit une garnison espagnole dans Marseille; quelques royalistes émigrent..... 393

P. Libertà gagné pour assassiner Casaux; argent fourni par le grand-duc................ 394

17 février. Casaux entraîné entre deux portes est assassiné par Libertà; la porte livrée à Guise................................ 396

Soumission de Marseille; soumission du duc d'Épernon, qui quitte la Provence le 27 mai. 397

Trève du 23 septembre avec Mayenne; négociations de Jeannin; difficultés à la paix....... 399

Mayenne demande que les princes Lorrains soient mis à l'abri de poursuites pour régicide................................. 401

Examen de la procédure relative à Jacques Clément; traité conclu avec Mayenne........ 402

24 janvier. Conditions du traité de Folembray; indemnité pour les princes et princesses.... 403

Le roi se charge de toutes les dettes de Mayenne; il suspend l'arrêt rendu contre d'Aumale... 406

Traité avec le duc de Nemours; traité avec le duc de Joyeuse et la ville de Toulouse...... 407

Sacrifice de six millions d'écus fait pour la paix; opposition de deux femmes et du parlement. 409

1596. 31 janvier. Mayenne vient se soumettre à
　　　Henri IV à Mousseaux; leur promenade... 410

Chapitre VIII. *Henri IV contracte une nouvelle alliance avec l'Angleterre et les Provinces-Unies. — Il assiége la Fère. — Calais surpris par les Espagnols. — Il prend la Fère. — Amiens surpris. — Il reprend Amiens. — Il accorde aux protestans l'édit de Nantes, et fait à Vervins la paix avec l'Espagne. — 1596-1598.*

1596. Épuisement des deux monarchies, qui restent
　　　seules aux prises l'une avec l'autre........ 412
　　22 septembre 1595. Renouvellement de la neu-
　　　tralité de Franche-Comté, le théâtre de la
　　　guerre restreint...................... 413
　　Alliances de la France, en bravant l'opinion elle
　　　s'accoutumoit à les enfreindre............ 414
　　Le conseil de Henri recherche l'appui d'Élisa-
　　　beth tout en la haïssant................. 415
　　Les secours donnés par Élisabeth à Henri ne
　　　sont jamais employés comme elle le désire.. 417
　　Plaintes d'Élisabeth; elle demande qu'on lui livre
　　　Calais pour sa sûreté................... 418
　　Le roi avoit entrepris dès le 8 novembre le blocus
　　　de la Fère; il revient l'attaquer au printemps. 420
　　Armée nombreuse du roi; proposition féodale
　　　que lui fait Montpensier................ 422
　　9 avril. L'archiduc Albert devant Calais; Sancy
　　　et Bouillon envoyés à Londres............ 423
　　17 avril. Calais capitule; 27 avril, château de
　　　Calais pris d'assaut; 22 mai, la Fère se rend. 424
　　23 mai. Ardres se rend à l'archiduc, qui se retire,
　　　et le roi congédie son armée.............. 426

1596. 24 mai. Nouvelle alliance avec l'Angleterre; promesse de ne pas traiter l'un sans l'autre. 428

Traité avec les États-Généraux; 31 octobre, les Allemands ne veulent pas traiter............ 430

19 juillet. Arrivée du cardinal de Médicis en France; sa conduite conciliante............. 431

Ouvertures pour la paix avec l'Espagne que le légat fait au roi; négociation entamée...... 433

Hostilités en Artois et en Bretagne; trêve avec Mercœur................................ 434

Misère et luxe à Paris, fortune du financier Zamet.................................... 435

Désordre des finances, et du roi lui-même; cent millions dépensés pour la guerre civile..... 438

Besoin de ressources extraordinaires; entrée de Rosny aux finances..................... 440

4 novembre. Ouverture à Rouen d'une assemblée des notables nommés par le roi........ 442

Discours du roi; ce qu'en pense Gabrielle; discours du chancelier....................... 443

1597. Cahiers que présentent les notables; la cour jalouse de tout pouvoir populaire........... 445

Projets des notables pour la réforme des finances; conseil de Raison.................... 447

D'après le conseil de Rosny le roi accède à ces projets pour décrier les notables.......... 448

Le conseil de Raison échoue dans son administration; il rend ses pouvoirs au roi......... 450

Assemblée des réformés avec laquelle le roi négocie un édit de pacification.............. 452

Le roi n'offre aux réformés que le traité de 1577, encore mutilé...................... 453

1597.	Plusieurs assemblées successivement renvoyées sans conclure.......................... 455
	Le roi de retour à Paris pour le carnaval; ses amours; mécontentement des Parisiens..... 458
	10 mars. Surprise d'Amiens par Porto-Carrero; il y trouve le parc d'artillerie du roi....... 460
	13 mars. Clameurs contre le roi; il part en hâte pour la Picardie...................... 463
	12-23 avril. Reproches que le roi adresse au parlement, aux capitaines de son armée.... 464
	Nombreuse armée du roi, 31 août. 17 septembre, il arrête le cardinal Albert............... 465
	25 septembre. Capitulation d'Amiens; après la mort de Porto-Carrero.................. 467
	Négociations pour la paix; le roi demande le traité de Cateau-Cambresis.............. 468
	Philippe II garantit ses alliés. 20 mars 1598, paix de Mercœur; guerre en Savoie....... 470
	Le roi, résolu d'avance à abandonner ses alliés, craint qu'ils ne le soupçonnent.......... 472
	Henri réserve l'intervention de ses alliés anglais et hollandais, sans faire aucune condition pour eux.............................. 474
1598.	Février. Ouverture du congrès à Vervins, aucun des alliés de la France n'est admis......... 475
	Henri protége cependant tacitement la république de Genève pour l'avantage de la France.. 477
	2 mai. Signature du traité de Vervins; négociation pour l'édit de Nantes................ 479
	Ressentiment de Henri IV contre les réformés; sa crainte de les avoir trop aliénés......... 480
	Vexations éprouvées par les huguenots de la part des gouverneurs de province et des parlemens.............................. 482

1598. Villes de sûreté accordées par Henri IV; l'édit de 1577 violé par chaque traité avec la Ligue............................ 484
13 avril. L'édit de Nantes signé par le roi; libertés qu'il accorde aux protestans......... 486
Garanties qu'il leur donne pour la justice; opposition qu'y mettent les parlemens.......... 487
Fin de la grande période des guerres civiles qui prolongent pour la France le moyen-âge... 488

FIN DE LA TABLE.

DE L'IMPRIMERIE DE CRAPELET,
RUE DE VAUGIRARD, N° 9.

www.ingramcontent.com/pod-product-compliance
Lightning Source LLC
Chambersburg PA
CBHW071614230426
43669CB00012B/1934